Business Engineering

Herausgegeben von H. Österle, R. Winter, W. Brenner

Business Engineering

V. Bach, H. Österle (Hrsg.)
Customer Relationship Management in der Praxis
2000. ISBN 978-3-540-67309-5

H. Österle, R. Winter (Hrsg.)
Business Engineering, 2. Auflage
2003. ISBN 978-3-540-00049-5

R. Jung, R. Winter (Hrsg.)
Data-Warehousing-Strategie
2000. ISBN 978-3-540-67308-8

E. Fleisch
Das Netzwerkunternehmen
2001. ISBN 978-3-540-41154-3

H. Österle, E. Fleisch, R. Alt
Business Networking in der Praxis
2002. ISBN 978-3-540-41370-7

S. Leist, R. Winter (Hrsg.)
Retail Banking im Informationszeitalter
2002. ISBN 978-3-540-42776-6

C. Reichmayr
Collaboration und WebServices
2003. ISBN 978-3-540-44291-2

O. Christ
Content-Management in der Praxis
2003. ISBN 978-3-540-00103-4

E. von Maur, R. Winter (Hrsg.)
Data Warehouse Management
2003. ISBN 978-3-540-00585-8

L. Kolbe, H. Österle, W. Brenner(Hrsg.)
Customer Knowledge Management
2003. ISBN 978-3-540-00541-4

R. Alt, H. Österle
Real-time Business
2003. ISBN 978-3-540-44099-4

G. Riempp
Integrierte Wissensmanagement-Systeme
2003. ISBN 978-3-540-20495-4

T. Puschmann
Prozessportale
2004. ISBN 978-3-540-20715-3

H. Österle, A. Back, R. Winter, W. Brenner
Business Engineering – Die ersten 15 Jahre
2004. ISBN 978-3-540-22051-0

R. Zarnekow, W. Brenner, U. Pilgram
Integriertes Informationsmanagement
2005. ISBN 978-3-540-23303-9

U. Baumöl, H. Österle, R. Winter
Business Engineering in der Praxis
2005. ISBN 978-3-540-20517-3

R. Zarnekow, A. Hochstein, W. Brenner
Serviceorientiertes IT-Management
2005. ISBN 978-3-540-20532-6

J. Schelp, R. Winter
Integrationsmanagement
2005. ISBN 978-3-540-20506-7

Rüdiger Zarnekow

Produktionsmanagement von IT-Dienstleistungen

Grundlagen, Aufgaben und Prozesse

Mit 157 Abbildungen

Professor Dr. Rüdiger Zarnekow
Technische Universität Berlin
Fakultät VIII - Wirtschaft und Management
Institut für Technologie und Management
Fachgebiet Informations- und Kommunikationsmanagement
Sekr. VWS3
Müller-Breslau-Straße
10623 Berlin
ruediger.zarnekow@ww.tu-berlin.de

ISSN 1616-0002

ISBN 978-3-540-47457-9 Springer Berlin Heidelberg New York

Bibliografische Information der Deutschen Nationalbibliothek
Die Deutsche Nationalbibliothek verzeichnet diese Publikation in der Deutschen Nationalbibliografie; detaillierte bibliografische Daten sind im Internet über http://dnb.d-nb.de abrufbar.

Springer ist ein Unternehmen von Springer Science+Business Media

springer.de

Herstellung: LE-TEX Jelonek, Schmidt & Vöckler GbR, Leipzig
Einbandgestaltung: Erich Kirchner, Heidelberg

SPIN 11902041 42/3100YL - 5 4 3 2 1 0 Gedruckt auf säurefreiem Papier

Vorwort

Als wir im Jahr 2001 begannen, uns an der Universität St. Gallen mit den Herausforderungen der Produktion von IT-Leistungen auseinanderzusetzen, galten Themen rund um den Betrieb, die Wartung und den Anwendersupport als Randgebiete, denen im Rahmen des Informationsmanagements keine allzu große Aufmerksamkeit gewidmet wurde. Auch wir selber haben uns zunächst gefragt, ob der Bereich der Produktion genügend Potenzial für innovative Forschungsvorhaben an einem Institut für Wirtschaftsinformatik bietet. Ein leitender IT-Manager eines deutschen Großunternehmens hat uns damals mit seiner Vision der Entwicklung einer "Produktionswirtschaftslehre" für die IT-Branche und der Übertragung erfolgreicher Managementkonzepte aus der Industrie auf den Bereich der IT so nachhaltig überzeugt, dass wir uns entschlossen, das Thema aufzugreifen und ein Kompetenzzentrum aufzubauen.

Rückblickend betrachtet hat sich diese Entscheidung in vielerlei Hinsicht als richtig herausgestellt. Gemeinsam mit unseren Forschungspartnern sind in den letzten fünf Jahren eine ganze Reihe von Modellen, Konzepten und Lösungsansätzen entstanden, die sich als äußerst tragfähig erwiesen haben. Und auch in Wissenschaft und Praxis geniesst die IT-Produktion mittlerweile einen deutlich höheren Stellenwert. Modelle wie die IT Infrastructure Library (ITIL) tragen dazu ebenso bei, wie eine ganze Reihe von Studien, die die Bedeutung der Produktion für die Kosten und Qualität von IT-Leistungen untersuchen. Auch die sogenannte "Industrialisierung" der IT-Branche ist heute ein weit verbreitetes Schlagwort, welches man in Überschriften von Konferenzen, Seminaren und Veröffentlichungen wieder findet.

Dieses Buch stellt einen ersten Versuch dar, die verschiedenen Gebiete des Produktionsmanagements aus Sicht eines IT-Dienstleisters zu strukturieren und grundlegend zu beschreiben. Es ist dem Autor bewusst, dass man mit dieser Aufgabe im Bereich der IT vielfach Neuland betritt und dieses Buch somit lediglich einen Einstieg in das Themengebiet darstellen kann. Die im Buch behandelten Bereiche bedürfen einer weiteren Detaillierung und Konkretisierung, um stabile und in der unternehmerischen Praxis einsetzbare Lösungen zu erhalten. Dies wird insbesondere dann deutlich, wenn man einen Vergleich mit Standardwerken des industriellen Produktionsmanagements zieht, die auf einen Erfahrungshorizont von vielen Jahrzehnten industrieller Entwicklung aufbauen können. Für die IT-Produktion muss dieses Erfahrungswissen in weiten Teilen noch aufgebaut werden.

Mein Dank gilt an dieser Stelle allen Personen und Unternehmen, die die Entstehung dieses Buches ermöglicht haben. Meinem akademischen Lehrer, Prof. Dr. W. Brenner, danke ich für die hervorragende Zusammenarbeit über viele Jahre und Stationen hinweg. Ein weiterer Dank gilt den Forschungspartnern des Kompetenzzentrums "Industrialisierung im Informationsmanagement", namentlich den Unternehmen Altana Pharma, Bayer Business Services, Deutsche Bahn, Deutsche Bank, Deutsche Telekom, Eidgenössisches Justiz- und Polizeidepartement und Syskoplan. Allen wissenschaftlichen Mitarbeitern des Kompetenzzentrums danke ich für das große Engagement, mit dem sie im Rahmen ihrer Dissertationen die Forschungsarbeiten vorangetrieben haben. Meiner Frau und Tochter danke ich für die Rücksichtnahme und das Verständnis für die vielen Stunden, die ich mit der Anfertigung dieses Buches verbracht habe.

St. Gallen, im November 2006 Rüdiger Zarnekow

Inhaltsverzeichnis

1 Einleitung

1.1 Ausgangssituation

IT-Dienstleistungen nehmen eine zentrale Rolle bei der Unterstützung geschäftlicher Abläufe und Funktionen ein[1]. Vielfach sind diese ohne die Unterstützung durch IT-Dienstleistungen überhaupt nicht mehr durchführbar. Die Planung und Entwicklung von IT-Dienstleistungen, insbesondere der für die Leistungserbringung erforderlichen Anwendungssysteme, ist Gegenstand vielfältiger Publikationen und Forschungsarbeiten. Deutlich weniger Beachtung finden dahingegen bisher Fragen der Produktion von IT-Dienstleistungen, z. B. des Betriebs und der Wartung von IT-Infrastrukturen, der Anwenderunterstützung oder der Produktionsplanung- und Steuerung. Und dies, obwohl der Produktion im Gesamtprozess der Leistungserbringung eine zentrale Bedeutung zukommt. Verschiedene Untersuchungen und Studien belegen, dass Unternehmen heute zwischen 60 und 90 % ihrer IT-Ausgaben für die laufende Produktion von IT-Dienstleistungen aufbringen (siehe z. B. [Cap Gemini Ernst & Young 2003; Jahn et al. 2002; Strassmann 1997; Thiel 2002]). Nur 10 bis 40 % verbleiben für die Planung und Entwicklung neuer Leistungen.

Im Mittelpunkt dieses Buches stehen die Aufgaben und Prozesse des Produktionsmanagements eines IT-Dienstleisters. Die Produktion stellt einen Teilprozess der Leistungserbringung dar. Die Leistungserbringung umfasst alle Aktivitäten, die dazu führen, dass der Kunde eine vereinbarte Dienstleistung in der vereinbarten Qualität erhält [Rüegg-Stürm 2002, 74] und unterteilt sich im Kern in die Teilprozesse Beschaffung, Produktion und Absatz. Die Anforderungen an die Wirtschaftlichkeit der Leistungserbringung, d. h. an das Verhältnis zwischen den mittels IT-Dienstleistungen erzielten Wirkungen und den dafür eingesetzten Mitteln [Weber 1999, 84], nehmen zu. Treibende Kraft sind die Abnehmer von IT-Dienstleistungen in den Geschäftsbereichen der Unternehmen. Sie betrachten IT-Dienstleistungen, je nach Einsatzbereich, einerseits als reine Bedarfsgüter (engl. Commodity) [Carr 2003] und andererseits als strategische Güter, die zur Erzielung von Wettbewerbsvorteilen genutzt werden können [Ward/Pep-

---

[1] Für den Begriff IT-Dienstleistung hat sich in der betrieblichen Praxis auch die englischsprachige Bezeichnung IT-Service etabliert. Beide Begriffe werden in diesem Buch synonym verwendet.

pard 2002] (siehe Abb. 1). Bereits heute machen dabei Commodities nach Auskunft von IT-Managern in großen Unternehmen deutlich über 50% des IT-Budgets aus.

Commodity	Strategisches Gut
Eigenschaften: • schafft keine Wettbewerbsvorteile • hochgradig standardisiert • vergleichbar • mehrere Anbieter • hohe Preissensitivität	**Eigenschaften:** • schafft Wettbewerbsvorteile • individuell • schwer vergleichbar • wenige Anbieter • geringere Preissensitivität
Beispiele: • E-Mail-Services • ERP-Services • Human-Resources-Services • Netzwerk-Services	**Beispiele:** • CRM-Services • Logistik-/Supply-Chain-Services • Knowledge-Management-Services

Abb. 1. Einstufung von IT-Dienstleistungen aus Sicht der Leistungsabnehmer

Die Eigenschaften eines Commodity unterscheiden sich von denen eines strategischen Guts. Insbesondere werden an ein Commodity deutlich höhere Anforderungen an das Kosten/Nutzen-Verhältnis gestellt, weshalb eine wirtschaftliche Produktion für einen Anbieter von Commodities höchste Priorität besitzt.

Zur Erreichung einer höheren Wirtschaftlichkeit wird vermehrt die Industrialisierung der IT-Leistungserbringung gefordert (vgl. z. B. [Böhmann 2004, 1ff; Hulvej/Friedli/Fleisch 2004, 179ff; Zarnekow/Brenner/Pilgram 2005, 31ff]). Legt man das betriebswirtschaftliche Verständnis, welches unter Industrialisierung die Produktion auf der Basis des Fabriksystems versteht [Schweitzer 1994, 19], zugrunde, so bedeutet Industrialisierung für einen IT-Dienstleister in erster Linie einen hohen Grad an Arbeitsteilung und Automatisierung, eine starke Normierung und Typisierung der Produktionsverfahren und Produkte sowie eine Massenproduktion [Jacob 1990, 5].

Ansätze der Industrialisierung können konkret an zwei Stellen im Leistungserbringungsprozess ansetzen (siehe Abb. 2). Zum einen an der Industrialisierung der Entwicklung und Gestaltung von IT-Dienstleistungen, mit der Zielsetzung einer verstärkten Standardisierung und Modularisierung des Leistungsangebots. Unter diesen Punkt fallen z. B. Ansätze des sogenannten Service-Engineerings, die eine systematische Gestaltung und Konstruktion innovativer Dienstleistungen unter Einsatz von Vorgehensmodellen, Methoden und Werkzeugen anstreben [Bullinger/Scheer 2004, 4; Schuh/Friedli/Gebauer 2004]. Zum anderen an der Industrialisierung der Produktion von IT-Dienstleistungen, d. h. an der Automatisierung und Standardisierung von Produktionsprozessen und der Nutzung industrieller Verfahren des Produktionsmanagements. Dieser zweite Ansatzpunkt steht im Mittelpunkt dieses Buches.

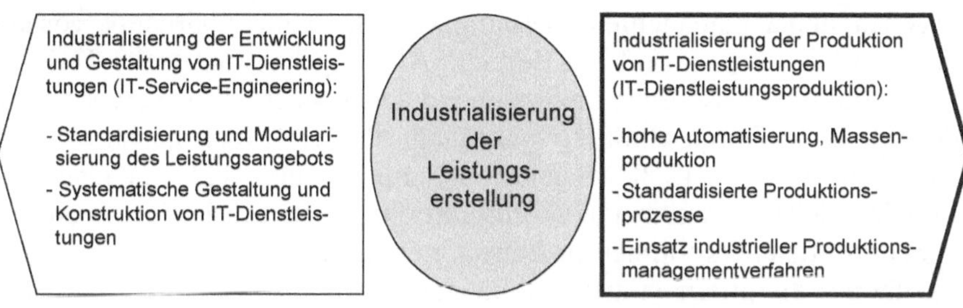

Abb. 2. Dimensionen der Industrialisierung der IT-Dienstleistungserbringung

Die Produktion beeinflusst nicht nur die Wirtschaftlichkeit eines IT-Dienstleisters, sondern bestimmt auch maßgeblich die Qualität der erbrachten IT-Dienstleistungen. Sie spielt somit eine zentrale Rolle bei der Wahrnehmung der Leistungsqualität durch den Kunden und entscheidet letztendlich über die langfristigen Marktchancen eines IT-Dienstleisters.

In Anbetracht der hohen Bedeutung der Produktion verwundert es, dass in der betrieblichen Praxis nur sehr wenige und zumeist punktuelle Ansätze für das Produktionsmanagement, d. h. für die Gestaltung, Lenkung (Steuerung) und Weiterentwicklung des Produktionssystems [Ulrich 1984], eines IT-Dienstleisters existieren. Insbesondere ein Vergleich mit anderen Branchen, etwa dem Produktionsmanagement in Industrieunternehmen, führt angesichts der großen Diskrepanzen im Erkenntnis- und Umsetzungsstand zu Ernüchterung. Es fällt auf, dass sich das Augenmerk von IT-Dienstleistern heute sehr stark auf die technologischen Aspekte der Produktion konzentriert. Moderne Rechenzentren, die Fabriken der IT-Dienstleistungsproduktion, sind aus technologischer Sicht mit innovativen, hochgradig automatisierten Lösungen, etwa im Bereich der Server-, Speicher- oder Netzwerklösungen, ausgestattet. Stellvertretend seien Technologien wie virtuelle Serverpools, Grid-Systeme, Storage Area Networks oder Virtual Private Networks genannt.

Ein anderes Bild bietet sich im Bereich des Produktionsmanagements. Hier kommen in der Praxis allenfalls rudimentäre Lösungsansätze zum Einsatz. Ein Transfer von vorhandenem Wissen und erprobten Lösungen aus anderen Branchen, etwa aus dem industriellen Produktionsmanagement oder der Produktion von Dienstleistungen, auf die IT-Dienstleistungsproduktion hat bisher kaum stattgefunden.

Das Fehlen umfassender, ganzheitlicher Konzepte für das Produktionsmanagement von IT-Dienstleistungen wirkt sich negativ auf die Leistungserbringung aus. Stellvertretend seien fünf Auswirkungen genannt:

- Das Kapazitätsmanagement beschränkt sich, wenn überhaupt vorhanden, auf Kapazitäten im Host-Bereich. Als Folge werden weite Teile der IT-Produktionsressourcen unzureichend ausgelastet. Unix-Server sind in der Praxis im Durchschnitt zu nicht mehr als 25 %, Intel-basierte Server sogar nur zu 5 bis 15 % ausgelastet [Schmitz 2005, 16]. Für jede neue IT-Dienstleistung werden neue Produktionsressourcen in Form von Server- und Speichersystemen in Betrieb genommen, die bezüglich der Kapazität auf die prognostizierte Spitzenauslastung ausgelegt werden, d. h. die für den durchschnittlichen Kapazitätsbedarf überdimensioniert sind. Gleiches gilt für einzelne Anwendungsprogramme, die jeweils eigene Server nutzen. Eine wirtschaftliche Produktion ist unter diesen Voraussetzungen kaum möglich.

- Es existiert kein einheitliches Dienstleistungsverständnis. Somit herrscht Unklarheit über eines der zentralen und wichtigsten Elemente der Produktion, nämlich deren Output. Zum Teil liegt der IT-Dienstleistungsproduktion in der Praxis überhaupt kein Leistungsbegriff zugrunde. Die Produktion wird auf die Bereitstellung von Produktionsressourcen reduziert. So werden etwa Hardwareressourcen oder Anwendungssysteme, d. h., Teile der Produktionsinfrastruktur, als Leistungen verkauft. Eine transparente, kundenorientierte Schnittstelle zum Leistungsabnehmer kann so nicht geschaffen werden.

- Eine outputbezogene Kostenrechnung und ein outputbezogenes Qualitätsmanagement existieren nur ansatzweise. Mangels eines allgemein akzeptierten Dienstleistungsbegriffs und mangels vorhandener Modelle und Methoden werden den Leistungsabnehmern stattdessen oft Primärkosten in Form von Ressourcenverbräuchen verrechnet oder in der Produktion ressourcenbezogene Qualitätsmerkmale definiert und überwacht.

- Der Managementfokus von IT-Dienstleistern liegt auf der Entwicklung neuer und der Weiterentwicklung bestehender Anwendungssysteme. Eine Minimierung der Kosten oder Maximierung der Qualität der Produktionsverfahren spielt nur eine untergeordnete Rolle. Auch die Wirtschaftlichkeitsbetrachtungen und Priorisierungsverfahren konzentrieren sich vor allem auf Entwicklungsprojekte. So werden beispielsweise im Rahmen des Portfoliomanagements Entwicklungsprojekte verglichen und priorisiert. Ein lebenszyklusorientiertes Management eines Dienstleistungsportfolios, wie es dem Grundgedanken des industriellen Programmmanagements entspricht, findet selten statt.
- Entwicklung und Produktion sind aufbau- und ablauforganisatorisch unzureichend miteinander verzahnt. Die Übertragung integrierter Managementkonzepte, wie z. B. Design for Manufacture and Assembly oder Simultaneous Engineering, auf die Produktion von IT-Dienstleistungen wurde bis heute allenfalls ansatzweise vorgenommen. Dies ist insbesondere deshalb von Bedeutung, da auch bei der Produktion von IT-Dienstleistungen der aus der industriellen Produktion hinreichend bekannte Zusammenhang zwischen Kostenverursachung und Kostenentstehung gilt (siehe Abb. 3). Kosten werden durch Entscheidungen in der Entwicklungsphase verursacht, entstehen aber erst in der Produktion. Dort können sie dann kaum noch beeinflusst werden.

Industrielle Produktion

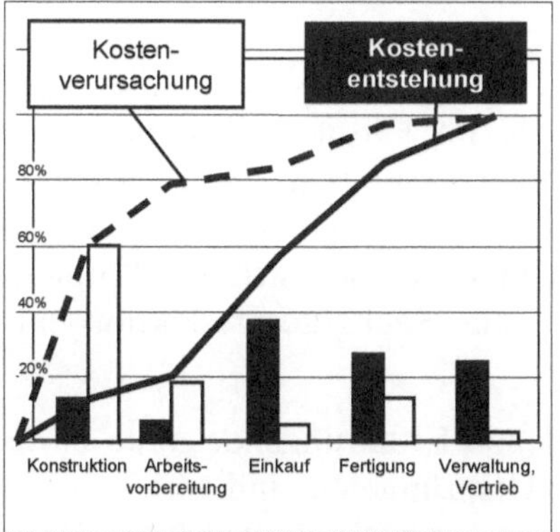

Produktion von IT-Dienstleistungen

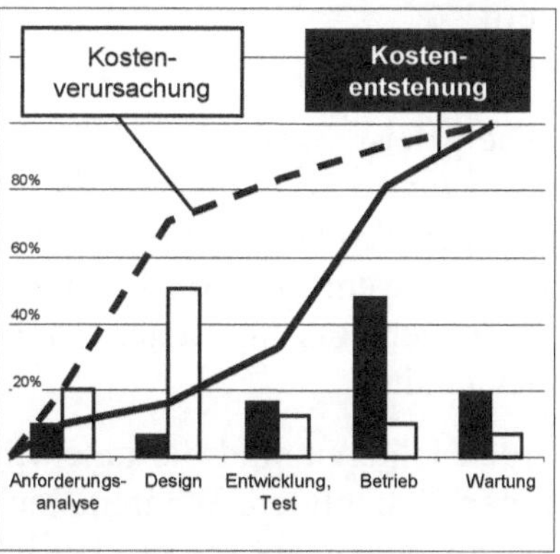

Abb. 3. Kostenverursachung und Kostenentstehung in der industriellen Produktion und der Produktion von IT-Dienstleistungen (in Anlehnung an [Eversheim 1990, 5] und [Zarnekow/Brenner/Pilgram 2005, 43])

In der Praxis wird in jüngerer Vergangenheit vermehrt die IT Infrastructure Library (ITIL) als umfassende Sammlung von "Best Practices" für die

Produktion von IT-Dienstleistungen genannt [OGC 2000; OGC 2001; OGC 2002]. In Kapitel 3.5 wird gezeigt, dass die ITIL jedoch allenfalls Teilbereiche der klassischen Inhalte und Aufgaben des Produktionsmanagements abdeckt. Für einen umfassenden Ansatz greift sie zu kurz.

1.2 Zielsetzung und Aufbau des Buches

Die praktischen Defizite im Produktionsmanagement von IT-Dienstleistungen sind nicht zuletzt zurückzuführen auf fehlende oder unzureichende betriebswirtschaftliche Konzepte und Modelle, wie sie aus anderen speziellen Betriebswirtschaftslehren bekannt sind. Vor diesem Hintergrund ist es das Ziel dieses Buches, die grundlegenden Aufgaben und -prozesse des Produktionsmanagements eines IT-Dienstleisters zu beschreiben. Damit soll auch eine systematische Strukturierung des Gebietes vorgenommen werden. Eine zentrale Rolle nimmt der Transfer bestehenden Wissens und praxiserprobter Managementkonzepte aus anderen Branchen und Disziplinen auf die IT-Dienstleistungsproduktion ein. Zwei Disziplinen stehen dabei im Mittelpunkt:

- *Dienstleistungsproduktion*: Den Output der IT-Dienstleistungsproduktion bilden Dienstleistungen. Das vorhandene Wissen über das Management der Dienstleistungsproduktion lässt sich daher auf die IT-Dienstleistungsproduktion übertragen und kann wichtige Erkenntnisse liefern.
- *Industrielle Produktion*: Im Mittelpunkt dieses Buches stehen diejenigen IT-Dienstleistungen, die industriell, d. h. im Fabriksystem, produziert werden (siehe Kapitel 2.1). Es lassen sich Analogien zwischen der industriellen Produktion und der Produktion von IT-Dienstleistungen bilden, auch wenn die Ansätze und Konzepte des industriellen Produktionsmanagements in erster Linie auf die Sachgüterproduktion ausgerichtet sind.

Zu berücksichtigen sind die unterschiedlichen Erfahrungshorizonte in den jeweiligen Disziplinen. Während sich die Ursprünge des industriellen Produktionsmanagements bis ins 19. Jahrhundert zurückführen lassen [Wöhe 1986, 67ff] und auch das Management der Dienstleistungsproduktion auf eine mehrere Jahrzehnte umfassende Entwicklung zurückblicken kann [Corsten 2001, 1ff], spielen Fragen des Managements der IT-Dienstleistungsproduktion erst in den letzten 5 bis 10 Jahren eine zunehmend wichtigere Rolle. Es darf daher nicht erwartet werden, dass der Erkenntnisstand in der IT-Dienstleistungsproduktion mit dem der allgemeinen Dienstleistungsproduktion oder gar dem der industriellen Produktion vergleichbar ist. Umso mehr bietet es sich jedoch an, vom vorhandenen Erfahrungsschatz dieser Disziplinen zu profitieren.

Die im Rahmen dieses Buches verwendete Terminologie lehnt sich bewusst an den Begrifflichkeiten des industriellen Produktionsmanagements und des Dienstleistungsproduktionsmanagements an. Für die IT-Branche mag dies ungewöhnlich erscheinen, da z. B. Begriffe wie Produktionsfaktorsysteme, Betriebsmittel, Produktionstypologien oder Produktionsprogrammplanung dort nur selten Gebrauch finden. Um Erkenntnisse aus anderen Disziplinen übertragen zu können, ist eine einheitliche Terminologie jedoch eine zwingende Voraussetzung. Nur in Ausnahmefällen, in denen die Produktion von IT-Dienstleistungen spezifische Besonderheiten aufweist, wird auf in der IT-Branche gängige Begrifflichkeiten zurückgegriffen. Dies gilt beispielsweise für die Prozesse des Incident- und Problem-Managements im Rahmen der Anwenderunterstützung, für die in der industriellen Produktion keine vergleichbaren Begrifflichkeiten existieren.

Das Buch ist in 9 Kapitel untergliedert (siehe Abb. 4). Im Anschluss an das einleitende Kapitel 1 beschäftigt sich Kapitel 2 mit den IT-Dienstleistern. Diese werden zunächst in die Betriebssystematik eingeordnet und ihre wirtschaftliche Bedeutung wird aufgezeigt. Im Anschluss folgen grundlegende Ausführungen zur Wertschöpfungskette, zu den Erscheinungsformen und zum Zielsystem von IT-Dienstleistern. Einen Kern des Kapitels bilden die Ausführungen zu den Produkten des IT-Dienstleisters. Aufbauend auf dem in der Literatur vorherrschenden Dienstleistungsproduktverständnis, werden zwei Kategorien von IT-Produkten definiert, der Zusammenhang zwischen IT-Produkten und IT-Leistungen wird herausgearbeitet und die Besonderheiten von IT-Produkten werden beschrieben. Abschließend werden die Funktionsbereiche eines IT-Dienstleisters betrachtet.

Die Kapitel 3 bis 8 beschäftigen sich mit den Inhalten und Aufgaben des Produktionsmanagements von IT-Dienstleistungen. Zunächst führt Kapitel 3 in die Grundlagen der IT-Dienstleistungsproduktion ein. Input, Throughput, Output und Eigenschaften des Produktionssystems werden beschrieben, wobei ein Schwerpunkt auf der Definition der unterschiedlichen IT-Leistungsarten liegt. Es folgen grundlegende Ausführungen zu Produktionstypologien, zu den Anforderungen an ein integriertes Produktionsmanagement und zur Rolle der IT Infrastructure Library (ITIL) innerhalb des Produktionsmanagements.

Die Gliederung der folgenden Kapitel orientiert sich an der in der Literatur vorherrschenden Strukturierung der Inhalte und Aufgaben des Produktionsmanagements. Detailliert werden das Management des Leistungsprogramms (Kapitel 4), das Management der Anwendungsentwicklung (Kapitel 5), das Management des Produktionspotentials (Kapitel 6), das Management des Produktionsprozesses (Kapitel 7) und das Management der Anwenderunterstützung (Kapitel 8) beschrieben.

Das Buch schließt mit einem Ausblick in Kapitel 9.

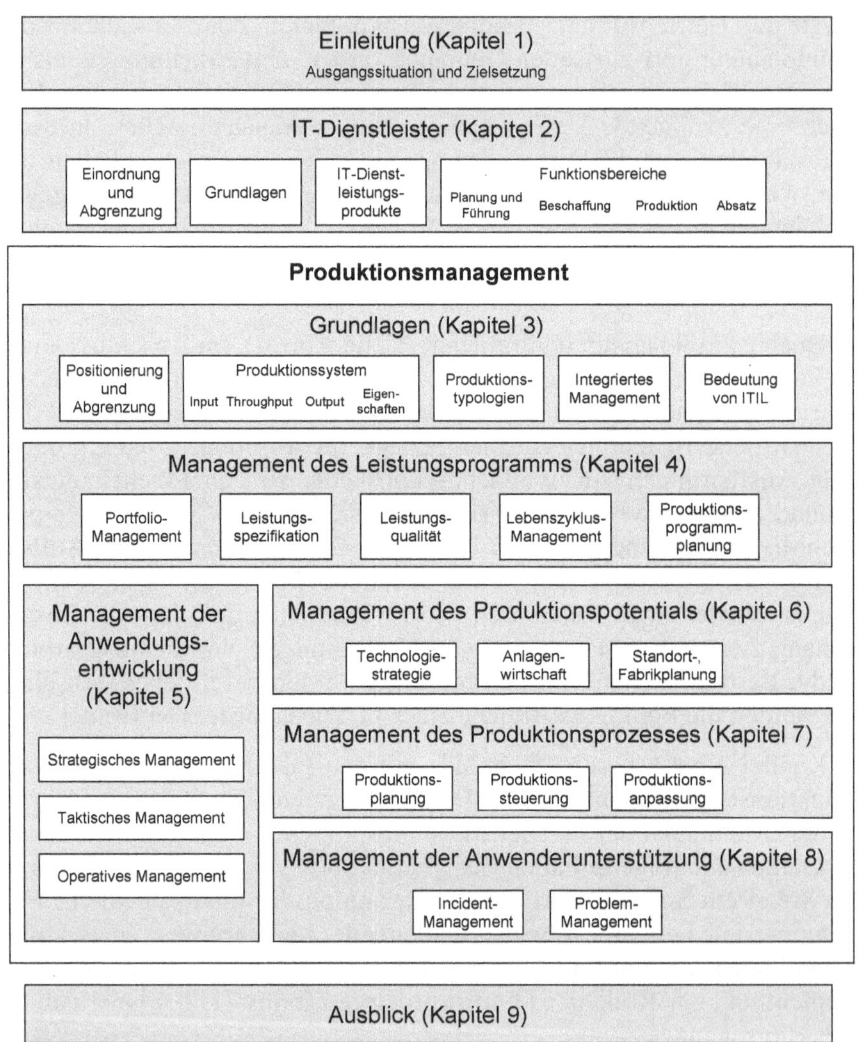

Abb. 4. Aufbau des Buches

2 Der IT-Dienstleister

2.1 Einordnung

Unternehmen lassen sich entlang vielfältiger Dimensionen untergliedern, beispielsweise nach Wirtschaftszweigen (z. B. Industrie-, Handels-, Bank-, Versicherungsunternehmen), nach der Art der erstellten Leistung (z. B. Sachleistungs- und Dienstleistungsunternehmen), nach Art und Umfang der Leistungswiederholung (z. B. Unternehmen mit Massenfertigung, Sortenfertigung, Serienfertigung oder Einzelfertigung) oder nach der Organisation des Fertigungsablaufs (z. B. Unternehmen mit Werkstattfertigung, Gruppenfertigung oder Fließfertigung).

IT-Dienstleister weisen Gemeinsamkeiten sowohl mit Industrieunternehmen als auch mit Dienstleistungsunternehmen auf. Aus diesem Grund sollen diese beiden Unternehmensarten zunächst kurz definiert werden. Klassischerweise bezieht sich der Industriebegriff in der Literatur auf die gewerbliche Sachgüterproduktion in Verlagen, Manufakturen und Fabriken [Schweitzer 1994, 19]. Verlage und Manufakturen gelten dabei historisch betrachtet als vorindustrielle Formen, weshalb heute in erster Linie Unternehmen mit einer Sachgüterproduktion auf der Basis des Fabriksystems als Industrieunternehmen bezeichnet werden. Industrieunternehmen weisen die typischen Merkmale der industriellen Produktion im Fabriksystem auf [Jacob 1990, 5]:

- einen hohen Grad an Arbeitsteilung,
- einen hohen Grad an Mechanisierung und Automatisierung,
- eine starke Normierung und Typisierung der Produktionsverfahren und der Produkte,
- eine Massenproduktion und
- einen gleichzeitigen Einsatz niedrigqualifizierter Arbeitskräfte im Produktionsprozess und hochqualifizierter Spezialisten in einzelnen Fachgebieten (z. B. Entwicklung, Arbeitsvorbereitung).

Als Dienstleistungsunternehmen werden diejenigen Unternehmen bezeichnet, deren Produkte Dienstleistungen darstellen. In einer ersten Definition wird unter einer Dienstleistung eine auf den Prozess- und Kundennutzen ausgerichtete Leistung verstanden, die an einem Menschen oder Objekt, ohne Transformation von Sachgütern, erbracht wird [Bieger 2002, 7]. Von Sachgütern unterscheiden sich Dienstleistungen vor allem durch die Eigenschaft der Intangibilität (es findet keine Transformation von Sachgütern statt), durch den zeitlichen Zusammenfall von Produktion und Verbrauch (die Dienstleistung wird direkt am Kunden oder an dessen Objekt erbracht; sie kann nicht vorab produziert und gelagert werden) und durch die hohe Bedeutung der Interaktion und des persönlichen Kontaktes zwischen Dienstleister und Kunde [Bieger 2002, 8]. Eine vertiefte Analyse der Merkmale und Besonderheiten von Dienstleistungsprodukten erfolgt in Kapitel 2.5.

Abb. 5 zeigt die Einordnung der IT-Dienstleister in die Unternehmenssystematik. In einer ersten Gliederungsstufe lassen sich IT-Unternehmen im Sinne einer wirtschaftszweigorientierten Untergliederung als eine Ausprägung der Produktionsbetriebe betrachten. Als IT-Unternehmen werden demnach diejenigen Produktionsunternehmen bezeichnet, deren Produkte dem Bereich der IT zuzuordnen sind. IT-Unternehmen können nach der Art der erstellten Produkte weiter untergliedert werden in IT-Hardwareunternehmen IT-Softwareunternehmen und IT-Dienstleister (siehe Abb. 5). Die Produkte von IT-Hardwareunternehmen sind materielle Sachgüter und umfassen im Wesentlichen Computerhardware, Datenkommunikations- und Netzwerkhardware, Hardware zur Endbenutzer-Kommunikation und Hardware zur Büroausstattung [EITO 2004]. Als IT-Softwareunternehmen werden diejenigen IT-Unternehmen bezeichnet, deren Endprodukt Software darstellt. Dabei kann es sich sowohl um Standardsoftware als auch um Individualsoftware handeln.

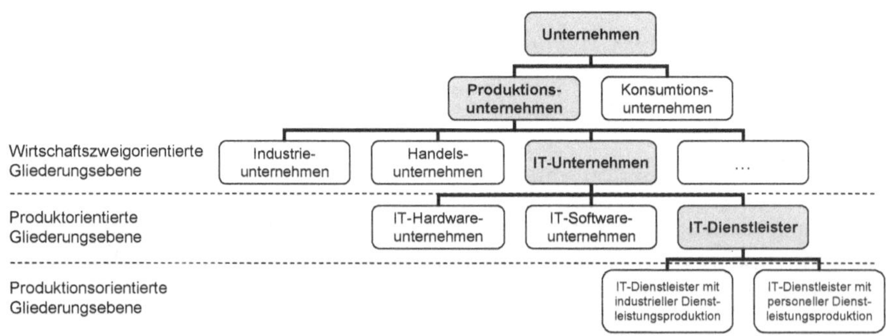

Abb. 5. Einordnung der IT-Dienstleister

Im Mittelpunkt dieses Buches stehen die IT-Dienstleister. Gemäß der obigen Definition eines Dienstleistungsunternehmens stellen ihre Produkte Dienstleistungen im Bereich der IT dar. Sie unterscheiden sich somit von den IT-Hardware- und IT-Softwareunternehmen, deren Kernprodukte keine Dienstleistungen sind. Hardwareprodukte entstehen durch die Transformation von Sachgütern und sind materieller Art. Software als Produkt ist zwar immateriell, die Leistung wird aber nicht unmittelbar an einem Kunden oder dessen Objekt erbracht, sodass Konsumtion und Produktion nicht zeitgleich sind und auch ein hoher persönlicher Kontakt mit dem Kunden nicht zwingend erforderlich ist. Allenfalls die Entwicklung von Individualsoftware kann bei einer weiten Auslegung des Dienstleistungsbegriffs als eine Dienstleistung betrachtet werden.

Das Produktspektrum von IT-Dienstleistern ist vielfältig, weshalb eine weitere Untergliederung für eine tiefergehende Analyse erforderlich ist. Es bietet sich an, IT-Dienstleister nach der Art des Produktionsprozesses in Unternehmen mit einer industriellen Dienstleistungsproduktion und Unternehmen mit einer personellen Dienstleistungsproduktion zu unterteilen (siehe Abb. 5):

- *IT-Dienstleister mit industrieller Dienstleistungsproduktion:* Die oben aufgeführten Merkmale der industriellen Produktion, insbesondere der hohe Automatisierungsgrad, die starke Standardisierung der Produktionsverfahren und Produkte und die Massenproduktion, zeichnen nicht nur die Sachgüterproduktion aus, sondern gelten auch für die Produktion bestimmter IT-Dienstleistungen, weshalb diese im Folgenden als industriell erzeugte IT-Dienstleistungen, oder kurz industrielle Dienstleistungen, bezeichnet werden. Typische industrielle IT-Dienstleistungen sind
  - Infrastrukturdienstleistungen (z. B. Bereitstellung von Rechen-, Kommunikations- oder Netzwerkressourcen),
  - IT-Arbeitsplatzdienstleistungen (z. B. E-Mail-Leistungen, Druckdienstleistungen),
  - Geschäftsprozessdienstleistungen (z. B. die IT-gestützte Abwicklung von Buchhaltungsprozessen, Personalmanagementprozessen oder Einkaufsprozessen) oder
  - Unterstützungs- und Wartungsdienstleistungen (z. B. Help-Desk-Dienstleistungen).

  Eine detaillierte Betrachtung und Analyse industriell erzeugter IT-Dienstleistungen erfolgt in Kapitel 2.5. Die beispielhaft genannten industriellen Dienstleistungen weisen die typischen Merkmale von Dienstleistungen auf:

- Es findet keine Transformation von Sachgütern statt, da ausschließlich Informationen und Daten transformiert werden.
- Die Dienstleistungen werden direkt am Kunden oder dessen Objekt erbracht. Eine Help-Desk-Dienstleistung wird z. B. direkt am Anwender, der den Help-Desk kontaktiert, erbracht und eine Druckdienstleistung direkt an einem Objekt des Anwenders, nämlich einem Dokument des Anwenders.
- Produktion und Verbrauch der Dienstleistungen sind zeitgleich. Eine IT-Dienstleistung zur Unterstützung eines Geschäftsprozesses wird genau in dem Moment erbracht (produziert), in dem der Kunde den Geschäftsprozess durchführt (verbraucht).

Gleichzeitig wird deutlich, dass diese IT-Dienstleistungen auch die bereits beschriebenen Merkmale einer Produktion im Fabriksystem aufweisen. So ist beispielsweise die IT-gestützte Abwicklung einer Buchungstransaktion als Produkt hochgradig automatisiert (sie wird typischerweise in einem Rechenzentrum erbracht), das Produktionsverfahren und das Produkt sind exakt normiert und es handelt sich um eine Massenproduktion (es werden beispielsweise in einem Großunternehmen mehrere tausend Buchungstransaktionen pro Tag abgewickelt).

Zur Erbringung industrieller IT-Dienstleistungen ist in der Regel der Einsatz von IT-Hardware- und IT-Softwareprodukten erforderlich. So sind beispielsweise zur Bereitstellung einer Bürokommunikationsdienstleistung Hardwareprodukte (PC, Drucker, Netzwerke) und Softwareprodukte (Betriebssysteme, Anwendungssoftware) erforderlich. Aus diesem Grund produzieren größere IT-Dienstleister oft ebenfalls Hardware- und Softwareprodukte, d. h., sie treten gleichzeitig als IT-Hardwareunternehmen, IT-Softwareunternehmen und IT-Dienstleister auf. Beispiele für derartige IT-Dienstleister sind die Unternehmen IBM und Hewlett-Packard. Andere IT-Dienstleister kaufen die benötigte IT-Hardware und IT-Software ein.

- *IT-Dienstleister mit personeller Dienstleistungsproduktion:* Personell produzierte Dienstleistungen werden häufig auch als Professional Services bezeichnet und bilden mit ihren Eigenschaften quasi einen Gegenpol zu den industriell erzeugten Dienstleistungen. Sie sind durch folgende Merkmale gekennzeichnet [Lowendahl 1997, 18]:
  - eine hohe Wissensintensität,

- den Einsatz hochqualifizierter Spezialisten mit einem hohen Grad an Handelsspielraum und persönlichem Urteilsvermögen,
- hochgradig kundenindividuelle Leistungen,
- eine intensive Kommunikation und Interaktion zwischen Dienstleister und Kunde und
- die Einhaltung professioneller und ethischer Standards.

Zu den klassischen Professional-Service-Unternehmen gehören Anwaltskanzleien, Beratungsunternehmen, Wirtschaftsprüfungsunternehmen, Investmentbanken, Marketing-Agenturen oder Architekten. Auch IT-Dienstleister bieten heute eine Vielzahl von Professional Services an. Hierzu zählen Beratungsleistungen (z. B. IT-Beratung, Strategieberatung, Managementberatung), Ausbildungs- und Schulungsleistungen, Projektmanagementleistungen oder Systemintegrationsleistungen. Vereinzelt wird auch die Softwareentwicklung, und hier insbesondere die Entwicklung von Individualsoftware, als Professional Service bezeichnet, da sie ebenfalls den oben genannten Merkmalen entspricht.

Der Fokus dieses Buches liegt auf der Beschreibung der Aufgaben und Prozesse des Produktionsmanagements für IT-Dienstleister mit industrieller Dienstleistungsproduktion (siehe Abb. 6).

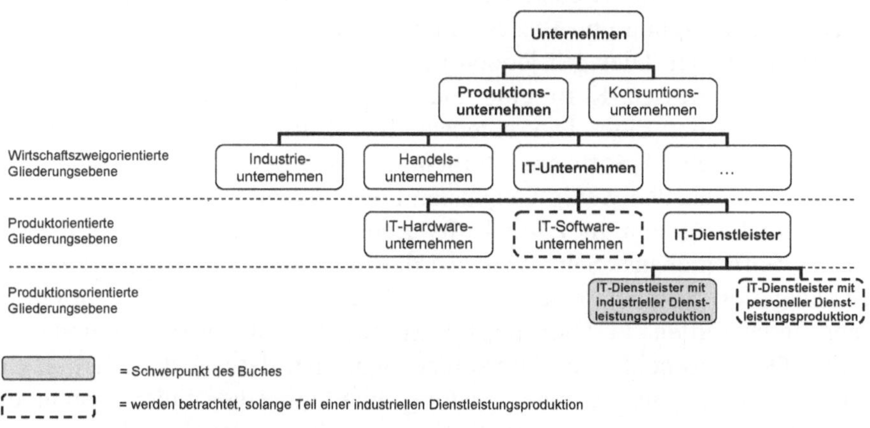

Abb. 6. Fokus des Buches

In der Praxis bieten IT-Dienstleister heute jedoch immer häufiger Produkte an, bei denen es sich um Dienstleistungsbündel [Corsten 2001, 30] handelt, d. h. bei denen mehrere IT-Dienstleistungen zu einem kundenorientierten

Leistungsbündel zusammengefasst werden. Bietet ein IT-Dienstleister beispielsweise die Abwicklung eines internetgestützten Vertriebsprozesses als Produkt an, so handelt es sich dabei zwar im Kern um eine industrielle Dienstleistung, diese muss aber um zusätzliche Dienstleistungen aus dem Bereich der Professional Services ergänzt werden, damit das Gesamtprodukt einen hohen Kundennutzen erzeugt. So erwartet der Kunde etwa, dass seine Mitarbeiter durch den IT-Dienstleister im Umgang mit dem neuen Vertriebsprozess geschult werden, dass vorab durch den IT-Dienstleister eine Beratung hinsichtlich der konkreten Gestaltung des Vertriebsprozesses erfolgt oder dass das Projekt zur Einführung des Vertriebsprozesses durch den IT-Dienstleister geleitet wird.

Um das Produkt überhaupt produzieren zu können, d. h. um beispielsweise einen internetgestützten Vertriebsprozess überhaupt durchführen zu können, muss der IT-Dienstleister vorab in der Regel auch Anwendungssysteme individuell entwickeln oder Standardsoftwarelösungen einsetzen. Somit enthält das Leistungsbündel auch Softwareentwicklungsleistungen, die typischerweise einem IT-Softwareunternehmen zuzuordnen sind.

Das Beispiel macht deutlich, dass es nicht sinnvoll ist, im Rahmen des Produktionsmanagements industrielle IT-Dienstleistungsprodukte isoliert zu betrachten. Als Konsequenz umfassen die in dieser Arbeit beschriebenen Inhalte und Aufgaben, obwohl sie sich im Kern auf IT-Dienstleister mit einer industriellen Dienstleistungsproduktion konzentrieren, auch Aussagen zur Erbringung von Professional Services und zur Entwicklung von Softwarelösungen. Dies gilt jedoch nur insoweit, als diese Teil eines Produkts bilden, dessen Kern eine industrielle IT-Dienstleistung darstellt. Konkret bedeutet dies: Die eigenständige Entwicklung von Softwareprodukten durch IT-Softwareunternehmen, wie beispielsweise Microsoft oder SAP, ist ebenso wenig Gegenstand der folgenden Betrachtungen wie die Entwicklung von Individualsoftwareprodukten durch ein mittelständisches Softwarehaus. Sehr wohl werden dahingegen Aussagen zur Entwicklung von Softwarelösungen, die als Voraussetzung zur Erbringung eines industriellen IT-Dienstleistungsprodukts entwickelt werden, gemacht. Der entscheidende Unterschied dabei ist, dass in diesem Fall die Softwareentwicklung als eine Leistung innerhalb eines Leistungsbündels betrachtet wird. Die entwickelte Software stellt kein Produkt dar, sondern bildet eine Komponente der zur Erbringung eines industriellen IT-Dienstleistungsprodukts erforderlichen Produktionsinfrastruktur, d. h. ein Betriebsmittel.

Gleiches gilt für die Berücksichtigung von Professional Services. Ein Schulungsanbieter, der Aus- und Weiterbildungsleistungen im IT-Bereich anbietet, ist nicht Gegenstand der folgenden Ausführungen. Zwar handelt es sich gemäß der oben dargestellten Klassifikation um einen IT-Dienstleister, die erbrachten Dienstleistungen sind jedoch ein eigenständiges Produkt und nicht Teil eines Leistungsbündels, dessen Kern eine industrielle IT-Dienstleistung bildet. Anders verhält es sich dahingegen mit Beratungsleistungen, die im Rahmen der Übernahme eines Geschäftsprozesses durch einen IT-Dienstleister erbracht werden, oder mit Wartungs- und Anwenderunterstützungsleistungen, die Teil einer Bürokommunikationsdienstleistung sind. Diese sind aufgrund ihrer Stellung als Teil eines Leistungsbündels, in dessen Mittelpunkt eine industrielle IT-Dienstleistung steht, sehr wohl relevant für das Produktionsmanagement.

Die beschriebene Eingrenzung ist erforderlich, da andernfalls mehrere, vollständig unterschiedliche Produktionsprozesse beschrieben werden müssten, was den Rahmen dieses Buches sprengen würde. Der Produktionsprozess eines Softwarehauses zur Entwicklung eines neuen Softwareprodukts unterscheidet sich grundsätzlich vom Produktionsprozess eines IT-Dienstleisters zur Erbringung einer Rechenzentrumsdienstleistung. So bildet im ersten Fall die Softwareentwicklung den Produktionsprozess und die entwickelte Software das Produkt des Softwarehauses. Im zweiten Fall besteht der Produktionsprozess z. B. aus der Abwicklung einer Buchungstransaktion, gegebenenfalls unter Einsatz von Software als Teil einer Produktionsanlage, und das produzierte Produkt ist eine Dienstleistung. Der Produktionsprozess von Professional Services, z. B. von IT-Strategieberatungsdienstleistungen, ist wiederum grundsätzlich anders gestaltet.

2.2 Wirtschaftliche Bedeutung

Das Jahrbuch der Initiative European Information Technology Observatory (EITO) gibt Auskunft über die Bedeutung und die Entwicklung des weltweiten und europäischen IT-Marktes. Abb. 7 zeigt die Entwicklung des Marktvolumens und des Marktwachstums im Zeitraum 1995-2005.

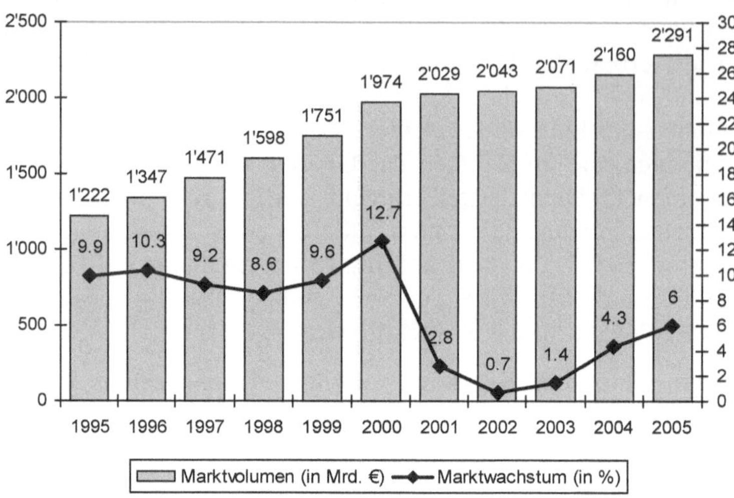

Abb. 7. Weltweites Marktvolumen und Marktwachstum des IT-Marktes von 1995-2005 [EITO 2004]

Man erkennt, dass sich das Marktvolumen im Betrachtungszeitraum nahezu verdoppelt hat, insbesondere aufgrund des starken Wachstums in der zweiten Hälfte der 1990er Jahre. Nach einer kurzen Stagnationsphase hat sich das Marktwachstum seit 2002 wieder kontinuierlich beschleunigt. Zu den Zahlen ist anzumerken, dass diese auch den Markt für Telekommunikationsprodukte und -leistungen beinhalten. Die Verteilung des Marktvolumens auf die zentralen Marktsegmente zeigt die Abb. 8 für das Jahr 2003.

Umsätze 2003 (in Mrd. €)	IT-Hardware	IT-Software	IT-Dienstleistungen	Kommunikationsdienstleistungen
Westeuropa	148.3	64.8	122.1	257.3
USA	150.7	96.1	182.2	241.9
Japan	89.9	18.5	41.9	104.2
Rest der Welt	197.7	19.4	46.1	289.8
Summe	**586.5**	**198.8**	**392.3**	**893.2**

Abb. 8. Marktvolumen für zentrale Marktsegmente in 2003 [EITO 2004]

Die USA stellten 2003 den weltweit größten Markt für IT-Hardware, IT-Software und IT-Dienstleistungen dar. Für Kommunikationsdienstleistungen bildet dahingegen Westeuropa den größten Markt. Die größten Einzelmärkte in Westeuropa sind im Jahr 2004 Deutschland (21,2 %), UK (20,4 %), Frankreich (14,9 %), Italien (11,0 %), Spanien (6,1 %) und die Niederlande (5,2 %) [EITO 2004].

Für eine weitergehende Interpretation der dargestellten Zahlen ist es erforderlich, die genaue Abgrenzung der einzelnen Marktsegmente zu kennen. Das Marktsegment IT-Hardware setzt sich demnach aus den folgenden Kategorien zusammen:

- Computerhardware (engl. computer hardware),
- Datenkommunikations- und Netzwerkhardware (engl. datacom and network equipment),
- Bürohardware (engl. office equipment) und
- Hardware für die Endbenutzer-Kommunikation (eng. end-user communications equipment).

Die Kommunikationsdienstleistungen setzen sich zusammen aus:

- Festnetz-Sprachdienstleistungen (engl. fixed voice telephone services),
- Festnetz-Datendienstleistungen (engl. fixed data services),
- Mobiltelefon-Dienstleistungen (engl. mobile telephone services) und
- Kabelfernseh-Dienstleistungen (engl. cable TV services).

Das größte Wachstum weisen in diesem Marktsegment in den Jahren 2002-2005 die Segmente Festnetz-Datendienstleistungen und Mobiltelefon-Dienstleistungen auf. Einzig die Festnetz-Sprachdienstleistungen entwickelten sich in diesem Zeitraum negativ.

Auch die IT-Dienstleistungen lassen sich weiter untergliedern, allerdings verwenden die verfügbaren Studien unterschiedliche Gliederungskriterien. Gemäß IDC setzte sich der deutsche Markt für IT-Dienstleistungen im Jahr 2003 wie in Abb. 9 dargestellt zusammen:

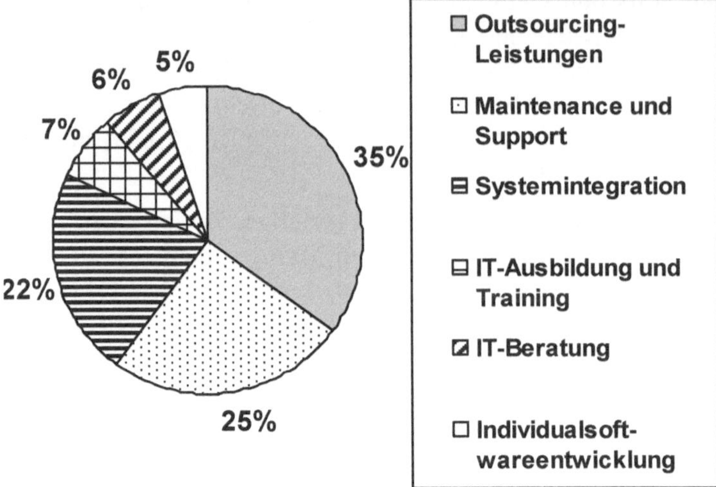

Abb. 9. Der deutsche Markt für IT-Dienstleistungen [IDC 2004]

Outsourcing-Leistungen und ein Teil der Maintenance- und Supportleistungen stellen in diesem Zusammenhang industriell erzeugte IT-Dienstleistungen dar, die anderen Bereiche sind den Professional Services zuzuordnen. Eine andere Untergliederung der Professional Services liefert eine repräsentative Befragung der Meta Group, innerhalb deren die Bedeutung verschiedener Professional Services ermittelt wurde. Kunden fragen demnach vor allem die in Abb. 10 gezeigten Dienstleistungen nach.

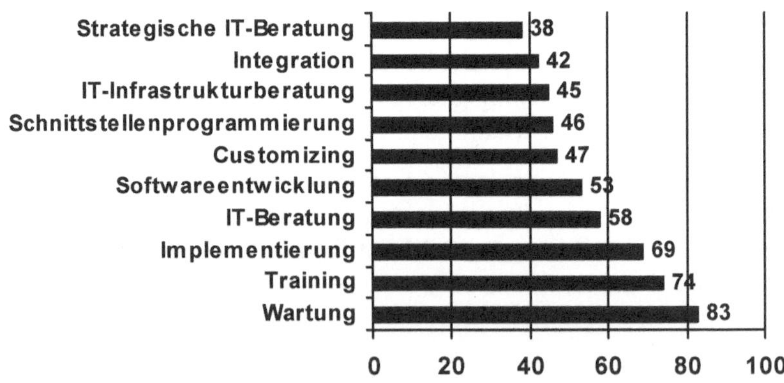

Abb. 10. Bedeutung verschiedener Professional Services (alle Angaben in Prozent der Nennung; Mehrfachnennungen möglich) [Metagroup 2004]

Auch zur Bedeutung einzelner IT-Dienstleister liegen Untersuchungsdaten vor. Gemäß einer Studie der Gartner Group erzielten die weltweit zehn größten IT-Dienstleister im Jahr 2004 die in Abb. 11 dargestellten Umsätze.

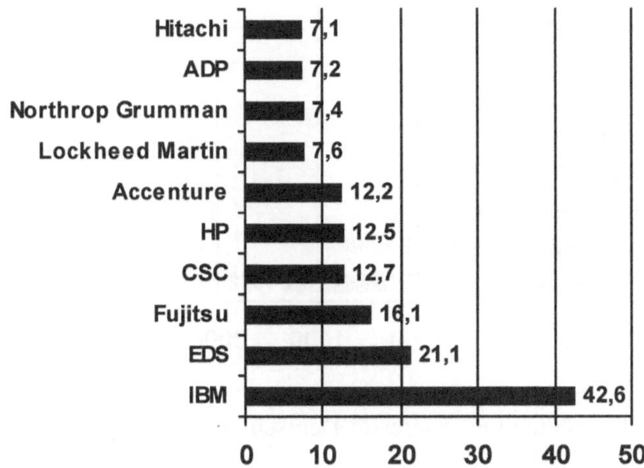

Abb. 11. Umsätze der weltweit zehn größten IT-Dienstleister in 2004 (alle Angaben in Mrd. USD) [Gartner Research 2004]

Insgesamt ermittelte Gartner Research für das Jahr 2004 ein weltweites Marktvolumen für IT-Dienstleistungen in Höhe von 569 Mrd. USD. Das Marktvolumen liegt damit um knapp 20 % über den durch EITO ermittelten Zahlen. Dies dürfte daran liegen, dass der IT-Dienstleistungsmarkt in beiden Untersuchungen unterschiedlich abgegrenzt wurde.

Als Anhaltspunkt für die wirtschaftliche Bedeutung industriell erzeugter IT-Dienstleistungen eignen sich am ehesten die Umsätze des Outsourcing-Marktes. Im deutschen Outsourcing-Markt wurden im Jahr 2003 Umsätze in Höhe von 9,87 Mrd. Euro erzielt, was einem Wachstum gegenüber dem Vorjahr von 9 % entsprach [OVUM 2004]. Die zehn größten Outsourcer in Deutschland erzielten dabei in 2003 die in Abb. 12 dargestellten Umsätze.

Die unternehmensspezifischen Aufzählungen machen deutlich, an welche Unternehmen sich die Inhalte und Aussagen dieses Buches in erster Linie richten. Insgesamt repräsentieren die durch diese Unternehmen erbrachten IT-Dienstleistungen, je nach Untersuchung, im Jahr 2004 ein weltweites Marktvolumen von 400-500 Mrd. Euro. Hinzu kommt, dass ein nicht unbedeutender Teil der Marktleistungen in den Segmenten IT-Software und

IT-Hardware, gemäß den Ausführungen im vorigen Kapitel, ebenfalls für die Erbringung von IT-Dienstleistungen genutzt wird.

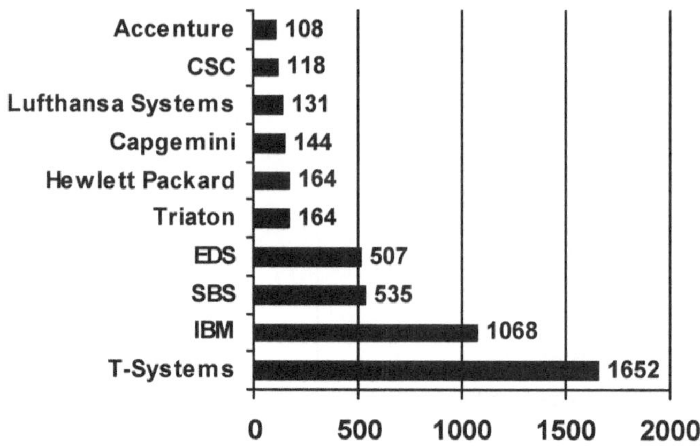

Abb. 12. Umsätze der 10 größten Outsourcer in Deutschland in 2003 (alle Angaben in Mio. Euro) [OVUM 2004][2]

2.3 IT-Dienstleister im Rahmen des Informationsmanagements

2.3.1 Einordnung und Abgrenzung

Hinweise und Aussagen zu den Zielen, Aufgaben und Instrumenten eines IT-Dienstleisters finden sich in erster Linie in der umfangreichen Literatur zum Informationsmanagement. Bereits bei der Definition des Informationsmanagements wird jedoch ein grundlegender Verständnisunterschied deutlich. Gemäß Brenner beschäftigt sich das „Informationsmanagement als Teil der Unternehmensführung mit der Erkennung und Umsetzung der Potentiale der Informations- und Kommunikationstechnologie in Lösungen“ [Brenner 1994a, 5]. Andere Autoren folgen diesem Verständnis. So versteht Heinrich unter Informationsmanagement „das Leitungshandeln

[2] Triaton wurde Anfang 2004 von Hewlett Packard übernommen

(Management) in einem Unternehmen in Bezug auf Information und Kommunikation […], folglich alle Führungsaufgaben, die sich mit Information und Kommunikation im Unternehmen befassen“ [Heinrich 2002, 8]. Für Krcmar ist das Informationsmanagement „sowohl Management- als auch Technologiedisziplin und gehört zu den elementaren Bestandteilen heutiger Unternehmensführung“ [Krcmar 2002].

In allen drei Definitionen wird das Informationsmanagement als eine unternehmerische Führungsaufgabe verstanden. Die Literatur zum Informationsmanagement betrachtet demnach nicht primär den IT-Dienstleister als eigenständige wirtschaftliche Einheit, sondern setzt sich vielmehr mit dem Einsatz von IT innerhalb eines Unternehmens auseinander. Aus dieser inhaltlichen Ausrichtung folgt, dass den Arbeiten zum Informationsmanagement fast immer ein klassisches Organisationsverständnis der Informationsverarbeitung im Unternehmen zugrunde liegt, d. h. das Verständnis einer internen IT-Abteilung als Funktionsbereich, der Leistungen für das eigene Unternehmen erbringt. Dieses Verständnis unterscheidet sich von der diesem Buch zugrunde liegenden Sicht des IT-Dienstleisters als eigenständigen Dienstleistungsanbieter.

Inhaltlich konzentrieren sich die Arbeiten zum Informationsmanagement vor allem auf zwei Themenschwerpunkte:

- die Rolle und Bedeutung von IT im Unternehmen und
- die konkreten Aufgaben, die im Rahmen des Informationsmanagements in einem Unternehmen, und vor allem innerhalb der IT-Abteilung, wahrzunehmen sind.

Auf beide Schwerpunkte wird im Folgenden kurz eingegangen, wobei insbesondere die Zusammenhänge mit und Auswirkungen auf IT-Dienstleister betrachtet werden.

2.3.2 Rolle und Bedeutung von IT im Unternehmen

Die Rolle und Bedeutung von IT im Unternehmen hat sich in den vergangenen rund 30 Jahren kontinuierlich weiterentwickelt und dabei mehrere Phasen durchlaufen (siehe Abb. 13).

Die elektronische Datenverarbeitung hielt in den 1960er/1970er Jahren Einzug in den Unternehmen. Mainframe- und Mini-Computer ermöglichten es, informationsbasierte Unternehmensprozesse zu automatisieren und auf diese Weise Effizienzsteigerungen zu erzielen [Ward/Peppard 2002, 8ff]. Erste Modelle zur Gestaltung eines IT-Anwendungs-Portfolios, wie beispielsweise das von Anthony entwickelte hierarchische Modell der Operativen-, Kontroll- und Planungs-Systeme [Anthony 1965], und zu den evolutionären Phasen der Einführung von IT im Unternehmen, wie beispielsweise das Phasenmodell von Gibson und Nolan [Gibson/Nolan 1974], wurden entwickelt.

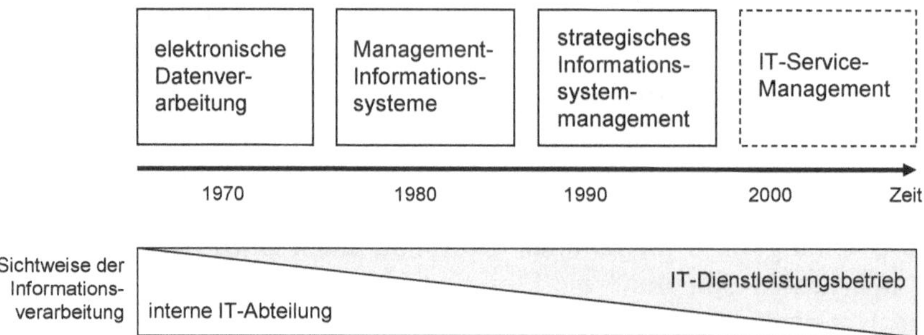

Abb. 13. Entwicklungsphasen des Informationsmanagements

Während in der Frühphase der elektronischen Datenverarbeitung einzelne Unternehmensbereiche dezentral und selbständig die mit der elektronischen Datenverarbeitung verbundenen Aufgaben, wie Programmierung, Datensammlung und Betrieb, wahrnahmen, wurden diese im Folgenden in einem eigenständigen organisatorischen Funktionsbereich, der IT-(damals EDV-)Abteilung, zusammengefasst, um den Herausforderungen einer wachsenden Zahl von IT-Anwendungssystemen und von neuen Technologien besser gerecht werden zu können [Ward/Peppard 2002, 12f]. Die IT-Abteilung stellte somit die erste frühe Form eines IT-Dienstleisters dar. Sie folgte einem stark problem- und aufgabengetriebenen Ansatz. Die verfügbaren Aufgaben- und Managementmodelle betrachteten die IT-Abteilung aus einer internen Perspektive heraus, d. h., in ihrem Mittelpunkt standen das Management der IT-Ressourcen und die Lösung technischer und anwendungsbezogener Herausforderungen, vor allem zur Unterstützung operativer Unternehmensprozesse. Die Nutzung der Potentiale der IT für das Unternehmen spielte nur eine untergeordnete Rolle.

Die zunehmende Leistungsfähigkeit der IT und neue Lösungskonzepte, wie z. B. Datenbanken, Tabellenkalkulationen oder Lösungen für Endbenutzer, ermöglichten die Entwicklung neuartiger Anwendungssysteme, die sich der besseren und effizienteren Versorgung des Managements mit entscheidungsrelevanten Informationen widmeten. Dies läutete die Ära der Management-Informationssysteme (MIS) ein [Somogyi/Galliers 2003,

11ff]. Im Gegensatz zu den Anwendungssystemen der EDV-Ära, bei denen es primär um eine effiziente Abwicklung von Transaktionen ging, hatten MIS das Ziel, die Prozesse der Problemlösung und Entscheidungsfindung auf unterschiedlichen Managementebenen zu unterstützen. Für die IT-Abteilung hatte dies eine Reihe neuer Aufgaben und Herausforderungen zur Folge. So mussten beispielsweise erstmals ein Anwender-Support geleistet, die Rollenverteilung zwischen EDV und Anwender definiert und organisatorische Regeln, anstelle von EDV-Methoden, umgesetzt werden [Ward/Peppard 2002, 19]. Erstmals traten auch Konflikte zwischen IT-Abteilung und Anwendern offen zutage, weil Anwender mit den Leistungen der IT-Abteilung nicht zufrieden waren. Die leistungsorientierte Sichtweise der Anwender führte dazu, dass sich IT-Abteilungen einen ersten Schritt hin in Richtung eines IT-Dienstleisters bewegen mussten.

Die Frage nach dem Nutzenbeitrag der IT für das Unternehmen, welche bereits beim Übergang von der EDV- zur MIS-Ära eine wichtige Rolle spielte, führte ab der zweiten Hälfte der 1980er Jahre zur Entwicklung einer Vielzahl neuer Ansätze und Modelle, die unter dem Begriff des strategischen Informationssystemmanagements zusammengefasst wurden. Das Informationssystemmanagement verfolgt einen Top-Down-Ansatz, innerhalb dessen, ausgehend vom Nutzen der IT für ein Unternehmen, die Rollen, Aufgaben und Ressourcen des Informationsmanagements bestimmt werden [Brenner 1994b, 13ff]. Die Hauptaufgabe der IT wird darin gesehen, die Wettbewerbsfähigkeit eines Unternehmens zu verbessern. Investitionen in die IT sind als Quelle für Wettbewerbsvorteile zu betrachten, beispielsweise durch die Umsetzung neuer Geschäftsmodelle oder unternehmensübergreifender Geschäftsprozesse. Für eine detaillierte Betrachtung der Ziele und Inhalte des strategischen Informationssystemmanagements sei auf die vielfältige Literatur verwiesen (siehe z. B. [Brenner 1994b] oder [Galliers/Leidner 2003]). Im Folgenden soll vor allem auf die Auswirkungen auf die IT-Abteilung eingegangen werden, die sich in dieser Phase einen weiteren Schritt in Richtung eines IT-Dienstleisters weiterentwickelte. Ward und Peppard nennen als zentrale Erfolgsfaktoren innerhalb des Informationssystemmanagements unter anderem die folgenden Punkte [Ward/Peppard 2002, 35ff]:

- externer statt interner Fokus,
- Nutzen erzeugen statt Kosten reduzieren,
- Kunden verstehen und
- geschäftsorientierte statt technologieorientierte Innovationen.

Nur ein dienstleistungsorientiertes Verständnis der IT-Abteilung ermöglicht es, diese Erfolgsfaktoren zu nutzen. Vor allem strategische Fragen, wie beispielsweise die optimale Abstimmung von Geschäfts- und IT-Strategie (engl. strategic alignment), die strategische Ausrichtung des Anwendungs-Portfolios, die langfristige Gestaltung der Beziehung zwischen IT-Abteilung und Fachbereichen und die Vernetzung von Geschäftsprozessen über Unternehmensgrenzen hinweg, standen im Mittelpunkt des Interesses. Erstmals tauchte auch der Begriff des Produkts oder der Dienstleistung in Verbindung mit IT-Leistungen auf, vor allem im Zusammenhang mit informationsbasierten Produkten. So definieren Wang et al. beispielsweise unterschiedliche Arten von Informationsprodukten und entwickeln vier produktorientierte Managementprinzipien [Wang et al. 1998]. Ward und Peppard beschreiben die Bedeutung informationsbasierter Geschäftsprodukte und Dienstleistungen [Ward/Peppard 2002, 33].

Aktuell ist in der Entwicklung der IT im Unternehmen eine vierte Phase zu beobachten, die unter dem Begriff IT-Service-Management zusammengefasst werden kann. Obwohl es noch zu früh ist, um abschließend zu beurteilen, ob das IT-Service-Management wie die drei vorangegangenen Phasen eine neue Ära einläutet, sind schon heute einige zentrale Entwicklungstrends dieser Phase erkennbar. Im Mittelpunkt des IT-Service-Managements steht die konsequente Dienstleistungs- und Prozessorientierung der Informationsverarbeitung. Es forciert den Wandel von einer technologieorientierten IT-Abteilung hin zu einem kundenorientierten IT-Dienstleister [Hochstein/Hunziker 2003, 45]. Die traditionelle Sicht der IT-Abteilung als interner Funktionsbereich wird ergänzt um Aspekte des IT-Dienstleisters. So beschreiben Böhmann und Krcmar als Grundlagen des IT-Service-Managements Aspekte der Kundenorientierung, Leistungsspezifikation und -messung, Prozessorientierung, Kundenintegration, Service-Architekturen und Dienstleistungsmodularisierung [Böhmann/Krcmar 2004]. Zarnekow und Brenner stellen das Konzept eines produktorientierten Informationsmanagements vor [Zarnekow/Brenner 2003b]. Hochstein und Hunziker vergleichen serviceorientierte Referenzmodelle des Informationsmanagements [Hochstein/Hunziker 2003]. Scheeg und Pilgram schlagen eine integrierte Kostenkalkulation für IT-Produkte vor [Scheeg/ Pilgram 2003]. Durch eine klare Trennung der IT-Leistungserbringung und IT-Leistungsabnahme wird innerhalb des IT-Service-Managements auch die unternehmensinterne Position der IT-Abteilung zugunsten eines wertschöpfungsorientierten Ansatzes aufgehoben, in dem IT-Dienstleistungen über Unternehmensgrenzen hinweg nach Bedarf eingekauft werden.

2.3.3 Aufgaben innerhalb des Informationsmanagements

Die im vorigen Abschnitt beschriebenen Entwicklungsstufen haben Auswirkungen auf die konkreten Aufgaben, die im Rahmen des Informationsmanagements zu erbringen sind. Dementsprechend haben sich auch die Aufgaben- und Prozessmodelle weiterentwickelt. Bereits in den 1980er Jahren entwickelte Österle ein grundlegendes Modell, innerhalb dessen die Aufgaben des Informationsmanagements in drei Bereiche unterteilt werden (siehe Abb. 14) [Österle 1987]:

- Die informationsbewusste Unternehmensführung ist die unternehmerische Sicht auf die IT, in deren Mittelpunkt der bedarfsgerechte (effektive) Einsatz von IT-Ressourcen steht.
- Das Management des Informationssystems betrachtet die Informationsverarbeitung aus einer logisch-konzeptionellen Sicht. Es beschäftigt sich mit der Entwicklung und dem Betrieb des Informationssystems, d. h. der Summe aller einzelnen Informationssysteme im Unternehmen.
- Das Management der Informatik konzentriert sich auf die Infrastruktur zur Entwicklung und zum Betrieb des Informationssystems und ist für die Hardware-, Systemsoftware- und Netzwerk-Infrastruktur verantwortlich.

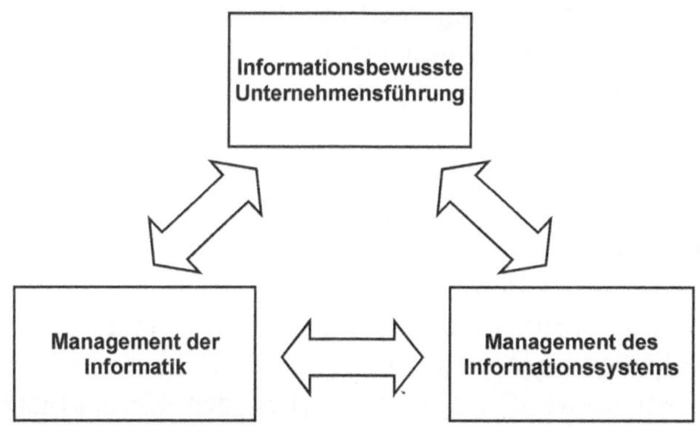

Abb. 14. Teilbereiche des Informationsmanagements [Österle 1987]

Diese Dreiteilung findet sich auch in den Beiträgen anderer Autoren. Wollnick unterscheidet in einem Drei-Ebenen-Modell des Informationsmanagements die Ebenen des Informationseinsatzes, der Informations- und Kommunikationssysteme sowie der IK-technischen Infrastrukturen [Wollnick 1988]. Krcmar gliedert das Informationsmanagement nach Objekten und unterscheidet die drei Bereiche „Management der Informationswirtschaft (Angebot, Nachfrage, Verwendung)“, „Management der Informationssysteme (Daten, Prozesse, Anwendungslebenszyklus)“ und „Management der IK-Technologie (Speicherung, Verarbeitung, Kommunikation, Technologiebündel)“ [Krcmar 2002]. Aufgaben, die in allen drei Bereichen anfallen, werden bei Krcmar im Sinne einer Querschnittsfunktion als „Führungsaufgaben des Informationsmanagements (Strategie, Organisation, Personal, Controlling)“ bezeichnet.

Andere Autoren gliedern die Aufgaben des Informationsmanagements in Anlehnung an die betriebswirtschaftliche Managementlehre in strategische, taktische/administrative und operative Aufgaben. Heinrich fasst auf der strategischen Ebene alle Aufgaben und Methoden zusammen, die der Planung, Überwachung und Steuerung der Informationsinfrastruktur als Ganzes dienen [Heinrich 2002]. Auf administrativer Ebene findet die Planung, Überwachung und Steuerung aller Komponenten der Informationsinfrastruktur statt. Die Bereitstellung und der Betrieb der Informationsinfrastruktur zur laufenden Informationsversorgung stehen im Mittelpunkt der operativen Ebene. Auch Biethahn, Muksch und Ruf verwenden eine Unterteilung in strategische, administrative und operative Aufgaben des Informationsmanagements [Biethahn/Muksch/Ruf 2000].

In der betrieblichen Praxis untergliedert sich das Informationsmanagement traditionell in die in Abb. 15 dargestellten Kernphasen der Planung (engl. Plan), der Entwicklung (engl. Build) und des Betriebs (engl. Run) von Informationssystemen und IT-Infrastrukturen [Moll 1994]. Die drei Phasen korrespondieren weitgehend mit der weiter oben getroffenen Dreiteilung der Aufgaben des Informationsmanagements. Die Planung umfasst den gesamthaften, unternehmerischen Blick auf den IT-Einsatz (informationsbewusste Unternehmensführung), die Entwicklung konzentriert sich auf den Entwurf und die Entwicklung des Informationssystems (Management des Informationssystems) und der Betrieb ist für den Betrieb und die Wartung der Infrastruktur verantwortlich (Management der Informatik). Jeder Phase sind konkrete Aufgaben zugeordnet, zu deren Verrichtung Managementmethoden herangezogen werden können. Neben den Kernaufgaben umfasst das Informationsmanagement in der Praxis auch eine Reihe von Querschnittsaufgaben, wie z. B. Controlling, Qualitätsmanagement, Personalmanagement oder Sicherheitsmanagement.

Für die praktische Umsetzung des Informationsmanagements im Unternehmen existiert eine Vielzahl von Vorgehens- und Prozessmodellen. Bereits in den 1980er Jahren wurde mit dem Information-Systems-Management(ISM)-Modell der IBM der Versuch unternommen, ein umfassendes

Prozessmodell des Informationsmanagements zu entwickeln [IBM 1988]. Das ISM-Modell umfasst ein Managementsystem mit 42 Prozessen, unterteilt in 11 Prozessgruppen. Andere Modelle konzentrierten sich auf Teilbereiche des Informationsmanagements. So deckt das St. Galler Informationssystemmanagement beispielsweise den Aufgabenbereich „Management des Informationssystems“ ab, indem es eine fünfstufige Managementmethodik für diesen Bereich vorstellt [Österle/Brenner/Hilbers 1992].

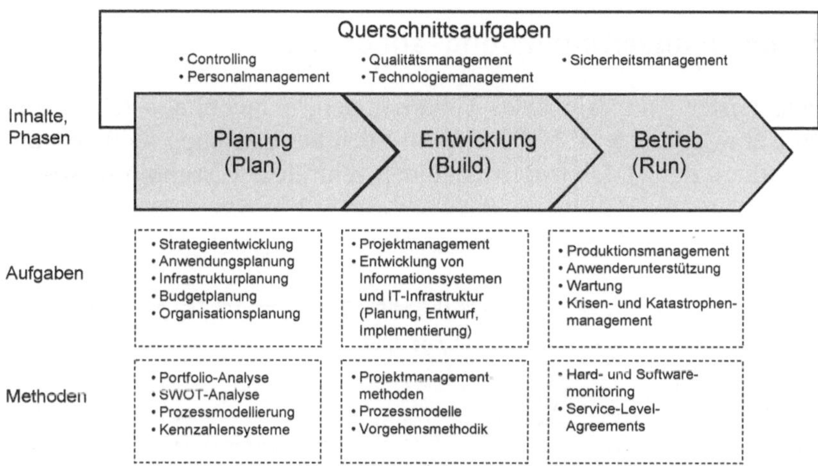

Abb. 15. Phasen, Aufgaben und Methoden des Informationsmanagements

Mit dem Übergang zur Phase des IT-Service-Managements haben insbesondere serviceorientierte Aufgaben- und Prozessmodelle an Bedeutung gewonnen, innerhalb deren die Bereitstellung von IT-Leistungen im Mittelpunkt steht. Vor allem die IT Infrastructure Library (ITIL) hat sich als De-facto-Standard für das serviceorientierte Informationsmanagement etabliert und im Sinne einer Best Practice zentrale Managementaufgaben in den Bereichen Service-Support und Service-Delivery definiert [OGC 2000] (siehe Kapitel 3.5).

Aus Sicht des Produktionsmanagements lässt sich festhalten, dass die klassischen Aufgabenmodelle des Informationsmanagements nur einen Teil der Aufgaben eines IT-Dienstleisters abdecken. Sie konzentrieren sich vor allem auf die Erstellung von IT-Anwendungssystemen (Planung, Entwicklung, Betrieb) und auf die strategische Ausrichtung der Informationsverarbeitung im Unternehmen. Aussagen zu weiteren Kernprozessen eines IT-Dienstleisters, etwa zur Beschaffung (z. B. Einkauf, Logistik, Materialwirtschaft), zum Absatz (z. B. Vertrieb, Marketing) oder zur Unternehmensführung (z. B. strategische Planung, Governance) finden sich allenfalls ansatzweise. Erst im Rahmen der serviceorientierten Prozessmodelle finden auch diese Bereiche zunehmend Beachtung.

2.4 Rollen und Formen von IT-Dienstleistern

2.4.1 Leistungserbringer und -abnehmer

IT-Dienstleister sind, wie jedes Unternehmen, eingebunden in ein unternehmerisches Umfeld. Abb. 16 zeigt mit den beschaffungs- und absatzseitigen Partnern des IT-Dienstleisters einen zentralen Ausschnitt dieses Umfelds.

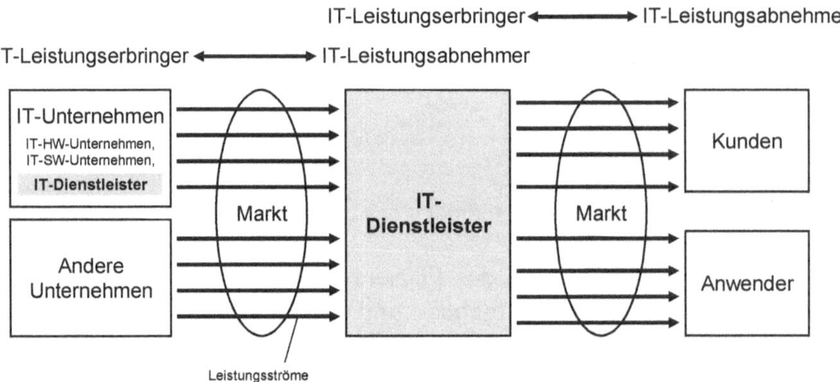

Abb. 16. Der IT-Dienstleister als Leistungserbringer und -abnehmer

Absatzseitig sind Kunden und Anwender zu unterscheiden. Ein IT-Dienstleister verkauft Produkte an seine Kunden. Zwischen beiden besteht somit eine Kunden-Lieferanten-Beziehung. Aufgabe des Marktes zwischen Kunden und Lieferanten ist die Zusammenführung von Angebot und Nachfrage. Die primären Kunden eines IT-Dienstleisters sind die Geschäfts- und Fachbereiche eines Unternehmens. Diese haben einen Bedarf an IT-Dienstleistungen, den sie durch den Einkauf der Dienstleistungen bei IT-Dienstleistern decken. Nur in seltenen Fällen unterhalten IT-Dienstleister eine direkte Beziehung zu privaten Endkunden. Selbst wenn die IT-Dienstleistungen für den Endkundenmarkt gedacht sind, erfolgt der Verkauf an den Endkunden meist über den Geschäftsbereich eines Unternehmens. Dies gilt beispielsweise für einen IT-Dienstleister, der Online-Banking-Leistungen für eine Bank anbietet. In diesem Fall unterhält der entsprechende Geschäftsbereich der Bank die Beziehung zum Endkunden, der den Online-Banking-Service nutzt. Aus Sicht des IT-Dienstleister ist der Kunde der Geschäftsbereich.

Der Kunde definiert gemeinsam mit dem IT-Dienstleister die benötigten IT-Dienstleistungen, führt die Verhandlungen bezüglich Menge, Qualität und Preis, kauft die Dienstleistungen ein und überwacht die Leistungsqualität (siehe Abb. 17). Von den Kunden zu unterscheiden sind die Anwender. Anwender nutzen IT-Dienstleistungen in ihrer täglichen Arbeit, z. B. zur elektronischen Kommunikation, zur Textverarbeitung oder zur Unterstützung der für sie relevanten Geschäftsprozesse. Sie beziehen darüber hinaus Unterstützungsleistungen, die vom IT-Dienstleister im Rahmen der Anwenderunterstützung angeboten werden (siehe Kapitel 8).

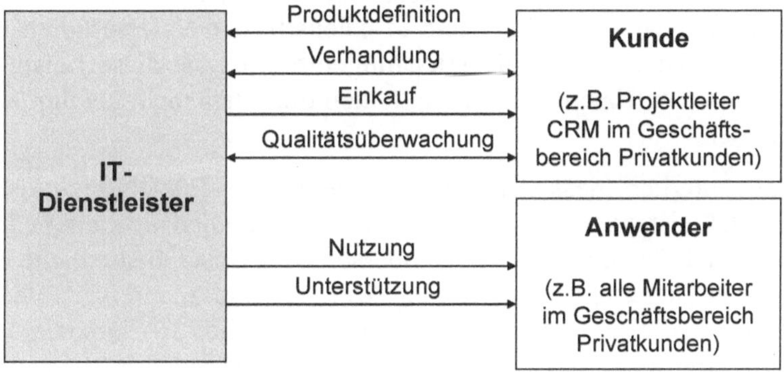

Abb. 17. Unterschiedliche Rolle von Kunden und Anwendern eines IT-Dienstleisters

Für einen IT-Dienstleister ist die Unterscheidung von Kunden und Anwendern von großer Bedeutung, da beide Gruppen unterschiedliche Sichtweisen und Anforderungen haben. Über die Anwender entfalten die IT-Dienstleistungen ihre Wirkung, d. h., die Einschätzung der Leistungsqualität und das Image des IT-Dienstleisters wird maßgeblich von den Erfahrungen der Anwender geprägt. Der Kunde ist dahingegen der kommerzielle Ansprechpartner des IT-Dienstleisters, d. h. für einen wirtschaftlichen Erfolg sind die Bedürfnisse des Kunden entscheidend. Zwischen den Kunden und Anwendern sollte eine enge Abstimmung stattfinden, was die Arbeit des IT-Dienstleisters erleichtert. In der Praxis ist dies jedoch nicht immer der Fall.

Im weiteren Verlauf dieser Arbeit werden die Begriffe „Kunde“ und „Anwender“ wie hier beschrieben verwendet. Sie werden als Leistungsabnehmer und Lieferanten Leistungserbringer bezeichnet.

Ein IT-Dienstleister tritt nicht nur als Leistungserbringer, sondern auch als Leistungsabnehmer auf, d. h., er kauft Leistungen von anderen Leistungserbringern ein. Denn seine IT-Dienstleistungen setzen sich in der Regel aus einer Vielzahl einzelner Leistungen zusammen. Wenn er diese Leistungen nicht selbst erbringen kann oder möchte, müssen sie von anderen Betrieben eingekauft werden. So stellen beispielsweise nur die wenigsten IT-Dienstleister selbst Hardwareprodukte her, weshalb diese typischerweise von IT-Hardwareunternehmen eingekauft werden. Gleiches gilt für den Einkauf von Standardsoftware. Besitzt ein IT-Dienstleister keine eigenen Softwareentwicklungsressourcen, so muss er sämtliche benötigte Software, auch Individualsoftware, von IT-Softwareunternehmen einkaufen. Auch IT-Dienstleistungen selbst können durch den IT-Dienstleister eingekauft werden. Beispielsweise kaufen viele IT-Dienstleister Netzwerkdienstleistungen oder Rechenzentrumsdienstleistungen ein, da sie diese Leistungen selbst nicht kosteneffizient herstellen können oder dies nicht als ihre Kernkompetenz betrachten.

Es ist somit möglich, dass eine Kunden-Lieferanten-Beziehung zwischen zwei IT-Dienstleistern existiert. Aus Sicht eines IT-Dienstleisters bedeutet dies, dass es sich bei seinen Kunden einerseits um Geschäftsbereiche eines Unternehmens (siehe rechte Hälfte der Abb. 16) und andererseits wiederum um IT-Dienstleister (siehe linke Hälfte der Abb. 16) handeln kann. Diese Beziehungskette zwischen Leistungserbringer und Leistungsabnehmer lässt sich auf beiden Seiten im Sinne einer Wertschöpfungskette fortsetzen. Die jeweilige Beziehung unterscheidet sich in erster Linie durch die Art der ausgetauschten Leistungen. Je weiter der betrachtete Ausschnitt der Wertschöpfungskette vom Endkunden entfernt ist, desto stärker handelt es sich um Vorprodukte. Kauft ein Geschäftsbereich beispielsweise die Abwicklung eines Einkaufsprozesses von einem IT-Dienstleister als Dienstleistung ein, so kann dieser wiederum die Entwicklung und den Betrieb eines hierzu erforderlichen Anwendungssystems von einem vorgelagerten Leistungserbringer einkaufen. In einer nächsten Stufe könnte dieser wiederum die für den Betrieb der Anwendung erforderlichen Rechen- und Speicherleistungen einkaufen. Und der Anbieter dieser Leistungen wiederum könnte die erforderliche Hardware von einem IT-Hardwareunternehmen beschaffen. Derartige komplexe Wertschöpfungssysteme sind in anderen Branchen, z. B. der Automobilbranche, längst Realität und setzen sich auch im Markt für IT-Dienstleistungen zunehmend durch.

2.4.2 Interne und externe IT-Dienstleister

Wie bereits erwähnt, existiert zwischen Leistungserbringer und Leistungsabnehmer ein Markt. Für eine tiefergehende Betrachtung der IT-Dienstleister ist es erforderlich, zwei Erscheinungsformen dieses Marktes zu unterscheiden: externe und interne Märkte. Ein externer Markt besteht immer dann, wenn es sich bei Leistungserbringer und Leistungsabnehmer um zwei rechtlich unabhängige, eigenständige Marktteilnehmer handelt. Sind beide Parteien dahingegen Teil desselben Konzerns, so handelt es sich um einen unternehmensinternen Markt. Beide Marktformen unterliegen unterschiedlichen Marktmechanismen und Regularien. Während im Falle eines externen Marktes die für alle geschäftlichen Handlungen gültigen gesetzlichen und rechtlichen Rahmenbedingungen gelten, liegt die konkrete Ausgestaltung eines internen Marktes in der Hand des jeweiligen Unternehmens.

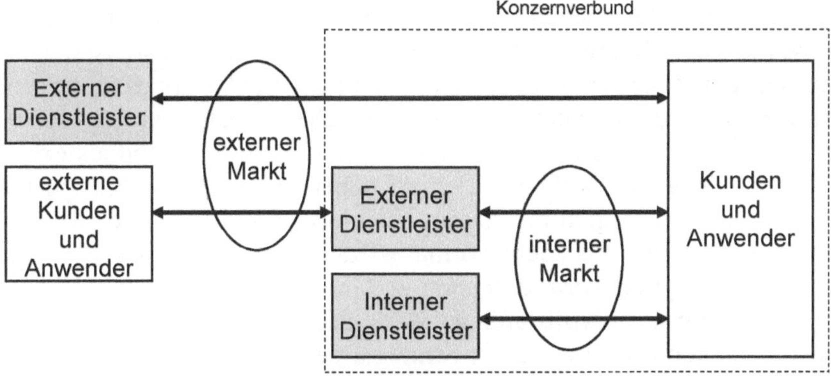

Abb. 18. Externe und interne IT-Dienstleister

Für IT-Dienstleister ist die Unterscheidung von externen und internen Märkten von Bedeutung, da beide Marktformen in der Praxis stark vertreten sind. Ein IT-Dienstleister, der externe Kunden besitzt, d. h. der auf dem externen Markt tätig ist, wird im Folgenden als externer IT-Dienstleister bezeichnet (siehe Abb. 18). Besitzt ein IT-Dienstleister dahingegen ausschließlich interne Kunden, d. h. ist er ausschließlich für den eigenen Konzernverbund tätig, so wird er als interner IT-Dienstleister bezeichnet. Interne IT-Dienstleister erfüllen die in der Definition eines Unternehmens festgelegten Merkmale der selbständigen Entscheidungsgewalt und der eigenen Risiken nur zum Teil [Schweitzer 1994, 11]. Aufgrund ihrer hohen praktischen Bedeutung werden diese im Folgenden aber ebenfalls den IT-Dienstleistern zugerechnet.

Viele Unternehmen haben in der Vergangenheit ihre IT-Abteilungen zu IT-Dienstleistern ausgebaut und einen internen Markt geschaffen, der die Regeln der Zusammenarbeit zwischen dem internen IT-Dienstleister und den Geschäftsbereichen als Kunden festlegt. Die so entstandenen internen IT-Dienstleister unterscheiden sich im Bereich der Beschaffungs- und Produktionswirtschaft nur unwesentlich von externen IT-Dienstleistern. Unterschiede ergeben sich vor allem in den Bereichen Marketing und Vertrieb, in denen die Besonderheiten interner Kunden zu berücksichtigen sind, und in den übergeordneten Planungs- und Steuerungsprozessen, die mit denen des Gesamtunternehmens verzahnt sind. Hinsichtlich der verkauften IT-Dienstleistungen unterscheiden sich beide Ausprägungen der IT-Dienstleister nicht voneinander.

Mit der Umwandlung der IT-Abteilung zu einem internen IT-Dienstleister verfolgen Unternehmen auch weiterreichende Strategien. Die Gründung einer eigenständigen IT-Tochterfirma oder Servicegesellschaft kann etwa dem strategischen Ziel dienen, diese als Anbieter erfolgreich auf dem externen Markt zu etablieren, d. h. zu einem externen IT-Dienstleister weiterzuentwickeln. Eine Untersuchung aus dem Jahr 2003 ergab in diesem Zusammenhang, dass rund die Hälfte aller deutschen DAX-30-Unternehmen ihre ehemaligen IT-Abteilungen ausgegründet und als externe IT-Dienstleister im Markt positioniert haben [Ellermann 2003]. Auch entgegengesetzte Strategien existieren, beispielsweise wenn eine auf dem externen Markt tätige IT-Tochterfirma wieder stärker oder ganz in das Unternehmen integriert wird, d. h. sich zu einem internen IT-Dienstleister wandelt. Und selbst ein vollständiger Verkauf des IT-Dienstleisters eines Unternehmens kann im Zuge einer Strategie der Konzentration auf Kernkompetenzen erwogen werden.

Eine Herausforderung stellt die Gestaltung der Beziehung zwischen Leistungserbringer und Leistungsabnehmer innerhalb eines Unternehmens dar. Ist es beispielsweise internen Leistungsabnehmern erlaubt, IT-Dienstleistungen bei externen Leistungserbringern einzukaufen, oder müssen sie ihren Bedarf vollständig beim internen Leistungserbringer decken (Kontrahierungszwang)? Dürfen Angebote von externen Leistungserbringern im Sinne eines Benchmarkings eingeholt werden und falls ja, wie wirken sich diese auf Verhandlungen mit dem internen Leistungserbringer aus? Hat der interne Leistungserbringer das Recht des letzten Angebots (engl. last call option)? Darf der interne Leistungserbringer seine Produkte auf dem externen Markt anbieten? Wie werden dabei potentielle Ressourcenkonflikte zwischen internen und externen Leistungsabnehmern gelöst? Dies sind nur einige der Fragen, die es zu klären gilt und die eine zentrale Aufgabe bei der Gestaltung der Regeln des internen Marktes bilden (siehe Kapitel 2.7.2).

2.4.3 IT-Abteilung und IT-Dienstleister

Das unterschiedliche Verständnis der IT-Abteilung als unternehmensinterner Funktionsbereich und des IT-Dienstleisters als kundenorientierter Leistungsanbieter wurde bereits im Rahmen der Ausführungen zum Informationsmanagement in Kapitel 2.3 diskutiert. Im Folgenden werden einige zentrale Aspekte und Auswirkungen der Weiterentwicklung einer IT-Abteilung zu einem IT-Dienstleister nochmals aufgegriffen. Dieser Wandel hat unmittelbare Auswirkungen auf das Verhältnis und die Zusammenarbeit mit den Geschäftsbereichen. Aus den ehemaligen Projektpartnern werden Kunden und Lieferanten. Die Zusammenarbeit ist geprägt von marktorientierten Einkaufs- und Verkaufsmechanismen und nicht zwangsläufig auf das eigene Unternehmen beschränkt. Abb. 19 zeigt das grundlegende Funktionsprinzip.

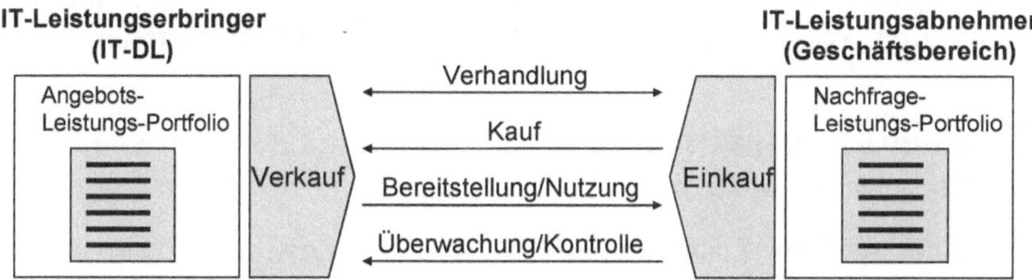

Abb. 19. Einkaufs- und Verkaufsmechanismus zwischen Leistungserbringer und Leistungsabnehmer

Der Leistungserbringer verkauft Produkte an die Leistungsabnehmer. Bereits diese für ein Unternehmen an sich triviale Erkenntnis stellt viele Leistungserbringer in der Praxis vor große Herausforderungen. So müssen Einkaufs- und Verkaufsprozesse auf Seiten des Leistungsabnehmers und Leistungserbringers etabliert werden, die vormals nicht existierten. Beide Seiten müssen ein Portfolio von IT-Dienstleistungen definieren und ein wirkungsvolles Portfolio-Management betreiben. Der Leistungserbringer fasst in seinem Angebots-Portfolio die durch ihn angebotenen IT-Dienstleistungen zusammen. Auf Seiten des Leistungsabnehmers entsteht aus dessen Bedarf an IT-Dienstleistungen ein Nachfrage-Portfolio. Bietet der Leistungserbringer die vom Leistungsabnehmer nachgefragten Dienstleistungen an, so verhandeln beide über die Kaufkonditionen. Die Verhandlung konzentriert sich vor allem auf die Spezifikation der genauen Leistungseigenschaften (z. B. Funktionalität), Abnahmemengen, Lieferzeiten, Qualitäten und Konsequenzen bei Nichteinhaltung vereinbarter Konditionen. Im Falle einer Einigung kauft der Leistungsabnehmer die IT-Dienstleistung ein und der Leistungserbringer stellt diese zur Nutzung bereit. Der Leistungsabnehmer überwacht kontinuierlich, ob die vereinbarten Leistungseigenschaften vom Leistungserbringer eingehalten werden.

Auf beiden Seiten sind die Voraussetzungen für die beschriebene Art der Zusammenarbeit zu schaffen. Für den IT-Dienstleister bedeutet dies z. B., dass eine Vertriebs- und Marketingorganisation aufgebaut, ein kundenorientierter Produktkatalog erarbeitet und ein Verhandlungs- und Vertragsmanagement etabliert werden sollte. Auch auf Seite des Leistungsabnehmers sind Vorarbeiten erforderlich. Typischerweise werden Einheiten und Rollen für den Einkauf von IT-Dienstleistungen geschaffen, Einkaufsstrategien für unterschiedliche Leistungskategorien entworfen oder sogar Ansätze zur Neuausrichtung bzw. Erweiterung der Rolle des Chief-Information-Officers (CIO) hin zu einem Chief-Sourcing-Officer diskutiert.

Zusammenfassend lassen sich die Unterschiede zwischen einer Kunden-Lieferanten-Beziehung eines IT-Dienstleisters und einer traditionellen projektorientierten Arbeitsweise einer IT-Abteilung wie folgt darstellen (siehe Abb. 20):

- Das Selbstverständnis des Leistungserbringers wandelt sich von einem Projektabwickler hin zu einem Produzenten von Dienstleistungen.
- Die Grundlage der Zusammenarbeit zwischen Leistungserbringer und Leistungsabnehmer bildet nicht mehr die gemeinsame Abwicklung von IT-Projekten, sondern der Vertrieb und Einkauf von IT-Dienstleistungen.
- Als Konsequenz aus den beiden erstgenannten Punkten ist das formale Verhältnis zwischen Leistungserbringer und Leistungsabnehmer nicht mehr durch ein Auftragsverhältnis gekennzeichnet, sondern basiert auf einem wettbewerbsorientierten Marktmechanismus.
- Das Projektmanagement wird als zentrales Steuerungsinstrument durch ein Dienstleistungsmanagement auf Seiten des Leistungserbringers und Leistungsabnehmers abgelöst.

	Traditionelle IT-Abteilung	IT-Dienstleister
Selbstverständnis des Leistungserbringers	Projektabwickler	Dienstleistungsproduzent
Grundlage der Zusammenarbeit zwischen Leistungserbringer und -abnehmer	gemeinsame Projektabwicklung	Dienstleistungsvertrieb und -einkauf
Formaler Rahmen der Zusammenarbeit	Auftragsverhältnis	Marktmechanismus
Steuerungsinstrument	Projektmanagement	Dienstleistungsmanagement
Leistungsverrechnung	Kostenverrechnung	Dienstleistungspreis
Sichtweise des Leistungserbringers	IT/Technikzentriert	kundenzentriert
Verhalten des Leistungserbringers	reaktiv	proaktiv
Bezugsobjekt des Leistungserbringers	Anwendungssystem; Lösung	Dienstleistung
Basismodell des Leistungserbringers	phasenorientierte Systemsicht (Planung, Entwicklung, Betrieb)	integrierte Dienstleistungssicht (Produktgestaltung, -herstellung)
Aufgabe der Leistungsabnehmer	Spezifikation der Systemanforderungen	Verhandlung von Dienstleistungseigenschaften

Abb. 20. Unterschiede zwischen IT-Abteilung und IT-Dienstleister

- Die Leistungsverrechnung erfolgt nicht über einen festgelegten Kostenschlüssel, sondern über den Dienstleistungspreis. Dies garantiert eine verursachergerechte Zuordnung, da der Nutzer einer IT-Dienstleistung durch deren Kauf unmittelbar dafür bezahlt. Der Leistungserbringer muss im Rahmen der Preisgestaltung seine tatsächlichen Dienstleistungskosten kennen und berücksichtigen.

- Die neue Art der Zusammenarbeit führt zu einer geänderten Sicht- und Verhaltensweise des Leistungserbringers. Nicht mehr technologische Aspekte stehen im Vordergrund, sondern der Bedarf der Leistungsabnehmer. An die Stelle einer reaktiven Verhaltensweise, bei der auf eine Anforderung eines Leistungsabnehmers mit der Durchführung eines gemeinsamen IT-Projekts reagiert wurde, tritt eine proaktive Gestaltung eines IT-Dienstleistungs-Portfolios, welches durch seine Kundenorientierung eine möglichst hohe Absatzwahrscheinlichkeit der im Portfolio enthaltenen IT-Dienstleistungen verspricht.

- Grundlegende Bezugsobjekte des Leistungserbringers sind nicht mehr IT-Anwendungssysteme und IT-Lösungen, sondern IT-Dienstleistungen. Hierdurch ändert sich auch das Basismodell der IT. Die phasenorientierte Systemsicht, mit der Unterscheidung einer Planungs-, Entwicklungs- und Betriebsphase, wird abgelöst durch eine integrierte Dienstleistungssicht, die das Angebot von Komplettleistungen an die Kunden ermöglicht. Lag die Aufgabe der Leistungsabnehmer traditionell vor allem in der Spezifikation von Systemanforderungen, so konzentriert sie sich nun auf die Verhandlung geschäftsorientierter Leistungseigenschaften mit dem Leistungserbringer.

2.4.4 Das Zielsystem des IT-Dienstleisters

Während externe IT-Dienstleister im Regelfall in einem marktwirtschaftlichen System tätig sind, sind interne IT-Dienstleister eingebunden in das wirtschaftliche System des Konzernverbunds, dem sie angehören. Die Zielsetzungen des IT-Dienstleisters müssen aus diesem Grund in Abhängigkeit von der Art des IT-Dienstleisters definiert werden:

- Übergeordnetes Ziel eines marktwirtschaftlich orientierten externen IT-Dienstleisters ist die langfristige Gewinnmaximierung [Wöhe 1986, 110]. Konkret kann sich dieses Ziel z. B. in dem Streben äußern, eine möglichst hohe Eigenkapitalrentabilität zu erzielen [Weber 1999, 77]. Neben dem monetären Hauptziel verfolgen Unternehmen vielfach auch nichtmonetäre Zielvorstellungen, wie z. B. das Streben nach einem hohen Marktanteil, einer hohen Marktmacht, Prestige, Unabhängigkeit oder Arbeitsplatzsicherung. Insgesamt ergibt sich somit ein Zielsystem, welches durchaus auch Zielkonflikte, im Sinne konkurrierender Zielsetzungen, enthalten kann [Wöhe 1986, 111ff].

- Für einen internen IT-Dienstleister, der vollständig in einen Konzern eingegliedert ist, darf die Gewinnmaximierung nicht das Hauptziel darstellen, da dies zu Konflikten mit den Zielen des übergeordneten Unternehmens führen kann. Denn eine Gewinnmaximierung eines internen IT-Dienstleisters kann immer nur zulasten der Leistungsabnehmer, d. h. der Geschäftsbereiche des Unternehmens, erfolgen, was aus Gesamtunternehmenssicht in der Regel nicht zielführend ist. Vielmehr muss es das Ziel eines internen IT-Dienstleisters sein, die Zielsetzungen des übergeordneten Unternehmens bestmöglich zu unterstützen. Er kann dies vor allem durch eine bestmögliche Versorgung der Leistungsabnehmer mit IT-Dienstleistungen erreichen, weshalb diese bestmögliche Versorgung das übergeordnete Ziel eines internen IT-Dienstleisters darstellt. Was eine bestmögliche Versorgung mit IT-Dienstleistungen im konkreten Fall bedeutet, hängt stark von den übergeordneten Unternehmenszielen, insbesondere hinsichtlich der Rolle und des Einsatzes der IT im Unternehmen, ab. So kann sich eine bestmögliche Versorgung beispielsweise auf die Dienstleistungsfunktionalität, den Dienstleistungspreis, den Einsatz von Technologien oder die Dienstleistungsunterstützung beziehen. Der interne IT-Dienstleister muss seine internen Zielsetzungen an diesen Vorgaben ausrichten.

Neben dem jeweiligen Hauptziel verfolgen sowohl interne als auch externe IT-Dienstleister weitere Zielsetzungen. Ein zentrales Ziel für beide ist dabei das Streben nach einer möglichst hohen Wirtschaftlichkeit der Leistungserbringung. Unter Wirtschaftlichkeit ist das Verhältnis zwischen erzielter Wirkung und eingesetzten Mitteln zu verstehen, d. h. das Verhältnis von Output zu Input [Weber 1999, 84]. Um den Wirtschaftlichkeitsbegriff mengenmäßig auszudrücken, wird unter dem Begriff der Produktivität das Verhältnis zwischen Faktorertrags- und Faktoreinsatzmenge verstanden [Heinen 1991, 18]. Die Erzielung einer hohen Wirtschaftlichkeit und Produktivität stellt für einen IT-Dienstleister eine große Herausforderung dar, da sich an dieser Stelle in der Praxis ein Zielkonflikt zwischen mehreren konfligierenden Einzelzielen ergibt (siehe Abb. 21).

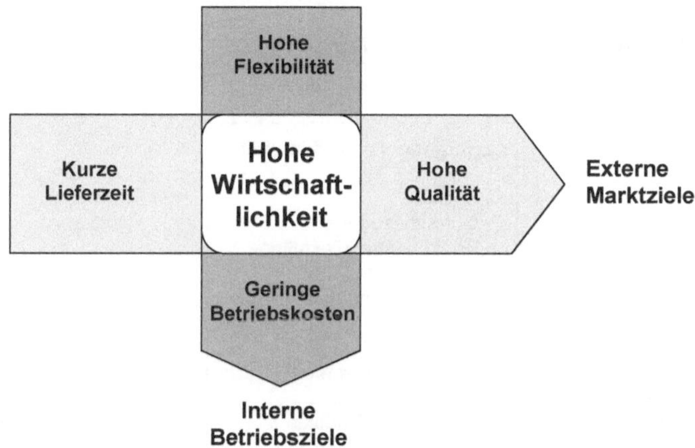

Abb. 21. Zielkonflikte im Bereich der Leistungserbringung eines IT-Dienstleisters

Die Leistungserbringung bewegt sich in einem Spannungsfeld zwischen externen Marktzielen und internen Betriebszielen. Einerseits erwarten die Leistungsabnehmer eine schnelle Lieferung und hohe Qualität der Produkte. Andererseits unterliegt die Leistungserbringung internen Betriebszielen, vor allem dem Streben nach einer hohen Flexibilität, die eine Reaktion auf Nachfrageschwankungen erlaubt, und möglichst geringen Betriebskosten. Nur durch die Kombination beider Zielsysteme lässt sich letztendlich eine hohe Wirtschaftlichkeit erzielen.

Wirtschaftlichkeit und folglich auch Produktivität basiert auf den beiden „Erfolgsquellen" Effizienz und Effektivität [Dellmann/Pedell 1994, 25]. Beide Erfolgsquellen spielen im Rahmen des Leistungserbringungsprozesses von IT-Dienstleistern eine zentrale Rolle. Der Effizienzbegriff bezieht sich auf die Seite des Faktoreinsatzes oder Inputs (siehe Abb. 22). Bezogen auf eine Menge von Handlungsalternativen und Zielsetzungen ist eine

Handlungsalternative genau dann effizient, wenn sie eine Zustandsveränderung bewirkt, die bei Wahl einer anderen Handlungsalternative im Hinblick auf keines der relevanten Ziele eine Verbesserung erlaubt, ohne gleichzeitig bei einem anderen der relevanten Ziele zu einer Verschlechterung zu führen [Dyckhoff/Ahn 2001, 115]. Effektivität, als zweite Erfolgsquelle, bezieht sich auf die Seite des Faktorertrags oder Outputs. Eine Handlung ist demnach genau dann als effektiv in Bezug zu einem bestimmten Zweck zu bezeichnen, wenn sie eine Zustandsveränderung bewirkt, mit der dieser Zweck erfüllt wird [Dyckhoff/Ahn 2001, 115].

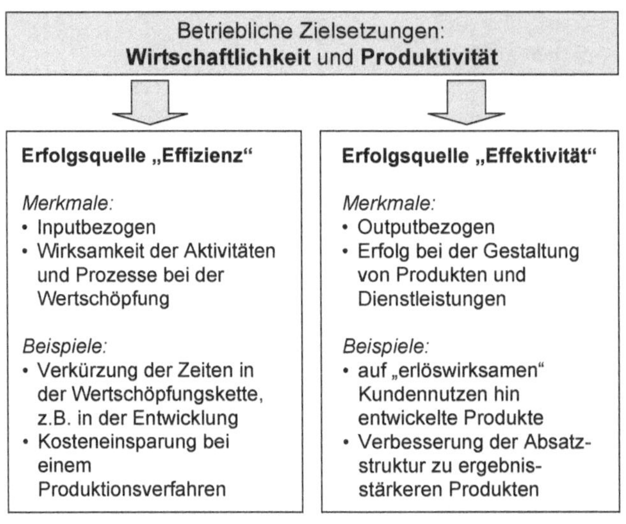

Abb. 22. Effizienz und Effektivität als Erfolgsquellen (in Anlehnung an [Dellmann/Pedell 1994, 26])

2.5 IT-Dienstleistungsprodukte

2.5.1 Sichtweisen und Merkmale

Während in den vorangegangenen Kapiteln allgemein von IT-Dienstleistungen gesprochen wurde, soll im folgenden der Begriff des IT-Dienstleistungsproduktes, oder kurz IT-Produkt, eingeführt werden. Produkte stellen im absatzwirtschaftlichen Sinne Leistungen dar, die beim Kunden bzw. Konsumenten ein Bedürfnis befriedigen und einen Nutzen erzielen [Bieger 2002, 7; Kotler 2002]. Im Unterschied zu einer beliebigen Leistung muss ein Produkt demnach zwingend einen Kundennutzen erzielen. Um dieser zentralen Bedeutung des Kundennutzens Rechnung zu tragen, wird im weiteren Verlauf grundsätzlich die Bezeichnung IT-Produkt und nicht IT-Dienstleistungen verwendet.

Für viele, vor allem interne, IT-Dienstleister, stellt die Definition von Produkten historisch betrachtet ein Novum dar. Bevor in Unternehmen eine klare Trennung von Leistungserbringer und Leistungsabnehmer vorgenommen wurde, lag der Erzeugung von IT-Lcistungen meist keine Produktdefinition zugrunde [Scheeg 2005]. Die IT-Abteilung gab IT-Leistungen an andere Unternehmenseinheiten ab und hatte einen mit anderen allgemeinen Verwaltungseinheiten eines Unternehmens vergleichbaren Status. Erst durch die Schaffung einer Kunden-Lieferanten-Beziehung zwischen Leistungserbringer und Leistungsabnehmer wurde es erforderlich, Produkte zu definieren. Anstatt sich jedoch auf eine kundenorientierte, ganzheitliche Produktdefinition zu einigen, entwickelten sich in der Praxis unterschiedliche Produktsichten. Insbesondere verwendeten die Entwicklungs- und Produktionsbereiche des IT-Dienstleisters eigenständige Produktdefinitionen. Die IT-Entwicklung betrachtete entweder die durch sie entwickelten IT-Anwendungsprogramme oder die durch sie bereitgestellten Entwicklungsressourcen als ihr Produkt. In der IT-Produktion etablierten sich überwiegend technische Leistungsgrößen, wie z. B. „CPU-Sekunden", „Speicherplatz“, „Jobs“ oder „Transaktionen“, als Produkte. Man erkennt, dass beide Produktdefinitionen auf einer faktoreinsatzorientierten Sichtweise basieren. Eine am Kundennutzen orientierte Produktsicht ist auf dieser Grundlage kaum zu erreichen.

Aus Kundensicht handelt es sich bei IT-Produkten um Dienstleistungsprodukte. Zunächst ist es daher erforderlich, sich mit dem Dienstleistungsbegriff näher auseinander zu setzen. Dieser hat in der Literatur und Praxis vielfältige definitorische Abgrenzungen erfahren (vgl. exemplarisch die Ausführungen in [Corsten 2001, 21ff]). Um ein besseres Verständnis von IT-Dienstleistungsprodukten zu erlangen, bietet es sich an, den Dienstleistungsbegriff entlang dreier Sichtweisen zu differenzieren (siehe Abb. 23) [Bruhn 1997, 13; Corsten 2001, 21]:

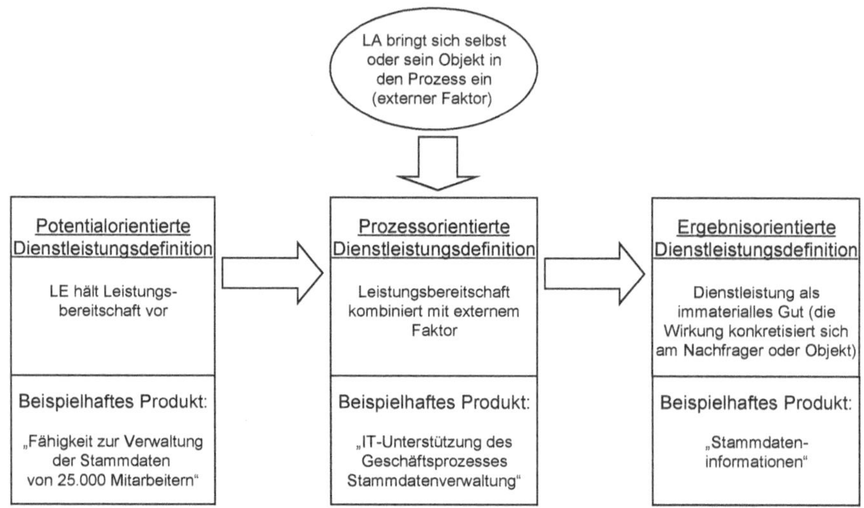

Abb. 23. Unterschiedliche Sichtweisen des Dienstleistungsbegriffs (in Anlehnung an [Corsten 2001, 26])

- In der *potentialorientierten Sichtweise* steht das menschliche oder maschinelle Potential des Leistungserbringers, eine Dienstleistung beim Leistungsabnehmer auch tatsächlich erbringen zu können, im Vordergrund. Das Dienstleistungsprodukt ist demnach die potentielle Leistungsfähigkeit des Leistungserbringers, d. h. ein immaterielles Leistungsversprechen. Konkret bedeutet dies, dass ein Produkt eines Leistungserbringers beispielsweise die potentielle Fähigkeit sein könnte, eine bestimmte Anzahl an Transaktionen pro Zeiteinheit abzuwickeln oder eine bestimmte Anzahl von Geschäftsprozessausführungen durch IT-Leistungen zu unterstützen. Der Leistungserbringer muss zu diesem Zweck eine ausreichende Produktionskapazität aufbauen und für die Nutzung durch den Leistungsabnehmer bereithalten. Dies wird dadurch erschwert, dass die genauen Nutzungspunkte der Dienstleistungen durch den Leistungsabnehmer in der Regel vorab nicht genau bekannt sind und in der Praxis großen Schwankungen über den Zeitablauf unterliegen. Auch können Dienstleistungen aufgrund der Simultaneität von Produktion und Absatz nicht auf Vorrat produziert werden. Die potentialorientierte Sichtweise spielt vor allem in der Akquisitions- und Verhandlungsphase eine Rolle, da das Vertrauen eines Leistungsabnehmers in die Leistungsfähigkeit des Leistungserbringers, insbesondere in dem häufig mit hohen Risiken versehenen Umfeld der IT, ein entscheidendes Selektionskriterium darstellt.

- Im Mittelpunkt der *prozessorientierten Sichtweise* steht der Prozess der Leistungsverrichtung am Kunden. Das Dienstleistungsprodukt besteht bei dieser Betrachtungsweise aus den vom Leistungserbringer verrichteten Aktivitäten. IT-Dienstleistungsprodukte wären demnach beispielsweise die zur Abwicklung eines IT-gestützten Geschäftsprozesses oder die zur Beantwortung einer Nutzeranfrage durch einen Help-Desk-Mitarbeiter erforderlichen Aktivitäten. Dabei sind die besonderen Merkmale von Dienstleistungen zu berücksichtigen. Die Dienstleistung wird unmittelbar an einem Menschen oder dessen Objekt vollbracht, d. h., der Leistungsabnehmer ist als externer Faktor in den Produktionsprozess der Dienstleistung eingebunden. Und Produktion und Absatz der Dienstleistung erfolgen zeitgleich, weshalb Dienstleistungen nicht lagerbar sind.
- In der *ergebnisorientierten Sichtweise* wird das immaterielle Ergebnis einer dienstleistenden Tätigkeit, d. h. der Endzustand nach der Leistungsverrichtung, als Produkt aufgefasst. Vor allem im Vergleich zur prozessorientierten Sichtweise werden die Unterschiede eines ergebnisorientierten Produktverständnisses deutlich. Während bei der prozessorientierten Sichtweise das IT-Dienstleistungsprodukt beispielsweise die IT-Unterstützung von Bürokommunikationsprozessen darstellt, ist es in der ergebnisorientierten Sichtweise die am Leistungsabnehmer bewirkte Veränderung, d. h. zum Beispiel die Information des Leistungsabnehmers oder die Zeitersparnis bei der Kommunikation.

Allen drei Sichtweisen ist gemeinsam, dass Dienstleistungen sich vor allem durch drei besondere Merkmale von anderen Gütern unterscheiden:

- *Immaterialität*: Dienstleistungen bestehen im Kern aus immateriellen Leistungen. Sie können allerdings durchaus materielle, d. h. physische Teilkomponenten enthalten, weshalb das Kriterium der Immaterialität als konstitutives Merkmal einer Dienstleistung in der Literatur umstritten ist (vgl. [Corsten 2001, 27ff; Hentschel 1992]). Dies gilt insbesondere für das ergebnisorientierte Dienstleistungsverständnis, da sich das Ergebnis einer Dienstleistung häufig auf materiellen Trägermedien manifestiert. Das Ergebnis einer IT-Dienstleistung wird beispielsweise fast immer auf Papier, Disketten, Magnetbändern oder Bildschirmmonitoren festgehalten, allesamt materielle Trägermedien. Stellenweise wird aus diesem Grund in der Literatur anstelle des Begriffs der Immaterialität der aus dem Englischen stammende Begriff Intangibilität verwendet, da dieser auch eine physische Dimension besitzt [Corsten 2001, 28]. Aus der Immaterialität bzw. Intangibilität ergeben sich eine Reihe von Konsequenzen für Leistungserbringer und Leistungsabnehmer [Bieger 2002, 8]. Es besteht die Gefahr der Intransparenz für den Leistungsabnehmer, da die Dienstleistung vorab nicht ausprobiert werden kann. Für IT-Dienstleistungen spielt diese Gefahr durchaus eine wichtige Rolle. So verspricht der Leistungserbringer, im Sinne eines potentialorientierten Dienstleistungsverständnisses, dem Leistungsabnehmer, dass er in der Lage ist, eine bestimmte Dienstleistung, z. B. die Abwicklung einer Buchungstransaktion, durchzuführen. Ob die Dienstleistung dann aber zum vom Leistungsabnehmer benötigten Zeitpunkt auch wirklich zur Verfügung steht und in welcher Qualität sie erbracht wird, kann der Leistungsabnehmer vorab nicht mit Sicherheit annehmen.

- *Integration des externen Faktors*: Der Leistungsabnehmer, der auch als externer Faktor bezeichnet wird [Maleri 1991, 105ff], bringt sich selbst oder sein Objekt in den Dienstleistungsprozess ein. Das Vorhandensein eines externen Faktors ist eine unabdingbare Voraussetzung eines Dienstleistungsprozesses. Im Bereich der IT-Dienstleistungen tritt der externe Faktor in zwei Formen in Erscheinung: zum einen in Form des Anwenders, der bei der Ausführung eines Geschäftsprozesses IT-Dienstleistungen in Anspruch nimmt, indem er beispielsweise mit Hilfe seines Arbeitsplatzsystems IT-gestützte Transaktionen abwickelt oder Anwendungssysteme verwendet. In beiden Fällen ist der Anwender unmittelbar in den Dienstleistungsprozess integriert. Zum anderen bringt der Anwender Informationen als externen Faktor in den Dienstleistungsprozess ein. Er stellt beispielsweise über eine Eingabemaske eines Anwendungssystems die Input-Informationen für eine Buchungstransaktion oder eine Datenbankabfrage zur Verfügung oder übergibt dem IT-Dienstleister seine monatlichen Abrechnungsdaten zwecks Durchführung der Fakturierung.

  Im Gegensatz zu anderen Produktionsfaktoren sind die externen Faktoren vom Dienstleister nicht autonom disponierbar, da sie von den Leistungsabnehmern unmittelbar in den Dienstleistungsprozess eingebracht werden. Der externe Faktor stellt somit einen Unsicherheitsfaktor dar, noch dazu weil er wesentlichen Einfluss auf die Qualität und die Durchlaufzeit des Dienstleistungsprozesses hat.

- *Simultaneität von Produktion und Absatz*: Die Existenz eines externen Faktors führt dazu, dass Produktion und Absatz der Dienstleistung zeitlich zusammenfallen. Dies gilt auch für IT-Dienstleistungen. In dem Moment, in dem beispielsweise eine Buchungstransaktion durch einen Leistungsabnehmer gestartet wird, wird die Dienstleistung vom Leistungserbringer produziert, d. h., die Transaktion wird durchgeführt, und an den Leistungsabnehmer abgesetzt, d. h., er erhält das Ergebnis der Dienstleistung. Dienstleistungen sind aus diesem Grund nicht lagerbar. Sie können nicht auf Vorrat produziert werden. Außerdem ist der Kunde unmittelbar in den Produktionsprozess einbezogen, weshalb die individuelle Wahrnehmung der Dienstleistungsqualität durch den Kunden von besonderer Bedeutung ist und durchaus unvorhersehbaren Schwankungen unterliegen kann. So kann eine Dienstleistung vom Leistungsabnehmer zu einem Zeitpunkt positiv aufgefasst werden und zu einem anderen Zeitpunkt der gleiche Leistungsabnehmer die gleiche Dienstleistung negativ beurteilen, da er beispielsweise unter Zeitdruck steht.

In der Literatur zum Informationsmanagement finden sich sowohl Arbeiten, denen ein ergebnisorientierter Dienstleistungsbegriff zugrunde liegt, d. h. in denen die Information das Produkt eines IT-Dienstleisters darstellt (vgl. z. B. [Wang et al. 1998]), als auch Arbeiten, die auf einem prozessorientierten Dienstleistungsbegriff basieren und die das Produkt eines IT-Dienstleisters in der IT-Unterstützung von Geschäftsprozessen sehen (vgl. z. B. [Britzelmaier 1999]). Diesem Buch liegt das prozessorientierte Dienstleistungsverständnis zugrunde. Dies ist vor allem in der starken Verbindung von IT-Dienstleistungsprodukten mit den Geschäftsprozessen der Leistungsabnehmer begründet, die durch eine prozessorientierte Dienstleistungsdefinition besonders deutlich wird.

2.5.2 Definition und Kategorien

Nach den grundlegenden Ausführungen zum Dienstleistungsbegriff gilt es zu klären, was konkret die Produkte eines IT-Dienstleisters darstellen. Im Sinne eines absatzwirtschaftlichen Produktverständnisses ist es von entscheidender Bedeutung, die Produktdefinition nicht auf der produktionsorientierten Sicht des IT-Dienstleisters, sondern auf der geschäftsorientierten Sicht seiner Kunden zu basieren. Kunden sind die Geschäftsbereiche eines Unternehmens (siehe Kapitel 2.4.1). Für einen Kunden liegt der primäre Nutzen eines IT-Produkts darin begründet, die Abwicklung seiner Geschäftsprozesse und die Erstellung seiner Geschäftsprodukte zu unterstützen. So verwenden Kunden IT-Produkte beispielsweise, um ihre Geschäftsprozesse zu rationalisieren oder deren Qualität zu verbessern. Viele Geschäftsprozesse sind heute in der Praxis überhaupt nicht mehr ohne den Einsatz von IT-Produkten durchführbar. Auch in die Geschäftsprodukte der Kunden fließen zunehmend IT-Produkte ein. Dies gilt beispielsweise für Geschäftsprodukte von Telekommunikationsunternehmen (z. B. ISDN-Anschluss oder Internet-Zugang), für Geschäftsprodukte von Banken (z. B. Online-Banking), aber auch für eher traditionelle Geschäftsprodukte, wie etwa Automobile, die zunehmend IT-Produkte, z. B. in Form von Telematikleistungen, beinhalten.

Ein IT-Produkt ist somit entweder die „IT-Unterstützung eines Geschäftsprozesses“ oder die „IT-Unterstützung eines Geschäftsprodukts“. Beide Produktformen werden im Folgenden näher betrachtet.

2.5.3 Geschäftsprozessunterstützende IT-Produkte

Nahezu jeder Geschäftsprozess wird heute IT-gestützt abgewickelt. Der Anteil der IT-gestützten Aktivitäten in einem Geschäftsprozess kann sich jedoch von Prozess zu Prozess unterscheiden (siehe Abb. 24). Während beispielsweise ein Geschäftsprozess zur Einstellung neuer Mitarbeiter viele nicht-IT-gestützte Aktivitäten enthält (z. B. Vorstellungsgespräch, Vertragsverhandlung), besteht ein typischer Bürokommunikationsprozess oder ein Buchhaltungsprozess heute in der Praxis nahezu vollständig aus IT-gestützten Aktivitäten.

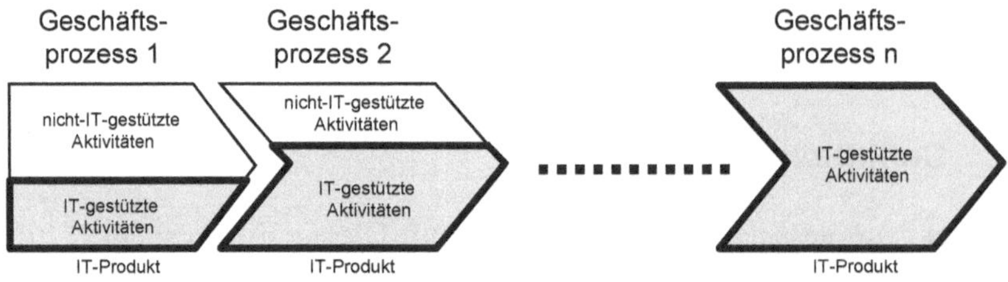

Abb. 24. IT-Produkte als Summe aller IT-gestützten Aktivitäten in einem Geschäftsprozess

Ein geschäftsprozessunterstützendes IT-Produkt umfasst alle IT-gestützten Aktivitäten eines Geschäftsprozesses. Die Produkte lassen sich in drei Gruppen unterteilen:

- *IT-Produkte zur Unterstützung von Querschnittsprozessen*: Hierzu zählen beispielsweise Büroprozesse (Textverarbeitung, Präsentationserstellung usw.), Kommunikationsprozesse (E-Mail, Internet, Terminkoordination usw.), Data-Warehouse-Prozesse oder Dokumenten-Management-Prozesse.
- *IT-Produkte zur Unterstützung von Back-Office-Prozessen*: Zu den typischen internen Back-Office-Prozessen gehören Buchhaltungsprozesse, Personalprozesse oder Controlling-Prozesse.
- *IT-Produkte zur Unterstützung von Front-Office-Prozessen*: Front-Office-Prozesse haben Berührungspunkte mit den externen Geschäftspartnern des Leistungsabnehmers. Zu ihnen gehören beispielsweise kundenbezogene Prozesse (Vertriebsprozesse, Customer-Relationship-Management-Prozesse), lieferantenbezogene Prozesse (Beschaffungsprozesse, Supplier-Relationship-Management-Prozesse) oder Fakturierungsprozesse (Rechnungsprozesse, Mahnprozesse). Traditionelle Enterprise-Resource-Planning(ERP)-Prozesse sind verstärkt mit den Prozessen der Geschäftspartner vernetzt, sodass sie ebenfalls zu den Front-Office-Prozessen gezählt werden können.

Die Beschreibung eines IT-Produkts erfolgt entlang der vier Parameter

- Produktfunktionen,
- Produktqualität,
- Produktmenge und
- Produktpreis

und wird im Folgenden an einem konkreten Beispiel verdeutlicht. Ein IT-Dienstleister entwickelt ein IT-Produkt, das den Geschäftsprozess „Schadensabwicklung Kfz-Versicherung“ eines Versicherungsunternehmens unterstützt. In Absprache mit dem entsprechenden Geschäftsbereich des Versicherungsunternehmens werden die vier Parameter des IT-Produkts wie folgt definiert:

- Produktfunktionen: Das IT-Produkt umfasst die folgenden Funktionalitäten bezogen auf den Geschäftsprozess:
  - Schadensfall erfassen: Sämtliche Daten eines Schadensfalles werden gemäß einem existierenden Formular im System erfasst.
  - Berechtigung prüfen: Auf der Grundlage der allgemeinen Versicherungsbedingungen wird geprüft, ob der Schadensfall erstattungspflichtig ist.

- Gutachter beauftragen: Ein Gutachter wird beauftragt, den Schadensfall zu überprüfen. Der Gutachter hat Zugriff auf alle mit dem Schadensfall verknüpften Daten.
- Kunden informieren: Der Kunde wird über den Ausgang der Schadensprüfung und das weitere Vorgehen informiert.
- Werkstattrechnungen erfassen und prüfen: Die Reparaturrechnungen der Kfz-Werkstätten werden im System erfasst und überprüft.
- Auszahlung veranlassen und durchführen: Die Auszahlung des Rechnungsbetrags wird veranlasst und ausgeführt.
- Vorgang abschließen: Der Schadensfall wird abgeschlossen. Der Kunde erhält eine Abschlussinformation.
- Hilfestellung und Beratung: Für Fragen zur Nutzung des IT-Produkts ist ein Help-Desk eingerichtet.
- Auswertungen: Es werden monatliche und jährliche Berichte und Statistiken erstellt.

Welcher konkrete Grad an IT-Unterstützung innerhalb des Geschäftsprozesses benötigt wird, entscheidet der Kunde. Die Produktfunktionen können sich somit je nach Kunde unterscheiden.

- *Produktqualität*: Dem Kunden werden bestimmte Qualitätseigenschaften des IT-Produkts zugesagt. In der Regel werden die Qualitätseigenschaften für jede Produktfunktion vereinbart. So kann beispielsweise eine maximale Bearbeitungszeit für eine Produktfunktion, eine Verfügbarkeit einer Produktfunktion von 99,6 % am Arbeitsplatz der Schadensbearbeiter, eine Beantwortung von Unterstützungsanfragen innerhalb von zwei Stunden oder eine bestimmte Mindestzufriedenheit bei einer jährlich durchgeführten Anwenderbefragung garantiert werden. Die Qualitätseigenschaften sind grundsätzlich aus Kundensicht zu definieren. Technische Qualitätseigenschaften, wie beispielsweise die Verfügbarkeit eines Servers, die Bandbreite eines Netzwerkes oder die Antwortzeiten einer Anwendung, spielen innerhalb der Produktion des IT-Dienstleisters eine Rolle, sind jedoch für den Kunden nicht sinnvoll.
- *Produktmenge*: Es wird eine bestimmte Anzahl an Schadensvorgängen pro Monat abgewickelt. Der IT-Dienstleister muss in der Lage sein, diese Menge von IT-Produkten mit der zugesagten Qualität bereitstellen zu können. Die Produktmenge kann in der Regel nur auf der Basis von Geschäftsprognosen des Kunden ermittelt werden. Aus diesem Grund ist der Kunde aktiv in die Bestimmung der Produktmenge eingebunden oder muss diese gar selbständig ermitteln.

- *Produktpreis*: Der Produktpreis wird stückbezogen definiert. Der Kunde bezahlt einen Preis pro abgewickelten Schadensvorgang. Voraussetzung für eine derartige Preiskalkulation ist, dass ein IT-Dienstleister seine Stückkosten pro IT-Produkt ermitteln kann. Er muss beispielsweise wissen, welche IT-Kosten die Abwicklung eines Schadensfalles insgesamt verursacht und wie sich diese Kosten zusammensetzen.

2.5.4 Geschäftsproduktunterstützende IT-Produkte

Nicht nur die Geschäftsprozesse eines Kunden, sondern auch dessen eigentliche Geschäftsprodukte und Dienstleistungen beinhalten in zunehmendem Maße IT-Produkte. Dies gilt beispielsweise für die Geschäftsprodukte der Telekommunikations-, Unterhaltungselektronik- oder Automobilbranche. Vollständig IT-basierte Geschäftsprodukte existieren ebenfalls, z. B. elektronische Tickets, netzbasierte Anrufbeantworter oder Internet-Zugänge. Analog zu den prozessunterstützenden IT-Produkten umfasst ein geschäftsproduktorientiertes IT-Produkt alle IT-gestützten Bestandteile eines Geschäftsprodukts. Es darf nicht mit den IT-Produkten, die zur Herstellung des Geschäftsprodukts erforderlich sind, verwechselt werden. So könnte beispielsweise ein geschäftsproduktorientiertes IT-Produkt „IT-Unterstützung Kraftfahrzeug“ alle IT-gestützten Bestandteile in einem bestimmten Fahrzeugmodell eines Automobilherstellers umfassen, z. B. Telematik-Leistungen oder einen Internet-Zugang. Die zur Konstruktion und Produktion des Fahrzeugs benötigten IT-Produkte, z. B. die Unterstützung von CAD-Prozessen oder von Prozessen im Bereich der Warenwirtschaft, sind dahingegen prozessunterstützende IT-Produkte.

IT-basierte Geschäftsprodukte beinhalten in der Regel auch Prozessleistungen, die wiederum prozessunterstützende IT-Produkte beinhalten können. So erfordert der Verkauf eines elektronischen Tickets (= Geschäftsprodukt) einen elektronischen Bestellprozess (= Geschäftsprozess). Und die Bereitstellung eines Internet-Zugangs (= Geschäftsprodukt) erfordert Prozesse zur Verwaltung der Benutzerdaten und zur Abrechnung der Nutzungsgebühren (= Geschäftsprozesse).

Geschäftsproduktunterstützende IT-Produkte besitzen zwangsläufig eine sehr hohe Geschäftsorientierung, da sie unmittelbar in ein Geschäftsprodukt einfließen. Die zwischen Leistungserbringer und Leistungsabnehmer verhandelten Produktpreise, die Funktionalität der IT-Produkte und deren Qualität haben entscheidenden Einfluss auf die Wettbewerbsfähigkeit der Geschäftsprodukte. Ihre geschäftliche Bedeutung für den Leistungsabnehmer ist damit oft höher als die eines prozessunterstützenden IT-Produkts.

2.5.5 IT-Produkte und IT-Leistungen

IT-Produkte werden aus der geschäftsorientierten Sicht des Kunden heraus definiert und beschrieben. Sie stellen somit die absatzwirtschaftliche Sichtweise, d. h. die Absatzprodukte, des IT-Dienstleisters dar (siehe Abb. 25).

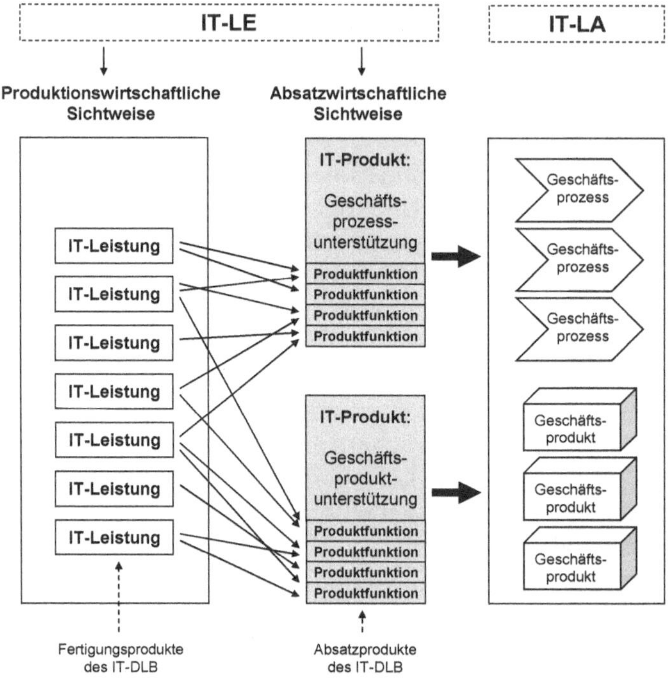

Abb. 25. IT-Produkte als Absatzprodukte eines IT-Dienstleisters

Um die einzelnen Produktfunktionen erbringen zu können, muss ein IT-Dienstleister IT-Leistungen produzieren. Die IT-Leistungen stellen die produktionswirtschaftliche Sichtweise, d. h. den Output der Produktion in Form von Fertigungsprodukten, dar. Die Mehrzahl der IT-Leistungen wird in Form von Transaktionen durch Anwendungsprogramme produziert (siehe Kapitel 3.2.3).

In der Regel sind für eine bestimmte Produktfunktion mehrere IT-Leistungen erforderlich. Beispielhaft seien einige IT-Leistungen für ausgewählte Funktionen des IT-Produkts „Schadensabwicklung Kfz-Versicherung“ aufgeführt:

- IT-Leistungen zur Erbringung der Produktfunktion „Schadensvorfall erfassen“:
  - Erfassung der Schadensdaten.
  - Prüfung, ob Schadensfall bereits im System erfasst.
  - Anlegen und Speichern eines Schadensdatensatzes in der zentralen Schadensdatenbank.
  - Prüfung der Kundenstammdaten.
  - Darstellung der Schadenshistorie des Kunden.
  - Anwenderunterstützung via Help-Desk bei Fragen zur Nutzung.
  - ...
- IT-Leistungen im Prozessschritt „Kunden informieren“:
  - Zusammenstellung der Schadensdaten und der Ergebnisse der Schadensüberprüfung.
  - Druck und Versand eines Informationsschreibens an den Kunden.
  - Erstellung und Versand einer E-Mail an den Kunden.
  - Übermittlung eines Reparaturauftrags an elektronisch angebundene Kfz-Werkstätten.
  - ...

Für jede Produktfunktion sind außerdem eine Reihe von IT-Basisleistungen zu erbringen, beispielsweise

- der Betrieb von Anwendungsprogrammen und
- die Bereitstellung der für den Anwendungsbetrieb benötigten Rechen-, Speicher- und Übertragungsleistungen.

Eine detaillierte Betrachtung der unterschiedlichen Kategorien von IT-Leistungen erfolgt im Rahmen der Ausführungen in Kapitel 3.2.3.

Zur Produktion von IT-Leistungen setzt der IT-Dienstleister Produktionsfaktoren, vor allem in Form von Produktionsanlagen ein (siehe Abb. 26). Mit Hilfe der Produktionsprozesse werden diese Produktionsfaktoren so kombiniert, dass IT-Leistungen entstehen. Die IT-Leistungen wiederum ermöglichen die Erbringung von IT-Produktfunktionen, die in ihrer Summe das eigentliche IT-Produkt ausmachen. Auf jeder Ebene sind unterschiedliche Stakeholder involviert. Die Kunden des IT-Dienstleisters kaufen die Produkte ein und definieren gemeinsam mit dem IT-Dienstleister die Produktfunktionen. Der Anwender nutzt die IT-Leistungen. Die Mitarbeiter des IT-Dienstleisters gestalten und steuern die Produktionsprozesse. Die Ressourcen werden von IT-Unternehmen geliefert.

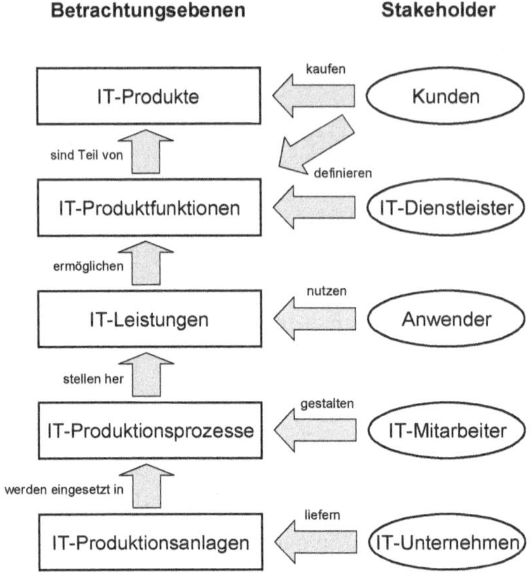

Abb. 26. Zusammenhänge zwischen Produkten, Produktfunktionen, Leistungen, Produktionsprozessen und Ressourcen

Die Beschreibung eines IT-Produkts anhand der für die Erbringung der Produktfunktionen benötigten IT-Leistungen spiegelt die produktionsorientierte Sicht des IT-Dienstleisters wider (siehe Abb. 27). Zusammen mit der absatzorientierten Beschreibung aus Sicht des Kunden bildet sie eine zweite Beschreibungsdimension.

Beschreibungsmöglichkeiten eines IT-Produkts	
Produktionsorientierte Beschreibung (Sicht des IT-Dienstleisters)	Absatzorientierte Beschreibung (Sicht des Kunden)
• IT-Leistung • IT-Leistung • IT-Leistung • IT-Leistung • IT-Leistung	• Produktfunktionen • Produktqualität • Produktmenge • Produktpreis

Abb. 27. Erbringungs- und absatzorientierte Beschreibung eines IT-Produkts

2.5.6 Besonderheiten von IT-Produkten

IT-Produkte weisen eine Reihe besonderer Merkmale auf, die zum Teil auf ihre Eigenschaft als Dienstleistungsprodukte und zum Teil auf die Besonderheiten der Beziehung zwischen IT-Dienstleister und Kunde zurückzuführen sind. Für das Produktionsmanagement sind insbesondere die folgenden drei Besonderheiten von Bedeutung:

- IT-Produkte werden meist über einen längeren Zeitraum von Anwendern genutzt. Der Kauf eines bestimmten IT-Produkts ist somit kein einmaliges, punktuelles Ereignis, sondern erfolgt wiederholt über einen längeren Zeitraum. So wird beispielsweise das IT-Produkt „Schadensabwicklung Kfz-Versicherung" bei jeder Ausführung des entsprechenden Geschäftsprozesses, d. h. im Rahmen einer jeden Schadensabwicklung, genutzt, und dies über einen Zeitraum von typischerweise mehreren Jahren. Für die Produktion bedeutet dies, dass die im Produkt gebündelten IT-Leistungen über einen längerfristigen Zeitraum bereitgestellt und produziert werden müssen.

- IT-Produkte unterliegen während ihres Nutzungszeitraums typischerweise vielen Änderungen. Sie zeichnen sich somit durch eine hohe Dynamik aus. Die funktionalen und qualitativen Anforderungen der Kunden an ein IT-Produkt ändern sich kontinuierlich, weshalb IT-Produkte häufig modifiziert werden müssen. Auch neue Technologien in der Produktion führen dazu, dass IT-Produkte mit neuen Funktionen versehen werden können. Für das Produktionsmanagement bedeutet dies, dass den Prozessen des Konfigurations-, Änderungs- und Freigabemanagements sowohl im Bereich der Anwendungsentwicklung (siehe Kapitel 5.4.3) als auch der Produktionspotentiale (siehe Kapitel 6.3.5) und Produktionsprozesse (siehe Kapitel 7.4) eine besondere Bedeutung zukommt.

- Es bestehen typischerweise starke Abhängigkeiten und Interdependenzen zwischen den einzelnen IT-Produkten. Diese sind auf die enge Verzahnung und Integration der Geschäftsprozesse der Kunden zurückzuführen, in denen die IT-Produkte zum Einsatz kommen. Für das Produktionsmanagement bedeutet dies, dass Leistungen nicht isoliert betrachtet werden können, sondern dass das Leistungsprogramm nur gesamthaft geplant und hergestellt werden kann. Auch die hohe Bedeutung der Anwendungsarchitektur für die Gestaltung des Produktionssystems ist darauf zurückzuführen, da in der Anwendungsarchitektur die Beziehungen zwischen den einzelnen IT-Leistungen definiert und abgebildet sind. Die Gestaltung der Anwendungsarchitektur stellt aus diesem

Grund eine strategische Aufgabe im Rahmen des Produktionsmanagements dar (siehe Kapitel 5.2.3). Die Modularisierungsstrategien zur Flexibilisierung der IT-Dienstleistungsproduktion (siehe Kapitel 4.3.4) sollen ebenfalls dazu beitragen, die Abhängigkeiten zwischen den IT-Leistungen zu minimieren.

2.6 Funktionsbereiche eines IT-Dienstleisters

Ein IT-Dienstleister muss eine den Betriebszielen, Produkten und Märkten gerecht werdende Ablauf- und Aufbauorganisation besitzen. Die Ablauforganisation regelt die sachliche, zeitliche und räumliche Abfolge und Koordination der einzelnen Arbeitsvorgänge [Kosiol 1976, 32], die Aufbauorganisation dahingegen den institutionellen Rahmen des Betriebs und die Aufgliederung des Gesamtbetriebs in organisatorische Teilbereiche sowie das Ergebnis der organisatorischen Differenzierung [Schweitzer 1994, 155]. Aufbau- und Ablauforganisation dürfen nicht isoliert betrachtet werden, da beide in einem engen Zusammenhang stehen. Gemäß dem Grundsatz „structure follows function“ wird die Aufbauorganisation so gestaltet, dass sie mit den Betriebsabläufen harmoniert.

Den Ausgangspunkt für die Ablauf- und Aufbauorganisation bilden die Funktionsbereiche eines IT-Dienstleisters. Die bestehenden Funktionsmodelle aus dem Bereich des Informationsmanagements eignen sich für diesen Zweck nur bedingt, da sie den IT-Dienstleister primär aus dem Blickwinkel eines unternehmensinternen Funktionsbereichs heraus betrachten (siehe Kapitel 2.3). Auch das in der betrieblichen Praxis vielfach verwendete „Plan, Build, Run“-Modell zur Beschreibung der Funktionsbereiche des Informationsmanagements greift aufgrund seiner IT-zentrierten Betrachtungsweise zu kurz, um die Funktionen eines kundenorientierten IT-Dienstleisters zu beschreiben. So ist es beispielsweise nicht in der Lage,

- die zwischen Leistungserbringer und Leistungsabnehmer bestehende Kunden-Lieferanten-Beziehung sauber abzubilden,
- produktorientierte Konzepte und Funktionen, wie z. B. das Produktmanagement oder einen Produktlebenszyklus, adäquat zu beschreiben und
- die IT-Leistungserbringung als einen integrierten Produktionsprozess zu betrachten.

Aus diesen Gründen erscheint es sinnvoll, sich an Funktionsmodellen aus anderen Branchen zu orientieren. Leistungserbringer und Leistungsabnehmer bilden zwei Elemente in einer Wertschöpfungs- und Lieferkette zur Erbringung und Nutzung von IT-Leistungen. Es bietet sich daher an, die Funktionen eines IT-Dienstleisters auf der Basis etablierter Funktionsmodelle für das Supply-Chain-Management zu gestalten. Ein derartiges Modell stellt das vom Supply-Chain-Council entwickelte SCOR (Supply-Chain Operations Reference)-Modell dar [Supply-Chain Council 2003]. Dieses untergliedert ein Unternehmen in fünf zentrale Funktionsbereiche (siehe Abb. 28):

- *Plan*: Im Rahmen der Planung sind Strategien zu entwickeln, die die Beschaffungs-, Produktions- und Absatzanforderungen bestmöglich unterstützen und für eine Abstimmung von Angebot und Nachfrage sorgen.
- *Source*: Der Beschaffung obliegt der Einkauf von Gütern und Dienstleistungen in der benötigten Menge.
- *Make*: Die Produktion stellt die Endprodukte in der nachgefragten Menge her.
- *Deliver*: Der Absatz stellt die Endprodukte in der nachgefragten Menge bereit, typischerweise mit Hilfe von Auftragsabwicklungs-, Logistik-, Marketing- und Vertriebsprozessen.
- *Return*: Es sind Prozesse für die Rücknahme von Produkten zu etablieren, die bis in den Bereich der After-Sales-Services hineinreichen können.

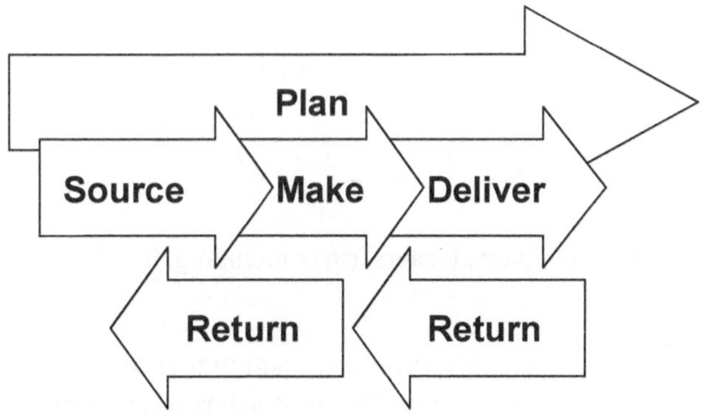

Abb. 28. Funktionsbereiche des SCOR-Modells

Für jeden der fünf Funktionsbereiche werden innerhalb des SCOR-Modells konkrete Ablaufkonfigurationen und -elemente definiert. Auf diese Weise stellt das SCOR-Modell ein Referenzmodell zur effektiven Kommunikation innerhalb einer Supply-Chain bereit, welches zur Beschreibung, Messung und Evaluierung konkreter Supply-Chain-Konfigurationen genutzt werden kann.

Ein IT-Dienstleister stellt ein Element in einer Supply-Chain für IT-Leistungen dar. Aus diesem Grund eignen sich die dem SCOR-Modell zugrunde liegenden Funktionsbereiche auch zur Beschreibung der Kernfunktionen eines IT-Dienstleisters. Abb. 29 zeigt die Funktionen im Überblick [Zarnekow/Brenner/Pilgram 2005, 68ff]. Die eigentliche Wertschöpfungskette des Leistungserbringers besteht aus der Beschaffung (Source), der Produktion (Make) und dem Absatz (Deliver). Die Wertschöpfungskette setzt sich sowohl kundenseitig über den Absatzmarkt als auch lieferantenseitig über den Beschaffungsmarkt fort. Über den Absatzmarkt werden die IT-Produkte des Leistungserbringers an die Leistungsabnehmer abgesetzt. Auf Seite des Leistungsabnehmers bildet die Beschaffung die Schnittstelle zum Absatzmarkt. Über den Beschaffungsmarkt werden die vom Leistungserbringer benötigten Produkte und Dienstleistungen beschafft.

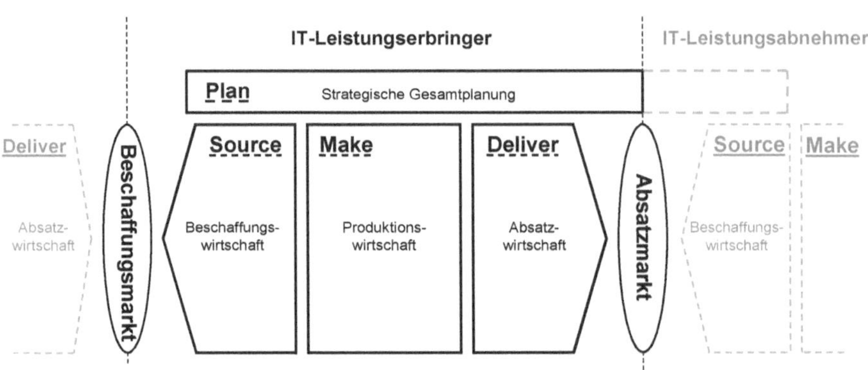

Abb. 29. Kernfunktionen eines IT-Dienstleisters (in Anlehnung an [Zarnekow/Brenner/Pilgram 2005, 68])

Im Mittelpunkt dieses Buches steht das Produktionsmanagement. Um ein Grundverständnis über die Aufgaben und Herausforderungen eines IT-Dienstleisters zu erhalten, ist es jedoch erforderlich, auch die planerischen, beschaffungswirtschaftlichen und absatzwirtschaftlichen Aufgaben übersichtsartig zu betrachten. Im Rahmen dieses Kapitels erfolgt aus diesem Grund eine Darstellung der zentralen Aufgaben der strategischen Planung (siehe Kapitel 2.7), der Beschaffungswirtschaft (siehe Kapitel 2.8) und der Absatzwirtschaft (siehe Kapitel 2.9).

Neben den Kernfunktionen besitzt ein IT-Dienstleister eine Reihe von Querschnittsfunktionen, die auftrags- und produktunabhängig sind. Zu diesen zählen beispielsweise [Spur 1994]:

- Controlling/Finanzwirtschaft
- Personalmanagement
- Qualitätsmanagement
- Logistik
- Wartung/Instandhaltung

Auf ausgewählte Aspekte aus dem Bereich der Querschnittsfunktionen wird im Zusammenhang mit den einzelnen Aufgaben innerhalb des Produktionsmanagements eingegangen, so z. B. auf Aspekte des Controllings oder des Qualitätsmanagements.

Auf der Basis des grundlegenden Source-Make-Deliver-Mechanismus lassen sich komplexe Wertschöpfungsketten konfigurieren. In der Praxis existiert beispielsweise nicht immer eine 1:1-Beziehung zwischen Leistungserbringer und Leistungsabnehmer. Vielmehr kaufen Leistungsabnehmer ihre IT-Produkte von unterschiedlichen Leistungserbringern ein, die sowohl innerhalb als auch außerhalb des eigenen Unternehmens positioniert sein können. Darüber hinaus können Leistungsabnehmer durchaus einen Teil der benötigten IT-Leistungen auch mit eigenen IT-Ressourcen erbringen (z. B. Planungsaufgaben). Auf diese Weise entstehen in der betrieblichen Praxis komplexe Beziehungsnetze, wie sie beispielhaft in Abb. 30 dargestellt sind.

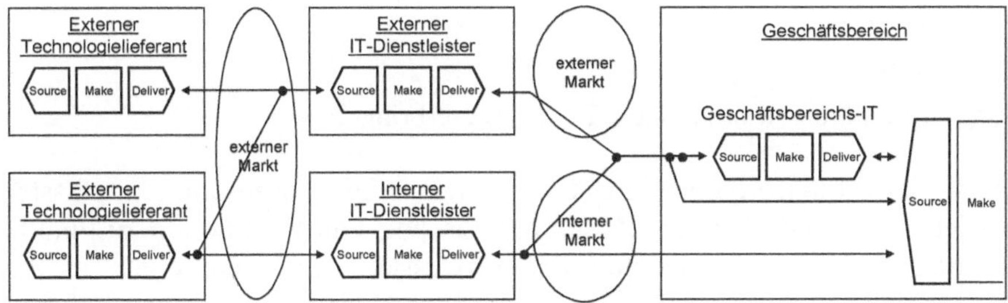

Abb. 30. Beispielhafte Lieferkette für IT-Leistungen

Innerhalb der Kernfunktionen können strategische, planerische und ausführende Aufgaben unterschieden werden. Dementsprechend lassen sich die Funktionsbereiche, wie in Abb. 31 dargestellt, entlang von drei Ebenen strukturieren:

- Zu den strategischen Planungsaufgaben zählen sowohl die gesamthaften Planungsaktivitäten, d. h., die strategische Ausrichtung des Dienstleisters und die Ausgestaltung des Governance-Modells, als auch die funktionsbezogene Strategieentwicklung der Beschaffungs-, Produktions- und Absatzstrategie.
- Die technisch-kaufmännische Gesamtplanung schafft im Sinne einer Mittelfristplanung, auf der Grundlage der vorgegebenen Strategien, die Voraussetzungen für eine Durchführung der eigentlichen wertschöpfenden Aktivitäten. Sie umfasst die planerischen Tätigkeiten im Bereich Beschaffung, Produktion und Absatz.
- Im Mittelpunkt der ausführenden Ebene steht die eigentliche Wertschöpfung des Leistungserbringers, im Rahmen deren die Leistungserbringung markt- und kundenorientierter IT-Produkte erfolgt. Die ausführenden Tätigkeiten werden auch als Auftragsabwicklung bezeichnet [Wenzel et al. 2001, 27].

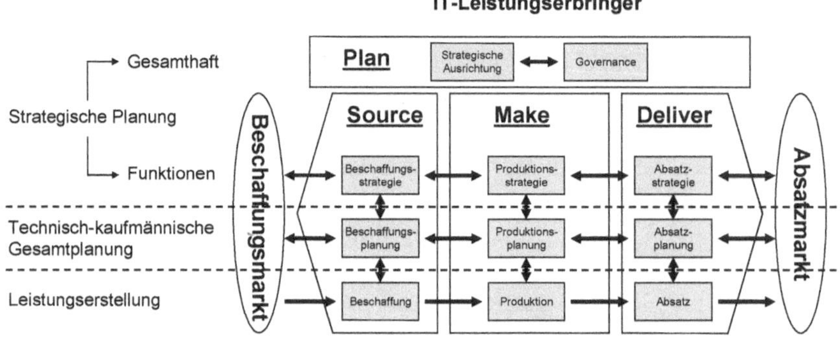

Abb. 31. Funktionsstruktur eines IT-Leistungserbringers

Die in der Ablauforganisation eines IT-Dienstleisters zusammengefassten Betriebsabläufe stellen eine Zusammenfassung von Funktionen zu Funktionsabläufen bzw. Prozessketten dar. Prozessketten verdeutlichen das Zusammenwirken der Einzelfunktionen in den Geschäftsprozessen [Wenzel et al. 2001, 28]. Es lassen sich zahlreiche Prozessketten bilden, von denen jedoch nur wenige sogenannte Kernprozesse bilden. Zu den in dieser Arbeit betrachteten Kernprozessen eines IT-Dienstleisters zählen

- Strategieentwicklung,
- Produktentwicklung,
- Produktion (inkl. Produktionsplanung und -steuerung) und
- Auftragsabwicklung (vgl. hierzu auch [Hammer/Champy 1994, 41]).

Die konkrete Ausgestaltung der Prozessketten hängt von der individuellen Situation des IT IT-Dienstleisters ab. Insbesondere die Art der erzeugten IT-Produkte spielt in diesem Zusammenhang eine zentrale Rolle. So unterscheidet sich der Prozess der Auftragsabwicklung eines IT-Dienstleisters, der kundenspezifische Produkte auf Auftragsbasis erstellt, von dem eines IT-Dienstleisters, der Standardprodukte für den Massenmarkt erstellt. Die Fertigungstiefe beinflusst ebenfalls den Produktionsprozess. Und der Strategieentwicklungsprozess eines internen IT-Dienstleisters verläuft anders als der eines externen IT-Dienstleisters.

2.7 Strategische Ausrichtung und Governance

Hauptaufgaben der Unternehmensführung sind „die Fixierung der konkreten betrieblichen Zielsetzungen, mit denen das Endziel, die langfristige Gewinnmaximierung, erreicht werden soll, und die Festlegung der Betriebspolitik [...], die der Betrieb einhalten muss, um die gesteckten Ziele auf wirtschaftlichste Weise zu erreichen“ [Wöhe 1986, 87]. Damit die Unternehmensführung diese Ziele erreichen kann, bedarf es einer strategischen Planung. Im Rahmen der strategischen Planung werden die langfristigen Ziele des IT-Dienstleisters, die Politiken und Richtlinien sowie die Mittel und Wege zur Erreichung der Ziele festgelegt [Staehle 1991, 563]. Gültigkeitsbereich und Umfang der strategischen Planung hängen von der Art des IT-Dienstleisters ab. Handelt es sich um einen internen IT-Dienstleister, d. h. sind Leistungserbringer und Leistungsabnehmer Teil desselben Konzernverbunds, so sind beide in die übergeordnete strategische Planung und Führung des Gesamtkonzerns eingebunden (siehe obere Hälfte der Abb. 32). Bestimmte Planungsaspekte und Führungskreisläufe werden übergreifend für den Leistungserbringer und Leistungsabnehmer gestaltet. Dies gilt z. B. für die Governance-Regeln, die innerhalb eines Konzernverbunds gesamthaft definiert werden und die die Regeln der Zusammenarbeit für beide Seiten verbindlich festlegen. Auch die strategischen Zielsetzungen eines internen IT-Dienstleisters müssen auf die Zielsetzungen des Gesamtunternehmens, und somit auf die Zielsetzungen der Leistungsabnehmer, abgestimmt werden (siehe Kapitel 2.4.4).

Die strategische Planung eines externen IT-Dienstleisters erfolgt dahingegen unabhängig von der Planung der Leistungsabnehmer (siehe untere Hälfte der Abb. 32). Beide agieren als wirtschaftlich eigenständige Einheiten und verfolgen individuelle Ziele. In diesem Fall existieren auch keine übergreifenden Governance-Regelungen.

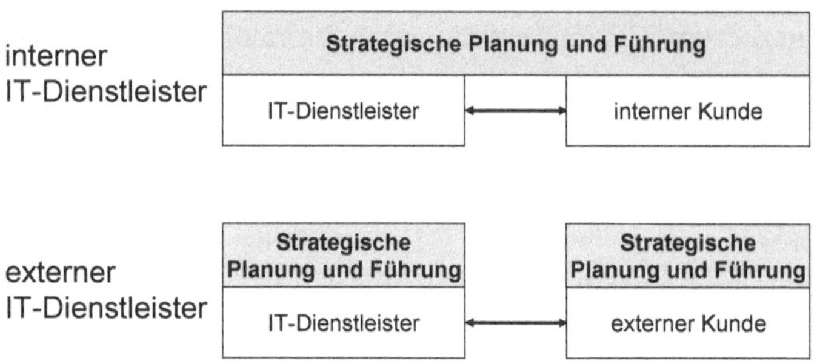

Abb. 32. Geltungsbereich der strategischen Planung und Führung

Für die Gestaltung und Durchführung der strategischen Planung im Unternehmen steht ein breites Spektrum an Konzepten, Modellen und Instrumenten zur Verfügung, das auch für die strategische Planung innerhalb eines IT-Dienstleisters genutzt werden kann (vgl. hierzu z. B. [Staehle 1991, 563ff; Ward/Peppard 2002, 64ff; Wöhe 1986, 125ff]. Im Folgenden werden zwei Teilbereiche der strategischen Planung näher betrachtet, die für einen IT-Dienstleister von besonderer Bedeutung sind. Dabei handelt es sich um

- die strategische Ausrichtung des IT-Dienstleisters und
- die Governance des IT-Dienstleisters.

2.7.1 Strategische Ausrichtung des IT-Dienstleisters

Die strategische Ausrichtung ist geprägt von der engen Zusammenarbeit und der Vielzahl wechselseitiger Abhängigkeiten zwischen Leistungserbringer und Leistungsabnehmer, die sich bis auf die strategische Ebene auswirken. Dies gilt insbesondere für interne IT-Dienstleister. In diesem Fall muss die strategische Ausrichtung des Unternehmens, der Geschäftsbereiche und des IT-Dienstleisters aufeinander abgestimmt werden (siehe Abb. 33).

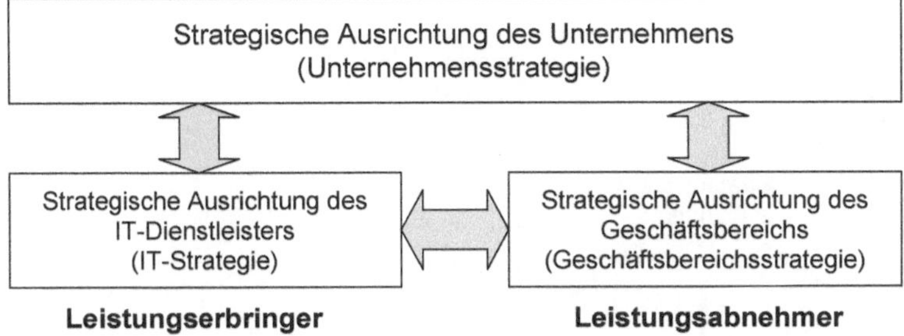

Abb. 33. Wechselwirkungen zwischen Unternehmens-, Geschäftsbereichs- und IT-Strategie

Mit der strategischen Ausrichtung des IT-Dienstleisters, die im Rahmen einer strategischen Informatikplanung erarbeitet wird [Brunner/Gasser/Pörtig 2003, 25], werden aus Unternehmenssicht die folgenden Zielsetzungen verfolgt [Ward/Peppard 2002, 118f]:

- Abstimmung von IT-Strategie, Unternehmensstrategie und Geschäftsbereichsstrategie zwecks einer zielgerechten Ressourcenallokation.
- Erzielung von Wettbewerbsvorteilen durch den Einsatz von IT.
- Aufbau einer kosteneffizienten, aber trotzdem flexiblen IT-Infrastruktur.
- Aufbau von Ressourcen und Kompetenzen für die unternehmensweite Nutzung der IT.

Die strategische Rolle der IT im Unternehmen entscheidet darüber, welche Bedeutung den einzelnen Zielsetzungen in der Praxis zukommt. Werden beispielsweise IT-Dienstleistungen im Unternehmen vor allem als Commodity betrachtet, so muss der IT-Dienstleister in erster Linie auf eine kostenminimale Erbringung der Leistungen ausgerichtet werden. Sind dahingegen IT-Dienstleistungen zur Erzielung strategischer Wettbewerbsvorteile erforderlich, muss sich das Augenmerk eher auf die Ressourcen und Kompetenzen des IT-Dienstleisters und die strategische Bedeutung zukünftiger technologischer Entwicklungen richten. Auch die Anforderungen an die Flexibilität und Geschwindigkeit des IT-Dienstleisters werden in ähnlicher Weise durch die Unternehmensstrategie determiniert.

Unter der Berücksichtigung der Zielsetzungen vollzieht sich der Prozess der strategischen Ausrichtung des IT-Dienstleisters wie in Abb. 34 dargestellt.

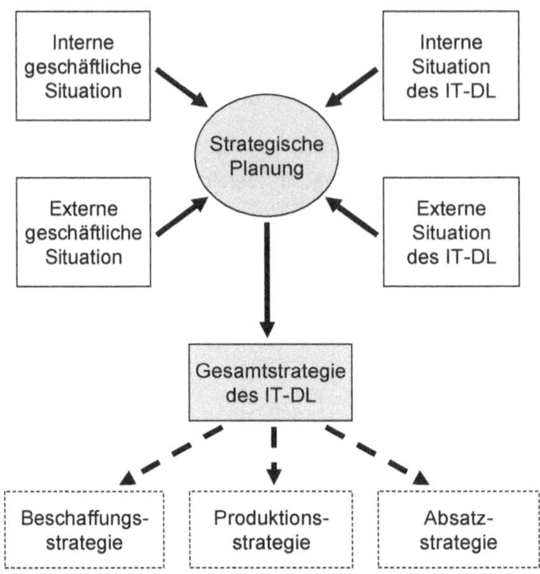

Abb. 34. Prozess der strategischen Ausrichtung eines IT-Dienstleisters

Im Sinne einer SWOT-Analyse [Ward/Peppard 2002, 83] fließen Inputs aus vier Bereichen in den Planungsprozess ein:

- Die interne geschäftliche Situation, z. B. aktuelle Unternehmens- und Geschäftsstrategien, Unternehmensziele, -ressourcen und -prozesse.
- Die externe geschäftliche Situation, z. B. wirtschaftliche, branchenspezifische oder wettbewerbsbezogene Faktoren, die für die Kunden relevant sind.
- Die interne Situation des IT-Dienstleisters, z. B. Reifegrad, Produkt-Portfolio, Ressourcen und Kompetenzen.
- Die externe Situation des IT-Dienstleisters, z. B. technologische Entwicklungen, Technologielieferanten, Wettbewerber.

Im Rahmen der strategischen Planung wird auf der Grundlage dieser Inputs die strategische Ausrichtung des IT-Dienstleisters in Form einer Gesamtstrategie entwickelt. Die Gesamtstrategie beinhaltet Aussagen dazu, wie der IT-Dienstleister im Markt positioniert ist, wie die gesteckten Zielsetzungen unter bestmöglicher Nutzung der internen Stärken und externen Chancen erreicht und wie die bestehenden internen Schwächen und erwarteten externen Risiken beherrscht werden sollen. Mit der Gesamtstrategie werden somit die grundlegende Stoßrichtung und die zukünftigen Handlungsfelder und Aktivitäten definiert. Konkret sollte die Gesamtstrategie eines IT-Dienstleisters die folgenden Inhalte adressieren:

- Vision hinsichtlich der Positionierung, Rolle und Einbettung des IT-Dienstleisters in sein internes und/oder externes Umfeld,
- organisatorische Grundsätze hinsichtlich der Aufbauorganisation, der Rollen und Verantwortlichkeiten,
- grundlegende Ausrichtung des Produkt- und Leistungsangebots,
- Grundsätze der Investitionspolitik und Ressourcenpriorisierung,
- Grundsätze der Personalführung,
- Grundsätze des Rechnungswesens und
- evtl. Grundsätze der Beschaffungs-, Produktions- und Absatzpolitik.

Der letzte Punkt macht deutlich, dass in der Gesamtstrategie die Rahmenbedingungen für die funktionsorientierten Teilstrategien des IT-Dienstleisters definiert werden. Wird beispielsweise in der Gesamtstrategie festgelegt, dass eine niedrige Fertigungstiefe im Sinne einer Konzentration auf Kernkompetenzen angestrebt wird, so hat dies unmittelbare Auswirkungen auf die Beschaffungs- und Produktionsstrategie. Aussagen zur IT-Architektur und Infrastruktur beeinflussen dahingegen vor allem die Produktionsstrategie. Die Gesamtstrategie kann auch grundlegende Aussagen zur Produktstrategie und zum Produktprogramm enthalten, etwa hinsichtlich neuer Geschäftsfelder, die zu erschließen sind, oder bestimmter Technologien, die in die Produkte zu integrieren sind. Diese Vorgaben sind im Rahmen der strategischen Programmplanung, die einen Teil der Produktionsstrategie bildet, zu berücksichtigen (siehe Kapitel 4.8.1).

2.7.2 IT-Governance

Die strategische Ausrichtung bildet einen zentralen Baustein der Governance eines IT-Dienstleisters. Unter Corporate Governance versteht man die verantwortliche und auf langfristige Wertschöpfung ausgerichtete Organisation der Unternehmensleitung und Unternehmensführung [Rosen 2001, 283; Witt 2000]. Corporate Governance bildet ein Teilgebiet der

Unternehmensführung und weist enge Bezüge zur Aufbau- und Ablauforganisation sowie zum Controlling auf. Das Konzept der IT-Governance kann als IT-bezogene Spezialisierung der im Rahmen der Corporate Governance entwickelten Vorschläge und Konzepte angesehen werden. Im Rahmen des Zusammenspiels von Leistungserbringer und Leistungsabnehmer werden demnach unter IT-Governance Grundsätze, Verfahren und Maßnahmen zusammengefasst, die sicherstellen, dass die eingesetzten IT-Dienstleistungen zur Erreichung der Geschäftsziele beitragen, IT-Ressourcen verantwortungsvoll eingesetzt und Risiken angemessen überwacht werden [Meyer/Zarnekow/Kolbe 2003, 445].

Im Rahmen der IT-Governance müssen die Entscheidungsmechanismen bezüglich der strategischen Fragestellung des IT-Dienstleisters festgelegt werden. Es ist zu definieren, wer für die Ausarbeitung der Strategie verantwortlich ist und in welchen Gremien über die Inhalte der Strategie entschieden wird. Weill und Woodham fordern Entscheidungsmechanismen vor allem für die vier strategischen Bereiche Positionierung/Rolle des IT-Dienstleisters, IT-Infrastruktur, IT-Architektur und IT-Investitionen [Weill/Woodham 2002]. Sie unterscheiden in diesem Zusammenhang fünf grundlegende Typen der IT-Governance (siehe Abb. 35).

	Entscheidungsgremium				
IT-Governance Grundtypen	Management des Leistungsabnehmers	Management des Leistungserbringers	Geschäftsbereichsleiter	Geschäftsprozessverantwortliche	Anwender
Geschäfts-Monarchie	X				
IT-Monarchie		X			
Feudal			X		
Föderiert	X	X	X	X	X
Anarchie				X	X

Abb. 35. Grundtypen der IT-Governance nach [Weill/Woodham 2002]

Eine Untersuchung von 40 Unternehmen ergab, dass in der Mehrzahl der Unternehmen die Entscheidungen durch eine kleine Gruppe von Personen getroffen wurden (Geschäftsmonarchie oder IT-Monarchie) [Woodham/ Weill 2002]. Eine IT-Governance auf Basis des Feudalprinzips eignet sich vor allem für stark dezentral organisierte Unternehmen. Das föderale System ist in der Praxis nur schwer umzusetzen und zu steuern.

Die im Zusammenhang mit der IT-Governance wahrzunehmenden Aufgaben lassen sich entlang eines Führungskreislaufs anordnen (siehe Abb. 36). Den Ausgangspunkt bildet die strategische Ausrichtung des IT-Dienstleisters. Darauf aufbauend hat die IT-Governance den Wertbeitrag für das laufende Geschäft sicherzustellen und Risiken frühzeitig zu identifizieren und zu steuern. Der Erfolg ist durch eine kontinuierliche Leistungsmessung zu überwachen. Die dabei gewonnenen Erkenntnisse können der Weiterentwicklung oder Neuausrichtung der Strategie dienen. Die benötigten Ressourcen, welche eine Voraussetzung für alle Aufgaben darstellen, sind zu planen und steuern.

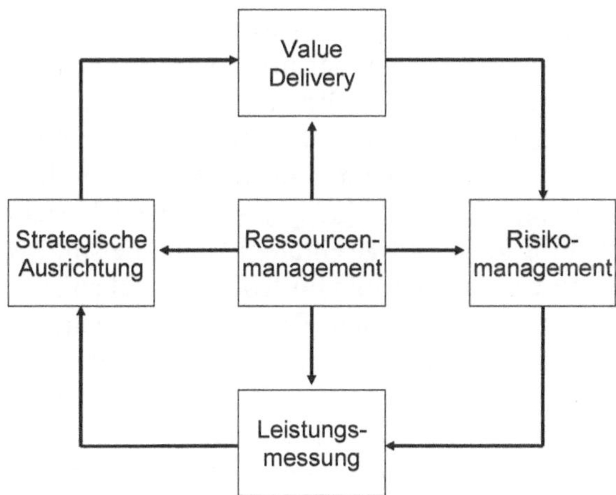

Abb. 36. Aufgaben der IT-Governance (in Anlehnung an [IT Governance Institute 2003])

Gegenstand und Inhalte der strategischen Ausrichtung wurden bereits weiter oben diskutiert. Die übrigen Aufgaben werden im Folgenden kurz näher beschrieben:

- *Value Delivery*: Der Wertbeitrag eines IT-Dienstleisters hängt vom Verhältnis der verursachten Kosten zum erzeugten Nutzen ab. Beide Dimensionen sind im Rahmen der IT-Governance zu adressieren. Während die Kosten für IT in einem Unternehmen in der Regel relativ präzise bestimmt werden können, ist die Ermittlung des Nutzenbeitrags deutlich schwieriger. Der Nutzen der IT-Dienstleistungen entfaltet sich in erster Linie in den Geschäftsprozessen und stellt somit einen Prozessnutzen dar. Dieser enthält eine Vielzahl schwer quantifizierbarer Elemente, wie z. B. Kundenzufriedenheit, Wettbewerbsvorteile oder Mitarbeiterproduktivität. Umso wichtiger ist es daher, dass die IT-Governance die Voraussetzung dafür schafft, den Nutzen der Informationsverarbeitung für den Kunden sichtbar zu machen und zu kommunizieren. Nur so kann verhindert werden, dass sich die Diskussion zwischen IT-Dienstleister und Kunde primär auf Kostenaspekte konzentriert. Nutzenorientierte Mess- und Zielsysteme sollten nicht allein durch den IT-Dienstleister, sondern gemeinsam mit den Kunden erarbeitet werden und deren Zustimmung finden.

- *Risikomanagement*: Das Risikomanagement bildet, nicht zuletzt aufgrund immer neuer gesetzlicher Anforderungen, ein zentrales Element der Corporate Governance. Neben finanziellen Risiken spielen in diesem Zusammenhang vor allem auch operationelle und systembedingte Risiken eine immer wichtigere Rolle. Diese Risiken wiederum werden von technologischen Risiken und Risiken der Informationssicherheit beeinflusst. Aufbauend auf der generellen Risikosituation eines Unternehmens müssen im Rahmen der IT-Governance die IT-basierten Risiken identifiziert, bewertet und transparent gemacht werden. Im Anschluss sind konkrete Strategien zum Umgang des IT-Dienstleisters mit den Risiken zu entwickeln. Eine derartige Strategie kann beispielsweise darin bestehen, Risiken durch den Einsatz von Kontrollmechanismen zu minimieren, Risiken mit Partnern zu teilen, Risiken zu versichern oder Risiken bewusst zu akzeptieren. Selbst im letzten Fall ist jedoch eine Risikoanalyse unerlässlich, da nur bekannte Risiken qualifizierte Managemententscheidungen ermöglichen. Das Risikomanagement darf nicht als bloßer Kostenfaktor gesehen werden. Vielmehr lassen sich mit seiner Hilfe bei konsequenter Umsetzung sowohl Wettbewerbsvorteile als auch Effizienzsteigerungen erzielen.

- *Leistungsmessung*: Ziele, Ressourcen und Prozesse müssen kontinuierlich überwacht werden, um den Leistungsgrad des IT-Dienstleisters ermitteln und frühzeitig Probleme identifizieren zu können. Aufgabe der Leistungsmessung ist es, geeignete Messgrößen bzw. Kennzahlen zu identifizieren und einen Steuerungs- und Kontrollkreislauf zu etablieren. Die Leistungsmessung sollte sich dabei nicht ausschließlich auf finanzielle Kennzahlen konzentrieren, sondern beispielsweise durch den Einsatz von Balanced Scorecards auch kundenorientierte, prozessorientierte und potentialorientierte Kennzahlen berücksichtigen [Boeh/Meyer 2004]. Die grundlegenden Bausteine der Balanced Scorecard können an die besonderen Anforderungen eines IT-Dienstleisters angepasst werden, z. B. indem man die Kennzahlen an den vier Dimensionen „geschäftlicher Wertbeitrag“, „Kundenorientierung“, „Zukunftsfähigkeit“ und „operationelle Leistungsfähigkeit“ ausrichtet [IT Governance Institute 2003].

- *Ressourcenmanagement*: Eine wirtschaftliche Nutzung und Zuteilung der IT-Ressourcen ist Voraussetzung für ein erfolgreiches Agieren eines IT-Dienstleisters. Zu den Ressourcen zählen sowohl Mitarbeiter als auch Komponenten der IT-Infrastruktur, wie z. B. Hardware, Software, Netzwerke, aber auch Daten. Die IT-Governance muss die Rahmenbedingungen für das Ressourcenmanagement in den Kernprozessen Beschaffung, Produktion und Absatz bestimmen. Sie muss beispielsweise grundlegende Aussagen darüber treffen, wo und wie Ressourcen extern eingekauft werden, unter welchen Rahmenbedingungen die Einstellung neuer Mitarbeiter und die Aus- und Weiterbildung existierender Mitarbeiter erfolgt und wie ein lebenszyklusorientiertes Management von Hardware- und Softwareressourcen zu etablieren ist. Das Ressourcenmanagement bewegt sich dabei in einem ständigen Spannungsfeld zwischen einer möglichst kosteneffizienten Ressourcenbasis einerseits und einer möglichst hohen Effektivität der mit den Ressourcen erbrachten IT-Dienstleistungen andererseits.

Eine zusätzliche Aufgabe kommt der IT-Governance im Rahmen der Zusammenarbeit eines internen IT-Dienstleisters mit internen Kunden auf der Grundlage eines unternehmensinternen Marktes zu. Während die Rahmenbedingungen eines externen Marktes durch generelle gesetzliche Regeln definiert sind, obliegt die Gestaltung eines unternehmensinternen Marktes der IT-Governance. Grundsätzlich lassen sich die zu definierenden Regeln eines internen Marktes in zwei Segmente untergliedern.

- *Wettbewerbsbezogene Regelungen* definieren das Wettbewerbsverhältnis zwischen Leistungserbringer und Leistungsabnehmer. Von zentraler Bedeutung sind dabei Regelungen zur Bezugspflicht des Leistungsabnehmers und zu den Möglichkeiten eines Leistungserbringers, auf dem externen Markt tätig zu sein. Die Bezugspflicht legt fest, ob ein Leistungsabnehmer verpflichtet ist, seine IT-Produkte bei einem bestimmten, in der Regel unternehmensinternen, Leistungserbringer einzukaufen, oder ob er auch externe Drittanbieter als Lieferanten wählen darf. Aus Sicht eines einzelnen Leistungsabnehmers führt die Möglichkeit, unternehmensexterne Leistungserbringer beauftragen zu dürfen, in der Regel zu einer besseren Wettbewerbssituation und zu einer stärkeren Verhandlungsposition gegenüber dem internen Leistungserbringer. Aus

Gesamtunternehmenssicht sind dahingegen auch die Auslastung und die wirtschaftliche Situation des Leistungserbringers zu berücksichtigen. Unter diesem Blickwinkel kann eine unternehmensinterne Bezugspflicht durchaus eine wirtschaftlich sinnvolle Lösung darstellen.

Gleiches gilt für die Sicht des Leistungserbringers. Obwohl dieser oft nach Möglichkeiten sucht, seine Leistungen auch externen Dritten auf dem freien Markt anbieten zu dürfen, stellt sich aus Gesamtunternehmenssicht die Frage, ob der Leistungserbringer überhaupt dauerhaft auf dem externen Markt konkurrenzfähig sein kann und ob seine Ressourcen nicht besser zur Deckung des unternehmensinternen Bedarfs an IT-Dienstleistungen eingesetzt werden sollten. Eine Rolle spielen hierbei die unternehmerischen Zielsetzungen des Leistungserbringers. Ist er als eigenständige, wirtschaftliche Einheit mit einem Gewinnerzielungsauftrag aufgestellt, so muss er danach streben, seine Leistungen zu den aus seiner Sicht bestmöglichen Konditionen am Markt zu verkaufen. Arbeitet er dahingegen als unternehmensinterne Funktionseinheit ohne Gewinnerzielungsauftrag, so ist seine primäre Aufgabe in der Deckung des unternehmensinternen Bedarfs nach IT-Dienstleistungen zu sehen.

- *Formale Regelungen* gestalten die formale Beziehung zwischen Leistungserbringer und Leistungsabnehmer. Unter formale Regelungen fallen vor allem die rechtlichen Beziehungen und die Mechanismen zur Leistungsverrechnung. Im Rahmen der rechtlichen Beziehungen ist beispielsweise zu definieren, wer die Besitzrechte an den erbrachten IT-Dienstleistungen und den für die Erbringung erforderlichen IT-Infrastrukturen hat. Kauft der Leistungsabnehmer ein IT-Produkt in Form einer Prozessunterstützungsleistung ein, so liegt der Besitz der für die Produktion des Produkts benötigten Infrastruktur in der Regel beim Leistungserbringer. Es ist aber auch denkbar, dass der Leistungsabnehmer Teile der Infrastruktur besitzt oder Rechte an entwickelten Anwendungsprogrammen hält. Regelungen zur Leistungsverrechnung haben das Ziel, zum einen eine möglichst hohe Transparenz über anfallende Kosten und erbrachte Leistungen zu schaffen und zum anderen Anreize für ein wirtschaftliches Verhalten beider Parteien zu setzen. Neben den grundlegenden Mechanismen der Leistungsverrechnung (z. B. budgetorientierte Verfahren, Charge-Back-Verfahren oder Service-Level-Agreements) [OGC 2001, 59ff] sind in diesem Zusammenhang weitere Fragen zu klären. So können Regeln definiert werden, wie beide Parteien von technologischem Fortschritt profitieren. Denn in der Regel ermöglicht es der rasche technologische Fortschritt im Bereich der IT dem Leistungserbringer, seine Produkte zu kontinuierlich niedrigeren Kosten zu produzieren. Gibt er diese Fortschritte nicht an seine Kunden weiter, ist ein effizienter IT-Einsatz auf Seiten der Leistungsabnehmer auf Dauer nicht möglich. Werden die Effizienzsteigerungen dahingegen vollständig an die Leistungsabnehmer weitergegeben, besteht für den Leistungserbringer kein Anreiz, technologische Fortschritte zu erzielen. Die Marktregeln müssen in diesem Zusammenhang für beide Seiten akzeptable Rahmenbedingungen schaffen.

2.8 Beschaffungswirtschaftliche Aufgaben

2.8.1 Grundlagen

Fragen der Beschaffungswirtschaft werden im Bereich der IT häufig auf eine Diskussion um die Vor- und Nachteile von In- und Outsourcing-Strategien reduziert. Die beschaffungswirtschaftlichen Aufgaben eines IT-Dienstleisters umfassen jedoch alle Aufgaben zum Management von Lieferantenbeziehungen. Im Mittelpunkt stehen diejenigen Aufgaben, die zum Einkauf der benötigten IT-Leistungen erforderlich sind. Abb. 37 zeigt die Einordnung der Beschaffung in den Gesamtzusammenhang.

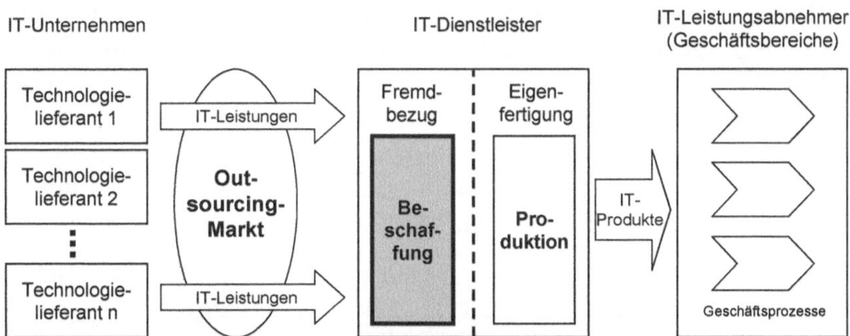

Abb. 37. Einordnung der Beschaffung

Leistungen, die ein IT-Dienstleister nicht im Sinne einer Eigenfertigung selbst erbringt, werden von externen IT-Unternehmen fremdbezogen. Die Fertigungstiefe, d. h. der Anteil der Eigenfertigung an der Gesamtleistung des IT-Dienstleisters, und die Entscheidung, welche konkreten Leistungen fremdbezogen werden, sind strategische Entscheidungen und im Rahmen der Beschaffungsstrategie zu definieren.

Typischerweise werden in der Praxis die folgenden IT-Leistungen über den Outsourcing-Markt beschafft:

- Die Beschaffung von Hardwareressourcen (z. B. Rechenleistungen oder Speicherleistungen im Rahmen eines Outsourcings des Rechenzentrumsbetriebs),
- die Beschaffung von Personalressourcen (z. B. externe Entwicklungsressourcen in Niedriglohnländern),
- die Beschaffung von Softwarelösungen (z. B. im Rahmen eines Application Service Providing) und
- die Beschaffung von Hardwarekomponenten (z. B. Rechnersysteme oder Drucker).

Die beschafften IT-Leistungen fließen in die vom IT-Dienstleister an die Leistungsabnehmer verkauften IT-Produkte ein. Je höher dabei der Anteil fremdbezogener Leistungen ist, desto stärker wird der IT-Dienstleister zu einem reinen Leistungsintegrator.

2.8.2 Strategische Beschaffungsaufgaben

Die beschaffungswirtschaftlichen Aufgaben lassen sich in strategische, planerische und ausführende Aufgaben unterteilen. In der Beschaffungsstrategie werden die langfristigen Rahmenbedingungen für die Beschaffung festgelegt und die Vorgaben und Zielsetzungen für die Beschaffungsplanung und -steuerung definiert. Die Strategie kann in einem Governance-Modell festgehalten werden, welches einen Bestandteil des gesamthaften IT-Governance-Modells eines IT-Dienstleisters bildet. Zu den strategischen Aufgaben zählen:

- *Strategische Ausrichtung der Beschaffungsstrategie*: Eine Beschaffungsstrategie stellt keinen Selbstzweck dar, sondern soll dazu beitragen, dass ein IT-Dienstleister seine Geschäftsziele erreicht. In diesem Sinne muss die Beschaffungsstrategie auf die Unternehmensstrategie abgestimmt sein und beispielsweise unternehmerische Ziele hinsichtlich Flexibilität, Innovation, Kosten oder Qualität unterstützen. Nicht nur der IT-Dienstleister, sondern auch die Geschäftsbereiche in ihrer Rolle als Leistungsabnehmer müssen eine IT-Beschaffungsstrategie definieren. Konkrete Ziele der Beschaffungsstrategie können beispielsweise darin bestehen, möglichst flexibel auf qualitative und quantitative Nachfrageschwankungen nach IT-Produkten zu reagieren, Kostenvorteile zu erzielen oder Zugriff auf innovative IT-Produkte zu erhalten. Die Entscheidung darüber, welche Rolle die IT innerhalb eines Unternehmens einnimmt, hat wesentlichen Einfluss auf die Beschaffungsstrategie. Ein hoher Wertschöpfungsanteil von IT-Produkten innerhalb der Kernprozesse eines Unternehmens führt in der Regel dazu, dass die IT-Leistungserbringung als eine geschäftliche Kernkompetenz betrachtet wird, mit deren Hilfe unmittelbare Wettbewerbsvorteile erzielt oder innovative Geschäftsprodukte hergestellt werden können. In diesem Fall kann ein hoher Grad an Eigenfertigung der IT-Produkte und ein umfassendes internes IT-Know-how eine strategische Zielsetzung darstellen. Werden IT-Produkte dahingegen eher als ein Commodity betrachtet, so kommt dem Fremdbezug von IT-Leistungen von externen Leistungserbringern eine größere Bedeutung zu.

- *Analyse und Auswahl grundlegender Beschaffungsvarianten*: In Abhängigkeit von der strategischen Zielsetzung müssen die zur Verfügung stehenden Beschaffungsvarianten analysiert und ausgewählt werden. Beschaffungsvarianten lassen sich entlang verschiedener Dimensionen kategorisieren [Jouanne-Diedrich 2004]. So kann beispielsweise in Abhängigkeit von der angestrebten Anzahl an Lieferantenbeziehungen zwischen einem Single-Sourcing und einem Multi-Sourcing unterschieden werden. Hinsichtlich des Grads des externen Leistungsbezugs kann ein totales Outsourcing, ein selektives Outsourcing (Smart-Sourcing) oder ein totales Insourcing angestrebt werden. In Abhängigkeit vom Standort der potentiellen Leistungserbringer lässt sich eine Nearshore-Sourcing- oder Offshore-Sourcing (häufig auch als Global-Sourcing bezeichnet)-Strategie verfolgen.

- *Strategisches Lieferantenmanagement*: Das strategische Lieferantenmanagement hat das Ziel, langfristige Partnerschaften und Zielsetzungen mit den Lieferanten zu etablieren. Der Lieferantenmarkt ist dabei einem ständigen Wandel unterzogen und bildet den Rahmen, innerhalb dessen sich das Lieferantenmanagement bewegen muss. Ein Lieferant für IT-Dienstleistungen muss vor allem die Fähigkeit besitzen, über einen längeren Zeitraum verlässlich IT-Diensteistungen erbringen und die Änderungsanforderungen der Leistungsabnehmer flexibel umsetzen zu können.

Leistungsfähigkeit und Leistungsangebot der Lieferanten ändern sich und Trends, wie z. B. die zunehmende Globalisierung und Vernetzung, sind zu berücksichtigen. Ein gutes Beispiel hierfür ist der wachsende Markt an Lieferanten, die Leistungen für ein Outsourcing vollständiger Geschäftsprozesse (engl. Business-Process-Outsourcing, BPO) anbieten.

Mit der zunehmenden Reife des BPO-Marktes ergeben sich für einen IT-Dienstleister neue Möglichkeiten zur Gestaltung seiner Beschaffungsstrategie, die über klassische Ansätze, etwa im Bereich des Infrastruktur-Sourcings, hinausgehen. Im Rahmen des strategischen Lieferantenmanagements sind die Grundregeln der Zusammenarbeit mit den Lieferanten zu definieren. Zu diesen Grundregeln gehören zum einen die strategischen Zielsetzungen der Partnerschaft, etwa hinsichtlich Leistungen, Kosten und Qualität. Zum anderen sind Grundsätze der Liefer- und Leistungsbeziehung, wie etwa der rechtliche Rahmen, die Verteilung von Risiken oder Eskalations- und Schlichtungsprozesse, zu vereinbaren (siehe hierzu auch die Ausführungen zur Gestaltung von Service-Level-Agreements in Kapitel 4.5).

Für die Ausgestaltung des strategischen Lieferantenmanagements können etablierte Konzepte und Instrumente aus dem strategischen Einkauf, z. B. aus dem Bereich des Supplier-Relationship-Managements (SRM) [Grosse-Wilde 2004, 61], eingesetzt werden.

2.8.3 Planerische Beschaffungsaufgaben

Die Beschaffungsplanung definiert, unter Berücksichtigung der durch die Beschaffungsstrategie vorgegebenen Rahmenbedingungen, die konkreten Zielsetzungen des Beschaffungsprozesses. Die Planung umfasst die folgenden Aufgaben:

- *Einkaufsplanung*: Ziel der Einkaufsplanung ist es, die einzukaufenden IT-Leistungen so weit zu spezifizieren, dass Verhandlungen mit potentiellen IT-Lieferanten aufgenommen werden können. Die im Lastenheft festgehaltene inhaltliche Leistungsspezifikation (siehe Kapitel 4.3) bildet hierfür die Grundlage. Das Lastenheft beschreibt, welche Funktionalität die einzukaufenden IT-Leistungen besitzen müssen, welche Qualitätsanforderungen bestehen und welches Mengengerüst zugrunde liegt.
- *Lieferantenauswahl*: Auf der Grundlage der in der Einkaufsplanung konkretisierten Leistungsspezifikation müssen in einem zweiten Schritt die für die Lieferung in Frage kommenden Lieferanten evaluiert und der beste Lieferant identifiziert werden. Erneut spielt an dieser Stelle die langfristige Kontinuität eines Lieferanten eine besondere Rolle. Für den Auswahlprozess können Auswahlkriterien definiert und auf Best Practices zurückgegriffen werden. Sinnvolle Auswahlkriterien sind beispielsweise das Prozess-, Technologie- und Branchen-Know-how eines Lieferanten, vorhandene Referenzkunden und -projekte, die Flexibilität bei

der Vertragsgestaltung, die Erfahrung und Verfügbarkeit von Mitarbeitern sowie die Unternehmenskultur [Stone 2002a].

- *Vertragsverhandlung*: Ist ein Lieferant ausgewählt, findet im Rahmen der Beschaffungsplanung der Verhandlungsprozess statt, der in eine Vertragsbeziehung mündet. Der Vertrag, welcher in der Regel in Form eines Service-Level-Agreements formuliert wird, definiert die Rahmenbedingungen für den Abruf der IT-Leistungen, deren Qualitätseigenschaften und die Umsetzung neuer Anforderungen bzw. Leistungsvarianten.
- *Lieferantenplanung*: Das strategische Lieferantenmanagement definiert die langfristigen Rahmenbedingungen für die Zusammenarbeit mit einzelnen Lieferanten. Auf dieser Grundlage erfolgt im Rahmen der Lieferantenplanung die Vereinbarung mittelfristiger Zielsetzungen. So können beispielsweise jährliche Qualitäts- und Kostenziele mit einzelnen Lieferanten definiert werden.

2.8.4 Operative Beschaffungsaufgaben

Die operative Umsetzung des Beschaffungsprozesses beinhaltet typischerweise die folgenden Aufgaben:

- *Einkaufsüberwachung und -evaluation*: Im Mittelpunkt steht die Überwachung der mit dem Einkauf der IT-Leistungen verbundenen Kosten- und Qualitätszusagen. Hierzu zählen beispielsweise die Überwachung von Abrechnungen der Lieferanten und die Überwachung der von den Lieferanten zugesagten Termine für die Lieferung der Leistungen. Die Leistungsüberwachung findet auf der Grundlage der vereinbarten Qualitätsparameter statt. Im Rahmen der Beschaffungssteuerung ist kontinuierlich zu überwachen, ob die in einem Service-Level-Agreement enthaltenen Leistungszusagen des Lieferanten eingehalten werden.
- *Lieferantenüberwachung und -evaluation*: Nicht nur die gelieferten IT-Leistungen, sondern auch die Lieferanten selbst sind zu überwachen und zu evaluieren. So ist beispielsweise regelmäßig zu evaluieren, ob die mit einem Lieferanten innerhalb der Lieferantenplanung vereinbarten Zielsetzungen eingehalten werden, ob die Qualität des Lieferanten den Erwartungen entspricht und ob eine positive Entwicklung der Beziehung zum Lieferanten zu beobachten ist.
- *Problem-Management*: Werden im Rahmen der verschiedenen Überwachungsaufgaben Abweichungen oder Probleme identifiziert, so ist es

Aufgabe der Beschaffungssteuerung, diese gemeinsam mit dem Lieferanten zu lösen. Ist dies nicht möglich, sind die im Rahmen der Beschaffungsstrategie vereinbarten Eskalations- und Schlichtungsmechanismen einzuleiten.

Die beschriebenen allgemeinen Beschaffungsaufgaben sind für den praktischen Einsatz an die zu beschaffenden Kategorien von IT-Leistungen anzupassen. Für die Beschaffung von Standardsoftwarelösungen schlägt Stone beispielsweise den in Abb. 38 dargestellten Beschaffungszyklus vor [Stone 2002b]. Phase 1 ist der Beschaffungsstrategie, die Phasen 2 und 3 der Beschaffungsplanung und die Phase 4 der Beschaffungssteuerung zuzuordnen.

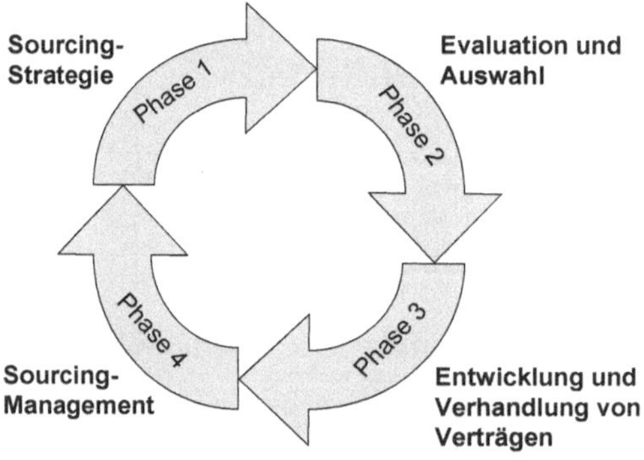

Abb. 38. Beschaffungszyklus für Standardsoftwarelösungen nach [Stone 2002b]

2.8.5 Organisatorische Umsetzung der Beschaffungsfunktion

Die organisatorische Umsetzung des Beschaffungsprozesses kann mittels eines Sourcing-Office und mehrerer Sourcing-Manager erfolgen (siehe Abb. 39). Sourcing-Manager übernehmen, im Sinne von Einkäufern, für eine oder mehrere IT-Leistungen die Schnittstellenfunktion zwischen den Produktmanagern der Lieferanten und den Prozessverantwortlichen innerhalb des IT-Dienstleisters.

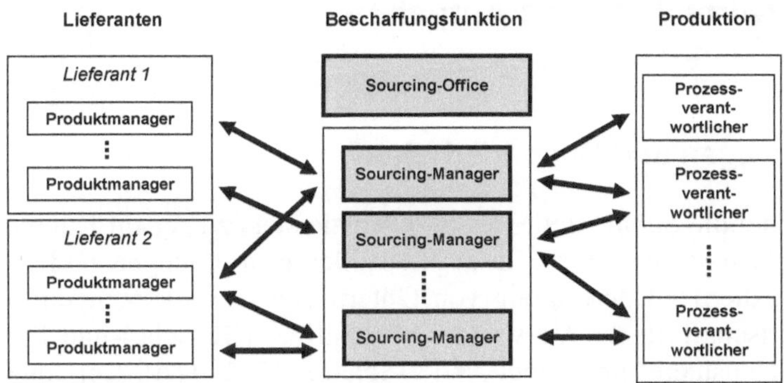

Abb. 39. Organisatorische Umsetzung der Beschaffungsfunktion mittels Sourcing-Office und Sourcing-Manager

Das *Sourcing-Office* ist vor allem für die folgenden Aufgaben verantwortlich:

- Definition der Beschaffungsstrategie,
- Analyse und Auswahl der Lieferanten,
- Vertragsverhandlungen und Gestaltung von Service-Level-Agreements,
- Evaluation der Lieferanten.

Ein *Sourcing-Manager* übernimmt das aktive Management der Schnittstellen zu den Lieferanten und den Prozessverantwortlichen. Für die Lieferanten bildet er den zentralen Ansprechpartner beim Leistungsabnehmer. Für die Prozessverantwortlichen in der Produktion wiederum ist er der zentrale Ansprechpartner für alle Fragen und Aufgaben im Zusammenhang mit dem Einkauf der benötigten IT-Leistungen. Im Rahmen des Schnittstellenmanagements übernimmt der Sourcing-Manager die folgenden Aufgaben:

- IT-Leistungsplanung gemeinsam mit den Prozessverantwortlichen,
- IT-Leistungseinkauf und IT-Leistungsüberwachung,
- Kosten- und Terminüberwachung,
- Überwachung der Lieferanten,
- Problem-Management,
- Monitoring und Evaluation.

2.9 Absatzwirtschaftliche Aufgaben

2.9.1 Grundlagen und Besonderheiten

Der Absatz bildet die Schnittstelle des IT-Dienstleisters zu seinen Kunden. Die Absatzwirtschaft stellt die „Gesamtheit aller Einrichtungen und Bemühungen dar, die der Übertragung von Gütern und Dienstleistungen der Produktionswirtschaft an die Verwender produktiver (Betriebe) und konsumtiver Art (Haushalte) gewidmet sind“ [Schäfer 1981, 186]. Bei einem IT-Dienstleister umfasst sie alle Aufgaben, die zur Gestaltung der Beziehung des IT-Dienstleisters zum Absatzmarkt erforderlich sind. Zu diesen zählen in erster Linie die strategische Absatzplanung und die Ausgestaltung der Instrumente des Marketing-Mix, bestehend aus Produkt-, Kommunikations-, Preis- und Distributionspolitik. Eine zentrale Aufgabe der Absatzwirtschaft eines IT-Dienstleisters ist es, die Bedürfnisse der Leistungsabnehmer in interne Anforderungen an die IT-Dienstleistungsproduktion zu transformieren. Der Absatzwirtschaft kommt somit eine Vermittlerfunktion zwischen der Produktion des IT-Dienstleisters, innerhalb dessen die für die IT-Produkte erforderlichen IT-Leistungen gestaltet und hergestellt werden, und der Beschaffung des Leistungsabnehmers, der für den Einkauf der IT-Produkte zuständig ist, zu (siehe Abb. 40).

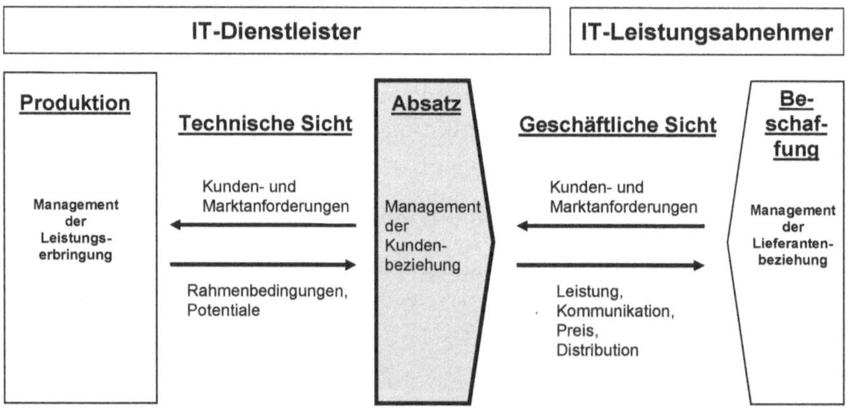

Abb. 40. Vermittlerfunktion der Absatzwirtschaft zwischen Leistungserbringung und Leistungsabnahme

Während der Schnittstelle zum Leistungsabnehmer eine geschäftliche Sichtweise zugrunde liegt, ist die interne Schnittstelle zur Produktion geprägt von einer technischen Sicht. Eine zentrale Leistung des Absatzprozesses besteht somit darin, die Kunden- und Marktanforderungen aus geschäftlicher Sicht in die technische Sicht der Produktion zu transformieren und vice versa.

Im Rahmen der Absatzwirtschaft müssen die Kunden- und Marktanforderungen identifiziert werden. Auf dieser Grundlage sind zum einen das Angebot an die Leistungsabnehmer und zum anderen die internen Leistungserbringungsprozesse zu konzipieren. Aufgabe der Absatzwirtschaft ist es in diesem Zusammenhang, das konkrete Produktangebot am Markt zu gestalten und die internen Leistungserbringungsbereiche frühzeitig und umfassend über die Kunden- und Marktanforderungen zu informieren. Der Beziehung zwischen IT-Dienstleister und Leistungsabnehmer liegt eine rein geschäftliche Sichtweise zugrunde. Die Leistungsabnehmer haben keinen Einfluss auf die technische Gestaltung der in einem IT-Produkt enthaltenen IT-Leistungen. Die Absatzwirtschaft erhält aus der Produktion heraus Informationen über interne Rahmenbedingungen und Potentiale der IT-Leistungserbringung, die für die Gestaltung des Produktangebots an den Kunden wichtig sind. Hierzu zählen beispielsweise Informationen über Entwicklungskapazitäten, Produktionskapazitäten, das aktuelle Leistungsprogramm und zukünftige technologische Entwicklungen.

Der Absatz von IT-Dienstleistungsprodukten weist eine Reihe von Besonderheiten und spezieller Anforderungen im Vergleich zum Absatz von Sachgütern auf, die sich aus den Merkmalen von Dienstleistungen ableiten (vgl. z. B. [Bieberstein 1995; Meffert/Bruhn 2000; Scheuch 2002]). Relevante Merkmale sind in diesem Zusammenhang insbesondere die Immaterialität, die Integration des externen Faktors und die Leistungsfähigkeit des Dienstleisters (siehe auch Kapitel 2.5.1). Abb. 41 zeigt die Besonderheiten und deren Auswirkungen auf die Absatzwirtschaft im Überblick.

Die Immaterialität von Dienstleistungen führt dazu, dass diese weder lager- noch transportfähig sind. Die Nichtlagerfähigkeit erfordert eine intensive Koordination von Produktion und Nachfrage sowie eine flexible Kapazitätsplanung. Dienstleistungen müssen im Moment der Nachfrage produziert werden und die genauen Nachfragezeitpunkte sind in der Regel vorab nicht bekannt. Dies führt zu besonderen Anforderungen an die Kapazitätsplanung. Häufig sind daher bei Dienstleistern Teilbereiche des Kapazitätsmanagements im Bereich der Absatzwirtschaft angesiedelt. Die kurzfristige Nachfrage nach Dienstleistungen muss aktiv gesteuert werden, z. B. durch preis- oder kommunikationspolitische Maßnahmen. So kann ein IT-Dienstleister beispielsweise für die Nutzung von IT-Leistungen in den Hauptarbeitszeiten einen höheren Preis verlangen als für eine Nutzung in frühen oder späten Arbeitsstunden oder über Nacht. Auf diese Weise kann die Nachfrage gleichmäßiger über den Zeitverlauf verteilt werden, um vorhandene Produktionskapazitäten besser auszulasten.

Merkmale von Dienstleistungen	Auswirkungen auf den Absatz von Dienstleistungen
Immaterialität - Nichtlagerfähigkeit - Nichttransportfähigkeit	 - Intensive Koordination von Produktion und Nachfrage - Flexible Kapazitätsplanung - Kurzfristige Nachfragesteuerung - Hohe Distributionsdichte für Dienstleistungen mit hoher Bedarfshäufigkeit - Räumliche Distanz von Angebot und Nachfrage für Dienstleistungen mit geringer Bedarfshäufigkeit
Leistungsfähigkeit des Dienstleisters	- Dokumentation der Dienstleistungskompetenz - Differenzierter Einsatz von Produktionskomponenten - Materialisierung des Fähigkeitspotentials
Integration des externen Faktors	- Berücksichtigung von Transport- und Lagerproblemen des externen Faktors - Standardisierungsprobleme - Marketingorientierung im Dienstleistungsproduktionsprozess - Probleme der asymmetrischen Informationsverteilung

Abb. 41. Besonderheiten beim Absatz von Dienstleistungen (in Anlehnung an [Meffert/Bruhn 2000, 51ff])

Ein Dienstleister muss seinen Kunden seine Leistungsfähigkeit in Form von Dienstleistungskompetenzen dokumentieren und kommunizieren. Die Kompetenzen eines IT-Dienstleisters können sich dabei sowohl auf die Produktionspotentiale (z. B. Rechenzentren, Netzwerke oder Arbeitsplatzsysteme), die Unterstützungsprozesse (z. B. Anwenderunterstützung), das Personal oder das technologische Know-how beziehen. Je nach Dienstleistung sind unterschiedliche Produktionskomponenten einzusetzen. Hochgradig automatisierte IT-Leistungen werden dabei durch die physischen Produktionspotentiale beeinflusst, unterstützungsintensive IT-Leistungen dahingegen primär durch menschliche Arbeitsleistungen. Auch das Methodeninstrumentarium, die Organisationskapazität oder die finanzielle Stabilität können wichtige Kompetenzen darstellen [Meffert/Bruhn 2000, 56]. Eine besondere Herausforderung ist es, das vorhandene Fähigkeitspotential, z. B. das Humankapital, zu materialisieren und den Kunden zu kommunizieren. Die kann z. B. durch Leistungsnachweise oder Zertifikate (z. B. ISO 9000) erfolgen.

Der externe Faktor spielt in der Dienstleistungsproduktion eine zentrale Rolle. Er kann im Rahmen der IT-Dienstleistungsproduktion entweder unmittelbar in Form eines Anwenders oder in Form der durch einen Anwender eingebrachten Informationen auftreten (siehe Kapitel 2.5.1). Entscheidend ist, dass der externe Faktor außerhalb des Verfügungsbereichs des IT-Dienstleisters liegt und erst im Moment der Dienstleistungsnachfrage eingebracht wird, sodass kein Dispositionszeitraum existiert. Der fehlende Dispositionszeitraum wirkt sich insbesondere auf die Transport- und Lagerproblematik des externen Faktors aus. Darüber hinaus sind Dienstleistungen, bei denen der externe Faktor in Form von Anwendern auftritt, nur schwer standardisierbar, da Anwender individuelle Anforderungen haben, die sich untereinander stark unterscheiden können. Der externe Faktor ist während des eigentlichen Produktionsprozesses der Dienstleistung präsent, indem er z. B. an seinem Arbeitsplatzsystem auf die Durchführung einer Geschäftstransaktion wartet. Daraus ergeben sich besondere Anforderungen an eine Marketingorientierung des Produktionsprozesses und an das Qualitätsmanagement.

Typischerweise sind dem Leistungsabnehmer nicht alle Eigenschaften des IT-Dienstleisters bekannt. Gleiches gilt im umgekehrten Fall, d. h., der IT-Dienstleister kennt nicht alle Eigenschaften der Leistungsabnehmer. Somit herrscht eine Informationsasymmetrie bezüglich der Informationsverteilung [Lehmann 2001, 63ff]. Die daraus resultierende Unsicherheit muss durch absatzpolitische Maßnahmen, z. B. im Rahmen der Vertragsgestaltung, adressiert werden.

Eine letzte Besonderheit betrifft diejenigen Dienstleistungen, die typischerweise von mehreren Kunden gleichzeitig genutzt werden. Dies trifft auf viele IT-Leistungen zu, die gleichzeitig von mehreren Anwendern genutzt werden. In diesem Fall kann die Wahrnehmung der Dienstleistungsqualität eines Anwenders stark von den anderen Anwendern beeinflusst werden, sowohl positiv als auch negativ. Dies ist beispielsweise im Rahmen der Vertragspolitik zu berücksichtigen, etwa indem nur ein bestimmter Anwenderkreis Zugang zu einer IT-Leistung erhält.

2.9.2 Strategische Absatzplanung

Ziel der strategischen Absatzplanung ist es, den IT-Dienstleister langfristig kunden- und wettbewerbsorientiert am Markt zu positionieren und so langfristig stabile Beziehungen mit den IT-Leistungsabnehmern zu etablieren. Konkret befasst sich die strategische Absatzplanung in diesem Zusammenhang mit

- der Definition von Absatzzielen und
- der Formulierung von Absatzstrategien.

Während die Absatzziele zukunftsbezogene Vorgaben darstellen, legen die Absatzstrategien globale und langfristige Verhaltenspläne fest, innerhalb deren die Marketinginstrumente des IT-Dienstleisters definiert werden [Meffert/Bruhn 2000, 125].

Die Erarbeitung von Absatzzielen und Absatzstrategien erfolgt im Rahmen eines strategischen Planungsprozesses. Für die Durchführung des Planungsprozesses stehen eine Reihe etablierter Analyseinstrumente und -methoden zur Verfügung, so z. B. Stärken-Schwächen-Chancen-Risiken-Analysen (engl. SWOT-analysis), Szenario-Analysen, Portfolio-Analysen, Benchmarking-Analysen, Lebenszyklusanalysen oder Wertkettenanalysen. Alle diese Instrumente verfolgen das Ziel, den Dienstleister im Markt und Wettbewerb zu positionieren.

Die Absatzziele sind Teil des unternehmerischen Zielsystems. Sie umfassen alle Ziele, die bei den aktuellen und potentiellen externen Zielgruppen des IT-Dienstleisters erreicht werden sollen [Meffert/Bruhn 2000, 153]. Dazu zählen sowohl ökonomische Ziele, wie z. B. Umsatz- und Absatzsteigerungen, Steigerungen des Marktanteils oder die Ausschöpfung von Marktpotentialen [Bieberstein 1995, 127], als auch kundenpsychologische Ziele, wie z. B. eine positive Qualitätswahrnehmung, hohe Kundenzufriedenheit, hohe Kundenbindung, hohes Unternehmensimage oder hoher Bekanntheitsgrad [Meffert/Bruhn 2000, 155].

Für IT-Dienstleister stellt vor allem die Erreichung der kundenpsychologischen Ziele eine große Herausforderung dar. Vielen IT-Dienstleistern gelingt es nicht, bei ihren Kunden eine positive Qualitätswahrnehmung und somit eine hohe Kundenzufriedenheit zu erzielen. Der Einsatz der absatzwirtschaftlichen Instrumente muss daher mit einem besonderen Fokus auf diese Ziele erfolgen.

Im Bereich der Absatzstrategien lassen sich Geschäftsstrategien und Marktteilnehmerstrategien unterscheiden. Abb. 42 zeigt einen Überblick der generellen Strategieoptionen für Dienstleistungsunternehmen, die auch für IT-Dienstleister gültig sind. Für eine detaillierte Beschreibung der verfügbaren Strategieoptionen sei auf die Literatur zur strategischen Absatzplanung verwiesen.

Geschäftsfeldstrategien	*Abgrenzung strategischer Geschäftsfelder*		- Funktionen	- Technologien	- Kundengruppen	- Regionen
	Marktfeldstrategie		- Marktdurchdringung	- Marktentwicklung	- Dienstleistungsentwicklung	- Diversifikation
	Wettbewerbsvorteilsstrategie		- Qualitätsvorteil	- Innovationsvorteil	- Markierungsvorteil	- Kosten- und Zeitvorteile
	Marktabdeckungsstrategie		- Gesamtmarkt	←	→	- Nischenmarkt
	Markteintrittsstrategie		- Pionier	←	→	- Folger
Marktteilnehmerstrategien	*Marktbearbeitungsstrategie*		- undifferenziert	- differenziert		- individuell
	Kundenstrategie		- Neukundenakquisition	- Kundenbindung		- Kundenrückgewinnung
	Verhaltensstrategien	*abnehmerorientiert*	- Präferenzstrategie	←	→	- Preis-/Mengenstrategie
		wettbewerbsorientiert	- Ausweichen	- Kooperation	- Konflikt	- Anpassung
		absatzmittlerorientiert	- Umgehung/ Ausweichen	- Kooperation	- Konflikt	- Anpassung

Abb. 42. Absatzstrategien für Dienstleister (in Anlehnung an [Meffert/Bruhn 2000, 163])

2.9.3 Aufgaben der Produktpolitik

Das Angebots-Portfolio eines IT-Dienstleisters sollte an der Kundennachfrage ausgerichtet sein. Um dies zu erreichen, müssen die langfristigen Erwartungen der Kunden an die Produkte, vor allem hinsichtlich Qualität, Kosten und Preis, bereits auf einer strategischen Ebene identifiziert werden. Ausgangspunkt bilden die Kundenbedürfnisse und daraus abgeleitet der konkrete Kundennutzen. Eine Aufgabe der Produktpolitik ist es in diesem Zusammenhang, Informationen über die externen Markt- und Kundenbedürfnisse in die Produktplanung und -entwicklung einzubringen.

Ein IT-Dienstleister sollte über einen Produktkatalog verfügen und Transparenz hinsichtlich der Wirkung seiner IT-Produkte in den Prozessen der Leistungsabnehmer besitzen. Darüber hinaus sollten die Bedürfnisse der Leistungsabnehmer hinsichtlich Produktinnovationen, Produktvariationen und Produkteliminationen frühzeitig erkannt und berücksichtigt werden. So gilt es beispielsweise für einen Internet-Service-Provider frühzeitig zu erkennen, ob es für sein Produkt „Internetzugang“ ein Kundenbedürfnis nach Produktinnovationen (z. B. nach kostenlosen Zusatzdiensten oder nach Flatrate-Angeboten), nach Produktvariationen (z. B. nach unterschiedlichen Bandbreiten oder monatlichen Übertragungsmengen) oder nach Produkteliminationen (z. B. aufgrund unattraktiver Tarife) gibt. Derartige Bedürfnisse sollten in einer Modifikation der Absatzstrategie und in neuen Produkten resultieren.

Die Identifikation und Spezifikation von Kundenanforderungen ist eine Grundvoraussetzung für die Gestaltung der IT-Produkte und bildet die Basis für ein marktgerechtes Produkt-Portfolio. In der Regel erfolgt die Produktspezifikation in Form einer Anforderungsanalyse. Obwohl diese Aufgabe in der Praxis der IT-Dienstleistungsproduktion häufig von den Entwicklungsbereichen wahrgenommen wird, ist sie ein zentrales Element der Produktpolitik und Teil der Absatzwirtschaft. Nur so kann sichergestellt werden, dass eine einheitliche, geschäftsorientierte Sichtweise im Rahmen des Anforderungsmanagements eingenommen wird und dass alle Teilbereiche der Leistungserbringung gleichberechtigt berücksichtigt werden. Die Kundenanforderungen an ein IT-Produkt ändern sich im Laufe der Nutzung häufig. Das Anforderungsmanagement für IT-Produkte ist daher eine kontinuierliche, dauerhafte Tätigkeit und keine projektbezogene, punktuelle Aufgabe.

Zur den Aufgaben im Rahmen der Produktpolitik zählt auch das Management der Produktqualität. Die Ziele des Qualitätsmanagements liegen in der Definition der kundenspezifisch zugesicherten Qualitätseigenschaften der IT-Produkte, der Überwachung des aktuellen Qualitätsgrads und der Berichterstattung. Das Qualitätsmanagement wird produktbezogen in Form von Service-Level-Agreements umgesetzt und wird auch als Dienstgüte-Management bezeichnet. Kapitel 4.5 geht ausführlich auf die Inhalte und Aufgaben des Dienstgüte-Managements ein.

Aufgabe der Qualitätssteuerung ist es, die vereinbarten Qualitätsmerkmale der IT-Produkte kontinuierlich zu überwachen. Dies gilt insbesondere für die kundenrelevanten Kosten-, Qualitäts- und Termineigenschaften der gelieferten IT-Produkte. Die für die Überwachung notwendigen Messungen werden in der Regel im Rahmen der Produktionsprozesse durchgeführt. In der Qualitätssteuerung sind diese Messdaten auszuwerten und in Form aussagekräftiger Berichte aufzubereiten. Auswertungen und Berichte sind kundengerecht zu gestalten, d. h. mit geschäftsorientierten und nicht mit technischen Kennzahlen und Größen zu versehen. Häufig wird den Leistungsabnehmern eine Vielzahl technischer Messgrößen präsentiert, die für sie nur eine geringe Aussagekraft besitzen. Bereits bei der Produktspezifikation sind aus diesem Grund, gemeinsam mit den Leistungsabnehmern, die Vorgaben für die Berichterstattung zu definieren, die dann als Teil der Qualitätssteuerung erfolgt. Werden Qualitätsmerkmale nicht eingehalten, ist die Qualitätssteuerung für die Initiierung von Verbesserungsmaßnahmen, sowohl interner als auch externer Art, verantwortlich. Zu den operativen Aufgaben der Qualitätssteuerung gehören darüber hinaus auch die Abrechnung und Fakturierung der verkauften Produkte.

2.9.4 Aufgaben der Preispolitik

Die Aufgaben der Preispolitik lassen sich in die drei Handlungsebenen Preisstrategie, Preisplanung und Preissteuerung unterteilen. Im Rahmen der Preisstrategie sind, in Übereinstimmung mit der übergeordneten Unternehmensstrategie des IT-Dienstleisters, Fragen der Preispositionierung, Preisdifferenzierung, Preislogik und Preisbündelung zu adressieren [Sebastian/Maessen 2003, 418ff]. Die Festlegung der strategischen Preispositionierung des IT-Dienstleisters kann beispielsweise in einer Positionierung als Hoch- oder Niedrigpreisanbieter münden. Der Preisstrategie kommt darüber hinaus auch die Rolle einer strategischen Steuerung von Make-or-Buy-Entscheidungen zu. Bei der Wahl einer Preisstrategie sind sowohl Marktaspekte als auch unternehmensinterne Aspekte zu berücksichtigen. So ist beispielsweise zu prüfen, ob sich ein bestimmtes Marktsegment überhaupt für eine Hoch- oder Niedrigpreisstrategie eignet. Marktsegmente, in denen IT-Produkte Commodities darstellen, lassen sich beispielsweise nur schwer mit einer Hochpreisstrategie bearbeiten. Bei IT-Produkten, die in strategischen Kernprozessen der Leistungsabnehmer eingesetzt werden, sind diese dahingegen eher bereit, auch Hochpreisanbieter zu berücksichtigen, wenn diese aus ihrer Sicht Leistungs- und Qualitätsvorteile bieten können. Auch interne Aspekte sind bei der Preispositionierung zu berücksichtigen. So erfordert die Wahl einer Niedrigpreisstrategie zwingend eine Kostenführerschaft, die nur durch einen wirtschaftlichen Leistungserbringungsprozess erzielt werden kann. Ein Niedrigpreisanbieter muss daher seine Leistungserbringungsprozesse sehr gut beherrschen.

Im Rahmen der Preisdifferenzierungsstrategie ist zu bestimmen, inwieweit die jeweils unterschiedliche Zahlungsbereitschaft einzelner Kundensegmente für die Gestaltung kundenindividueller Preise genutzt werden kann. Die Frage kundenindividueller Preise stellt eine besondere Herausforderung für Dienstleister dar, weshalb weiter unten gesondert darauf eingegangen wird.

Die Preislogik legt die Einstiegspreise, die Preisabstufungen, die Anzahl von Preisalternativen und die Preisbildungsverfahren fest. Letzteres spielt insbesondere für interne IT-Dienstleister eine Rolle, die Preisbildungsverfahren mit ihren internen Kunden vereinbaren müssen, welche für beide Seiten akzeptabel sind. Das jeweilige Preisbildungsverfahren hängt in diesem Fall stark von dem gewählten Governance-Modell und der Organisationsstruktur ab.

Mit Preisbündelungsstrategien werden mehrere IT-Produkte zu einem Paketpreis angeboten. Dies kann dazu dienen, die Preistransparenz und Preissensitivität beim Kunden zu verringern. Insbesondere der Aspekt der Preistransparenz spielt bei IT-Produkten eine wichtige Rolle. Da jedes IT-Produkt ein Leistungsbündel, bestehend aus einer Vielzahl von IT-Leistungen, darstellt, ist es für den Leistungsabnehmer einerseits nur schwer mit Produkten anderer Anbieter zu vergleichen und andererseits kaum möglich, die genaue Preisstruktur der einzelnen Leistungen zu analysieren.

Während die Preisstrategie den grundlegenden Gestaltungsrahmen der Preispolitik festlegt, sind in der Preisplanung produkt- und kundenspezifische Preise zu definieren. Die Ergebnisse der Preisplanung bilden für den IT-Dienstleister einen wichtigen Input für die Leistungspolitik und dort insbesondere für die Gestaltung der Produkt- und Qualitätsmerkmale im Rahmen des Service-Level-Managements. Für neue Produkte sind Preiskalkulationen durchzuführen, Marktpreise zu ermitteln und Gewinnmargen zu definieren. Preispolitische Maßnahmen, wie z. B. Preisnachlässe, Preiszuschläge oder Zugaben, sind ebenfalls zu analysieren. Preise für bestehende Produkte müssen regelmäßig überprüft und geänderten Rahmenbedingungen angepasst werden. Außerdem sind die konkreten Liefer-, Zahlungs- und Finanzierungsbedingungen zu definieren.

2.9.5 Aufgaben der Kommunikationspolitik

Die Kommunikationsstrategie bestimmt die Kommunikationsziele und Zielgruppen des IT-Dienstleisters. Sie legt des Weiteren die grundlegenden Kommunikationsinstrumente in den Bereichen Werbung, Verkaufsförderung und Öffentlichkeitsarbeit fest. Durch eine aktive Kommunikationsstrategie wird der Leistungsabnehmer über die Zielsetzungen und die Leistungsfähigkeit des Leistungserbringers informiert. Auch interne IT-Dienstleister müssen eine aktive Kommunikationspolitik betreiben. Die Aufwendungen hierfür werden unternehmensintern häufig in Frage gestellt, da die Leistungsabnehmer befürchten, dass durch ein internes Marketing die qualitativ schlechten IT-Produkte des internen Leistungserbringers in ein besseres Licht gerückt werden sollen. Ein gezieltes internes Marketing fördert jedoch die Kommunikation zwischen Leistungserbringer und Leistungsabnehmer. Der Nutzen eines internen Marketings für beide Seiten muss aktiv kommuniziert werden. Er liegt vor allem in einer besseren gemeinsamen Planung und Zusammenarbeit.

Die Kommunikationsplanung legt die kundenspezifischen Kommunikationsinstrumente fest und plant deren konkrete Nutzung. So müssen beispielsweise Zielsegmente für Kommunikationsmaßnahmen bestimmt, Kommunikationsinhalte festgelegt, Kommunikationsaktionen hinsichtlich Start und Dauer definiert, Ressourcen geplant, Medien und Partner identifiziert und ausgewählt, Vertragsverhandlungen mit Kommunikationspartnern geführt und Verträge abgeschlossen werden. Darüber hinaus existieren kundenspezifische Planungsaufgaben, zu denen beispielsweise die Auswahl kundenspezifischer Kommunikationsinstrumente, die Planung der Kundenbesuche und die Messung und Bewertung der Kundenzufriedenheit gehören.

Die segment- und kundenspezifischen Kommunikationsinstrumente müssen gesteuert werden. Zu den segmentspezifischen Aktivitäten zählen beispielsweise die Überwachung von Werbeaktionen, die Messung und Auswertung der Kommunikationsqualität und die Berichterstattung über den Erfolg von Kommunikationsmaßnahmen. Kundenspezifisch sind die bereits in der Kommunikationsplanung aufgeführten Maßnahmen, wie z. B. Kundenbesuche oder Kundenveranstaltungen, hinsichtlich Kosten und Qualität zu messen und auszuwerten. Auch Instrumente zur Überwachung des Kundenverhaltens können in diesem Zusammenhang zum Einsatz kommen.

2.9.6 Aufgaben der Distributionspolitik

Im Rahmen der Distributionsstrategie werden die Rahmenbedingungen dafür definiert, wie und über welche Wege die Produkte für die Kunden verfügbar gemacht werden sollen. Für externe IT-Dienstleister bildet die Vertriebsstrategie ein zentrales Element der Distributionsstrategie. Die Vertriebsstrategie legt fest, welche Vertriebsmodelle einzusetzen sind (z. B. einstufiger oder mehrstufiger Vertrieb) und welche Vertriebsform zu wählen ist (z. B. selektiver oder exklusiver Vertrieb). Darüber hinaus definiert sie, wie die Vertriebspartner unterstützt werden, beispielsweise durch Push- oder Pull-Aktivitäten.

Die Art der vertriebenen Produkte hat großen Einfluss auf die Distributionsstrategie, insbesondere auch im Bereich der Logistik. Die zur Erstellung der IT-Produkte benötigte IT-Infrastruktur beinhaltet in der Regel sowohl physische Komponenten als auch immaterielle, die elektronisch verteilt werden können. Ihr jeweiliger Anteil am Gesamtprodukt variiert jedoch stark. So beinhaltet ein IT-Produkt „Desktop-Service“ umfangreiche physische Elemente, z. B. die Installation eines PC am Arbeitsplatz, die Verlegung von Netzwerkanschlüssen, die Bereitstellung von Druckern und eine Vor-Ort-Unterstützung. Ein IT-Produkt „Internetbasierte Fahrplanauskunft" erfordert dahingegen, wenn überhaupt, nur geringe dezentrale physische Elemente, die durch den IT-Dienstleister bereitzustellen sind.

Zur Distributionsstrategie zählt auch die Entwicklung von Strategien für Service-Stützpunkte und Niederlassungen, für den Transport und die Auslieferung physischer Produktkomponenten und für Kooperationsszenarien zur Zusammenarbeit mit Vertriebspartnern.

Im Rahmen der Distributionssteuerung sind die geplanten Vertriebs- und Logistikkonzepte kontinuierlich zu überwachen. Störungen oder Fehlentwicklungen sollten frühzeitig erkannt und durch Verbesserungsmaßnahmen beseitigt werden. Ein IT-Dienstleister muss sowohl die Distribution seiner IT-Produkte als auch die der dezentralen Komponenten der Produktionsinfrastruktur überwachen und steuern. Die Distribution der IT-Produkte ist mengen- und zeitbezogen zu überwachen. Die Qualitätseigenschaften der Distribution sind im Rahmen des Qualitätsmanagements den IT-Produkten zugeordnet. Neben der Distribution der eigentlichen IT-Produkte spielt im Bereich der IT auch die Distribution der dezentralen Komponenten der Produktionsinfrastruktur eine zentrale Rolle. Um den Leistungsabnehmern überhaupt IT-Produkte liefern zu können, müssen beispielsweise Arbeitsplatzsysteme, Netzwerke oder Drucker physisch installiert werden.

Auf der Grundlage der Distributionsstrategie sind konkrete Distributionsmaßnahmen zu planen. Es müssen Vertriebskanäle und Vertriebspartner identifiziert und kontaktiert, Verhandlungen mit potentiellen Partnern geführt und Vertriebsverträge abgeschlossen werden. Die geographische und personelle Planung der Service-Stützpunkte und Niederlassungen ist ebenso vorzunehmen wie die Entwicklung eines Logistik-, Lagerungs- und Transportkonzeptes.

3 Grundlagen der IT-Dienstleistungsproduktion

3.1 Positionierung und Abgrenzung der Produktion

In diesem Buch wird die Produktion als eine Phase des Betriebsprozesses betrachtet, die sich zwischen den Phasen Beschaffung und Absatz befindet [Corsten 1995, 1]. Im Rahmen der Produktion erfolgt eine Kombination von Produktionsfaktoren zum Zwecke der Erstellung von Sach- und/oder Dienstleistungen [Zäpfel 1982, 1]. Im Produktionssystem laufen die physischen Prozesse der Faktorkombination ab, das Produktionsmanagement bildet das übergeordnete Führungssystem (siehe Abb. 43). Produktionssystem und Produktionsmanagement dürfen nicht isoliert betrachtet werden, sondern sind eingebettet in die anderen Subsysteme und Managementsysteme eines Unternehmens und seiner Umwelt.

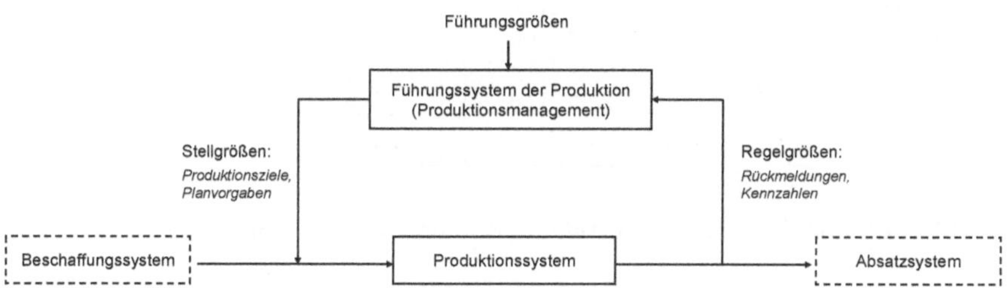

Abb. 43. Zusammenhang von Produktionssystem und Produktionsmanagement (in Anlehnung an [Zäpfel 1989a, 2])

In Anlehnung an das in der Literatur vorherrschende Aufgabenverständnis (vgl. [Corsten 1995, 2ff; Kern 1992; Schweitzer 1994, 569ff; Zäpfel 1989a]) setzt sich das Produktionsmanagement eines IT-Dienstleisters aus fünf Hauptaktivitäten zusammen (siehe Abb. 44). Dem Management des Leistungsprogramms, auch Programmplanung genannt, obliegt die aktive Planung, Gestaltung und Steuerung des Outputs der Produktion, d. h. der IT-Leistungen. Es definiert die Leistungsfelder, innerhalb deren der IT-Dienstleister tätig ist, legt die Eigenschaften der einzelnen Leistungen fest und bestimmt das konkrete Produktionsprogramm innerhalb eines Planungszeitraums. Im Rahmen des Managements des Leistungsprogramms werden die Anforderungen für die übrigen Bereiche des Produktionsmanagements definiert.

Die Anwendungsentwicklung konzentriert sich auf die Neu- und Weiterentwicklung von Anwendungsprogrammen. Den Anwendungsprogrammen kommt im Produktionsprozess eine besondere Rolle zu, da sie die innerhalb des Leistungsprogramms festgelegte Funktionalität der IT-Leistungen umsetzen und die übrigen Produktionsanlagen steuern.

Bevor Produktionsprozesse vollzogen, d. h. bevor IT-Leistungen produziert werden können, muss ein Produktionspotential bereitgestellt werden. In der IT-Dienstleistungsproduktion spielt, neben dem Personal- und Materialpotential, vor allem das Anlagenpotential eine zentrale Rolle. Das Management des Produktionspotentials beschäftigt sich aus diesem Grund in erster Linie mit dem Management der IT-Produktionsanlagen.

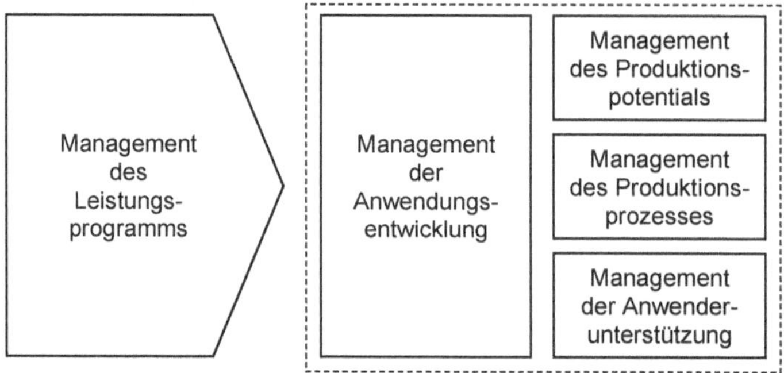

Abb. 44. Aufgabenbereiche des Produktionsmanagements eines IT-Dienstleisters

Das Management des Produktionsprozesses umfasst alle planenden und steuernden Aufgaben für die Produktion der Leistungen [Schweitzer 1994, 679].

Die Anwenderunterstützung ist dafür verantwortlich, die Nutzer der IT-Leistungen bei Problemen und Anliegen zu unterstützen. Im Mittelpunkt steht die Etablierung eines Prozesses zur Fehlerbehebung.

Alle fünf Managementbereiche werden in den Kapiteln 4 bis 8 detailliert beschrieben. Zunächst erfolgt jedoch eine Betrachtung der grundlegenden Elemente und Eigenschaften des Produktionssystems eines IT-Dienstleisters.

3.2 Elemente und Eigenschaften des Produktionssystems

Die Realisierung des Produktionsgeschehens vollzieht sich innerhalb des Produktionssystems, das durch die drei Elemente Input, Throughput und Output gekennzeichnet ist (siehe Abb. 45) [Zäpfel 1982, 2]. Im Folgenden werden diese drei Elemente aus Sicht der IT-Dienstleistungsproduktion analysiert.

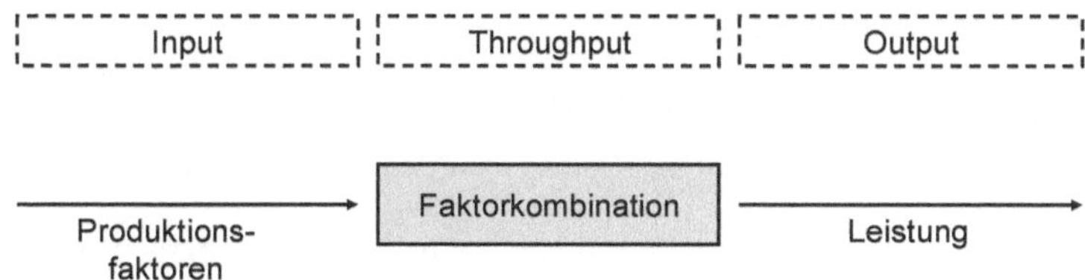

Abb. 45. Elemente des Produktionssystems

3.2.1 Input des Produktionssystems

Den Input des Produktionsprozesses bilden die Produktionsfaktoren. Ausgehend vom Ansatz von Gutenberg, der Elementarfaktoren und dispositive Faktoren unterscheidet, wurde in der betriebswirtschaftlichen Literatur eine Vielzahl von Produktionsfaktorsystemen entwickelt. Für die IT-Dienstleistungsproduktion eignet sich besonders das von Kern [Kern 1992, 17] entwickelte und von Bode [Bode 1993, 80] ergänzte Produktionsfaktorsystem, welches die folgenden Kategorien unterscheidet:

- *Menschliche Arbeitsleistungen*
  - Dispositiver Art (Planung, Organisation, Kontrolle, Leitung)
  - Objektbezogener Art (geistig, körperlich)
- *Betriebsmittel i. w. S.*
  - Zur Nutzung (Betriebsmittel i. e. S.)
    - Passive Betriebsmittel
      - materieller Art (z. B. Grundstücke, Gebäude)
      - immaterieller Art (z. B. Kenntnisse, Wissen, Rechte)
    - Aktive Betriebsmittel (z. B. Maschinen)
  - Zum Verbrauch (Betriebsstoffe)

- *Objektfaktoren*
  - Interne Objektfaktoren (z. B. Rohstoffe)
  - Externe (bereitgestellte) Objektfaktoren (z. B. Sachgüter, Personen, Kenntnisse)
  - Durchlaufobjekte (Regiefaktoren)
- *Zusatzfaktoren*
  - Direkte Dienstleistungen Fremder
  - Indirekte Unterstützungsleistungen
  - Umweltbeanspruchung
- *Nominalfaktoren (Geldmittel als Barliquidität)*
- *Informationen*

Aufgrund ihrer besonderen Bedeutung wird im Folgenden vertieft auf die Betriebsmittel und die Objektfaktoren in der IT-Dienstleistungsproduktion eingegangen.

Betriebsmittel bilden die technische Voraussetzung für einen Produktionsprozess. Sie werden im Produktionsprozess genutzt oder verbraucht, gehen aber nicht in die produzierte Leistung ein. Im Produktionsprozess eines IT-Dienstleisters spielen vor allem die zur Nutzung bestimmten Betriebsmittel (Betriebsmittel i. e. S.) eine Rolle. Neben den für nahezu alle Unternehmen relevanten passiven Betriebsmitteln, wie Gebäude und Grundstücke, kommen bei der IT-Dienstleistungsproduktion vor allem fünf Betriebsmittel zum Einsatz, die den Produktionsmaschinen und -anlagen eines Industrieunternehmens entsprechen (siehe Abb. 46).

aktive Betriebsmittel	Server	Zur Ausführung aller zentralen Algorithmen zur Transformation von Daten.
	Datenspeicher	Zur Speicherung und zur Bereitstellung der für die IT-Leistungen erforderlichen Daten
	Netzwerke	Wide Area Networks (WAN) und Local Area Networks (LAN) zum Transport von Daten zwischen den Servern, Datenspeichern und Arbeitsplatzsystemen
	Arbeitsplatzsysteme	Zur Eingabe und Ausgabe von Daten und zur dezentralen Speicherung und Verarbeitung persönlicher Daten der Anwender.
passive Betriebsmittel	Anwendungsprogramme	Zur Ausführung der eigentlichen Datenverarbeitung entsprechend der geforderten Funktionalität der IT-Leistungen

Abb. 46. Wichtige Betriebsmittel i. e. S. in der IT-Dienstleistungsproduktion

Server und Datenspeicher werden in der Regel zentral in einem Rechenzentrum betrieben. Neben der eigentlichen Server- bzw. Speicherhardware umfassen diese Betriebsmittel auch die erforderlichen Betriebssysteme und die Verwaltungssoftware. Arbeitsplatzsysteme bilden die dezentrale Komponente der Produktionsinfrastruktur. Zu ihnen zählen neben dem eigentlichen IT-Arbeitsplatz (z. B. PC) auch sämtliche Peripheriegeräte, wie z. B. Drucker, Bildschirmmonitore oder verbundene mobile Endgeräte. Auch Arbeitsplatzsysteme beinhalten Betriebssysteme und Verwaltungssoftware. Netzwerke verbinden zentrale und dezentrale Betriebsmittel.

Eine besondere Rolle im Produktionsprozess kommt den Anwendungsprogrammen zu. Sie legen im Sinne einer Verfahrensanweisung fest, auf welche Art und Weise, d. h. nach welchem Algorithmus die Objektfaktoren im Produktionsprozess zu kombinieren sind. Bode weist darauf hin, dass es nicht möglich ist, im Bereich der Anwendungsprogramme eindeutig zwischen den Produktionsfaktoren Betriebsmittel und Informationen zu trennen [Bode 1993, 85]. Der im Anwendungsprogramm enthaltene Algorithmus stellt eine Information dar. Das Anwendungsprogramm ist aber ohne ein materielles Trägermedium, d. h. ohne einen Server, nicht funktionsfähig, d. h., die Informationen sind ohne materielles Trägermedium nicht erfahrbar. Aus diesem Grund bezeichnet Bode Anwendungssysteme als Betriebsmittel-Informationen. Nur materielle Betriebsmittel können, im Sinne eines aktiven Betriebsmittels, die eigentliche Werksverrichtung am Objektfaktor vornehmen. Anwendungsprogramme zählen daher zu den passiven Betriebsmitteln.

Gestaltung und Betrieb der Betriebsmittel sind in der IT-Dienstleistungsproduktion zwei unterschiedlichen Aufgabenbereichen des Produktionsmanagements zugeordnet (siehe Abb. 47). Die Anwendungsentwicklung ist verantwortlich für die Gestaltung der Anwendungsprogramme. Die übrigen vier beschriebenen Betriebsmittel werden von der Produktion gestaltet. Die Produktion ist darüber hinaus für den Betrieb aller fünf Betriebsmittel verantwortlich. Aufgrund dieser Aufteilung ergeben sich zwangsläufig Schnittstellen, die zu Ineffizienzen, Abhängigkeiten und Qualitätsproblemen führen können. Eine integrierte Gestaltung der Betriebsmittel ist daher eine zentrale Aufgabe des Produktionsmanagements (siehe Kapitel 3.4).

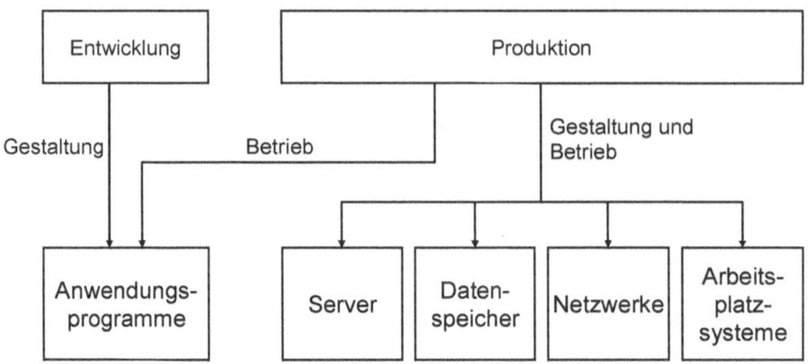

Abb. 47. Gestaltung und Betrieb der Betriebsmittel

Zum Verbrauch bestimmte Betriebsmittel existieren in der IT-Dienstleistungsproduktion ebenfalls. Sie sind aber für das Produktionsmanagement nur von untergeordneter Bedeutung. Zu ihnen zählen beispielsweise Kühlflüssigkeiten für Klimaanlagen in einem Rechenzentrum, Dieselkraftstoffe für Notstromaggregate, Batterien für kabellose Peripheriegeräte eines Arbeitsplatzsystems (z. B. Computer-Mäuse oder Tastaturen) oder Verbrauchsmaterialien, die für die Zugangssicherungssysteme eines Rechenzentrums benötigt werden.

Objektfaktoren stellen eine Erweiterung des Elementarfaktors Werkstoffe dar. Objektfaktoren sind Güter (u. a. Werkstoffe), Menschen oder Tiere, die im Produktionsprozess be- oder verarbeitet werden und in die produzierte Leistung einfließen [Kern 1992, 14f]. Für die Dienstleistungsproduktion von besonderer Bedeutung ist die Unterscheidung von internen und externen Objektfaktoren. Interne Objektfaktoren werden vom Leistungserbringer beschafft und in den Produktionsprozess eingebracht. Externe Objektfaktoren werden dahingegen vom Leistungsabnehmer für die Be- oder Verarbeitung bereitgestellt. Sie entziehen sich somit der autonomen Disponierbarkeit des Leistungserbringers. Da die Existenz externer Objektfaktoren ein konstituierendes Merkmal einer Dienstleistung darstellt, spielen sie auch bei der IT-Dienstleistungsproduktion eine zentrale Rolle.

Interne und externe Objektfaktoren sind in der IT-Dienstleistungsproduktion in erster Linie Informationen, weshalb die IT-Dienstleistungsproduktion als eine Ausprägung der Informationsproduktion bezeichnet werden kann. Abb. 48 verdeutlicht dies am Beispiel einer IT-Leistung „Fahrplanauskunft erteilen“.

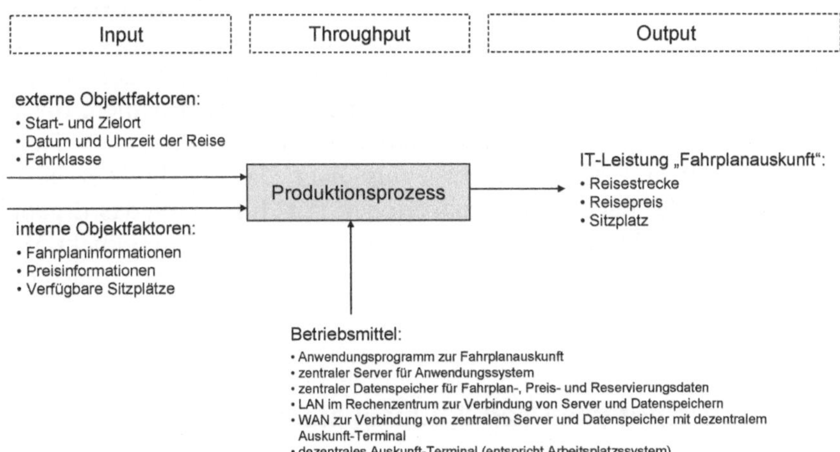

Abb. 48. Objektfaktoren und Betriebsmittel für eine beispielhafte IT-Leistung „Fahrplanauskunft erteilen“

Für die Erbringung der IT-Leistung werden externe und interne Objektfaktoren in Form von Informationen benötigt. Die extern vom Leistungsabnehmer eingebrachten Informationen sind der Start- und Zielort der gewünschten Reiseverbindung, Datum und Uhrzeit der Reise und die gewünschte Fahrklasse. Die externen Objektfaktoren werden vom Anwender mit Hilfe eines Anwendungsprogramms an seinem Arbeitsplatzsystem erfasst. Sie sind vorab vom Leistungserbringer nicht autonom disponierbar, d. h., der Leistungserbringer erhält die Informationen erst mit dem Beginn des Produktionsprozesses.

Interne Objektfaktoren werden für die Erbringung der IT-Leistung ebenfalls benötigt. Sie umfassen beispielsweise Informationen zum aktuellen Reisefahrplan, zu den aktuellen Fahrpreisen und zu den verfügbaren Sitzplätzen. Im Gegensatz zu den externen Objektfaktoren befinden sie sich vorab im Besitz des Leistungserbringers bzw. können von diesem vor Beginn des Produktionsprozesses beschafft werden. Typischerweise sind die internen Objektfaktoren in einem Datenspeicher abgelegt und werden von Anwendungsprogrammen verwendet.

Das Anwendungsprogramm beinhaltet den Algorithmus, mit Hilfe dessen die externen und internen Objektfaktoren bearbeitet werden, und legt somit fest, auf welche Art und Weise die Objektfaktoren in die IT-Leistung einfließen. Die IT-Leistung selbst besteht ebenfalls aus Informationen, im Beispiel etwa Informationen zur ausgewählten Reisestrecke, zum ermittelten Reisepreis und zum verfügbaren Sitzplatz.

Neben den Informationen kommen im Rahmen der IT-Dienstleistungsproduktion auch materielle Objektfaktoren zum Einsatz, die zwar in die IT-Leistung eingehen, jedoch keinen wesentlichen Anteil an der Leistung ausmachen. Hierzu zählen insbesondere materielle Trägermedien, die zur Speicherung oder Ausgabe von Informationen erforderlich sind. Beispiele sind Datenträger, auf denen das Ergebnis einer Datenbankrecherche gespeichert wird, oder Papier und Druckertoner, mit Hilfe deren das Ergebnis der IT-Leistung „Fahrplanauskunft" festgehalten wird. Diese Objektfaktoren entsprechen den Hilfsstoffen in der Sachgüter- und Dienstleistungsproduktion.

3.2.2 Throughput des Produktionssystems

Der Throughput stellt den eigentlichen Produktionsprozess dar, in dem die Produktionsfaktoren auf der Grundlage eines geeigneten Verfahrens mit dem Ziel kombiniert werden, die Input-Faktoren in die geforderten Output-Leistungen zu transformieren [Corsten 2001, 136]. In der Dienstleistungsproduktion sind im Produktionsprozess zwei Phasen, die Vorkombination und die Endkombination, zu unterscheiden (siehe Abb. 49).

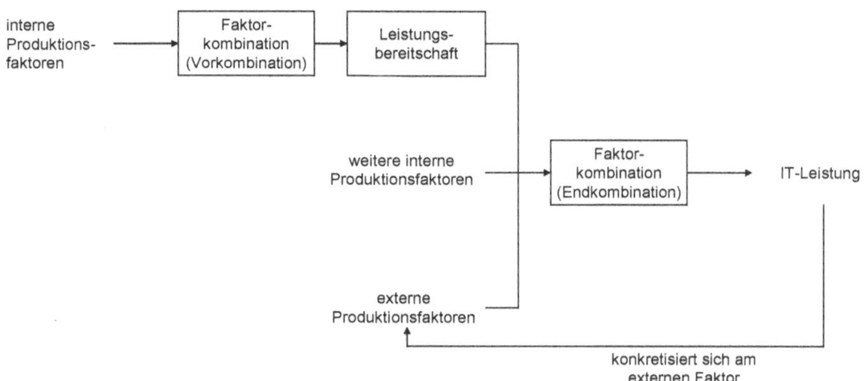

Abb. 49. Grundmodell des IT-Dienstleistungsproduktionsprozesses (in Anlehnung an [Corsten 2001, 139])

Die Vorkombination stellt, im Sinne des potentialorientierten Dienstleistungsverständnisses, die Leistungsbereitschaft, d. h. das verfügbare Leistungspotential, her. Sie bereitet die eigentliche Faktorendkombination, in der die IT-Leistung erstellt wird, vor. Die Notwendigkeit einer Vorkombination ergibt sich aus den beiden in Kapitel 2.5.1 vorgestellten Merkmalen einer Dienstleistung „Simultaneität von Produktion und Absatz“ und „Integration des externen Faktors“. Dem Leistungserbringer ist vorab nicht bekannt, zu welchem genauen Zeitpunkt die IT-Leistungen vom Leistungsabnehmer in Anspruch genommen werden. Er kann die IT-Leistung nicht auf Vorrat produzieren, da sich die externen Objektfaktoren vorab nicht in seinem Besitz befinden. Aus diesem Grund muss der Leistungserbringer eine Leistungsbereitschaft herstellen, die im Moment der Nachfrage der Leistungsabnehmer die Produktion der geforderten Menge an IT-Leistungen in der vereinbarten Qualität ermöglicht. Am Beispiel der IT-Leistung „Fahrplanauskunft erteilen“ wird dies deutlich. In der Vorkombination muss der Leistungserbringer die Leistungsbereitschaft herstellen. Er muss beispielsweise ein entsprechendes Anwendungsprogramm und die für den Betrieb des Anwendungsprogramms erforderlichen Rechen-, Speicher- und Übertragungsleistungen bereitstellen. Des Weiteren müssen die internen Objektfaktoren, wie Fahrplan-, Preis- und Reservierungsinformationen, beschafft und im Datenspeicher abgelegt werden. In dem Moment, in dem eine Fahrplanauskunft von einem Anwender angefordert wird, findet die Endkombination statt. In diese fließen die externen Objektfaktoren des Anwenders und gegebenenfalls weitere interne Objektfaktoren ein. Der eigentliche Faktorkombinationsprozess ist in den Algorithmen des Anwendungsprogramms enthalten.

3.2.3 Output des Produktionssystems

Aus produktionswirtschaftlicher Sicht bilden die IT-Leistungen, als die angestrebte Ausbringungsmenge der Produktion, den Output des Produktionssystems [Corsten 2001, 141]. Diese Sichtweise ist zu differenzieren von der absatzwirtschaftlichen Sicht, in der IT-Produkte als Absatzprodukte zur Bedürfnisbefriedigung und Nutzenstiftung beim Kunden betrachtet werden (siehe Kapitel 2.5).

Wie im vorigen Kapitel beschrieben, unterteilt sich der IT-Dienstleistungsproduktionsprozess in die zwei Phasen Vorkombination und Endkombination. Beide Phasen besitzen einen Output. Der Output der Vorkombination sind die IT-Leistungen zur Herstellung der Leistungsbereitschaft, der Output der Endkombination sind die für die Anwender erbrachten IT-Leistungen (siehe Abb. 50).

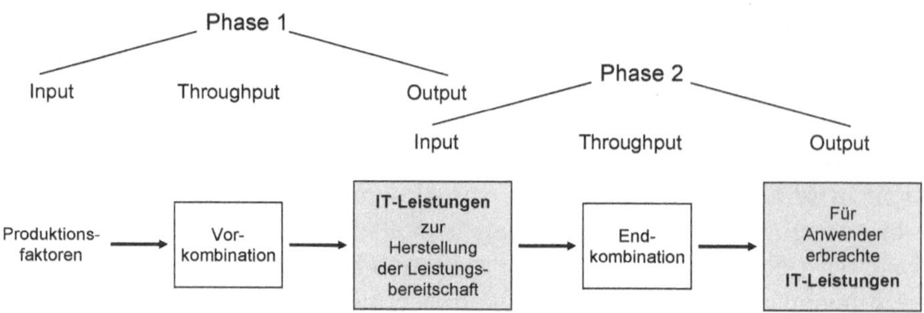

Abb. 50. IT-Leistungen als Output der Vor- und Endkombination

IT-Leistungen zur Herstellung der Leistungsbereitschaft:

Das Grundelement der Leistungsbereitschaft bilden IT-Basisleistungen, die unmittelbar von einzelnen Produktionsfaktoren erbracht werden. Von Bedeutung sind vor allem die folgenden vier IT-Basisleistungen (siehe Abb. 51):

- Bereitstellung von Rechenleistung (z. B. Bereitstellung von CPU-Zeit auf einer bestimmten Serverplattform; gemessen in MIPS),
- Bereitstellung von Speicherleistung (z. B. Bereitstellung von Festplattenspeicher auf einer bestimmten Speicherplattform; gemessen in GB-Monaten),
- Bereitstellung von Übertragungsleistung (z. B. Bereitstellung einer Netzwerkverbindung mit einer bestimmten Bandbreite; gemessen in Megabit pro Sekunde)
- Bereitstellung von Unterstützungsleistung (z. B. Bereitstellung von Help-Desk-Leistungen für bestimmte Unterstützungsanliegen; gemessen in Anzahl Unterstützungsanliegen pro Monat)

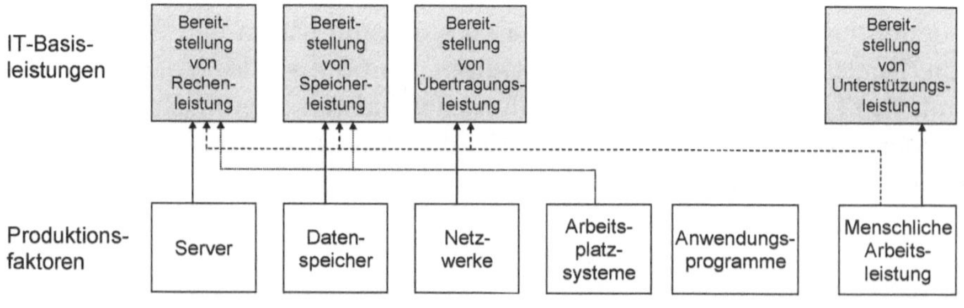

Abb. 51. Übersicht der IT-Basisleistungen

Die Basisleistungen umfassen neben der Bereitstellung des erforderlichen Betriebsmittels auch menschliche Arbeitsleistungen, z. B. für die Wartung und das Management der Betriebsmittel. Obwohl zwischen den IT-Basisleistungen und den Betriebsmitteln eine unmittelbare Beziehung besteht, dürfen diese nicht miteinander verwechselt werden. Bei den IT-Basisleistungen handelt es sich um Dienstleistungen, während die Betriebsmittel Sachgüter, wie z. B. Hardware- oder Netzwerkkomponenten, darstellen.

Die IT-Basisleistungen werden genutzt, um Anwendungsprogramme zu betreiben (siehe Abb. 52). Der Betrieb eines Anwendungsprogramms erfordert dabei in der Regel die Nutzung mehrerer IT-Basisleistungen. So werden Rechen- und Speicherleistung auf einer bestimmten Hardwareplattform benötigt. In der Regel ist auch Übertragungsleistung erforderlich, etwa um die Datenkommunikation zwischen einem zentral betriebenen Anwendungsprogramm und den dezentralen Arbeitsplatzsystemen der Anwender zu ermöglichen. An dieser Stelle sei angemerkt, dass die Entwicklung von Anwendungsprogrammen im Rahmen der IT-Dienstleistungsproduktion keine Leistung darstellt, da es sich nicht um einen Output des Produktionssystems, sondern um eine Leistung zur Gestaltung eines Betriebsmittels handelt.

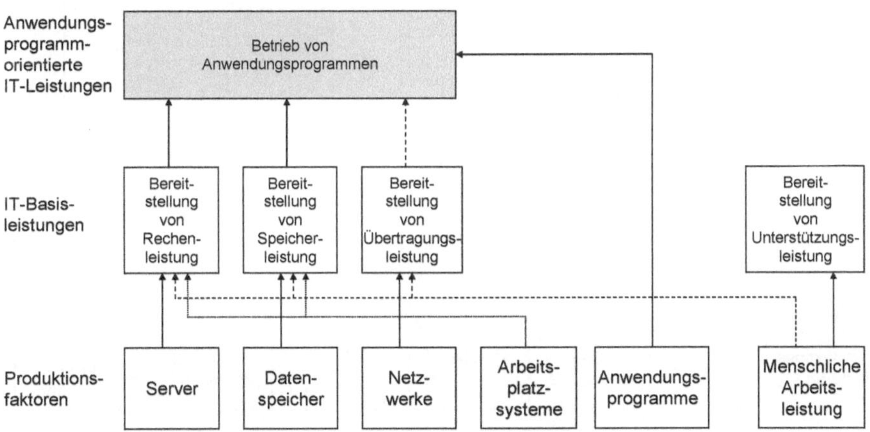

Abb. 52. Übersicht der anwendungsprogrammorientierten IT-Leistungen

Für Anwender erbrachte IT-Leistungen (transaktionsorientierte Leistungen):

IT-Basisleistungen und anwendungsprogrammorientierte IT-Leistungen dienen ausschließlich der Herstellung der Leistungsbereitschaft. Auf ihrer Grundlage können im Anschluss IT-Leistungen für die Anwender erbracht werden. Diese IT-Leistungen stellen den eigentlichen Output der Faktorendkombination dar. Aus Sicht des Produktionssystems besteht die für die Anwender erbrachte Leistung in der Abwicklung IT-gestützter Transaktionen, d. h., es handelt sich um transaktionsorientierte Leistungen (siehe Abb. 53).

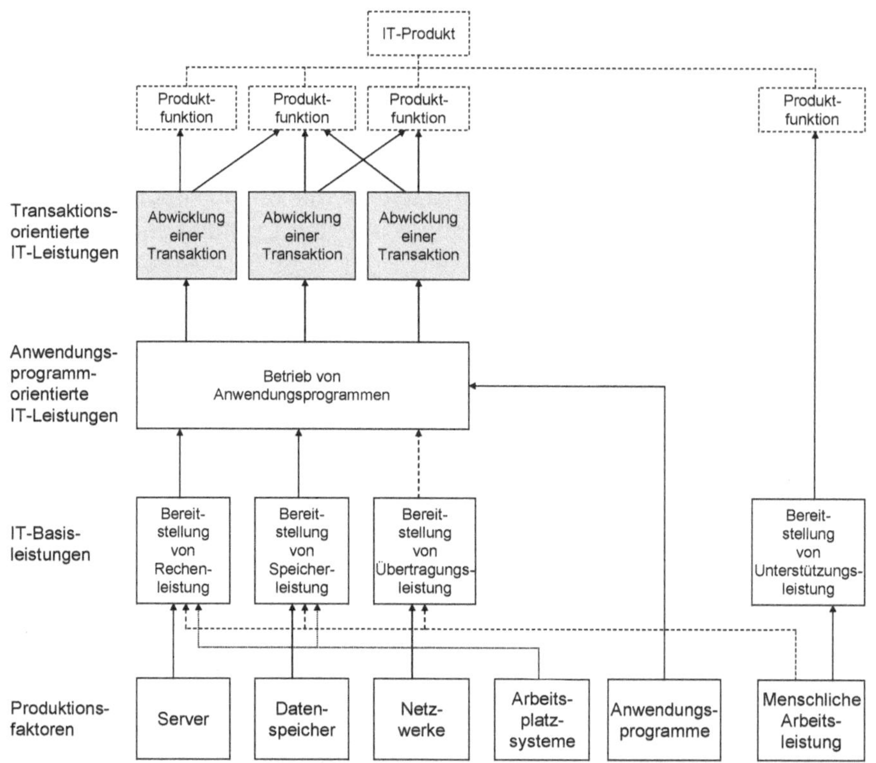

Abb. 53. Transaktionsorientierte IT-Leistungen

Beispielhafte transaktionsorientierte IT-Leistungen sind:

- Übermittlung eines Buchungsdatensatzes,
- Bearbeitung eines Stammdatensatzes,

- Versand einer E-Mail,
- Druck eines Dokuments,
- Durchführung einer Datenbankabfrage,
- Berechnung eines Produktpreises,
- Anzeige von Kundendaten,
- Erfassung eines Kundendatensatzes.

Transaktionsorientierte IT-Leistungen werden von Anwendungsprogrammen erbracht. Sie entsprechen daher in der Praxis meist den einzelnen Funktionen der Anwendungsprogramme. Eine direkte 1:1-Zuordnung der Transaktionen zu den Produktfunktionen ist in der Regel nicht möglich, da die Transaktionen aus einer anwendungsprogrammbezogenen, d. h. technischen Sicht, und Produktfunktionen aus einer geschäftsprozessbezogenen, d. h. geschäftlichen Sicht, heraus definiert und häufig auf unterschiedlichen Granularitätsebenen beschrieben werden. Für die Produktfunktion „Schadensfall erfassen" des IT-Produkts „Schadensabwicklung Kfz-Versicherung" sind beispielsweise mehrere transaktionsorientierte IT-Leistungen erforderlich, wie z. B. „Erfassung eines Schadensdatensatzes", „Prüfung der Kundenstammdaten", „Darstellung der Schadenshistorie des Kunden" und „Versand einer Bestätigungs-E-Mail an Kunden".

Abb. 54 zeigt zusammenfassend eine Übersicht der unterschiedlichen Kategorien von IT-Leistungen.

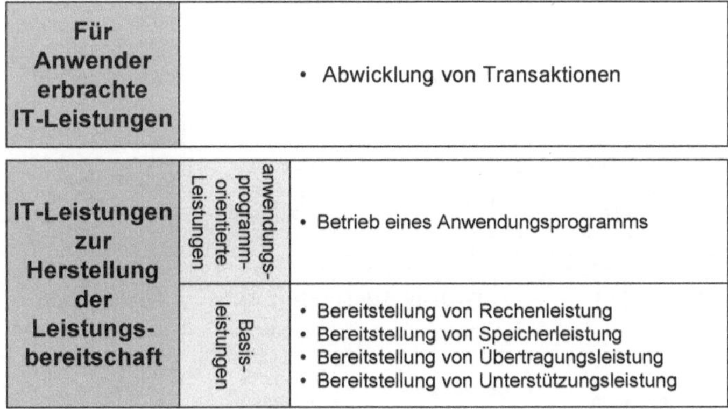

Abb. 54. Kategorien von IT-Leistungen

IT-Leistungen in Abhängigkeit vom IT-Produktverständnis:

Die bisherigen Ausführungen basieren auf dem IT-Produktverständnis aus Sicht eines Fachbereichs als Kunde eines IT-Dienstleisters (siehe Variante A in der Abb. 55). Da der Nutzen eines IT-Produkts aus Sicht eines Fachbereichs in der IT-Unterstützung seiner Geschäftsprozesse liegt, stellen Basisleistungen, anwendungsprogrammorientierte Leistungen und transaktionsorientierte Leistungen aus seiner Sicht allenfalls Vorprodukte dar.

Anders verhält es sich, wenn ein IT-Dienstleister IT-Leistungen an einen anderen IT-Dienstleister verkauft. In diesem Fall erzeugt die fremdbezogene IT-Leistung beim einkaufenden IT-Dienstleister einen Nutzen. In einer Beziehung zwischen zwei IT-Dienstleister kann eine IT-Basisleistung (siehe Variante B in Abb. 55) oder eine anwendungsprogrammorientierte IT-Leistung (siehe Variante C in Abb. 55) demnach durchaus ein Produkt darstellen. Möchte ein IT-Dienstleister beispielsweise die für den Betrieb seiner Anwendungsprogramme erforderlichen Rechen- und Speicherleistungen nicht selbst erbringen, so kann er diese, wie in Variante B dargestellt, als Produkt von einem anderen IT-Dienstleister, z. B. einem Rechenzentrumsbetreiber, einkaufen. Lagert er zusätzlich den Anwendungsbetrieb aus, wie in Variante C dargestellt, so kauft er den Betrieb und die Wartung einer Anwendung als Produkt ein.

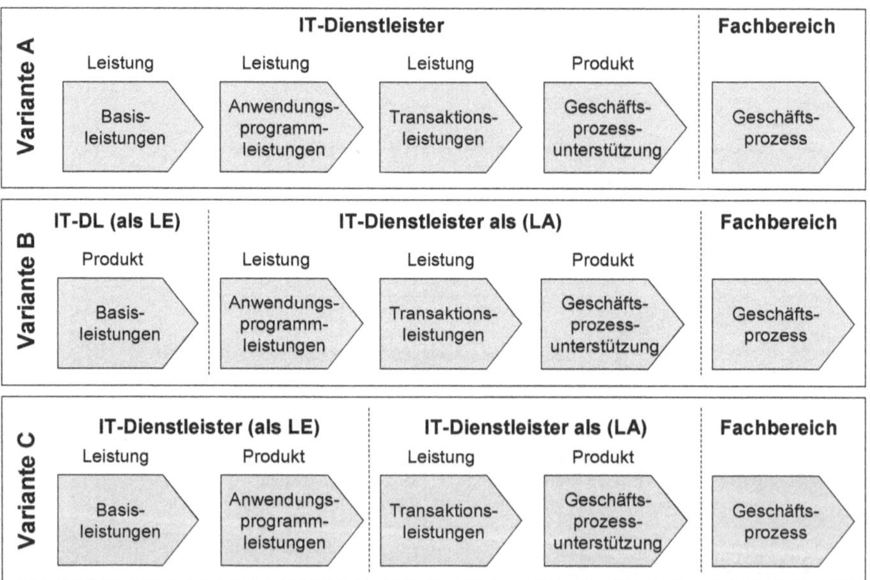

Abb. 55. Produkt- und Leistungsvarianten

IT-Leistungen und IT-Produkte in der Praxis:

Betrachtet man die heute in der Praxis von IT-Dienstleistern angebotenen IT-Produkte, so fehlen vielfach ein klares Produktverständnis und eine kundenorientierte Produktbeschreibung. Insbesondere eine saubere Trennung von IT-Leistungen und IT-Produkten findet häufig nicht statt. Sehr oft werden IT-Basisleistungen und anwendungsprogrammorientierte IT-Leistungen unmittelbar an Fachbereiche verkauft. Dadurch werden diese gezwungen, sich mit technisch orientierten Leistungsbegriffen und einer Vielzahl einzelner IT-Leistungen auseinander zu setzen. Sie müssen die eingekauften IT-Leistungen selbst zusammenfügen, um das von ihnen gewünschte Ergebnis, nämlich die Unterstützung ihrer Geschäftsprozesse und -produkte, zu erzielen. Exemplarisch sei an dieser Stelle nur die weit verbreitete Praxis genannt, dass Fachbereiche separate Vertragsbeziehungen mit den Entwicklungsbereichen und den Produktionsbereichen eines IT-Dienstleisters unterhalten und bei beiden jeweils einzelne IT-Leistungen einkaufen. Für deren Zusammenfügen und für die korrekte Funktion der Gesamtleistungen sind sie in diesem Fall letztendlich selbst verantwortlich.

Der entscheidende Schritt hinsichtlich des IT-Produktverständnisses findet beim Übergang auf eine geschäftsprozess- und geschäftsproduktorientierte Produktdefinition statt. Erst diese ermöglicht die Zusammenstellung kundenorientierter Produkte, die einen tatsächlichen Nutzen beim Kunden erzeugen. Eine Vorreiterrolle nehmen in diesem Zusammenhang standardisierte Back-Office-Prozesse mit einem hohen Prozessvolumen, wie z. B. Personal-, Buchhaltungs- oder Einkaufsprozesse, ein, die sich in besonderem Maße für die Definition geschäftsprozessunterstützender IT-Produkte eignen. Einen weiteren Treiber bildet das IT-Outsourcing-Geschäft, welches sich schrittweise den höherwertigen Produktdefinitionen annähert. Standen im Mittelpunkt des klassischen Infrastruktur-Outsourcings noch IT-Basisleistungen, so setzen sich heute auf dem Markt zunehmend lösungsorientierte Outsourcing-Varianten, wie z. B. das Application-Management-Outsourcing oder das Application-Service-Providing (ASP), und geschäftsprozessorientierte Outsourcing-Varianten, wie das Business Process Outsourcing (BPO), durch. Letzteres geht oft sogar über die hier verwendete Definition eines geschäftsprozessunterstützenden IT-Produkts hinaus, da im Rahmen eines BPO meist ein vollständiger Geschäftsprozess, und nicht nur die IT-gestützten Aktivitäten, durch einen IT-Dienstleister übernommen werden. Auch hinsichtlich der Preismodelle, der Leistungsverrechnung und der Risikoverteilung werden im Rahmen von BPO-Vereinbarungen zwischen Leistungserbringer und Leistungsabnehmer eine Vielzahl konkreter Lösungsmodelle entwickelt, die eine Voraussetzung für die Nutzung geschäftsprozessunterstützender IT-Produkte darstellen.

3.2.4 Eigenschaften von Produktionssystemen

Produktionssysteme zeichnen sich vor allem durch die zwei Eigenschaften Kapazität und Flexibilität aus [Corsten 1995, 14ff; Schweitzer 1994, 720ff; Zäpfel 1982, 9ff]. Die Bedeutung der Kapazität und Flexibilität für das Management der IT-Dienstleistungsproduktion wird im Folgenden näher betrachtet.

Kapazitätsaspekte der IT-Dienstleistungsproduktion:

„Kapazität ist das Leistungsvermögen einer wirtschaftlichen oder technischen Einheit – beliebiger Art, Größe und Struktur – in einem Zeitabschnitt“ [Kern 1962, 27]. Es ist zwischen qualitativer und quantitativer Kapazität zu unterscheiden. Die qualitative Kapazität bestimmt das qualitative Leistungsvermögen eines Produktionssystems, d. h. die potentiellen Möglichkeiten hinsichtlich der Erbringung alternativer Leistungen [Zäpfel 1982, 10]. Sie wird in der IT-Dienstleistungsproduktion maßgeblich durch die eingesetzten Betriebsmittel, vor allem durch die Anwendungsprogramme und Server beeinflusst.

Die quantitative Kapazität beschreibt das mengenmäßige Leistungsvermögen des Produktionssystems innerhalb eines Zeitabschnitts. Maßgebliche Bestimmungsgrößen für die quantitative Kapazität sind die Betriebsmittelkapazität und die Arbeitskräftekapazität. Beide spielen auch in der IT-Dienstleistungsproduktion eine zentrale Rolle. Die Arbeitskräftekapazität ist in der Regel der limitierende Kapazitätsfaktor innerhalb der Anwendungsentwicklung und Anwenderunterstützung. Die Betriebsmittelkapazität bestimmt dahingegen die Kapazität des Produktionsprozesses. Alle vier aktiven Betriebsmittel der IT-Dienstleistungsproduktion, d. h. Server, Datenspeicher, Netzwerke und Arbeitsplatzsysteme, besitzen Kapazitätseigenschaften. Am Beispiel des Betriebsmittels Server soll dies im Folgenden kurz erläutert werden. Die Serverkapazität ergibt sich durch die Multiplikation dreier Größen [Zäpfel 1982, 10]:

- der maximalen Produktionsintensität eines Servers (d. h. der größtmöglichen Produktionsgeschwindigkeit eines Servers),
- des maximal nutzbaren Kapazitätsquerschnitts von Servern (d. h. der Anzahl nutzbarer Server) und
- der während der Zeitperiode maximal möglichen Einsatzzeit der Server.

Ausgedrückt werden kann die Kapazität eines Servers in unterschiedlichen Leistungsmaßen. Das Leistungsmaß TPM-C (Transactions per Minute-C) des Transaction Processing Council beschreibt bspw. die Anzahl normierter Aufträge, die innerhalb einer Minute vollständig abgearbeitet werden können[3]. SPECint_rate_base_2000 der Standard Performance Evaluation Organization bestimmt mit Hilfe einer standardisierten Sammlung von Berechnungen die Kapazität eines Servers pro Stunde[4]. Und der SAP Application Benchmark Performance Standard (SAPS) definiert die Serverkapazität in Abhängigkeit von der pro Stunde vollständig verarbeiteten Auftragspositionen im Standard SAP SD Applikationsbenchmark[5].

In Abhängigkeit von der absoluten Maximalkapazität lassen sich verschiedene Kapazitätsbegriffe unterscheiden (siehe Abb. 56). Die wirtschaftlich nutzbare Kapazität eines Servers, auch K-Punkt-Kapazität genannt, beschreibt diejenige Produktionsmenge pro Zeiteinheit, bei der der Server sowohl aus zeitlicher als auch aus leistungsmäßiger Sicht an seine technischen Grenzen gerät. Über den K-Punkt hinaus lässt sich die Kapazität des Servers nicht wirtschaftlich nutzen, weil beispielsweise Antwortzeiten exponentiell zunehmen.

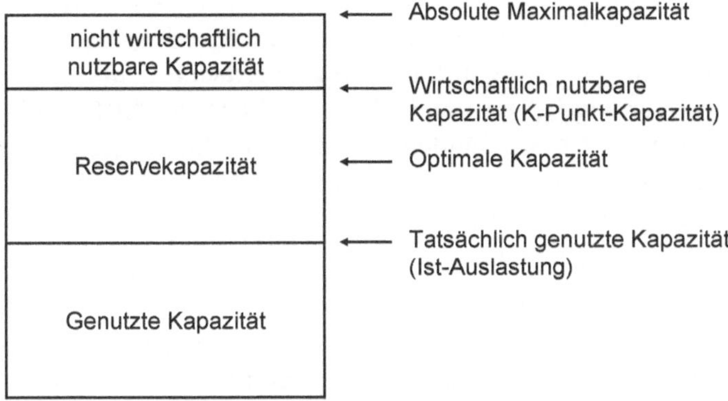

Abb. 56. Kapazitäten von aktiven Betriebsmitteln in der IT-Dienstleistungsproduktion (in Anlehnung an [Quinlan 1988, 254])

3 www.spec.org (Abgerufen am 18.10.2004)

4 www.tpc.org/tpcc/detail.asp (Abgerufen am 18.10.2004)

5 www.sap.com/benchmark (Abgerufen am 18.10.2004)

Die optimale Kapazität stellt diejenige Produktionsmenge pro Zeiteinheit dar, die rein ökonomisch betrachtet optimal ist, weil sie etwa die niedrigsten Stückkosten aufweist [Corsten 1995, 17]. Des Weiteren lässt sich die tatsächlich genutzte Kapazität, d. h. die Ist-Auslastung eines Servers bestimmen. In der Literatur findet sich auch der Begriff der Minimalkapazität, die für die Funktionsfähigkeit eines Betriebsmittels erforderlich ist; diese spielt aber in der IT-Dienstleistungsproduktion keine wesentliche Rolle.

Eine besondere Rolle in der Kapazitätsbetrachtung der IT-Dienstleistungsproduktion spielen die Anwendungsprogramme. Ein Anwendungsprogramm besitzt zwar selbst keine Kapazität, es bestimmt durch die in ihm enthaltenen Algorithmen aber maßgeblich darüber, wie groß die Kapazität des Produktionssystems ist. So hängt es beispielsweise auch vom Anwendungsprogramm ab, wie viele IT-Leistungen pro Zeiteinheit auf einem Server produziert werden können. Ein effizienter Algorithmus benötigt weniger Faktorkombinationsprozesse, d. h. weniger Verarbeitungs-, Speicherungs- und/oder Übertragungsprozesse, sodass mit den verfügbaren Betriebsmitteln mehr IT-Leistungen pro Zeiteinheit produziert werden können.

Aufgrund des zweistufigen Produktionsprozesses der IT-Dienstleistungsproduktion, bestehend aus Vor- und Endkombination, ist die Kapazität, als generelles Leistungsvermögen, von der Leistungsbereitschaft, als sofort verfügbares Leistungsvermögen, zu unterscheiden [Corsten 2001, 167]. Für den Leistungsabnehmer ist entscheidend, ob die von ihm angeforderte IT-Leistung zum gewünschten Zeitpunkt in der benötigten Menge und Qualität verfügbar ist. Über die Leistungsbereitschaft wird die subjektive Kapazitätswahrnehmung des Leistungsabnehmers somit maßgeblich beeinflusst.

Die Kapazitäten eines IT-Dienstleisters müssen aktiv gestaltet werden. Dem Kapazitätsmanagement kommt aus diesem Grund eine zentrale Aufgabe innerhalb des Produktionsmanagements zu. Dies gilt vor allem für die Kapazitätsgestaltung der im IT-Dienstleistungsproduktionsprozess eingesetzten Betriebsmittel. Diese muss sowohl strategisch in Form einer Kapazitätsstrategie als auch taktisch im Sinne konkreter Ausstattungsentscheidungen erfolgen (siehe Kapitel 6).

Flexibilitätsaspekte der IT-Dienstleistungsproduktion:

Als Flexibilität bezeichnet man die Anpassungsfähigkeit eines Produktionssystems, sich auf veränderte Gegebenheiten einstellen zu können [Zahn/Schmid 1996, 126]. Sie ist ein Ausdruck dafür, ob, in welchem Umfang und wie schnell die Leistungen an andersartige Produktionsaufgaben angepasst werden können [Corsten 1995, 19]. Flexibilität spielt in allen Aufgabenbereichen des Produktionsmanagements eine Rolle:

- Flexibilität des Leistungsprogramms: Wie schnell können neue Leistungssegmente aufgebaut und bestehende Leistungssegmente angepasst werden? Wie schnell können neue Leistungen definiert und bestehende Leistungen modifiziert werden?
- Flexibilität der Anwendungsentwicklung: Wie schnell können neue Anwendungsprogramme entworfen, neu entwickelt oder weiterentwickelt werden?
- Flexibilität des Produktionspotentials: Wie schnell können neue Potentiale, insbesondere Betriebsmittel, auf- und abgebaut werden?
- Flexibilität des Produktionsprozesses: Wie schnell kann der Produktionsprozess an geänderte Leistungen angepasst werden?
- Flexibilität der Anwenderunterstützung: Wie schnell kann die Anwenderunterstützung an unterschiedlich hohe Nachfragen nach Unterstützungsleistungen angepasst werden?

Im Folgenden wird auf die Flexibilität des Produktionsprozesses näher eingegangen, da diese eine zentrale Rolle in der IT-Dienstleistungsproduktion spielt. Analog zum Kapazitätsbegriff lassen sich bezüglich der Flexibilität des Produktionsprozesses qualitative und quantitative Aspekte unterscheiden [Zäpfel 1982, 14f]:

- Qualitative Flexibilität beschreibt die Fähigkeit, die Produktionsprozesse für alternative Produktionsaufträge zu nutzen. Sie kann erreicht werden, indem die Betriebsmittel im Sinne von Mehrzweckanlagen für die Produktion unterschiedlicher Leistungen ausgelegt sind.
- Quantitative Flexibilität beschreibt die Fähigkeit der Produktionsprozesse, auf mengenmäßige Veränderungen des Produktionsvolumens reagieren zu können.

In der IT-Dienstleistungsproduktion versucht man qualitative und quantitative Flexibilität der Produktionsprozesse durch die Anwendung unterschiedlicher Konzepte und Instrumente zu erzielen (siehe Abb. 57).

Ziel der *Standardisierung von Betriebsmitteln* ist es, die Anzahl unterschiedlicher Ausprägungen der Betriebsmittel im Produktionsprozess zu reduzieren. Dies gilt insbesondere für die aktiven Betriebsmittel, d. h. für die Server, Datenspeicher, Netzwerke und Arbeitsplatzsysteme. Ausgangspunkt ist die historisch gewachsene große Anzahl unterschiedlicher Betriebsmittel in der IT-Dienstleistungsproduktion. Die hohe Dynamik, mit der neue Technologien entwickelt werden und auf den Markt gelangen, hat ebenso zu dieser Entwicklung beigetragen wie die große Zahl neuer Konzepte im Bereich der IT, die neue Betriebsmittel erfordern. Ein gutes Beispiel hierfür sind die in den 1990er Jahren entwickelten E-Business-Konzepte. Diese führten im Produktionsprozess zu einer Vielzahl neuer Betriebsmittel, z. B. in Form E-Business-tauglicher Server und Datenspeicher. Ziel der Standardisierung ist es in diesem Fall, die Anzahl unterschiedlicher Server- und Datenspeicherplattformen zu reduzieren. Dies geschieht zum einen aus Gründen der Kostenreduktion und zum anderen zur Erhöhung der qualitativen Flexibilität der Produktionsprozesse. Denn der Einsatz standardisierter Serverplattformen ermöglicht es, auf diesen unterschiedliche Anwendungsprogramme zu betreiben und somit unterschiedliche IT-Leistungen zu produzieren. Und auch die Nutzung hochstandardisierter Arbeitsplatzsysteme in einem Unternehmen führt dazu, dass diese für die Erbringung einer großen Zahl alternativer IT-Leistungen eingesetzt werden können.

Konzept	Zielsetzung
Standardisierung von Betriebsmitteln	Erhöhung der qualitativen Flexibilität
Virtualisierung von Betriebsmitteln	Erhöhung der qualitativen und quantitativen Flexibilität
Modularisierung von Betriebsmitteln	Erhöhung der qualitativen Flexibilität

Abb. 57. Konzepte zur Flexibilisierung der IT-Dienstleistungsproduktion

Die *Virtualisierung* von Betriebsmitteln erhöht sowohl die qualitative als auch die quantitative Flexibilität der IT-Dienstleistungsproduktion. Virtualisieren lassen sich heute vor allem die Betriebsmittel Server, Datenspeicher und Netzwerke [Schmitz 2005, 16]. Durch Einführung einer Virtualisierungsschicht werden mehrere Server, mehrere Datenspeicher oder mehrere Netzwerkelemente zu einem virtuellen Server, einem virtuellen Datenspeicher oder einem virtuellen Netzwerk zusammengefasst (siehe Abb. 58).

Ziel der Virtualisierung ist es, die Leistungen der einzelnen Betriebsmittel zu Leistungspools zu bündeln und es den Anwendungsprogrammen zu ermöglichen, ihren Bedarf an Rechen-, Speicher- und Übertragungsleistung aus den jeweiligen Leistungspools zu beziehen. Dies erhöht

- die qualitative Flexibilität, da mehrere Anwendungsprogramme auf einem virtuellen Betriebsmittel arbeiten, d. h. unterschiedliche IT-Leistungen auf einigen wenigen virtuellen Betriebsmitteln produziert werden können, und
- die quantitative Flexibilität, da die unterhalb der virtuellen Schicht liegenden physischen Betriebsmittel über standardisierte Prozeduren und Schnittstellen schnell und kostengünstig hinzugefügt und entfernt werden können. Die Kapazität der virtuellen Betriebsmittel lässt sich auf diese Weise mengenmäßigen Veränderungen im Produktionsvolumen anpassen. Der Leistungsbedarf wird gleichmäßig auf die einzelnen Betriebsmittel verteilt, was zu einer besseren Kapazitätsauslastung führt.

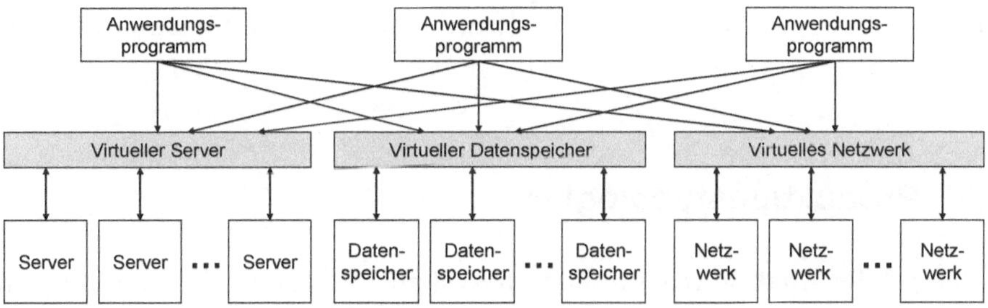

Abb. 58. Virtualisierung von Servern, Datenspeichern und Netzwerken

Für die Umsetzung von Virtualisierungskonzepten stehen IT-Dienstleistern heute in der Praxis eine Reihe konkreter Technologien zur Verfügung, die von IT-Hardware- und IT-Softwareunternehmen angeboten werden.

Modularisierungskonzepte lassen sich in der IT-Dienstleistungsproduktion sowohl im Bereich der Server und Datenspeicher als auch der Anwendungsprogramme realisieren. Der Modularisierung liegt der Gedanke des Baukastenprinzips zugrunde. Ziel ist die flexible Gestaltung des Produktionssystems durch die Definition von Bausteinen, die

- in ihrer Zahl begrenzt sind,
- sich kombinieren lassen,
- einheitliche Schnittstellen besitzen und
- die Grundelemente der produzierten Leistungen bilden [Zäpfel 1989a, 69].

So sollen einerseits die Vorteile eines differenzierten Leistungsprogramms genutzt und zum anderen durch eine Vereinheitlichung auf der Modulebene die Voraussetzungen für eine wirtschaftliche Produktion geschaffen werden [Zäpfel 1989a, 69].

Das Baukastenprinzip bietet insbesondere bei der Gestaltung von Anwendungsprogrammen Potentiale. Durch die Aufteilung der Anwendungsprogramme in modulare Komponenten mit klar definierten Schnittstellen lassen sich diese bedarfsgerecht kombinieren und flexibel für die Erbringung unterschiedlicher IT-Leistungen einsetzen. Ist beispielsweise jede Aktivität eines IT-gestützten Geschäftsprozesses, d. h. jede Funktion eines IT-Produkts, in einem separaten Anwendungsmodul umgesetzt, so lassen sich diese Module gemäß den Anforderungen eines Leistungsabnehmers zu individuellen Gesamtprozessen zusammensetzen. Hinter Konzepten wie serviceorientierte Architekturen [Mattern 2004, 34], Web-Services [Tamm/Zarnekow 2005] oder komponentenbasierte Softwareentwicklung [Balzert 2000, 856] verbergen sich derartige modulare Entwicklungsansätze.

3.3 Produktionstypologien

Während die Analyse des Produktionssystems Aussagen über die in einen Kombinationsprozess eingehenden Produktionsfaktoren, die Art der Kombinationsprozesse sowie den Produktions-Output macht, konzentriert sich die Auftragsabwicklung auf die dispositiven Abläufe in einem Produktionssystem [Hulvej 2003, 34]. Gemäß Luczak, Eversheim und Schotten lassen sich vier grundlegende Typen der Auftragsabwicklung unterscheiden [Luczak/Eversheim/Schotten 1998, 75]: Auftragsfertiger, Rahmenauftragsfertiger, Variantenfertiger und Programmfertiger. Der Typ der Auftragsabwicklung hat direkte Auswirkungen auf den Auftragsdurchlauf und damit auf die Produktionsprozesse. In Abhängigkeit von der Art der Auftragsabwicklung können daher unterschiedliche Produktionstypologien unterschieden werden.

IT-Dienstleister treten in der Regel entweder als Rahmenauftragsfertiger oder als Programmfertiger auf. Im Folgenden werden diese beide Typologien näher betrachtet.

3.3.1 IT-Dienstleister als Rahmenauftragsfertiger

Ein Rahmenauftragsfertiger gestaltet seine Leistungen entweder nach eigenen Vorgaben oder gemäß einer vorliegenden Kundenspezifikation. Die Leistungsentwicklung erfolgt einmalig und ist von den eigentlichen Produktionsaufträgen zeitlich entkoppelt. In der Produktionsphase werden die Leistungen ohne Änderungen als Standardleistungen hergestellt. Es handelt sich somit um eine Serien- bzw. Massenfertigung. Der Rahmenauftragsfertiger vereinbart in einem Rahmenauftrag mit seinen Kunden periodenbezogene Abnahmemengen oder Mengenkorridore. Gemäß dem Rahmenauftrag werden Betriebsmittel und Kapazitäten disponiert. Die Leistungserbringung wird jeweils durch Produktionsabrufe des Kunden ausgelöst, in denen der Kunde Menge und Art der Produkte sowie Liefertermine spezifiziert. Zwischen Rahmenauftragsfertiger und Kunden besteht eine längerfristige Liefer- und Leistungsbeziehung.

Für einen IT-Dienstleister ist die Rahmenauftragsfertigung eine typische Vorgehensweise (siehe linke Hälfte der Abb. 59). Auf der Grundlage eines Rahmenvertrags wird für einen Kunden ein IT-Produkt gemäß dessen Vorgaben spezifiziert, beispielsweise ein IT-Produkt zur Unterstützung eines spezifischen Geschäftsprozesses des Kunden. Im Rahmenvertrag wird auch ein Mengengerüst vereinbart, beispielsweise die Anzahl der abgewickelten Geschäftsprozesse in einem Jahr. Auf der Grundlage der Spezifikation und des Mengengerüstes werden vom IT-Dienstleister einmalig die benötigten IT-Leistungen entwickelt und die Produktionsprozesse gestaltet. Im Anschluss wird die Leistungsbereitschaft hergestellt. Die Anwender rufen, gemäß dem vereinbarten Rahmenvertrag, mit jeder Geschäftsprozessausführung IT-Leistungen ab, die daraufhin vom IT-Dienstleister produziert werden. Zusätzlich können im Rahmenvertrag auch die Anwenderunterstützung, die kontinuierliche Wartung und die Weiterentwicklung der Leistungen vereinbart werden.

3.3.2 IT-Dienstleister als Programmfertiger

Ein Programmfertiger stellt standardisierte Leistungen, mit oder ohne Varianten, bereit. Die Leistungsspezifikation erfolgt kundenanonym auf der Grundlage von Marktanalysen, in denen diejenigen Leistungssegmente identifiziert werden, für die eine hohe Kundennachfrage besteht, und auf der Grundlage der in der Produktprogrammplanung festgehaltenen Strategie. Anwendungsentwicklung, Produktionsplanung und Herstellung der Leistungsbereitschaft erfolgen ebenfalls kundenanonym. Beispielsweise kann sich ein IT-Dienstleister auf der Basis von Marktanalysen dazu entscheiden, einen standardisierten E-Mail-Service anzubieten. Er entwickelt die erforderlichen Anwendungsprogramme, gestaltet die Produktionsprozesse und stellt die Leistungsbereitschaft her. Im Anschluss wird unter Einsatz von Vertriebs- und Marketingmaßnahmen das Produkt beworben und Kunden werden gewonnen. Auch IT-Dienstleister, die als Programmfertiger auftreten, schließen mit den Kunden Rahmenverträge ab. Der Kunde hat aber zu diesem Zeitpunkt keinen Einfluss mehr auf die Produktgestaltung. Er kann das fertig gestaltete, standardisierte Produkt einkaufen. Lediglich das Mengengerüst ist individuell zu vereinbaren. Nach Abschluss des Rahmenvertrags verläuft der Produktionsprozess analog zum Rahmenauftragsfertiger.

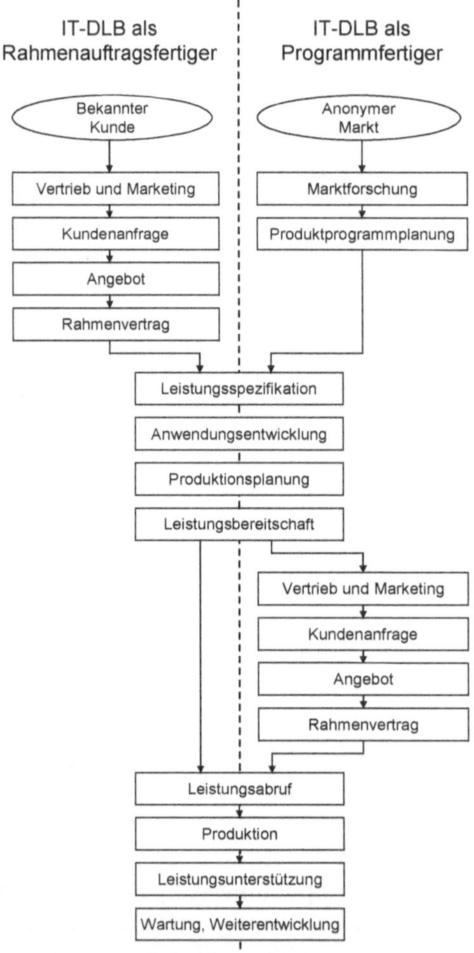

Abb. 59. Produktionstypologien von IT-Dienstleistern

3.4 Integriertes Management der IT-Dienstleistungsproduktion

Das Produktionssystem und das Produktionsmanagement müssen integriert betrachtet werden. Im Rahmen der IT-Dienstleistungsproduktion sind Integrationsbemühungen in zwei Stoßrichtungen zu verfolgen:

- Die *prozessorientierte Integration* hat das Ziel, die Prozesse und Aufgaben des Produktionsmanagements integriert zu gestalten und durchzuführen. Auch ein integriertes Management der Betriebsmittel fällt hierunter. Die Prozessintegration muss sich zum einen auf eine Integration der fünf Aufgabenbereiche des IT-Dienstleistungsproduktionsmanagements konzentrieren. Zum anderen sind auch innerhalb eines jeden Aufgabenbereichs integrierte Lösungsansätze zu realisieren. Hierzu zählt beispielsweise der Einsatz von integrierten Entwicklungsumgebungen im Bereich der Anwendungsentwicklung oder von Produktionsplanungs- und -steuerungssystemen (PPS-Systemen) zur integrierten Gestaltung der Produktionsprozesse.
- Die *leistungsorientierte Integration* konzentriert sich auf eine integrative Betrachtung des Lebenszyklus der IT-Leistungen. Ihr Ziel ist es, die Interdependenzen zwischen den Lebenszyklusphasen der IT-Leistungen zu identifizieren und die IT-Leistungen unter Berücksichtigung von Lebenszyklusaspekten zu gestalten und zu steuern.

3.4.1 Prozessorientierte Integration

In der betrieblichen Praxis findet eine Prozessintegration im Bereich der IT-Dienstleistungsproduktion nur in Ansätzen statt. Drei Defizite fallen in diesem Zusammenhang besonders ins Auge:

- IT-Dienstleister betrachten ihr Leistungsportfolio nicht gesamthaft. Stattdessen wird eine Vielzahl einzelner Leistungen isoliert geplant, entwickelt und produziert. Die Schnittstellen und Abhängigkeiten zwischen den Leistungen werden durch die Nutzung von Architekturen auf der Ebene der Betriebsmittel abgebildet.
- Der Management-Fokus richtet sich auf die Entwicklungsprojekte, d. h. auf die Planung, Entwicklung und Anpassung von Anwendungsprogrammen. Das Produktionspotential und die Produktionsprozesse spielen nur eine untergeordnete Rolle. Im Mittelpunkt der Betrachtungen steht somit die Funktionalität der Leistungen, die durch die Anwen-

dungsprogramme bestimmt wird, und nicht die Qualität und Menge der Leistungen, die von den Produktionsprozessen abhängen.

- Das Betriebsmittel „Anwendungsprogramme" wird unabhängig von den anderen Betriebsmitteln geplant und gestaltet.

Integrierte Managementkonzepte und -instrumente für die IT-Dienstleistungsproduktion müssen drei Anforderungen gerecht werden:

- *Output-Orientierung*: Eine outputorientierte Integration stellt den Output der IT-Dienstleistungsproduktion, d. h. die IT-Leistungen, in den Mittelpunkt. Leistungsprogramm, Anwendungsentwicklung, Produktionspotential, Produktionsprozesse und Anwenderunterstützung werden als notwendige Teilbereiche zur Erbringung einer IT-Leistung angesehen. Alle fünf Teilbereiche sind gleichberechtigt zu betrachten, da nur durch ihr Zusammenspiel kundenorientierte, kosteneffiziente und qualitativ hochwertige IT-Leistungen erbracht werden können.
- *Durchgängigkeit*: Die Mehrzahl der heute in der Praxis existierenden IT-Managementinstrumente ist aufgabenorientiert. Sie konzentrieren sich auf einzelne Teilaufgaben der Produktion, z. B. auf die Leistungsprogrammgestaltung oder die Anwendungsentwicklung. Durchgängige Managementinstrumente sind dahingegen auf den Gesamtprozess der IT-Dienstleistungsproduktion ausgerichtet. Aus dieser Ausrichtung ergeben sich konkrete Konsequenzen, von den einige beispielhaft genannt seien:
    - Die Spezifikation der IT-Leistungen erfolgt im Rahmen der Leistungsprogrammgestaltung, unter Berücksichtigung der Möglichkeiten der Anwendungsentwicklung, der Produktionspotentiale, der Produktionsprozesse und der Anwenderunterstützung.
    - Anwendungsentwicklung, Produktionspotentiale, Produktionsprozesse und Anwenderunterstützung werden strategisch nach den Anforderungen des Leistungsprogramms ausgerichtet und unterstützen aktiv die Gestaltung von IT-Leistungen.
    - Anwendungsentwicklung, Produktionspotentiale, Produktionsprozesse und Anwenderunterstützung werden zwar eigenständig strategisch geplant und mit Zielen ausgestattet, die Strategien und Ziele sind jedoch eng aufeinander abgestimmt und an den Kundenanforderungen ausgerichtet.
    - Die Gestaltung der Betriebsmittel wird als strategischer Erfolgsfaktor positioniert und ganzheitlich vollzogen. Dies gilt insbeson-

dere für die Abstimmung von Anwendungsprogrammen mit den übrigen Betriebsmitteln.

- *Bidirektionalität*: Rückkopplungen finden sich heute meist nur innerhalb einer Phase des Produktionsprozesses. So sehen beispielsweise die meisten Verfahren zur Anwendungsentwicklung Schleifen und Rückkopplungen vor. Phasenübergreifend wird jedoch häufig ein streng sequenzieller Ansatz verfolgt. Entwicklungs- und Betriebsbereiche werden in der IT-Dienstleistungsproduktion zum Teil bewusst isoliert betrachtet. Nur selten fließen beispielsweise Erfahrungen und Anforderungen aus dem Betriebsbereich in die Entwicklung der Anwendungsprogramme ein. Eine besondere Herausforderung stellen in diesem Zusammenhang auch psychologische Barrieren dar, da Mitarbeiter in der IT-Entwicklung und im IT-Betrieb oft eine unterschiedliche Mentalität besitzen.

Eine Prozessintegration wirkt sich auch auf die Schnittstelle zum Kunden aus. Eine isolierte Betrachtung der Aufgabenbereiche des Produktionsmanagements führt dazu, dass Kunden direkte Beziehungen zu Entwicklungs- und Betriebsbereichen des IT-Dienstleisters unterhalten (siehe Abb. 60). Sie erteilen der Entwicklung einen Auftrag zur Gestaltung eines Anwendungsprogramms und nehmen dieses nach der Fertigstellung formal ab. Im Anschluss wird ein Betriebsvertrag abgeschlossen. In diesem Szenario ist der Kunde für das Management und die Abstimmung beider Schnittstellen verantwortlich.

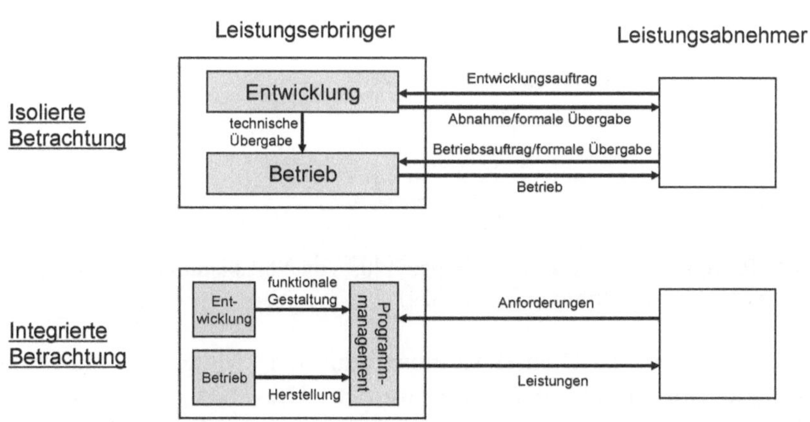

Abb. 60. Auswirkungen einer Prozessintegration auf die Kundenschnittstelle

Im Rahmen einer integrierten Betrachtung bildet das Leistungsprogrammmanagement die Schnittstelle des Produktionsprozesses nach außen. Entwicklung und Betrieb tragen produktionsintern zur Gestaltung und Erbringung der IT-Leistungen bei.

3.4.2 Leistungsorientierte Integration

IT-Leistungen durchlaufen einen Lebenszyklus. Aus Sicht der Produktion besteht dieser Lebenszyklus aus den in Abb. 61 dargestellten Phasen. Auf der Grundlage der Leistungsspezifikation, in der Funktionalität, Qualität und Menge der Leistung definiert werden, erfolgt die Erstentwicklung der erforderlichen Anwendungsprogramme. Die Erstentwicklung beinhaltet auch Integrations- und Testleistungen. In der Betriebsphase werden die übrigen Betriebsmittel gestaltet und zusammen mit den Anwendungsprogrammen in Betrieb genommen. Auch Wartungsarbeiten erfolgen im Rahmen des Betriebs. In gemeinsam vereinbarten Abständen werden neue Kundenanforderungen umgesetzt, indem bspw. die Anwendungsprogramme oder die Infrastruktur weiterentwickelt werden. Parallel zum Betrieb wird außerdem die Anwenderunterstützung für die IT-Leistung erbracht. Der Lebenszyklus endet mit der Außerbetriebnahme der für die Fertigung der IT-Leistung eingesetzten Betriebsmittel.

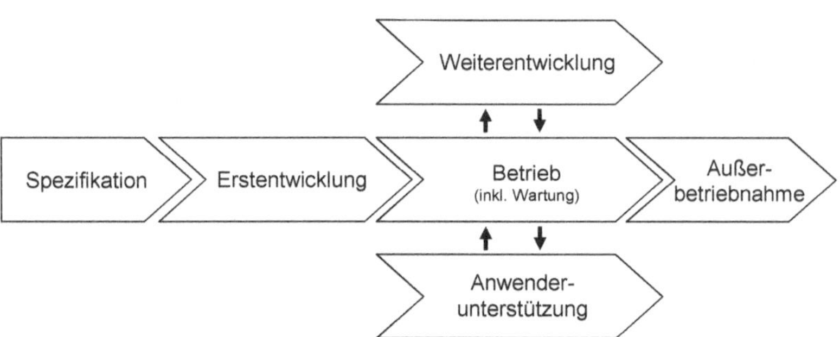

Abb. 61. Produktionsorientierter Lebenszyklus von IT-Leistungen (in Anlehnung an [Zarnekow/Scheeg/Brenner 2004, 182])

Im Rahmen der IT-Dienstleistungsproduktion sollte der Leistungslebenszyklus gesamthaft betrachtet werden. Dies bedeutet insbesondere eine lebenszyklusorientiert Gestaltung und Steuerung des Leistungsportfolios. Das Lebenszyklusmanagement sollte nicht auf eine Phase des Lebenszyklus, z. B. auf das Management des Softwareentwicklungslebenszyklus, oder auf einzelne Betriebsmittel, z. B. auf eine Total-Cost-of-

Ownership (TCO)-Analyse von Servern oder Arbeitsplatzsystemen, beschränkt sein.

Eine integrative Lebenszyklusbetrachtung hat unmittelbare Konsequenzen für das Produktionsmanagement:

- Bereits im Rahmen des Leistungsprogrammmanagements sollten die zu erwartenden Lebenszykluskosten einer IT-Leistung berücksichtigt werden und in die Leistungsbewertung und -priorisierung einfließen. In der Praxis werden Portfolio-Entscheidungen dahingegen häufig primär auf Basis der Kosten für die Anwendungsentwicklung getroffen.
- Unterschiedliche Entwicklungs- und Betriebsalternativen für eine IT-Leistung sollten hinsichtlich ihrer Auswirkungen auf den Leistungslebenszyklus analysiert werden. Insbesondere die Gestaltung der Anwendungsprogramme wirkt sich auf den späteren Betrieb aus. So haben Entscheidungen in der Anwendungsentwicklung, beispielsweise die Wahl einer bestimmten Anwendungsarchitektur oder eines bestimmten Standards, großen Einfluss auf den Betrieb. Anwendungsentwickler sollten sich dessen bewusst sein und über ein Regelwerk verfügen, welches ihnen die Auswirkungen ihrer Gestaltungsentscheidungen auf den Leistungslebenszyklus verdeutlicht.
- Das Controlling der IT-Leistungen sollte auf Basis der Lebenszykluskosten geschehen. Nur so können beispielsweise betriebswirtschaftliche Entscheidungen über den Zeitpunkt der Außerbetriebnahme einer IT-Leistung getroffen oder gesamthafte Kosten/Nutzen-Analysen durchgeführt werden.

Ein besonderes Augenmerk richtet sich im Bereich der IT-Dienstleistungsproduktion auf die meist starke Verzahnung der einzelnen IT-Leistungen. Zwischen den Leistungen und den für ihre Produktion eingesetzten Betriebsmitteln bestehen eine Vielzahl von Abhängigkeiten und Schnittstellen, die im Rahmen des Lebenszyklusmanagements berücksichtigt werden sollten. So kann beispielsweise eine IT-Leistung, die das Ende ihres Lebenszyklus erreicht hat, unter Umständen nicht vollständig eingestellt bzw. außer Betrieb genommen werden, da die für die Produktion der Leistung eingesetzten Anwendungsprogramme für die Produktion weiterer Leistungen benötigt werden.

3.4.3 Exkurs: Lebenszyklusanalyse

Bei der Analyse ihrer Kostenstrukturen stellen viele IT-Dienstleister fest, dass Investitionen in neue IT-Leistungen einen immer kleineren Teil der Gesamtkosten ausmachen. Der weitaus größere Kostenanteil wird für die laufende Produktion (Betrieb, Wartung, Anwenderunterstützung) und die Weiterentwicklung existierender IT-Leistungen aufgewendet (siehe Kapitel 1.1). Einen aus Kostensicht zentralen Bestandteil der IT-Leistungen bilden die Anwendungsprogramme. Obwohl der grundlegende Zusammenhang zwischen einmaligen Projektkosten für die Planung und Erstentwicklung neuer Anwendungsprogramme und wiederkehrenden Kosten für die Produktion und Weiterentwicklung bestehender Anwendungsprogramme bekannt ist und von Konzepten wie Total Cost of Ownership oder Life Cycle Costing aufgegriffen wird, spielt er bei der Analyse und Beurteilung von Anwendungsprogrammen in der betrieblichen Praxis oft nur eine untergeordnete Rolle. Zarnekow, Scheeg und Brenner führen diesbezüglich die folgenden Defizite aus [Zarnekow/Scheeg/Brenner 2004]:

- Eine kostenorientierte Bewertung und Priorisierung neuer Anwendungsprogramme findet vor allem auf der Basis des Erstentwicklungsprojekts statt. Produktionskosten gehen allenfalls in Form eines prozentualen Aufschlags in die Wirtschaftlichkeitsbetrachtungen ein.
- Informationen über die tatsächliche Höhe der Produktionskosten eines Anwendungsprogramms werden nur selten systematisch erfasst und ausgewertet, sodass das Wissen darüber begrenzt ist.
- Nur wenige IT-Dienstleister verfügen über Lebenszyklusmodelle oder konkrete Zahlen und Fakten hinsichtlich der Lebenszykluskosten der eigenen Anwendungsprogramme.
- Während für die Planung von Softwareentwicklungskosten Methoden und Werkzeuge existieren (siehe Kapitel 5.3.3), begnügt man sich bei der Planung von Produktionskosten in der Praxis mit groben Schätzverfahren oder Daumenregeln, wie z. B. einer 20:80-Regel.

Im Folgenden werden die Ergebnisse einer Fallstudie vorgestellt, innerhalb deren die Lebenszykluskosten von 30 Anwendungsprogrammen in zwei deutschen Großunternehmen und einem Schweizer Ministerium erhoben und analysiert wurden [Zarnekow/Scheeg/Brenner 2004, 181ff]. Mit Hilfe eines strukturierten Erhebungsrasters, das auf dem in Abb. 61 dargestellten Lebenszyklusmodell basiert, wurden im Rahmen der Fallstudie zunächst in Interviews und Workshops mit Anwendungsprojektleitern und Systemverantwortlichen die entstandenen Lebenszykluskosten ermittelt. Die anschließende Analyse konzentrierte sich auf die Verteilung der Gesamtkosten über die einzelnen Phasen des Anwendungslebenszyklus und auf den Grad der Kostentransparenz.

Lebenszyklus und Lebenszykluskosten:

Das Konzept des Lebenszyklus hat seinen Ursprung im Bereich des Produktmarketings und beschreibt die Phasen, die ein Produkt im Verlauf seiner Lebensdauer durchläuft [Eversheim/Schuh 1999; Matys 2002]. Der Lebenszyklusgedanke manifestiert sich insbesondere im Bereich der Kostenrechnung in einer Vielzahl von Konzepten und Methoden. Hierzu zählen beispielsweise Total Cost of Ownership (TCO), Lebenszykluskosten (Life Cycle Costing), All in Costs oder Cost Ratio Method [Ellram/Siferd 1998]. Der Fallstudie liegt das Konzept der Lebenszykluskosten zugrunde. Lebenszykluskosten umfassen „the total cost of an asset over its operating life, including initial acquisition costs and subsequent running costs" [Corrie/Atkins 1991]. Zu den Lebenszykluskosten zählen demnach sämtliche Kosten, d. h. sowohl die Kosten des Herstellers als auch die des Nutzers bzw. Verbrauchers eines Produkts [Shields/Young 1991]. In der Praxis finden Lebenszykluskosten vor allem im Rahmen des Produkteinkaufs bei der Bewertung und Auswahl verschiedener Alternativen Einsatz. Über den reinen Kaufpreis hinaus sollen auf diese Weise die Folgekosten für eine Organisation berücksichtigt werden, die durch die Nutzung, Wartung und Entsorgung eines Produkts entstehen.

Während sich eine Vielzahl von Arbeiten mit dem Einsatz von Lebenszykluskosten in der Sachgüter- oder Dienstleistungsproduktion beschäftigt (vgl. z. B. [Cavinato 1991; Ellram/Siferd 1998; Ferrin/Plank 2002; Jackson/Ostrom 1980; Shields/Young 1991]), konzentriert sich die Betrachtung im Bereich der IT-Dienstleistungsproduktion vor allem auf den Einsatz von TCO-Analysen bei der Bewertung von Arbeitsplatzsystemen [David/Schuff/St. Louis 2002; Opfer 2001]. Einen weiteren Forschungsschwerpunkt bildet die Entwicklung von Methoden zur Aufwands- und Kostenschätzung im Rahmen der Softwareentwicklung [Boehm/Abts/Chulani 1998; Lederer/Prasad 1993; Tate/Verner 1990]. In der Praxis kommt hier vor allem der COCOMO-2-Methode [Boehm et al. 1995] und der ursprünglich von IBM entwickelten Function Point Analysis [Cote et al. 1988] Bedeutung zu.

Nur wenige Arbeiten beschäftigen sich direkt oder indirekt mit den Lebenszykluskosten von Anwendungsprogrammen. Keen untersucht die Höhe unterschiedlicher Kostenarten für Anwendungsprogramme und unterscheidet dabei zwischen Kosten für das erstmalige Entwicklungsprojekt, organisatorischen Kosten für Ausbildung und Beratung sowie Lebenszykluskosten für Betrieb und Wartung [Keen 1991]. Mehrere Untersuchungen beschäftigen sich mit der generellen Aufteilung von IT-Budgets [Cap Gemini Ernst & Young 2003; Jahn et al. 2002; Strassmann 1997; Thiel 2002]. Sie alle kommen zu dem Ergebnis, dass der überwiegende Teil heutiger IT-Budgets für den Betrieb und die Wartung bestehender Infrastrukturen aufgewendet wird. Aufgrund ihrer ganzheitlichen Betrachtung lassen sie aber nur bedingt Rückschlüsse auf die Lebenszykluskosten einzelner Anwendungsprogramme zu.

Anwendungsprogramme durchlaufen, wie in Abb. 61 dargestellt, einen Lebenszyklus, der aus mehreren aufeinander folgenden Phasen besteht. Jeder Lebenszyklusphase können konkrete Aufgaben zugeordnet werden. Diese sind übersichtsartig in Abb. 62 dargestellt. Bei der Betrachtung der Aufgaben fällt auf, dass sich die heute in der Praxis der IT-Dienstleistungsproduktion eingesetzten Lebenszykluskonzepte vor allem auf das Management des Softwareentwicklungslebenszyklus konzentrieren, d. h., sie decken nur einzelne der in Abb. 62 dargestellten Phasen und Aufgaben ab. Der Umgang mit gesamthaften Lebenszyklusmodellen ist dahingegen kaum verbreitet und findet allenfalls in Form von TCO-Analysen bei der Beurteilung von Arbeitsplatzsystemen, Hardwareplattformen oder Systemsoftware Einsatz.

Lebenszyklusphase	**Aufgabe**
Planung	Projektplanung Grobkonzept Prototyp (Entwicklung, Test, Evaluation)
Erstentwicklung	Fachkonzeption/DV-Konzept Systemdesign Systementwicklung i.e.S. (Codierung) Integration Test Installation/Einführung
Produktion	Schulung Laufender Betrieb Korrigierende Wartung Anwendungsunterstützung
Weiterentwicklung	Fachkonzeption/DV-Konzept Systemdesign Systementwicklung i.e.S. (Codierung) Integration Test Installation/Einführung
Außerbetriebnahme	Entsorgung phyischer Komponenten Datensicherung für Folgeverwendung Datenmigration

Abb. 62. Aufgaben innerhalb der Lebenszyklusphasen

Lebenszykluskosten von Anwendungsprogrammen:

Zur Analyse der Lebenszykluskosten von Anwendungsprogrammen wurden 30 Anwendungsprogramme in drei Unternehmen untersucht. Die Grundlage für die Berechnung der Lebenszykluskosten bildeten die durch ein Anwendungsprogramm verursachten Ist-Kosten. Um eine Vergleichbarkeit der Kosteninformationen sicherzustellen, wurde der Kostenerhebung das in Abb. 62 dargestellte Lebenszyklusmodell zugrunde gelegt. Auf der Basis eines strukturierten Erhebungsrasters wurden gemeinsam mit Anwendungsprojektleitern und Systemverantwortlichen der beteiligten Unternehmen die bei jeder Aufgabe entstandenen Ist-Kosten ermittelt. Zu den Ist-Kosten zählen alle einem Anwendungsprogramm direkt zurechenbaren Hardware-, Software- und Personalkosten. Kosten für mehrfach genutzte Infrastrukturkomponenten, wie z. B. Middleware oder Datenbanken, wurden so weit wie möglich anteilig den Anwendungsprogrammen zugeordnet.

Abb. 63 zeigt grundlegende Angaben zum Alter der betrachteten Anwendungsprogramme und zu den ermittelten Ist-Kosten, aufgeteilt auf die Lebenszyklusphasen.

Das Gesamtalter der Anwendungsprogramme lag zwischen 2 und 16,4 Jahren und betrug im Mittel 5,6 Jahre. Das Gesamtalter umfasst den Zeitraum vom Beginn der Planung bis zur Außerbetriebnahme bzw. bei noch in Produktion befindlichen Anwendungsprogrammen bis zum Zeitpunkt der Untersuchung. Das Alter wirkt sich in erster Linie auf die Produktionsdauer aus. So waren sowohl junge Anwendungsprogramme, mit einer kurzen Produktionsdauer von im Minimum 0,4 Jahren, als auch alte Anwendungsprogramme, mit einer Produktionsdauer von im Maximum 12,4 Jahren, enthalten. Die durchschnittliche Produktionsdauer betrug 3,1 Jahre. Die Gesamtkosten der Anwendungsprogramme lagen zwischen 0,5 Mio. € und 137,33 Mio. €. Die Kosten für die Außerbetriebnahme waren in den meisten Fällen nicht bekannt, da es sich um noch in Produktion befindliche Anwendungsprogramme handelte.

Die in Abb. 63 aufgeführten absoluten Ist-Kosteninformationen sind für eine Berechnung der anteiligen Kosten einer Phase an den gesamten Lebenszykluskosten nur bedingt geeignet. Dies liegt vor allem an dem unterschiedlichen Alter der Anwendungsprogramme. Bei einem Anwendungsprogramm, das erst vor kurzem in Produktion genommen wurde, ist der relative Anteil der Erstentwicklungskosten an den Gesamtkosten sehr hoch, da bisher kaum Produktions- und Weiterentwicklungskosten angefallen sind. Dahingegen fällt bei alten Anwendungsprogrammen der relative Anteil der Produktions- und Weiterentwicklungskosten hoch aus. Die endgültige Kostenverteilung lässt sich erst nach der Außerbetriebnahme eines Anwendungsprogramms, d. h. am Ende des Anwendungslebenszyklus, beurteilen. Da die überwiegende Zahl der untersuchten Anwendungsprogramme zum Zeitpunkt der Untersuchung noch in Produktion befindlich war, scheidet diese Möglichkeit aus. Stattdessen werden im Folgenden die Lebenszykluskosten für eine angenommene Gesamtproduktionsdauer von 5 Jahren berechnet. Die Kosten der Anwendungsprogramme werden zu diesem Zweck auf der Grundlage der Ist-Kosteninformationen auf die angenommene Produktionsdauer extrapoliert.

Stand: Juni 2003	*Zeitangaben (in Jahren)*			*Istkosten (in Mio. €)*					
	Gesamtalter	davon Erstentwicklung	davon Produktion	Gesamtkosten	Planung	Erstentwicklung	Weiterentwicklung	Produktion	Außerbetriebnahme
Anwendung 1	16.4	3.0	12.4	-	-	-	-	-	-
Anwendung 2	9.3	1.8	5.9	-	-	3.30	25.40	-	-
Anwendung 3	3.4	1.8	0.8	-	-	14.00	4.90	5.48	-
Anwendung 4	7.2	2.0	3.9	137.33	1.80	24.71	2.72	108.10	-
Anwendung 5	7.4	-	4.8	-	-	85.00	38.00	117.80	-
Anwendung 6	2.4	1.6	0.6	63.99	2.07	30.00	24.10	7.82	-
Anwendung 7	8.3	2.9	3.4	-	-	2.30	2.96	1.57	-
Anwendung 8	3.3	1.0	0.8	2.96	0.13	2.08	0.00	0.75	-
Anwendung 9	3.2	0.3	1.8	3.44	0.36	0.41	1.30	1.37	-
Anwendung 10	8.4	2.9	3.4	31.20	2.40	13.00	3.50	12.30	-
Anwendung 11	4.9	2.9	0.4	-	0.20	0.90	-	-	-
Anwendung 12	9.4	1.3	4.2	19.35	0.70	0.55	2.50	15.60	-
Anwendung 13	2.0	2.0	-	-	1.64	-	-	-	-
Anwendung 14	9.4	3.0	3.9	-	-	13.00	-	-	-
Anwendung 15	2.8	2.1	-	-	2.60	19.21	1.02	-	0.00
Anwendung 16	4.0	0.8	2.5	-	-	0.58	0.39	0.20	-
Anwendung 17	11.4	2.9	6.3	-	50.00	80.00	-	52.08	-
Anwendung 18	3.1	0.6	2.2	16.33	0.39	1.02	9.50	5.42	-
Anwendung 19	2.9	2.0	0.9	4.86	0.10	1.37	0.00	3.39	-
Anwendung 20	3.3	0.8	1.4	5.49	0.72	1.96	0.50	2.31	-
Anwendung 21	3.4	0.4	2.4	0.64	0.13	0.21	0.12	0.18	-
Anwendung 22	5.8	0.3	4.8	0.90	0.01	0.19	0.06	0.64	-
Anwendung 23	7.3	2.3	3.7	3.36	0.27	1.13	0.67	1.22	0.07
Anwendung 24	2.9	0.9	1.4	0.50	0.13	0.13	0.10	0.14	-
Anwendung 25	5.3	1.0	2.4	1.87	0.11	0.64	0.32	0.80	-
Anwendung 26	2.4	0.9	-	-	3.00	-	-	-	-
Anwendung 27	6.4	1.9	2.5	8.09	1.07	1.07	2.67	3.15	0.13
Anwendung 28	5.0	2.9	-	-	0.20	6.00	-	-	-
Anwendung 29	3.8	0.8	2.4	-	0.10	2.40	-	0.71	-
Anwendung 30	3.3	1.0	0.8	9.56	0.29	7.20	0.67	1.30	0.10
Minimum	**2.0**	**0.3**	**0.4**	**0.50**	**0.01**	**0.13**	**0.00**	**0.14**	**0.00**
Maximum	**16.4**	**3.0**	**12.4**	**137.33**	**50.00**	**85.00**	**38.00**	**117.80**	**0.13**
Durchschnitt	**5.6**	**1.7**	**3.1**	**19.37**	**2.97**	**11.57**	**5.52**	**15.56**	**0.08**

Abb. 63. Alter und Ist-Kosten der untersuchten Anwendungsprogramme

Bei den Planungs- und Erstentwicklungskosten handelt es sich um einmalige Kosten. Sie sind unabhängig von der Gesamtlebensdauer. Die Kosten für Weiterentwicklung und Produktion wachsen mit zunehmender Gesamtlebensdauer. Aus diesem Grund wurden die in Abb. 63 dargestellten absoluten Werte auf die angenommene Gesamtproduktionsdauer hoch- bzw.

herabgerechnet. Durch die Normierung der Anwendungsprogramme auf eine einheitliche Gesamtproduktionsdauer werden diese hinsichtlich ihrer Kostenstruktur auch untereinander vergleichbar. Bei der Extrapolation wird von einer Gleichverteilung der Weiterentwicklungs- und Produktionskosten über die Produktionsdauer ausgegangen. Obwohl dies die Realität, vor allem bei den Weiterentwicklungskosten, nicht exakt abbildet, zeigt die Analyse der Untersuchungsdaten, dass sich durch diese Annahme keine wesentlichen Veränderungen der Untersuchungsergebnisse ergeben. Grundsätzlich ist aber anzumerken, dass die Weiterentwicklungs- und Produktionskosten mit zunehmender Produktionsdauer in der Regel ansteigen [Moll 1994].

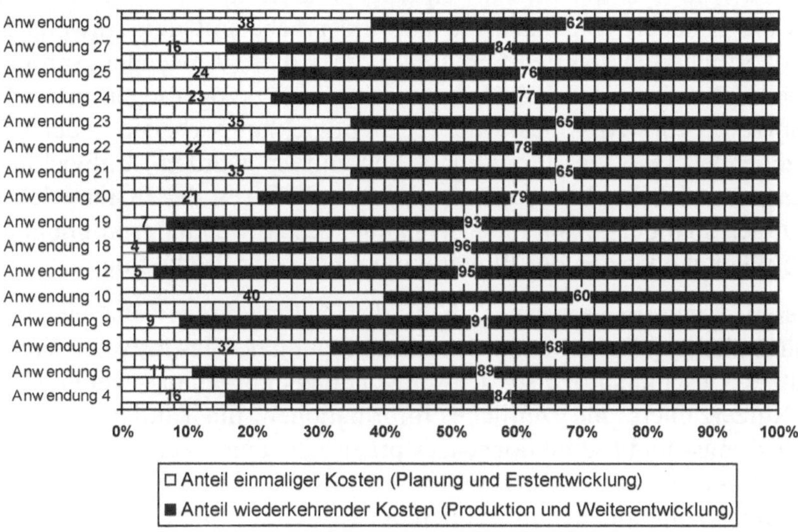

Abb. 64. Kostenverteilung bei einer Gesamtproduktionsdauer von 5 Jahren

Abb. 64 zeigt die anteilige Kostenverteilung über den Lebenszyklus für eine Gesamtproduktionsdauer von 5 Jahren. Es sind nur diejenigen 16 Anwendungsprogramme berücksichtigt, für die vollständige Ist-Kosteninformationen erhoben werden konnten. Der Berechnung liegen die folgenden Formeln zugrunde:

$$\text{einmalige Kosten (in €)} = \text{Planungskosten (in €)} + \text{Erstentwicklungskosten (in €)}$$

$$\text{wiederkehrende Kosten (in €)} = \frac{\text{Weiterentwicklungskosten(in €)} + \text{Produktionskosten (in €)}}{\text{aktuelle Produktionsdauer (in Jahren)}} * \text{angenommene Gesamtproduktionsdauer (in Jahren)}$$

Bei einer angenommenen Gesamtproduktionsdauer von 5 Jahren beträgt der Anteil der wiederkehrenden Kosten im Durchschnitt 79 %. Die tatsächliche durchschnittliche Gesamtproduktionsdauer von Anwendungsprogrammen dürfte eher höher liegen und somit diesen Anteil in der Praxis noch vergrößern. Bei der Analyse der Kostenverteilung fallen die deutlichen Unterschiede und hohen Schwankungen zwischen den einzelnen Anwendungsprogrammen auf. So liegt der prozentuale Anteil der einmaligen Planungs- und Erstentwicklungskosten zwischen minimal 4 % und maximal 40 %. Obwohl verschiedene Faktoren für diese Spannbreite verantwortlich sind, fällt ein Aspekt besonders ins Auge. Bei Anwendungsprogrammen mit einem geringen Anteil einmaliger Kosten sind die Weiterentwicklungskosten im Vergleich zu den Erstentwicklungskosten sehr hoch (dies gilt z. B. für die Anwendungsprogramme Nr. 6, 9, 12, 18 und 27). Eine genauere Datenanalyse und Gespräche mit den Anwendungsverantwortlichen lassen den Schluss zu, dass diese Anwendungsprogramme, bedingt durch einen hohen Zeitdruck oder Verzögerungen in der Projektlaufzeit, vor Abschluss der Erstentwicklungsarbeiten oder ohne ausreichende Tests in Produktion genommen wurden. Entwicklungsleistungen und Fehlerbehebungen, die eigentlich Teil der Erstentwicklung sind, fielen somit erst nach Inbetriebnahme des Anwendungsprogramms an und erhöhen die Kosten der Weiterentwicklung und Produktion.

Weitere Erkenntnisse ergeben sich aus der Qualität der gewonnenen Daten. Grundsätzliche Informationen über Funktionalität, Einsatzzweck und unterstützte Geschäftsprozesse der Anwendungsprogramme waren ebenso wie Nutzerzahlen und zeitliche Informationen hinsichtlich Planungs-, Entwicklungs- und Produktionsdauer präzise bekannt. Auch Informationen über Art und Anzahl der Geschäftsvorfälle waren in der Regel verfügbar. Ein anderes Bild bot sich im Bereich der Kosteninformationen. Die Analyse der Untersuchungsdaten zeigt, dass Kosteninformationen meist nur mit vielen Lücken und Annahmen rekonstruierbar sind. Eine Lebenszyklusbetrachtung von Anwendungsprogrammen existierte in den beteiligten Unternehmen nicht. Auch ein phasenübergreifendes Kosten-Controlling fand nur in Ausnahmefällen statt. Die Kosten der Erstentwicklung ließen sich noch am exaktesten ermitteln, da diese sowohl im Rahmen des Entwicklungsprojekts als auch im Projekt-Controlling dokumentiert waren. Produktionskosten entstehen dahingegen überwiegend ungeplant und waren zum Teil sogar unbekannt. Sie waren aus diesem Grund kaum dokumentiert und ließen sich rückwirkend nur mit hohem Aufwand ermitteln.

Da keine durchgängige und dokumentierte Kostenbetrachtung existierte, hing die Datenqualität stark vom individuellen Wissen der für ein Anwendungsprogramm verantwortlichen Personen ab. Probleme ergaben sich insbesondere bei älteren Anwendungsprogrammen, für die im Laufe der Jahre unterschiedliche Personen verantwortlich waren, oder bei sehr komplexen Anwendungsprogrammen, für die mehrere Personen zuständig waren. Bei knapp der Hälfte der betrachteten Anwendungsprogramme waren die Kosteninformationen so lückenhaft, dass sie eine Analyse der Lebenszykluskosten nicht zuließen. Die Präsentation der Untersuchungsergebnisse bei den beteiligten Anwendungsverantwortlichen zeigte, dass die Kostenverteilung über den Lebenszyklus von diesen vorab anders eingeschätzt wurde und die tatsächlichen Ergebnisse Erstaunen auslösten.

Implikationen für das Produktionsmanagement:

Aus den im Rahmen der Fallstudie gewonnenen Erkenntnissen lassen sich eine Reihe von Schlussfolgerungen ziehen. Die entscheidende Bedeutung der Betriebs- und Weiterentwicklungskosten für die Gesamtkosten von Anwendungsprogrammen und somit für die Kosten von IT-Leistungen generell spiegelt sich innerhalb der in der Praxis eingesetzten IT-Managementinstrumente nicht ausreichend wider. Vielmehr ist eine starke Konzentration auf neue Anwendungsprogramme und die daraus resultierenden Planungs- und Erstentwicklungsprojekte festzustellen. Um unternehmerische Fehlentscheidungen zu verhindern, müssen lebenszyklusorientierte Analyse- und Kostenrechnungsmodelle für IT-Leistungen entwickelt und umgesetzt werden. Heute scheitert dieser Versuch in der Praxis bereits an grundlegenden Problemen, etwa der Verwendung unterschiedlicher Leistungsbegriffe und Kostenträger in Entwicklung und Produktion [Scheeg/ Pilgram 2003].

Eine Lebenszyklusbetrachtung eignet sich sowohl für die Analyse neuer IT-Leistungen als auch für das Management bestehender Leistungen. Bei neuen Leistungen ermöglicht sie eine qualifiziertere Entscheidung über die insgesamt zu erwartenden Kosten. Die Weiterentwicklung des in der Praxis verbreiteten IT-Projektportfolios, das in seiner jetzigen Form vor allem der Priorisierung von Entwicklungsprojekten dient, zu einem lebenszyklusbasierten IT-Leistungsportfolio stellt einen ersten Schritt in diese Richtung dar [Zarnekow/Brenner 2003a]. Bei bestehenden IT-Leistungen ermöglicht die Lebenszyklusbetrachtung bessere Managemententscheidungen, beispielsweise bei der Bestimmung des betriebswirtschaftlich sinnvollsten Zeitpunkts der Außerbetriebnahme eines Anwendungsprogramms. Heute wird diese Entscheidung, wenn überhaupt, auf der Basis von technischen Überlegungen oder von Ad-hoc-Entscheidungen und nicht im Rahmen eines institutionalisierten Managementprozesses getroffen.

Die Erfassung leistungsbezogener Ist-Kosten bildet die Voraussetzung für eine Lebenszykluskostenrechnung. Es gilt im Rahmen der Produktionswirtschaft Verfahren und Werkzeuge zu entwickeln, die eine gesamtheitliche IT-Leistungsbuchhaltung ermöglichen. Diese führt zu einer deutlichen Steigerung der Kostentransparenz im Bereich der Leistungserbringung und erlaubt sowohl Fachbereichen als auch IT-Dienstleistern einen vollständigen, zeitnahen Überblick über alle mit einer IT-Leistung in Zusammenhang stehenden Kosten.

3.5 Produktionsmanagement aus Sicht der ITIL

In der betrieblichen Praxis von IT-Dienstleistern kommt im Zusammenhang mit Inhalten des Produktionsmanagements der IT Infrastructure Library (ITIL) eine zunehmende Bedeutung zu. Im Folgenden soll daher eine inhaltliche Einordnung der ITIL in die Bereiche des Produktionsmanagements vorgenommen werden, um die Möglichkeiten, aber auch die Grenzen der ITIL zu erkennen.

Die ITIL stellt eine prozessorientierte Sammlung von sogenannten Best Practices für die Planung, Überwachung und Steuerung von IT-Leistungen dar [Zarnekow/Hochstein/Brenner 2005]. Sie wird seit Mitte der 1980er Jahre federführend vom Office of Government Commerce, einer Einheit der britischen Regierung, in Zusammenarbeit mit IT-Spezialisten, Rechenzentrumsbetreibern und Beratern entwickelt. ITIL hat sich zum internationalen De-facto-Standard für IT-Dienstleister entwickelt und enthält eine herstellerunabhängige Sammlung von Best Practices für die Gestaltung der Managementprozesse eines IT-Dienstleisters. Im Mittelpunkt der ITIL steht dabei eine konsequente Kunden- und Serviceorientierung aller IT-Managementprozesse.

Die ITIL besteht im Kern aus den fünf in Abb. 65 dargestellten Modulen. Der Detaillierungsgrad der einzelnen Module unterscheidet sich dabei deutlich. Einen hohen Detaillierungsgrad weist das Modul „Service Support" auf. Im Mittelpunkt dieses Moduls steht die operative Umsetzung der Anwenderunterstützung. Das Modul enthält detaillierte Prozessbeschreibungen, inklusive Zielen, Aktivitäten, teilweise Input/Output-Schemata, Kosten/Nutzen-Betrachtungen, Probleme und Herausforderungen, betriebliche Kenngrößen, Rollenschemata, Dokumente und Methoden.

Einen mittleren Detaillierungsgrad weisen die Module „Service Delivery" und „ICT Infrastructure Management" auf. Das Modul „Service Delivery" beschäftigt sich mit der Planung, Überwachung und Steuerung von IT-Leistungen. Das „ICT Infrastructure Management" behandelt sämtliche

Aspekte des Infrastrukturmanagements, von der Design- und Planungsphase über die Umsetzung bis hin zum Betrieb und zur technischen Unterstützung.

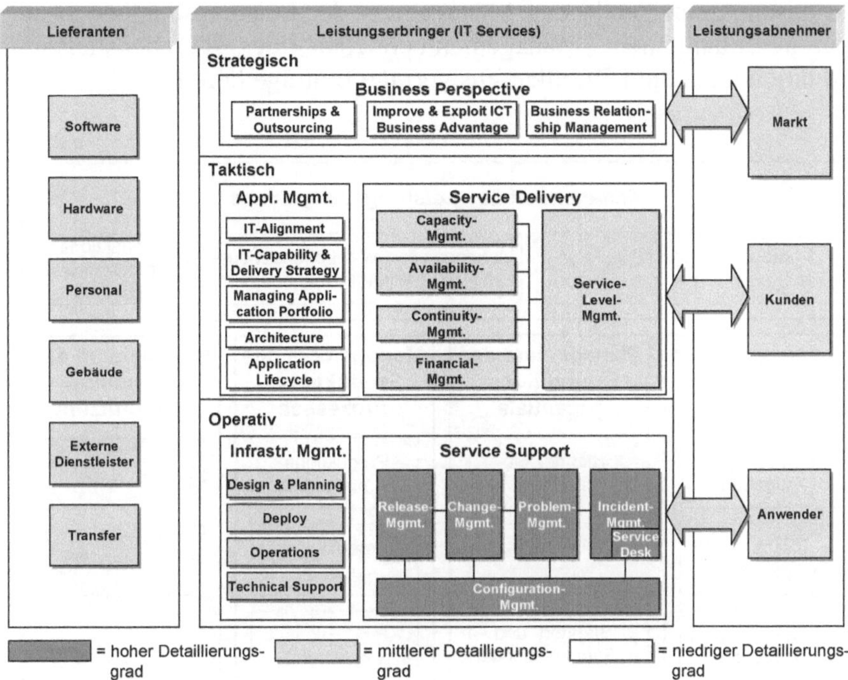

Abb. 65. Module und Detaillierungsstufen der ITIL (in Anlehnung an [Hochstein/ Zarnekow/Brenner 2004])

Einen relativ geringen Detaillierungsgrad weisen die Module „Application Management" und „Business Perspective" auf. Im Rahmen des „Application Management" werden die grundlegenden Aufgaben zum Management des Lebenszyklus von Anwendungsprogrammen beschrieben. Das Modul „Business Perspective" behandelt die strategischen Elemente des IT-Service-Managements, wie z. B. die strategische Abstimmung von IT- und Geschäftsstrategie oder das Kundenbeziehungsmanagement.

Obwohl die ITIL den Anspruch erhebt, einen umfassenden Ansatz für das IT-Service-Management darzustellen, zeigen sich bei einem Abgleich der Inhalte der ITIL mit den Aufgaben des Produktionsmanagements deutliche Lücken. Abb. 66 zeigt den Abdeckungsgrad der ITIL in Bezug auf die in dieser Arbeit beschriebenen zentralen Managementaufgaben auf. Man erkennt, dass die Stärken der ITIL vor allem in den Inhalten zur Anwenderunterstützung liegen, was auch dadurch bedingt ist, dass das entsprechende ITIL-Modul „Service-Support“ den höchsten Detaillierungsgrad aller ITIL-Module aufweist. Eine mittlere Abdeckung ergibt sich vor allem im Bereich des Managements des Produktionspotentials sowie bei der Produktionsanpassung und beim Management der Leistungsqualität. In allen anderen inhaltlichen Managementbereichen der IT-Dienstleistungsproduktion kann die ITIL allenfalls geringe Beiträge liefern.

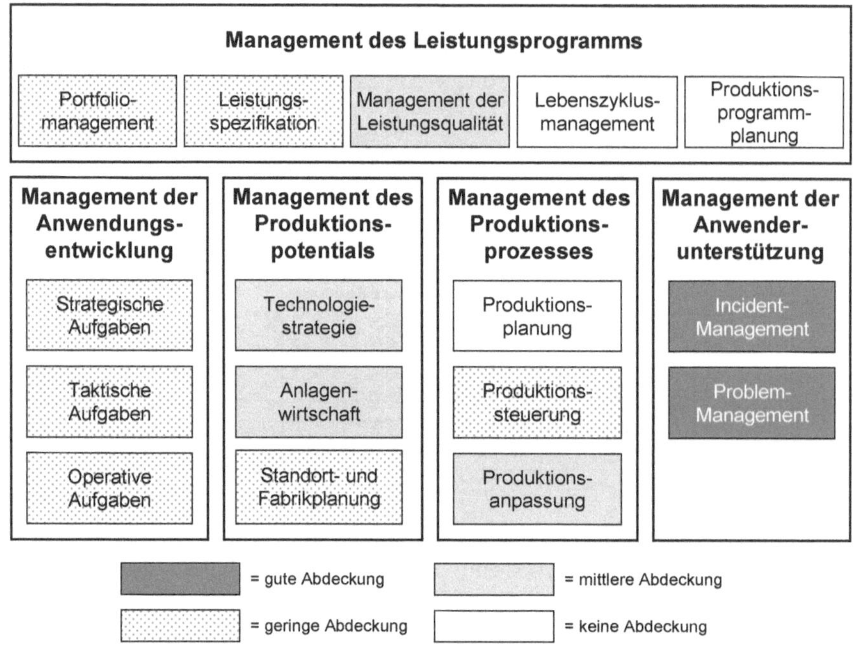

Abb. 66. Abdeckung von Inhalten der IT-Dienstleistungsproduktion in der ITIL

Die inhaltlichen Schwerpunkte der ITIL spiegeln sich auch im praktischen Einsatz wider. Bedeutung in der betrieblichen Praxis kommt der ITIL derzeit fast ausschließlich bei der Gestaltung der Prozesse der Anwenderunterstützung, d. h. bei den Inhalten des ITIL-Moduls „Service Support“, zu. In Einzelfällen erfolgt auch eine Ausrichtung des Service-Level-Managements, d. h. des Managements der Leistungsqualität, gemäß den Inhalten der ITIL. Diese beiden Themenschwerpunkte bilden, auch historisch betrachtet, den inhaltlichen Kern der ITIL. IT-Dienstleister erhalten eine Vielzahl sehr konkreter Hinweise darauf, was bei der Umsetzung der Anwenderunterstützungs- und Service-Level-Management-Prozessen zu berücksichtigen ist. Die anderen ITIL-Module „Application Management", „ICT Infrastructure Management" und „Business Perspective" bieten dahingegen nur einen geringen Mehrwert gegenüber anderen Modellen und Konzepten, da sie vor allem bekanntes Wissen in aufbereiteter Form enthalten. Sie finden in der Praxis kaum Berücksichtigung. Die ITIL sollte aus diesem Grund nicht als umfassendes Modell zur IT-Dienstleistungsproduktion betrachtet werden, sondern als eine Sammlung von Best Practices, die in ausgewählten Teilbereichen, vor allem in der Anwenderunterstützung, wertvolle Hinweise liefern kann.

Zarnekow, Brenner und Pilgram beschreiben darüber hinaus die folgenden Aspekte, die bei der praktischen Nutzung der ITIL zu berücksichtigen sind [Zarnekow/Brenner/Pilgram 2005, 61f]:

- Die ITIL ist kein Prozessmodell, sondern eine Sammlung von Best Practices. Sie bietet keine konsistente Prozessbeschreibung. So fehlen beispielsweise vielfach Input/Output-Beschreibungen, die eine genaue Betrachtung der Beziehungen zwischen den Prozessen und die Ableitung von Workflows ermöglichen würden. Sowohl in Bezug auf die Struktur als auch auf den Detaillierungsgrad existieren zwischen den einzelnen ITIL-Modulen starke Unterschiede. Des Weiteren lassen sich Inkonsistenzen bezüglich der Angabe von Erfolgsfaktoren und Kennzahlen feststellen.
- Die ITIL konzentriert sich auf eine Beschreibung dessen, „was" getan werden sollte, um serviceorientierte Managementprozesse umzusetzen. „Wie" die Umsetzung erfolgen kann, wird kaum betrachtet. Zwischenzeitlich wurde in einem zusätzlichen ITIL-Modul ein Vorgehensmodell zur Implementierung des IT-Service-Managements veröffentlicht. Dieses konzentriert sich aber zum einen stark auf den Service-Support-Bereich und ist zum anderen sehr allgemein gehalten. Unternehmen, die ihre Prozesse auf der Basis der ITIL neu gestalten möchten, erhalten daher kaum konkrete Hinweise darauf, wie die notwendige Umgestaltung der Prozesse und das begleitende Veränderungsmanagement ablaufen sollte. An dieser Stelle können auf der ITIL basierende Prozessmodelle kommerzieller Anbieter, wie z. B. das IBM-IT-Process-Modell, das Microsoft Operations Framework oder das HP-IT-Service-Reference-Modell, wertvolle Hilfestellungen leisten, da diese sich bewusst auf das Vorgehen zur Umsetzung konzentrieren.
- Die ITIL ist ein generisches Modell und enthält keine branchen- oder unternehmensspezifischen Hinweise. Zwar lassen sich die in der ITIL beschriebenen Best Practices aufgrund der generischen Beschreibung an unterschiedlichste Anwendungsbereiche anpassen, allerdings muss diese

Anpassung durch das jeweilige Unternehmen selbst geleistet werden. Branchenspezifische Besonderheiten finden in der ITIL ebenso wenig eine Berücksichtigung wie spezielle Hinweise für kleine, mittlere oder große Unternehmen.

4 Management des Leistungsprogramms

4.1 Einführung

Ein IT-Dienstleister muss Entscheidungen darüber treffen, welche Leistungsarten in welchen Mengen und in welcher zeitlichen Verteilung herzustellen sind [Corsten 1995, 199]. Auf diese Weise werden die einzelnen IT-Leistungen gestaltet und das Produktionsprogramm des IT-Dienstleisters geplant. Es ist in diesem Zusammenhang wichtig, zwischen dem Produktionsprogramm einerseits und dem Absatzprogramm andererseits zu unterscheiden. Das Produktionsprogramm umfasst sämtliche hergestellten IT-Leistungen, d. h. den Output der Produktion. Das Absatzprogramm gibt dahingegen Auskunft darüber, welche IT-Produkte am Markt abgesetzt werden, d. h. wie das Produktprogramm zu gestalten ist. Obwohl beide Programme in enger Wechselwirkung zueinander stehen und aufeinander abgestimmt sein müssen, liegt ihnen eine unterschiedliche Sichtweise zugrunde (siehe Abb. 67).

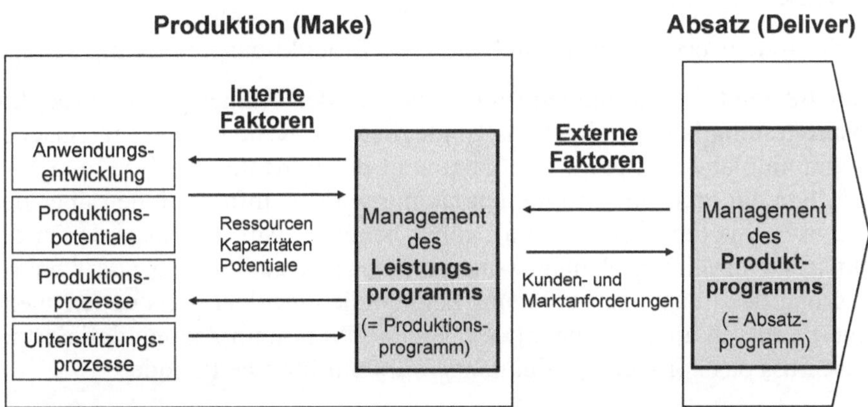

Abb. 67. Zusammenhang von Produktions- und Absatzprogramm

Das Management des Produktprogramms ist Teil der absatzwirtschaftlichen Aufgaben eines IT-Dienstleister. Es ist geprägt von externen Markt- und Kundenanforderungen. Hauptziel ist es, die vom IT-Dienstleister hergestellten IT-Leistungen zu IT-Produkten zu bündeln, die einen Kundennutzen erzielen und sich auf dem Markt absetzen lassen. Dem Management des Leistungsprogramms liegt als produktionswirtschaftliche Aufgabe eine primär interne Sicht zugrunde. So müssen interne Ressourcen, Potentiale und Kapazitäten berücksichtigt werden, da diese das Leistungsprogramm unmittelbar beeinflussen.

Die Unterscheidung eines Leistungs- und Produktprogramms bedeutet nicht, dass beide unabhängig voneinander zu gestalten sind. Vielmehr besteht eine enge Wechselwirkung. Die externen Markt- und Kundenanforderungen an die IT-Produkte sind bei der Gestaltung des Leistungsprogramms zu berücksichtigen. So sollten beispielsweise keine IT-Leistungen hergestellt werden, die für kein Produkt genutzt werden können. Im Produktprogramm wiederum sind die internen Faktoren der Produktion zu berücksichtigen, d. h. die IT-Produkte müssen aus den vorhandenen IT-Leistungen zusammengestellt werden können.

Das Management des Leistungsprogramms umfasst bei einem IT-Dienstleister fünf Kernaufgaben:

- das Portfolio-Management,
- die Leistungsspezifikation,
- das Management der Leistungsqualitätsmerkmale,
- die Lebenszyklusanalyse der Leistungen und
- die strategische, taktische und operative Produktionsprogrammplanung.

Abb. 68 zeigt die Zusammenhänge zwischen den Aufgaben. Die Produktionsprogrammplanung bildet das Bindeglied. Im Rahmen der strategischen Programmplanung kommt als Instrument die Portfolio-Analyse zum Einsatz. Für die taktische Programmplanung werden Informationen über den Lebenszyklus der Leistungen als Input benötigt. Auf der Basis der in der taktischen Programmplanung vorgenommenen Detaillierung und Konkretisierung des Leistungsprogramms können die einzelnen Leistungen spezifiziert und kalkuliert werden. Die operative Programmplanung definiert im Anschluss das konkrete Produktionsprogramm für eine Periode.

4.2 Portfolio-Management

Ziel der Portfolio-Analyse ist es, diejenigen Leistungssegmente eines IT-Dienstleisters zu identifizieren, die die Gestaltung von Produkten mit einem langfristigen Markterfolg ermöglichen. Ein Leistungssegment umfasst dabei Leistungen, die sich gedanklich auf eine allgemeine Grundleistung zurückführen lassen, d. h., es ist qualitativ spezifiziert und beinhaltet keine Mengenangaben [Corsten 1995, 199f]. Beispielhafte Leistungssegmente eines IT-Dienstleisters könnten etwa „internetbasierte Leistungen", „Leistungen zur Unterstützung von Personalprozessen", „Backup-/Recovery-Leistungen" oder „Help-Desk-Leistungen" sein.

Die Leistungssegmente sind unter Berücksichtigung der externen Kunden- und Marktforderungen sowie der internen Potentiale und Ressourcen zu bestimmen. Ausgangspunkt sind die im Rahmen der Absatzstrategie erarbeiteten Kunden- und Marktinformationen, die beispielsweise in Form von Marktanalysen, Produktanalysen oder Bedarfsprognosen vorliegen. Diese werden ergänzt um produktionsinterne Informationen, z. B. hinsichtlich technologischer Innovationen, neuer Entwicklungs- und Produktionsverfahren oder technologischer und organisatorischer Rahmenbedingungen.

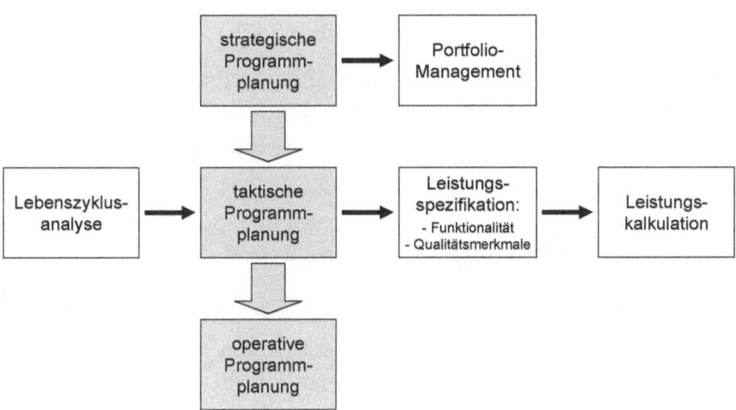

Abb. 68. Zusammenhang der Aufgaben im Rahmen des Managements des Leistungsprogramms

In der Praxis erfolgt die Identifikation und Bewertung von Leistungssegmenten meist unter Einsatz der Portfolio-Analyse. In der Portfolio-Analyse versucht man, die Vorteilhaftigkeit eines Leistungssegments anhand möglichst zweier Entscheidungskriterien zu bestimmen [Schweitzer 1994, 657]. IT-Dienstleister können dabei sowohl etablierte betriebswirtschaftliche Portfolio-Konzepte, wie z. B. das Marktattraktivitäts-Wettbewerbsvorteils-Portfolio [Hinterhuber 1992, 112ff] oder das Technologie-Portfolio [Pfeiffer 1982], einsetzen als auch Konzepte, die speziell für den Bereich der IT entwickelt wurden. Letztere wurden von Brenner untersucht [Brenner 1994b, 158ff]. Er identifizierte die sechs Entscheidungskriterien „strategische Bedeutung", „Wirtschaftlichkeit", „qualitative Vor-/Nachteile", „Informationstechnologie", „Risiko" und „interne Faktoren", die im Rahmen von IT-Portfolio-Konzepten genutzt werden. Existierende IT-Portfolio-Konzepte eignen sich für die Portfolio-Analyse eines IT-Dienstleisters, es sind jedoch zwei Besonderheiten zu berücksichtigen:

- Die IT-Portfolio-Konzepte basieren auf dem klassischen Verständnis eines IT-Dienstleisters innerhalb des Informationsmanagements (siehe Kapitel 2.3), d. h., sie konzentrieren sich auf die Positionierung der Informationsverarbeitung und auf die Identifikation geeigneter Handlungsfelder innerhalb eines Unternehmens. Primäres Ziel ist es, den Bedarf der Leistungsabnehmer mit Hilfe eines Portfolios zu strukturieren, und nicht, das Leistungsangebot eines IT-Dienstleisters aktiv zu gestalten.
- Die Portfolio-Konzepte konzentrieren sich inhaltlich auf die Positionierung und Strukturierung von IT-Projekten und Anwendungsprogrammen. Sie wurden nicht speziell für IT-Leistungen entwickelt.

Trotz dieser Einschränkungen werden im Folgenden drei konkrete IT-Portfolio-Konzepte näher betrachtet, die für den Einsatz innerhalb des Leistungsprogrammmanagements besonders geeignet sind.

4.2.1 „IT Investment Mapping"

Peters schlägt ein Portfolio-Konzept vor, das die Positionierung von IT-Vorhaben entlang der zwei Dimensionen "Investitionen" (engl. investment orientation) und "Nutzen" (engl. benefit) ermöglicht (siehe Abb. 69) [Peters 1993]. Er unterscheidet jeweils drei Investitions- und Nutzenkategorien. Investitionen in IT können unterteilt werden in Infrastruktur-Investitionen (z. B. Telekommunikation, Software/Hardware), in Geschäftsprozess-Investitionen (z. B. Finanz-, Personal-, Einkaufsprozesse) oder in Markt-Investitionen (z. B. Verbesserung der Vertriebskanäle, Erhöhung der Wiederverkaufsrate). Der Nutzen von IT-Investitionen bildet die zweite Kategorie des Portfolios. Peters unterscheidet drei Nutzenkategorien: die Verbesserung der Produktivität, die Minimierung von Risiken und die geschäftliche Expansion.

Beide Dimensionen des Portfolios lassen sich für IT-Dienstleister sinnvoll nutzen. Die Investitionskategorien lehnen sich an die Produktkategorien eines IT-Dienstleisters an (siehe Kapitel 2.5.2). Die Nutzenkategorien spiegeln sich wiederum in den strategischen Zielsetzungen eines IT-Dienstleisters wider (siehe Kapitel 2.4.4). Aus diesen Gründen eignet sich das Portfolio für die strategische Programmplanung. Es ermöglicht einem

IT-Dienstleister, seine Leistungsfelder, entsprechend den Zielsetzungen seiner Kunden, in Leistungsfelder mit Kostenfokus und Leistungsfelder mit Geschäftsfokus zu strukturieren.

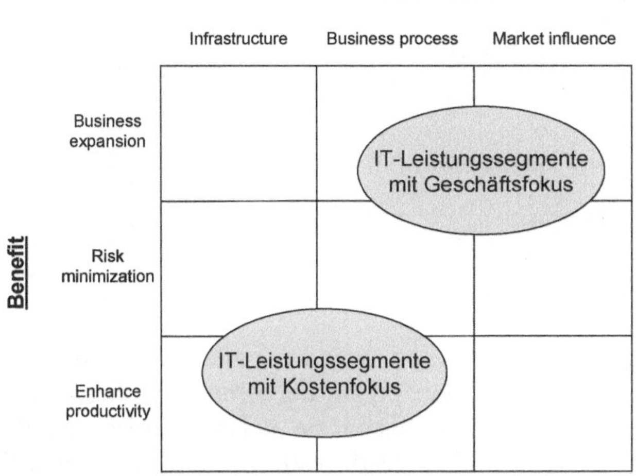

Abb. 69. IT Investment Mapping (in Anlehnung an [Peters 1993, 99ff; Willcocks 2003, 244f])

4.2.2 „Information Technology Portfolio"

Auch Weill und Broadbent basieren ihr Portfolio-Konzept auf den Gründen für Investitionen in IT in einem Unternehmen [Weill/Broadbent 1998]. Sie identifizieren vier unterschiedliche Zielsetzungen, die mit Investitionen in IT verbunden sind, und nutzen diese zur Gestaltung der Kategorien ihres Portfolios (siehe Abb. 70):

- *Infrastruktur-Investitionen* erfolgen unter der Zielsetzung, die Potentiale der IT im Unternehmen nutzbar zu machen,
- *Transaktions-Investitionen* erfolgen unter der Zielsetzung, die Kosten durch eine Verbesserung der Geschäftsprozesse zu verringern,
- *Informations-Investitionen* erfolgen unter der Zielsetzung, die Informationsqualität zu verbessern (z. B. für ein verbessertes Controlling), und
- *strategische Investitionen* erfolgen unter der Zielsetzung, Wettbewerbsvorteile oder Innovationen zu erzielen.

• Increased control
• Better information
• Better integration
• Improved quality
Informational
Strategic
• Increased sales
• Competitive advantage
• Competitive necessity
• Market positioning
• Cut costs
• Increase throughput
Transactional
Infrastructure
• Business integration
• Business flexibility
• Reduced marginal costs of BU's IT
• Reduced IT costs
• Standardization

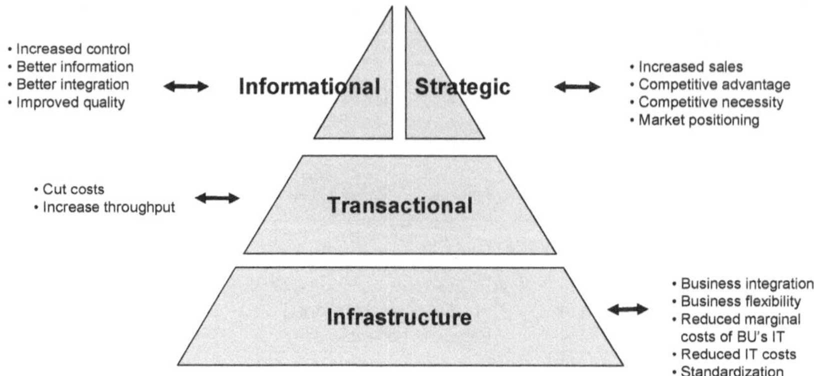

Abb. 70. Information Technology Portfolio [Weill/Broadbent 1998, 26]

Interessant aus Sicht eines IT-Dienstleisters sind vor allem die empirischen Untersuchungen, die Weill und Broadband auf der Grundlage ihres Portfoliokonzeptes durchgeführt haben. So haben sie beispielsweise ermittelt, wie verschiedene Branchen ihre IT-Investitionen auf die vier Portfolio-Kategorien aufteilen und wie sich Unternehmensstrategien auf die Verteilung der IT-Investitionen auswirken (siehe Abb. 71).

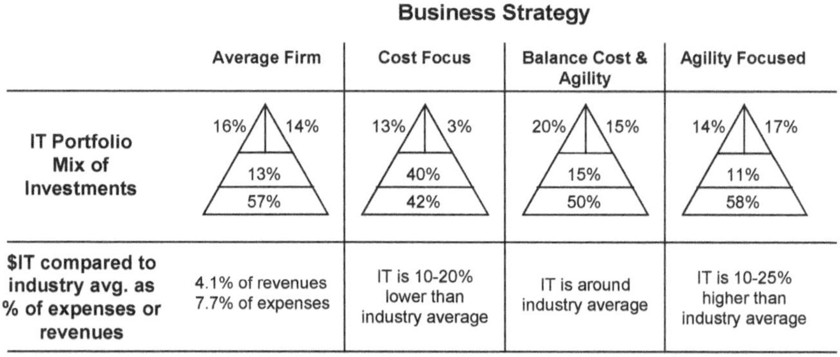

Business Strategy
Average Firm
Cost Focus
Balance Cost & Agility
Agility Focused
IT Portfolio Mix of Investments
16% 14% 13% 57%
13% 3% 40% 42%
20% 15% 15% 50%
14% 17% 11% 58%
$IT compared to industry avg. as % of expenses or revenues
4.1% of revenues 7.7% of expenses
IT is 10-20% lower than industry average
IT is around industry average
IT is 10-25% higher than industry average

Abb. 71. Zusammenhang von Geschäftsstrategie und IT-Investitions-Portfolio [Weill/Broadbent 1998]

Ein IT-Dienstleister kann diese Erkenntnisse nutzen, um seine Leistungssegmente an die Bedarfe der Kunden anzupassen. Verfolgen seine Kunden beispielsweise eine Strategie der Kostenreduzierung, so empfehlen Weill und Broadbent, Leistungssegmente vor allem in den Bereichen „Transactional“ und „Infrastructure“ zu positionieren.

4.2.3 „Composite Matrix“

Ward und Peppard haben unterschiedliche IT-Portfolio-Konzepte in einer „Composite Matrix“ integriert (siehe Abb. 72) [Ward/Peppard 2002]. Auf der horizontalen Achse des Portfolios ist der Grad der Abhängigkeit des Geschäfts von der IT, d. h. die Bedeutung der IT für das Unternehmen, abgebildet. Vertikal wird der potentielle zukünftige Beitrag der IT zum Geschäftserfolg beurteilt. Die „Composite Matrix“ lehnt sich stark an die Arbeiten von McFarlan und das von ihm entwickelte „Strategic Grid“ an [McFarlan 1984]. Obwohl die „Composite Matrix“ ursprünglich für die Positionierung von Anwendungsprogrammen entwickelt wurde, eignet sie sich auch dazu, die Leistungssegmente eines IT-Dienstleisters zu strukturieren. Interessant sind dabei insbesondere die Normstrategien, die Ward und Peppard für die vier Kategorien des Portfolios ableiten. Auf diese wird in Kapitel 4.8 näher eingegangen.

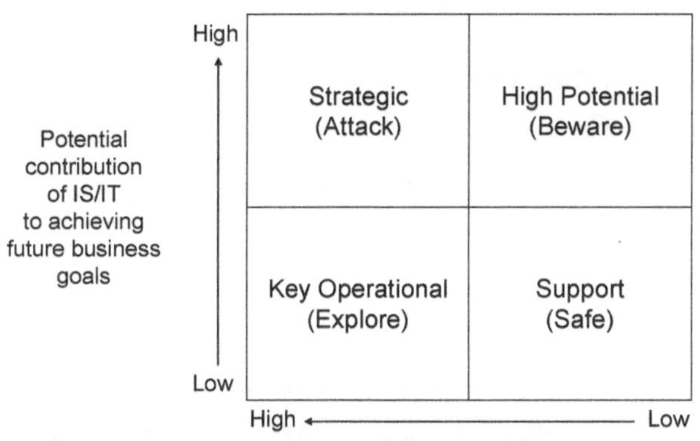

Abb. 72. Composite Matrix [Ward/Peppard 2002, 301]

4.3 Leistungsspezifikation

Die Leistungsspezifikation, die in der Literatur auch als Leistungsgestaltung bezeichnet wird, ist ein Teilgebiet der Leistungspolitik eines IT-Dienstleisters und umfasst sämtliche Aufgaben, die sich auf die Beschaffenheit der Leistungen beziehen, d. h. die die Eigenschaften der Leistungen festlegen [Corsten 1995, 147]. Im Gegensatz zur Portfolio-Analyse, die nur Leistungssegmente betrachtet, konzentriert sich die Leistungsspezifikation auf die einzelnen IT-Leistungen. Die zwei wichtigsten Eigenschaften einer IT-Leistung sind dabei

- die Funktionalität, d. h. die Funktionen, die eine Leistung erbringt, und
- die Qualitätsmerkmale der Leistung.

Die Leistungsspezifikation erfolgt auf der Grundlage einer Produktspezifikation (siehe Abb. 73).

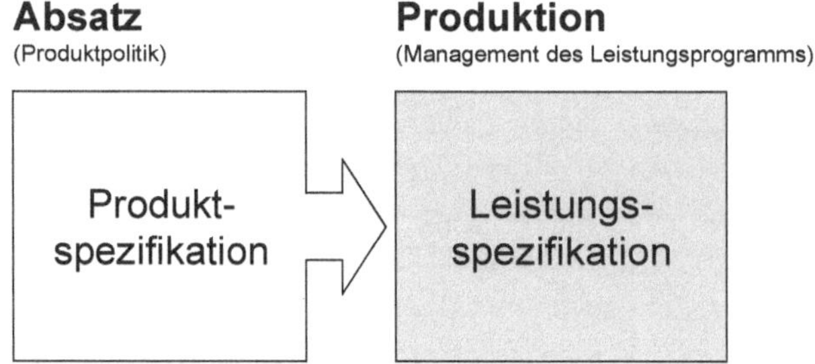

Abb. 73. Produkt- und Leistungsspezifikation

Die Produktspezifikation ist eine Aufgabe im Rahmen der Absatzwirtschaft und legt die Funktionalität und Qualitätsmerkmale eines IT-Produkts fest. Eine saubere Trennung von Leistungs- und Produktspezifikation ist dabei von großer Bedeutung, da sich die geschäftsorientierten Funktionalitäten und Qualitätsmerkmale eines Produkts von den technischen Funktionalitäten und Qualitätsmerkmalen einer Leistung unterscheiden. Abb. 74 zeigt für das Beispielprodukt „Schadensabwicklung Kfz-Versicherung“ die Funktionalität und die Qualitätsmerkmale der Funktion „Schadensfall erfassen“.

	IT-Produkt
Bezeichnung	Schadensabwicklung Kfz-Versicherung
Funktionalität	- Schadensfall erfassen - Berechtigung prüfen - Gutachter beauftragen - Kunden informieren - Werkstattrechnung erfassen - Hilfestellung und Beratung - ...
Qualitäts-merkmale	*Für Funktion "Schadensfall erfassen":* - Schadenserfassung in max. 3 Minuten - Korrekte Schadenserfassung in 99,99% aller Fälle - Kosten von 2 Euro pro Schadenserfassung - Anwenderzufriedenheit von mindestens 85% - Verfügbarkeit der Funktion von 99,6%
Menge (pro Monat)	25.000 Schadensfälle

Abb. 74. Beispielhafte Funktionalität und Qualitätsmerkmale eines IT-Produkts

Für die Herstellung des IT-Produkts sind eine Reihe von IT-Leistungen erforderlich. Abb. 75 zeigt beispielhaft für eine transaktionsorientierte Leistung, eine anwendungsprogrammorientierte Leistung und zwei Basisleistungen die Leistungsfunktionalität und die Leistungsqualitätsmerkmale. Die Leistungsspezifikation konzentriert sich bewusst auf die technischen Funktionen und Qualitätsmerkmale der Leistungen. Sie dient als Grundlage für die Erteilung von Entwicklungs- und Produktionsaufträgen, innerhalb deren dann eine Detailspezifikation erfolgt.

Die Ergebnisse der Leistungsspezifikation werden typischerweise in zwei Dokumenten festgehalten:

- Die funktionale Spezifikation mündet in ein Lastenheft.
- Die Qualitätsmerkmale werden in einem Service-Level-Agreement zusammengefasst.

Da dem Management der Service-Level-Agreements eine zentrale Bedeutung in der IT-Dienstleistungsproduktion zukommt, wird darauf in Kapitel 4.5 gesondert eingegangen.

	Transaktionsorientierte IT-Leistung	Anwendungsprogramm-orientierte IT-Leistung	IT-Basisleistung	IT-Basisleistung
Bezeichnung	Abwicklung der Transaktion "Schadensfall anlegen"	Betrieb des Anwendungsprogramms "Schadensabwicklung"	Bereitstellung von Rechenleistung	Unterstützungsleistung
Funktionalität	- Anlegen Datensatz - Speicherung der Daten: - Vorgangsnummer - Kundenstammdaten - Schadensbeschreibung - ...	- Entwicklung - Test/Integration - Installation/Roll-out - Wartung - ...	- Rechenkapazität beschaffen - Rechenkapazität bereitstellen - Netzwerkanbindung herstellen - Systemsoftware installieren - ...	- Help-Desk betreiben - Zugang via Telefon, E-Mail - ...
Qualitätsmerkmale	- Transaktionsdauer max. 0,2 Sek. - Erfolgreiche Transaktionsausführung: 99,99% - Kosten von 0,05 Euro pro Transaktion	- Entwicklungszeit max. 6 Mon. - Verfügbarkeit der Anwendung 99,6% - Betriebszeit 06:00-20:00 Uhr - Max. 2 Ausfälle pro Jahr - Modularität, Flexibilität, Wiederverwendbarkeit	- Verfügbarkeit Server 99.8% - Zuverlässigkeit: max. 2 Ausfälle pro Jahr - Betriebszeit 7x24 Stunden - Kosten max. xxx Euro/MIPS	- Max. Reaktionszeit 10 Min. - Max. Störungsbehebungszeit 4 Std. - Kosten max. 2,5 Euro pro Anfrage - ...
Menge (pro Monat)	35.000 Transaktionen	1 Anwendung	32 MIPS	2500 Anfragen

Abb. 75. Beispielhafte Funktionalität und Qualitätsmerkmale von IT-Leistungen

Das Lastenheft enthält eine Zusammenfassung aller externen und internen fachlichen Basisanforderungen, die die herzustellende Leistung aus Sicht der Auftraggeber erfüllen muss [Balzert 2000, 63]. Die Detailspezifikation erfolgt im Anschluss auf der Grundlage des Lastenheftes in Form eines Pflichtenheftes. Eine besondere Bedeutung kommt der Leistungsspezifikation bei der Entwicklung von Anwendungsprogrammen zu. Sie wird in der Praxis meist zusammen von Vertretern der Kunden, den Produktmanagern des IT-Dienstleisters und Experten aus den Bereichen Anwendungsentwicklung und Betrieb entwickelt (siehe Abb. 76). Ein Lastenheft für Anwendungsprogramme sollte dabei die folgende Struktur aufweisen [Balzert 2000, 62f]:

- *Ziele*, die mit dem Anwendungsprogramm erreicht werden sollen,
- *Leistungseinsatz* (z. B. Anwendungsbereiche, Anwendergruppen),
- *Leistungsübersicht* (z. B. Geschäftsprozessdiagramm, Umweltdiagramm),
- *Leistungsfunktionen* (Hauptfunktionen aus Auftraggebersicht in Form typischer Arbeitsabläufe),
- *Leistungsdaten* (langfristig zu speichernde Daten und Datenmengen aus Anwendersicht),

- *Qualitätsanforderungen* (z. B. Zuverlässigkeit, Anwenderfreundlichkeit, Zeit, Genauigkeit).

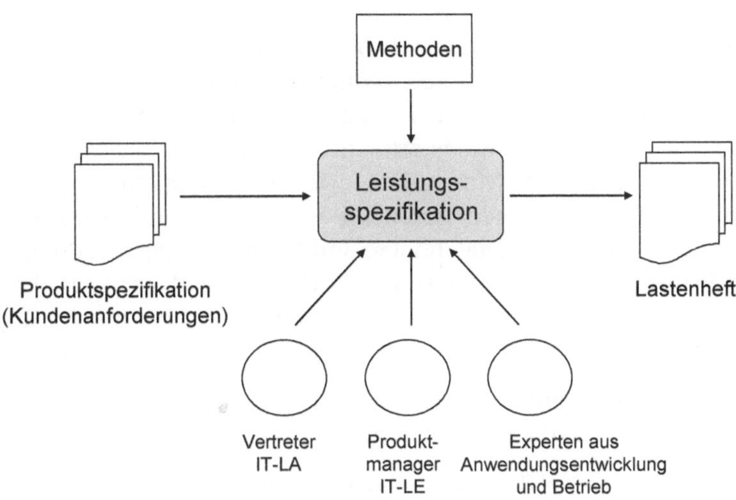

Abb. 76. Prozess der Leistungsspezifikation (in Anlehnung an [Balzert 2000, 60])

Ein in der Industrie weit verbreitetes Instrument zur funktionalen Leistungsspezifikation ist die Wertanalyse. Ursprünglich als Methode zur Senkung von Materialkosten von Produkten mit vorgegebenen Eigenschaften entwickelt, wurde die Wertanalyse kontinuierlich zu einem Konzept ausgebaut, mit Hilfe dessen eine maximale Kosten/Nutzen-Relation bei der Produkt- und Leistungsspezifikation erzielt werden kann [Corsten 1995, 151]. Ein konkretes Beispiel einer Wertanalyse von IT-Leistungen wird im folgenden Exkurs beschrieben.

4.4 Exkurs: Wertanalyse von IT-Leistungen

Die Wertanalyse findet in der produzierenden Industrie, aber auch in Dienstleistungsunternehmen als universelle Vorgehensweise zur Lösung komplexer Probleme heute allgemeine Anerkennung [Zentrum Wertanalyse 1995, 9]. Sie wird gar als Grundlage der Rationalisierung und als eine der bedeutendsten Methoden der Kostensenkung in den letzten 25 Jahren angesehen. Das folgende Beispiel zeigt, wie die Wertanalyse im Rahmen der IT-Leistungsspezifikation eingesetzt werden kann und welche Potentiale sich durch ihren Einsatz für einen IT-Dienstleister ergeben. Zunächst werden dazu einige Grundsätze und Grundbegriffe der Wertanalyse erläutert.

Gemäß ihrem Begründer Larry Miles ist die Wertanalyse eine methodische Vorgehensweise, die Funktionen eines Produkts zu den niedrigsten Kosten zu erstellen, ohne dass die geforderte Qualität, Zuverlässigkeit und Marktfähigkeit des Produkts negativ beeinflusst werden [Miles 1972]. Als Chefeinkäufer von General Electrics erkannte Miles bereits 1947, dass bei der Suche nach alternativen Materialien oder Verfahren zur Erstellung eines Produkts häufig Lösungen gefunden wurden, die mit niedrigeren Kosten eine identische oder sogar höhere Funktionalität des Produkts ermöglichten. Darüber hinaus stellte er fest, dass ein nicht geringer Anteil der Produktionskosten für die Erbringung von Produktfunktionen aufgewendet wird, die keinen oder nur einen geringen Kundennutzen haben.

Vor diesem Hintergrund entwickelte Miles unter dem Begriff der Wertanalyse ein systematisches Vorgehen mit dem Ziel,

- die *Funktionen* eines Produkts oder einer Dienstleistung zu identifizieren,
- den Funktionen einen monetären *Wert* zuzuordnen und
- die Funktionen mit der erforderlichen Qualität zu den niedrigsten *Gesamtkosten* herzustellen.

Zwei Grundsätze prägen die Wertanalyse: das Denken in Funktionen anstelle von Produkten und das Denken in Werten anstelle von Kosten. Die Funktionen eines Produkts sind dessen Charakteristika, damit es funktioniert und man es verkaufen kann. Typische Charakteristika eines Produkts können z. B. Funktionen, Elemente, Konditionen, Bestandteile oder Besonderheiten sein. Sie ergeben sich aus der Frage: „Was tut das Produkt?" Eine Funktion einer Uhr ist beispielsweise „Zeit anzeigen", eine Funktion eines Fahrzeugs „Personen von einem Ort zum anderen zu transportieren". Auch das Aussehen eines Produkts, z. B. das sportliche Aussehen eines Fahrzeugs, ist eine Funktion. Es existieren unterschiedliche Typen von Funktionen. Von praktischer Bedeutung ist insbesondere die Unterscheidung von Hauptfunktionen, Nebenfunktionen und unnötigen Funktionen. Der jeweilige Funktionstyp lässt sich mit Hilfe einfacher Fragen ermitteln (siehe Abb. 77). Das Denken in Funktionen erzwingt es, die Charakteristika eines Produkts outputorientiert, und damit kundenorientiert, zu analysieren und zu beschreiben. Nicht die technischen Merkmale wie z. B. die Anwendungssysteme, Serverplattformen, Netzwerke oder Architekturen, die zur Erbringung einer IT-Leistung erforderlich sind, bilden den Mittelpunkt der Produktdefinition, sondern die vom Kunden wahrgenommenen Funktionen des Produkts. Auch die Kosten eines Produkts werden im Rahmen der Wertanalyse ausschließlich seinen Funktionen zugeordnet und nicht etwa technischen Produktkomponenten.

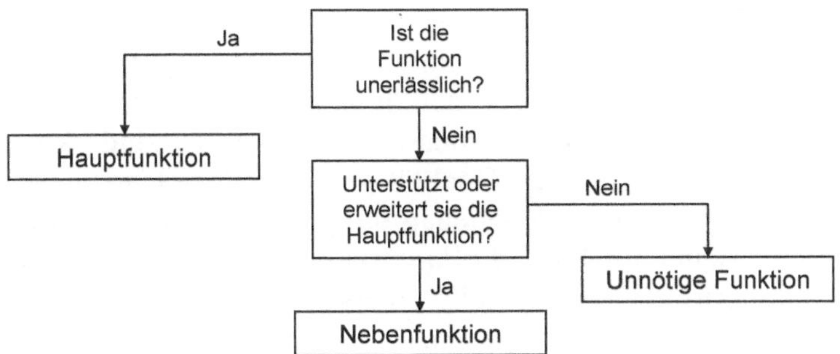

Abb. 77. Ermittlung des Funktionstyps

Neben dem Denken in Funktionen spielt das Denken in Werten in der Wertanalyse eine zentrale Rolle. Der Wertanalyse liegt dabei ein kostenorientierter Wertbegriff zugrunde. Der Wert eines Produkts entspricht den niedrigsten Kosten, die aufgewendet werden müssen, damit das Produkt die festgelegten Funktionen zuverlässig erbringt. Eine Konsequenz dieser Denkweise ist, dass nicht zwangsläufig das billigste oder teuerste Produkt den höchsten Wert besitzt. So hat beispielsweise nicht der billigste oder teuerste Drucker den höchsten Wert, sondern vielmehr derjenige Drucker, der die geforderte Funktion, z. B. „Präsentationen drucken", in der geforderten Qualität, z. B. „Farbdruck in einer Geschwindigkeit von 4 Seiten/Minute", zu den niedrigsten Kosten pro Seite erbringt. Darüber hinaus konzentriert sich die Wertanalyse auf die Schlüsselfrage, welcher Teil der Gesamtkosten eines Produkts eigentlich dessen Wert erzeugt. Alle Ausgaben, die nicht zum Wert beitragen, stellen unnötige Kosten dar und sind zu eliminieren. Dies gilt insbesondere für Kosten, die zur Erbringung unnötiger Funktionen aufgewendet werden.

Das Wert- und Funktionsdenken unterscheidet die Wertanalyse von reinen Rationalisierungsmaßnahmen, die sich vor allem auf Produkt- und Kostenaspekte konzentrieren. Stellt ein IT-Dienstleister beispielsweise fest, dass sein Produkt „Desktop Service" zu teuer ist, so werden im Rahmen von Rationalisierungsmaßnahmen typischerweise Fragen gestellt wie „Können die Kosten des Produkts gesenkt werden?", „Kann das Produkt billiger gestaltet werden“ oder „Können Einzelteile des Produkts günstiger produziert oder eingekauft werden?“ [Hoffmann 1994]. Im Rahmen einer Wertanalyse würde dahingegen gefragt: „Was sind die vom Kunden geforderten Funktionen des Produkts?“, „Auf welche Funktionen kann gegebenenfalls verzichtet werden und welche neuen Funktionen werden benötigt?“, „Welchen monetären Wert besitzen die Funktionen?“ und „Welche Produktionskosten tragen zum Wert des Produkts bei?“ Ist eine Funktion eines IT-Produkts „Desktop Service“ beispielsweise „E-Mail verschlüsseln“, so stellt sich im Rahmen der Wertanalyse die Frage, welchen Wert diese Funktion besitzt. Der Wert entspricht den minimalen Kosten, die zur Erbringung der Funktion „E-Mail verschlüsseln“ erforderlich sind, wobei durchaus zwischen unterschiedlichen Qualitätsgraden unterschieden werden kann. So können etwa, je nach Kundenanforderung, die Kosten für die Versendung verschlüsselter E-Mails, die langfristige Speicherung von E-Mails oder die Virenprüfung von E-Mails unterschiedlich hoch sein und somit einen unterschiedlichen Wert ergeben.

Eine Wertanalyse wird in Form eines Projekts durchgeführt. Die Vorgehensmethodik ist streng systematisch und in mehrere Phasen unterteilt (siehe Abb. 78). In der Informationsphase werden alle verfügbaren Informationen zum betrachteten Produkt gesammelt. Diese können aus unterschiedlichen Unternehmensbereichen, z. B. Marketing, Produktion, Entwicklung, Einkauf oder Finanzen, stammen. Insbesondere für bereits existierende Produkte, die im Rahmen einer Wertanalyse verbessert werden sollen, existiert in der Regel eine Vielzahl unterschiedlicher Informationen. Auf der Grundlage der gesammelten Informationen wird eine Ist-Analyse durchgeführt, in deren Mittelpunkt zwei Fragen stehen:

- *Was tut das Produkt*, d. h. welche Funktionen erbringt es?
- *Was kosten die Funktionen*?

Zur Beantwortung beider Fragen stellt die Wertanalyse konkrete Instrumente bereit, z. B. Funktionsstammbäume und Funktionskosten-Matrizen.

Im Anschluss an die Ist-Analyse erfolgt eine Prüfung und Bewertung der Ist-Situation. So wird beispielsweise hinterfragt, ob alle derzeit erbrachten Funktionen des Produkts sinnvoll sind oder ob man Funktionen eliminieren kann. Auf diese Weise entsteht eine Soll-Funktionalität. Gleiches gilt für die Funktionskosten, die ebenfalls zu analysieren sind. Hierbei gilt es vor allem, die zentralen Kostentreiber, d. h. diejenigen Funktionen, die die meisten Kosten verursachen, zu ermitteln, da diese meist einen guten Ansatzpunkt für die weiteren Arbeiten bieten.

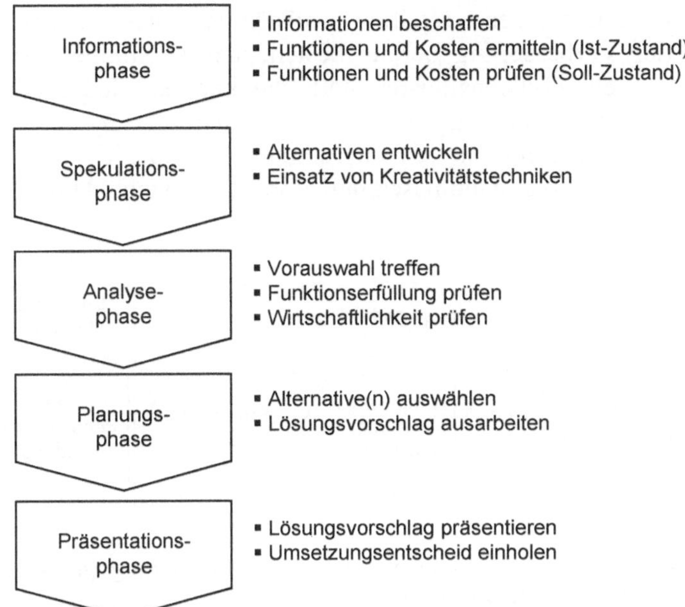

Abb. 78. Vorgehenssystematik und Phasen der Wertanalyse

Die zweite Phase der Wertanalyse ist die Spekulationsphase. Ihr primäres Ziel ist es, eine möglichst große Zahl von Alternativen zu entwickeln, mit Hilfe deren bestimmte Produktfunktionen mit der geforderten Zuverlässigkeit erbracht werden können. Alternativen können sich z. B. durch den Einsatz anderer Technologien, Strukturen, Komponenten oder Produktionsverfahren ergeben. Zur Alternativenentwicklung schlägt die Wertanalyse verschiedene Kreativitätstechniken vor, z. B. Brainstorming, Synektik oder die morphologische Analyse.

Die Alternativen werden in der Analysephase beurteilt und bewertet. Meist wird zu Beginn der Analysephase eine Vorauswahl getroffen, um eine handhabbare Zahl von Alternativen zu erhalten. Diese werden dann entsprechend verfeinert. Insbesondere werden der Grad der Funktionserfüllung und die Wirtschaftlichkeit untersucht.

In der Planungsphase wird die ausgewählte Alternative zu einem konkreten Lösungsvorschlag ausgearbeitet. Dieser wird im Anschluss in der Präsentationsphase einem Entscheidungsgremium präsentiert, mit dem Ziel, eine Genehmigung zur Umsetzung zu erhalten.

Die Wertanalyse lässt sich aufgrund ihrer besonderen Eignung zur Lösung interdisziplinärer und komplexer Problemstellungen im Rahmen der IT-Leistungsspezifikation vor allem für die Anforderungsanalyse einsetzen.

Sie kann sowohl bei der Gestaltung vollständig neuer IT-Leistungen als auch bei der Verbesserung bereits bestehender Leistungen Anwendung finden. Für viele IT-Dienstleister stellt die kunden- und marktgerechte Spezifikation ihrer Leistungen eine große Herausforderung dar. In der Praxis besteht an mehreren Stellen im Rahmen des Spezifikationsprozesses die Gefahr von Missverständnissen und Konflikten (siehe Abb. 79).

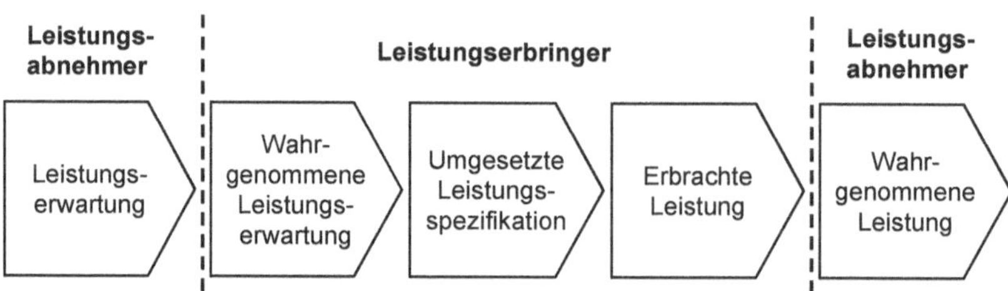

Abb. 79. Schnittstellen im Rahmen der Leistungserbringung (in Anlehnung an [Zeithaml/Berry/Parasuraman 1988])

Die tatsächlichen Erwartungen eines Leistungsabnehmers an eine Leistung können von den durch den Leistungserbringer wahrgenommenen Erwartungen abweichen, z. B. weil der Leistungsabnehmer ein geschäftlich orientiertes Verständnis und der Leistungserbringer ein technisch orientiertes Verständnis der Leistung haben. Die tatsächlich umgesetzten Leistungen können dann wiederum von den wahrgenommenen Leistungserwartungen abweichen, z. B. aufgrund interner Kommunikationsprobleme zwischen Vertriebs- und Entwicklungsbereichen des Leistungserbringers. Auch die spezifizierte Leistung und die tatsächlich erbrachte Leistung sind nicht immer deckungsgleich, etwa weil im Rahmen der Leistungsentwicklung oder Leistungsproduktion Änderungen vorgenommen wurden oder Probleme auftraten. Und schließlich kann es zwischen der vom Leistungsabnehmer wahrgenommenen Leistung und der tatsächlich erbrachten Leistung zu Unterschieden kommen, etwa weil ein Teil der erbrachten Leistungen für den Leistungsabnehmer nicht transparent ist.

Die Wertanalyse kann dieses Spannungsfeld in zweierlei Hinsicht entkräften: Sie kann zum einen dazu beitragen, dass die Leistungsspezifikation besser den tatsächlichen Anforderungen des Leistungsabnehmers entspricht. Und sie ermöglicht es zum anderen dem Leistungserbringer, die vom Leistungsabnehmer erwarteten Leistungen zu möglichst niedrigen Kosten zu erbringen.

Wertanalyse für eine IT-Leistung „E-Mail-Service":

Das folgende Beispiel zeigt den Prozess und die Ergebnisse einer Wertanalyse für eine IT-Leistung" E-Mail-Service". Die im Beispiel genannten Zahlen sind fiktiv gewählt. Den Ausgangspunkt bildet die folgende Situation: Ein interner IT-Dienstleister stellt den Geschäftsbereichen eines Unternehmens seit mehreren Jahren einen E-Mail-Service zur Verfügung. Für einen monatlichen Pauschalbetrag erhält jeder Anwender einen E-Mail-Account, über den er E-Mails senden, empfangen und verwalten kann. Der Service beinhaltet eine Reihe von Zusatzdienstleistungen, z. B. den mobilen Zugriff über eine Web-Oberfläche, einen Spam-Filter und eine langfristige Speicherung aller E-Mails für einen Zeitraum von zehn Jahren. In jüngster Vergangenheit sieht sich der IT-Dienstleister im Leistungssegment „E-Mail" einem verstärkten Wettbewerb ausgesetzt. Konkurrierende Dienstleister kommen mit immer attraktiveren Leistungsangeboten auf den Markt. Erste Geschäftsbereiche haben bereits derartige Angebote evaluiert und drängen auf verbesserte Konditionen. Der IT-Dienstleister entschließt sich aus diesem Grund, seine Leistung „E-Mail-Service" einer Wertanalyse zu unterziehen. Das Projektteam erhält die folgenden Zielvorgaben:

- Senkung der Herstellkosten um 30 %,
- Standardisierung der technischen E-Mail-Infrastruktur,
- Verbesserung der Sicherheit.

Die Wertanalyse erfolgte entlang der im vorigen Abschnitt beschriebenen Vorgehenssystematik und Projektphasen.

Phase 1: Informationsphase

In einem ersten Schritt gilt es, alle verfügbaren Informationen über den derzeitigen „E-Mail-Service" zu sammeln. Hierzu zählen sowohl technische Dokumente, z. B. Fachkonzepte, Pflichtenhefte, Systembeschreibungen, Architekturen oder Serverplattformen, als auch Mengengerüste, z. B. die derzeitige Anzahl an E-Mail-Accounts, Speichervolumina, Übertragungsvolumina oder die Anzahl gesendeter und empfangener E-Mails.

Auf der Grundlage der gesammelten Informationen wird die Ist-Analyse durchgeführt. Deren ersten Schritt bildet eine Funktionsanalyse und Funktionsgliederung des derzeitigen Leistungsangebots. Abb. 80 zeigt in der linken Hälfte die identifizierten Haupt- und Nebenfunktionen der Leistung. Komplexe Nebenfunktionen können grundsätzlich erneut untergliedert werden, worauf an dieser Stelle jedoch verzichtet wird. Um die Funktionen erbringen zu können, ist eine Produktionsinfrastruktur erforderlich. Diese besteht für den „E-Mail-Service“ aus den Komponenten Client (vor allem E-Mail-Client-Software), Server (E-Mail-Server-Software und Hardware), Speicher (zentrale Speichersysteme), Netzwerk (LAN und WAN), Drucker und Unterstützung (Anwenderunterstützung, Administration). Die Komponenten lassen sich, wie in der Abb. 80 dargestellt, den einzelnen Nebenfunktionen zuordnen.

Auf der Grundlage des Funktionsstammbaums lässt sich der zweite Schritt der Ist-Analyse, die Funktionskostenermittlung, durchführen. Zunächst werden die jährlichen Kosten für die einzelnen Komponenten der Produktionsinfrastruktur ermittelt. Diese bestehen zum einen aus den eigentlichen Materialkosten, z. B. Hardwarekosten oder Softwarelizenzen, und zum anderen aus Personalkosten, z. B. für die Wartung, Administration oder die Anwenderunterstützung. Um eine stückorientierte Kostengröße zu erhalten, werden die jährlichen Gesamtkosten je Komponente durch die Anzahl E-Mail-Accounts geteilt, sodass sich die Stückkosten je Account ergeben. Für die Wertanalyse müssen die Komponentenstückkosten auf die Produktfunktionen umgelegt werden. Da der IT-Dienstleister nicht über funktionsbezogene Kosteninformationen verfügt, erfolgt die Umlegung auf die Funktionen nach einem geschätzten Verteilungsschlüssel. Als Hilfsmittel diente eine Funktionskostenmatrix, wie sie in Abb. 81 auszugsweise dargestellt ist. Horizontal sind die Komponenten der Infrastruktur sowie die jährlichen Stückkosten pro Komponente und E-Mail-Account dargestellt. So verursacht beispielsweise die Bereitstellung, Nutzung und Administration der E-Mail-Server (inkl. Software) jährliche Kosten in Höhe von 178 Euro pro E-Mail-Account. Diese Kosten werden im Anschluss nach einem vorab definierten Verteilungsschlüssel auf die einzelnen Nebenfunktionen verteilt. Als Ergebnis lassen sich die jährlichen Kosten pro Funktion ermitteln. So verursacht die Funktion „E-Mail zustellen“ im genannten Beispiel Kosten in Höhe von 50 Euro pro Jahr.

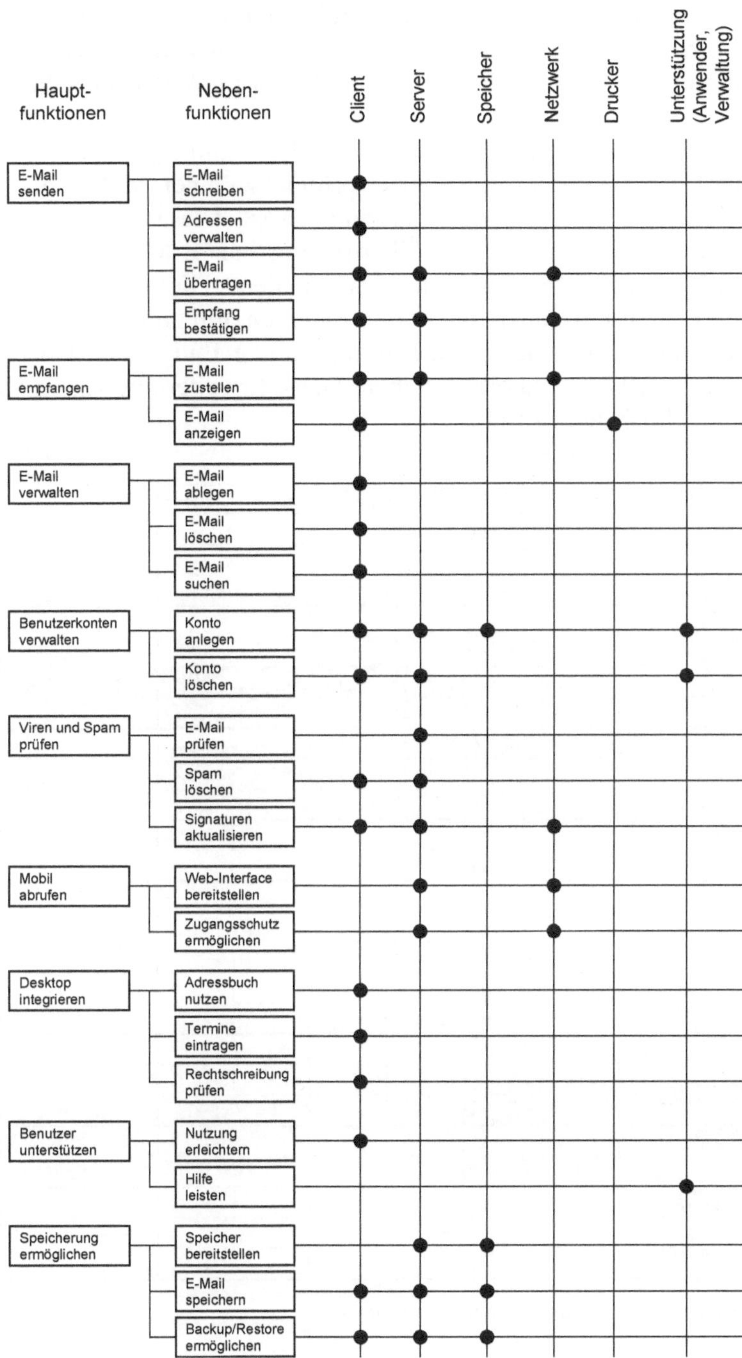

Abb. 80. Funktionsstammbaum und Produktionskomponenten im Ist-Zustand

Den letzten Schritt der Informationsphase bildeten die Prüfung und Bewertung der Ist-Situation. Diese erfolgte in erster Linie hinsichtlich der Funktionserfüllung und der Kosten. Eine Prüfung der Ist-Funktionen ergibt beispielsweise, dass die Hauptfunktion „Desktop integrieren“ von den Anwendern kaum in Anspruch genommen wurde. Dahingegen wird gefordert, dass die Hauptfunktion „Viren/Spam prüfen“ zu einer umfassenderen Funktion „Sicherheit gewährleisten“ auszubauen ist. Diese soll vor allem auch Nebenfunktionen zur sicheren Übertragung von E-Mails, wie z. B. eine Verschlüsselung oder Signatur, bereitstellen. Die Hauptfunktion „Mobil abrufen“ muss mittelfristig erweitert werden, um neben dem Abruf über die Web-Schnittstelle auch den Einsatz mobiler Endgeräte, wie z. B. PDAs oder Mobiltelefone, zu ermöglichen. Diese Erweiterung besitzt aber derzeit nicht die höchste Priorität.

		Komponenten (jährliche Kosten pro E-Mail-Account)						Summe Funktionskosten/Jahr
		Client	Server	Speicher	Netzwerk	Drucker	Support	
			178 €					
E-Mail senden	E-Mail schreiben							
	Adressen verwalten							
	E-Mail übertragen		27 €					
	Empfang bestätigen		4 €					
E-Mail empfangen	E-Mail zustellen	6 €	32 €		12 €			50 €
	E-Mail anzeigen							
E-Mail verwalten	E-Mail ablegen							
	E-Mail löschen							
	E-Mail suchen							
Benutzerkonten verwalten	Konto anlegen		17 €					
	Konto löschen		4 €					
Viren/Spam prüfen	E-Mail prüfen		15 €					
	Spam löschen		8 €					
	Signatur aktualisieren		10 €					
Mobil abrufen	Web-Interface bereitstellen		26 €					
	Zugangsschutz ermöglichen		19 €					
Desktop integrieren	Adressbuch nutzen							
	Termine eintragen							
	Rechtschreibung prüfen							
Benutzer unterstützen	Nutzung erleichtern							
	Hilfe leisten							
Speicherung ermöglichen	Speicher bereitstellen		4 €					
	E-Mail speichern		7 €					
	Backup/Restore durchführen		5 €					

Abb. 81. Ausschnitt einer Funktionskostenmatrix

Die Kostenanalyse führt zu zwei wesentlichen Erkenntnissen: Auf der Ebene der Komponenten machten die Kosten für Server und Anwenderunterstützung den Großteil der Kosten aus (mehr als 70 %). Auf Funktionsebene verursachten vor allem die Hauptfunktionen „Benutzerkonten verwalten“ und „Mobil abrufen“ hohe Kosten.

Auf der Grundlage der Ist-Analyse und der anschließenden Bewertung werden für das weitere Vorgehen zwei Analyseschwerpunkte vereinbart:

- Server-Infrastruktur,
- Sicherheitsfunktionen.

Diese Schwerpunkte stehen auch in Übereinstimmung mit den vorgegebenen Projektzielen.

Phase 2: Spekulationsphase

Im Rahmen von mehreren moderierten Workshops und unter Einsatz der Brainstorming-Methode werden Lösungsmöglichkeiten für die Gestaltung der Server-Infrastruktur und der Sicherheitsfunktionen entwickelt (siehe Abb. 82).

Lfd.-Nr.	Lösungsmöglichkeit
Server-Infrastruktur	
1	Vollständiges Outsourcing
2	Einsatz von Blade-Servern
3	Neues System-Management-Werkzeug
4	Umstieg auf Unix-Plattform
5	Zentrale ASP-Struktur
6	Verbrauchsabhängige Leistungsverrechnung
7	Virtualisierung von Ressourcen
8	Konsolidierung der Serveranzahl
9	Skalierbare Plattform (Multiprozessor)
10	...
Sicherheits-Funktionen	
20	SSL-Verschlüsselung für Web-Zugang
21	Smartcard-Infrastruktur
22	Trust-Center
23	Zentraler Virenscanner
24	Nutzung SPAM-Service
25	...

Abb. 82. Liste der Lösungsmöglichkeiten (Auszug)

Einige Lösungsmöglichkeiten werden als nicht realisierbar oder zu teuer verworfen. Die erfolgversprechendsten Lösungsmöglichkeiten werden dahingegen in einem separaten Workshop vertieft diskutiert und z. B. auf der Ebene der Nebenfunktionen analysiert.

Phase 3: Analysephase

Fünf Lösungsvorschläge werden für eine weiterführende Analyse ausgewählt. Zunächst gilt es zu analysieren, wie sich die Lösungsvorschläge auf den Grad der Funktionserfüllung auswirken und ob sie die von den Kunden geforderte Zuverlässigkeit garantieren können. Für jeden Lösungsvorschlag wird des Weiteren eine Wirtschaftlichkeitsprüfung vorgenommen. Mit Hilfe von Kostenschätzungen werden der zu erwartende Umsetzungsaufwand und die voraussichtlichen Kosteneinsparungen prognostiziert und die Auswirkungen auf die Stückkosten pro E-Mail-Account errechnet. Es sind im Bereich der Server-Infrastruktur Einsparpotentiale von bis zu 36 % möglich. Die erweiterten Sicherheitsfunktionen würden zu einer Kostenerhöhung von bis zu 17 % führen.

Phasen 4+5: Planungs- und Präsentationsphasen

Aus den analysierten Lösungsvorschlägen werden vier Vorschläge für die weitere Planung ausgewählt. Im Rahmen der Planungsphase werden diese detailliert in Form von Fach- und Systemkonzepten ausgearbeitet. Ab diesem Zeitpunkt unterscheidet sich die Wertanalyse nicht von bekannten Vorgehensmodellen zur Leistungsgestaltung.

4.5 Management der Leistungsqualität

4.5.1 Grundlagen

Die Qualitätsmerkmale einer Leistung bilden einen zentralen Bestandteil der Leistungsbeschreibung. Dementsprechend müssen sie geplant, umgesetzt, überwacht und modifiziert werden. Die Qualitätsmerkmale bestimmen die Dienstgüte (engl. Service-Level) einer IT-Dienstleistung, daher wird das Management der Leistungsqualitätsmerkmale auch als Dienstgüte-Management (engl. Service-Level-Management) bezeichnet [OGC

2001, 27ff]. Ziel des Service-Level-Management ist es, die IT-Leistungen auf die tatsächlichen Anforderungen der Geschäftsprozesse der Leistungsabnehmer auszurichten und die Übereinstimmung zwischen der erbrachten und der vereinbarten Leistung dauerhaft sicherzustellen [Vogt 2002, 161]. Konkret umfasst das Service-Level-Management

- die Prozesse zur Planung, Koordination, Ausarbeitung, Vereinbarung, Überwachung und Berichterstattung von Qualitätsmerkmalen und
- die kontinuierliche Überprüfung der erbrachten Leistungsqualität, um sicherzustellen, dass die geforderte Qualität erreicht und schrittweise verbessert wird.

Die Überprüfung der Leistungsqualität erfolgt, wie in Abb. 83 dargestellt, durch eine Abweichungsanalyse. Das Qualitätsniveau der tatsächlich erbrachten Leistungen wird für jeden einzelnen Service-Level mit dem vereinbarten Qualitätsniveau verglichen und Abweichungen werden identifiziert. Gleichzeitig findet eine Rückkopplung in dem Sinne statt, dass Erfahrungen, die im Rahmen der Leistungserbringung hinsichtlich der Qualitätsmerkmale gewonnen werden konnten, für die Vereinbarung neuer oder die Anpassung bestehender Service-Levels genutzt werden.

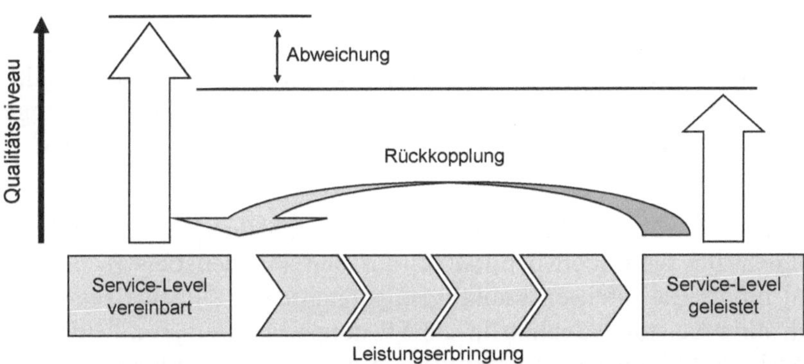

Abb. 83. Überprüfung der Leistungsqualität

Ein umfassendes Service-Level-Management bringt sowohl für den IT-Dienstleister als auch für die Kunden eine Reihe von Vorteilen und Nutzenpotentialen mit sich. Abb. 84 zeigt diese im Überblick.

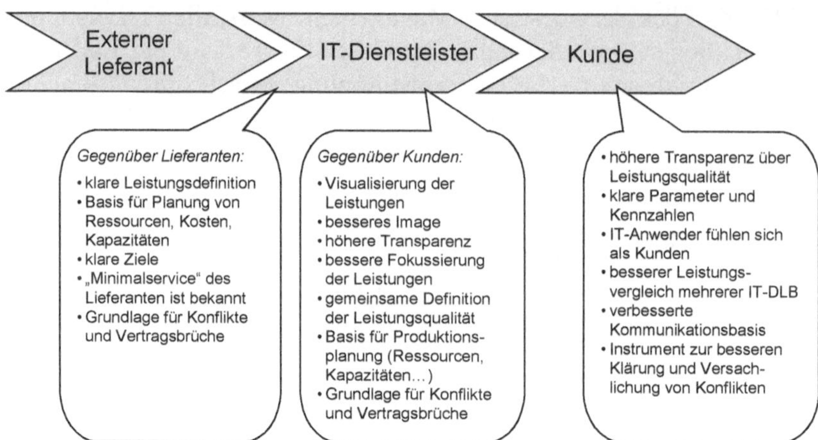

Abb. 84. Nutzenpotentiale des Service-Level-Managements (in Anlehnung an [Bernhard/Lewandowski/Mann 2000])

Im Zentrum des Service-Level-Managements stehen die in Form von Service-Level definierten Qualitätsmerkmale. Service-Level können dabei an unterschiedlichen Stellen im Wertschöpfungsprozess der IT-Dienstleistungsproduktion definiert werden. Abb. 85 zeigt, dass kundenbezogene, interne und lieferantenbezogene Service-Level unterschieden werden können:

- Kundenbezogene Service-Level definieren die Qualitätsmerkmale der IT-Produkte aus Kundensicht. Das Management der kundenbezogenen Service-Level ist eine Aufgabe im Rahmen der Absatzwirtschaft eines IT-Dienstleisters.

- Interne Service-Level definieren die Qualitätsmerkmale der IT-Leistungen. Ihr Gültigkeitsbereich ist auf den IT-Dienstleister beschränkt und bindet die internen Funktionseinheiten des IT-Dienstleister bezüglich ihrer Leistungsqualität in die Leistungserbringung ein. Interne Service-Level bilden eine Voraussetzung dafür, dass kundenbezogene Service-Level vereinbart und eingehalten werden können. Wird mit einem Kunden bspw. als Qualitätsmerkmal eines IT-Produkts eine Fehlerquote von kleiner als 0,01 % vereinbart, so kann diese nur erreicht werden, wenn interne Service-Level eine entsprechende Qualität beispielsweise hinsichtlich der Fehlerquote eines Anwendungsprogramms garantieren.

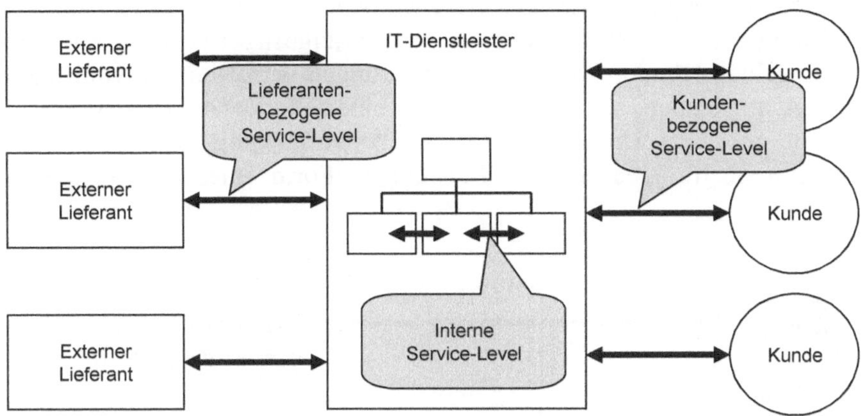

Abb. 85. Arten von Service-Level

- Lieferantenbezogene Service-Level definieren die Qualitätsmerkmale der von externen Lieferanten bezogenen IT-Leistungen. Lieferantenbezogene Service-Level bilden ebenfalls eine wichtige Voraussetzung für den Abschluss kundenbezogener Service-Levels. Garantiert ein IT-Dienstleister einem Kunden beispielsweise eine Fehlerbehebungszeit von maximal 4 Stunden, so muss für ein von einem externen Lieferanten bereitgestelltes und betreutes Anwendungsprogramm ein entsprechendes lieferantenbezogenes Service-Level vereinbart werden, um die Fehlerbehebungszeit einhalten zu können.

Die einzelnen Service-Level werden in einem schriftlichen Dokument, dem Service-Level-Agreement (SLA) festgehalten. Ein SLA regelt die Rechten und Pflichten der Vertragsparteien in Bezug auf den Zweck und die Erbringung der IT-Leistungen [Olbrich 2004, 71]. In der ITIL wird darüber hinaus zwischen SLA, Operating-Level-Agreements (OLA) und Underpinning Contracts (UC) unterschieden, wobei sich ein SLA auf kundenbezogene Service-Level, ein OLA auf interne Service-Level und ein UC auf lieferantenbezogene Service-Level bezieht [OGC 2001, 41]. Gemäß dieser Definition würden sich die Ausführungen in diesem Kapitel auf OLA beziehen, da sie sich mit dem Management der internen, leistungsbezogenen Service-Level beschäftigen. Im Folgenden wird dieser Definition jedoch nicht gefolgt und der Begriff des Service-Level-Agreements als Oberbegriff für alle drei Arten von Verträgen verwendet.

In der Praxis setzten IT-Dienstleister SLA häufig auf unterschiedlichen Ebenen ein (siehe Abb. 86). In einem Rahmen- oder Standard-SLA werden auf Unternehmensebene die allgemein gültigen Qualitätsmerkmale vereinbart. So kann beispielsweise festgelegt werden, dass grundsätzlich für alle IT-Leistungen eine Verfügbarkeit von 99,6 % angestrebt wird. Werden für einen einzelnen Kunden Qualitätsvereinbarungen getroffen, die vom Standard-SLA abweichen, so können diese in einem kundenspezifischen SLA festgehalten werden. Und schließlich lassen sich leistungsspezifische Qualitätsmerkmale für jede einzelne Leistung in Form eines Leistungs-SLA definieren.

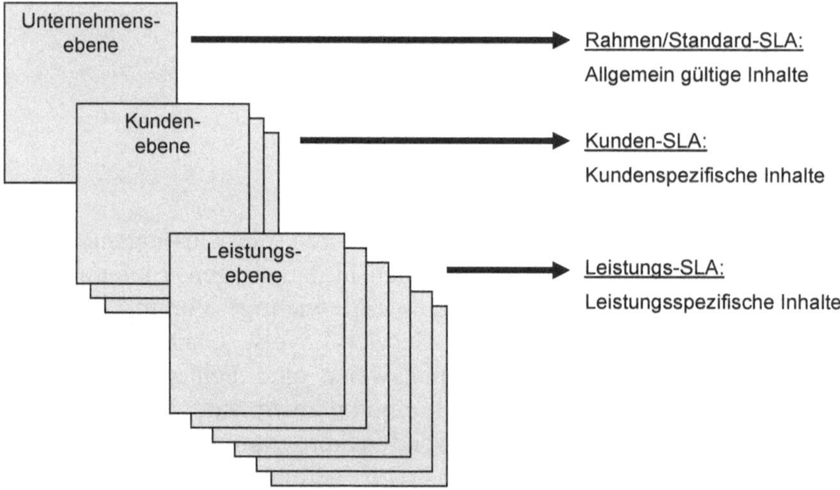

Abb. 86. Betrachtungsebenen von Service-Level-Agreements (in Anlehnung an [OGC 2001])

4.5.2 Prozess des Service-Level-Managements

Der Prozess des Service-Level-Managements setzt sich gemäß der ITIL aus den vier in Abb. 87 dargestellten Hauptaktivitäten zusammen:

- *Prozess etablieren*: Das Service-Level-Management muss als Managementprozess im Rahmen der IT-Dienstleistungsproduktion geplant und umgesetzt werden.
- *SLA umsetzen*: Auf der Grundlage eines bestehenden Leistungskatalogs müssen mit den Kunden SLA entworfen, verhandelt und abgeschlossen werden.
- *Überwachung des laufenden Prozesses*: Alle abgeschlossenen SLA müssen kontinuierlich überwacht werden. Zu diesem Zweck werden ty-

pischerweise Berichte erstellt, die sowohl vom IT-Dienstleister als auch von den Kunden ausgewertet werden, um Anhaltspunkte über die tatsächlich erreichte Leistungsqualität und die Einhaltung der Service-Levels zu erhalten.

- *Periodische Überarbeitung*: Ein SLA ist ein dynamisches Dokument, das periodisch überprüft und überarbeitet werden muss. Die Kundenanforderungen an die Leistungsqualität ändern sich im Lauf der Zeit, neue Qualitätsanforderungen kommen hinzu und bestehende Qualitätsanforderungen entfallen. Aus diesem Grund werden SLA typischerweise im Jahresrhythmus überprüft und gegebenenfalls überarbeitet.

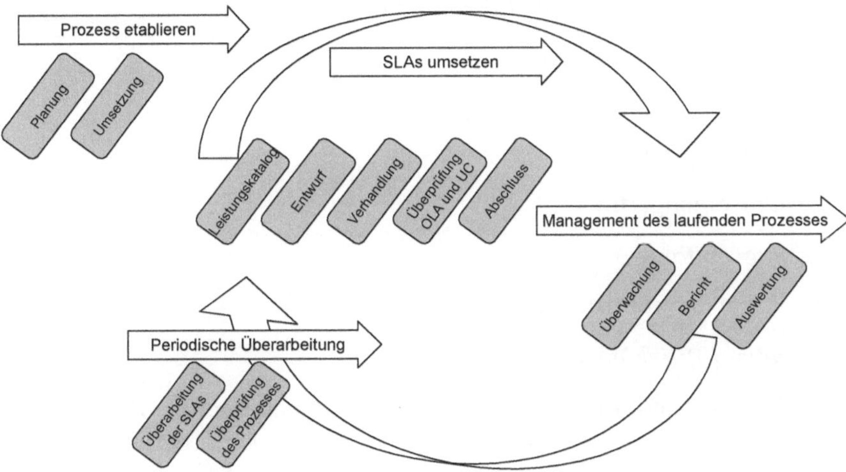

Abb. 87. Ablauf und Aktivitäten des Service-Level-Managements [OGC 2001, 28]

Die Aufgaben des Service-Level-Managements werden durch einen Service-Level-Manager wahrgenommen. Dieser ist verantwortlich für

- das Management des Leistungskatalogs,
- die Gestaltung der Service-Level-Agreement-Struktur,
- die Erstellung und den Abschluss von Service-Level-Agreements,
- die Erstellung von Berichten über die Servicequalität und die Einhaltung der Service-Level,
- das Management des Review-Prozesses,
- die Initiierung von Verbesserungsmaßnahmen,

- die regelmäßige Überprüfung des Service-Level-Managementprozesses und
- die Einrichtung einer Koordinationsstelle für kurzfristige Änderungen.

4.5.3 Aufbau und Inhalte von Service-Level-Agreements

Bei der inhaltlichen Gestaltung kundenorientierter Service-Level-Agreements sollte darauf geachtet werden, dass die Inhalte und Service-Level nicht aus technischer Sicht beschrieben, sondern aus einer geschäftsorientierten Perspektive heraus definiert werden. Typischerweise enthält ein Service-Level-Agreement die folgenden Inhalte:

- *Einleitung und Allgemeines:*
  - Vertragsparteien,
  - Geltungsdauer,
  - Ansprechpartner.
- *Leistungsumfang:*
  - Liste der betroffenen Leistungen.
- *Rechte und Pflichten der Vertragsparteien:*
  - Rechte und Pflichten des Leistungsabnehmers (z. B. Bedarfsermittlung, Priorisierung, Formulierung der Anforderungen, Datenschutz und Datensicherheit, Informationspflichten),
  - Rechte und Pflichten des Leistungserbringers (z. B. Berichterstattung und Controlling, Meldung von Änderungen und Problemen, korrekte Verarbeitung von Daten, Datensicherheit und Datenschutz).
- *Service-Level:*
  - Definition und Beschreibung sämtlicher Service-Level (siehe Kapitel 4.5.4).
- *Änderungsverfahren:*
  - Änderungsprozess,
  - Organisation,
  - Durchlaufzeiten.

- *Eskalationsprozeduren:*
    - Eskalationsstufen beim Leistungserbringer und beim Leistungsabnehmer,
    - Schlichtungsverfahren bei Uneinigkeit.
- *Berichterstattung:*
    - Arten und Inhalte der zu erstellenden Berichte,
    - Definition von Berichtsperioden.
- *Strafen und Sanktionen:*
    - Mechanismen,
    - rechtliche Aspekte.
- *Sonstiges:*
    - z. B. jährliche Erhebung der Kundenzufriedenheit oder Sicherheitsaspekte.

Ein SLA kann auch als reiner Rahmenvertrag gestaltet werden. In diesem Fall werden alle leistungsspezifischen Inhalte, insbesondere die einzelnen Service-Level, in einem separaten Dokument beschrieben.

4.5.4 Arten und Messung von Qualitätsmerkmalen

Service-Level bilden den Kern eines Service-Level-Agreements. Jeder Service-Level definiert ein Qualitätsmerkmal einer Leistung. Während kundenbezogene Service-Level die Qualitätsmerkmale eines IT-Produkts aus Kundensicht festlegen, definieren die internen Service-Level die technischen Qualitätsmerkmale der IT-Leistungen (siehe Abb. 88). Im Rahmen der Produktionswirtschaft werden die internen Service-Level betrachtet.

Die wichtigsten in der Praxis der IT-Dienstleistungsproduktion verwendeten Service-Level sind [itsmf 2002, 127ff; OGC 2001, 45ff; Vogt 2002, 174]:

- *Servicezeit:* Die Servicezeit ist der Zeitraum, innerhalb dessen eine IT-Leistung dem Anwender zur Verfügung steht. Typische Servicezeiten sind beispielsweise 7 x 24 h oder 06:00-20:00 Uhr an Werktagen.
- *Verfügbarkeit (engl. availability):* Eine IT-Leistung ist verfügbar, wenn sie innerhalb der garantierten Servicezeit an dem vom Anwender gewünschten Zeitpunkt genutzt werden kann. Die Verfügbarkeit entspricht

damit der garantierten Erbringung der vereinbarten Leistung. In der Praxis wird die Verfügbarkeit als prozentualer Verfügbarkeitsgrad, bezogen auf einen bestimmten Betrachtungszeitraum, berechnet (zur genauen Berechnungsformel siehe Kapitel 7.2.3). Ein Verfügbarkeitsgrad von 99,6 % bedeutet beispielsweise, dass eine Leistung über einen Zeitrum von z. B. einem Jahr betrachtet 99,6 % der Zeit verfügbar war. In einem Service-Level garantiert der IT-Dienstleister einen bestimmten Verfügbarkeitsgrad für eine IT-Leistung. Neben der exakten Definition des Verfügbarkeitsbegriffs muss im Service-Level festgelegt werden, wie die Verfügbarkeit konkret zu messen ist. In diesem Zusammenhang spielt insbesondere die Definition der Messpunkte eine wichtige Rolle. Auf die Messproblematik wird detailliert im Rahmen der Ausführungen zur Produktionsplanung in Kapitel 7.2 eingegangen.

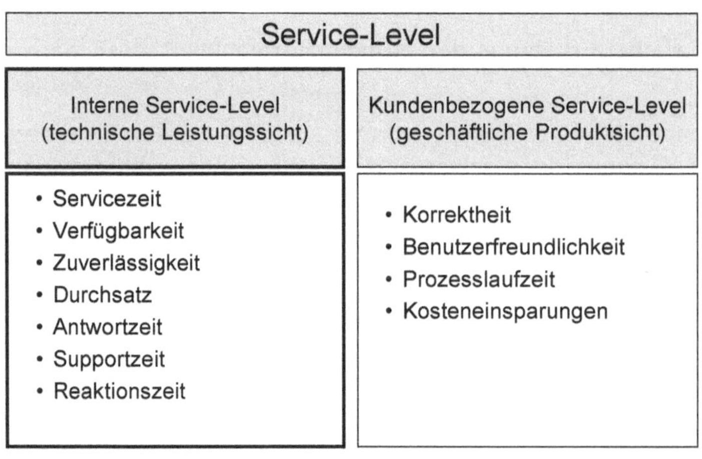

Abb. 88. Beispielhafte interne und kundenbezogene Service-Level

- *Zuverlässigkeit (engl. reliability):* Die Zuverlässigkeit einer IT-Leistung ist ein Maß dafür, wie häufig die Leistung innerhalb eines vereinbarten Betrachtungszeitraums ausfällt. Dabei ist zunächst zu definieren, was genau als ein Ausfall verstanden wird. So kann beispielsweise eine Nichtverfügbarkeit einer Leistung von mehr als 5 Minuten als Ausfall definiert werden. Man erkennt, dass ein Zusammenhang zwischen der Verfügbarkeit und der Zuverlässigkeit einer Leistung besteht. Beide Größen beeinflussen sich gegenseitig. Die Zuverlässigkeit wird in Anzahl Ausfälle pro Betrachtungszeitraum gemessen. Der IT-Dienstleister garantiert in einem Service-Level eine maximale Anzahl von Ausfällen pro Betrachtungszeitraum, z. B. maximal 5 Ausfälle pro Jahr.

- *Durchsatz (engl. throughput):* Der Durchsatz beschreibt das mengenmäßige Leistungsvermögen des Produktionssystems innerhalb eines definierten Zeitabschnitts. Er ist eng mit der Kapazität des Produktionssystems verknüpft (siehe Kapitel 3.2.4). In einem durchsatzbezogenen Service-Level garantiert der IT-Dienstleister seinen Kunden, dass er in der Lage ist, eine bestimmte mengenmäßige Anzahl von IT-Leistungen innerhalb eines Zeitraums zu erbringen. So kann er beispielsweise garantierten, dass eine bestimmte Anzahl Transaktionen pro Monat abgewickelt werden kann, dass eine bestimmte Anzahl Anwender gleichzeitig eine Leistung nutzen können oder dass eine bestimmte Datenmenge pro Zeiteinheit über ein Netzwerk übertragen werden kann.

- *Antwortzeiten (engl. response time):* Die Antwortzeit beschreibt den Zeitraum, innerhalb dessen eine IT-Leistung vollständig ausgeführt wird. Sie wird als Qualitätsmerkmal insbesondere bei transaktionsorientierten IT-Leistungen verwendet. So kann beispielsweise garantiert werden, dass eine Datenabfrage innerhalb von 2 Sekunden ein Ergebnis liefert oder dass der Aufruf einer Eingabemaske nicht länger als 0,5 Sekunden dauert. Antwortzeitbezogene Service-Level können auch als prozentualer Wert definiert werden, etwa in der Form, dass 95 % aller Transaktionen eines bestimmten Typs innerhalb eines bestimmten Zeitraums ausgeführt werden.

Für Unterstützungsleistungen existieren in der Regel weitere Service-Level. Diese beziehen sich vor allem auf die Bearbeitungszeiten eines Service-Desk im Rahmen der Anwenderunterstützung. In diesem Zusammenhang werden die in Abb. 89 dargestellten Zeiträume unterschieden:

- Die *Abbruch-Rate* gibt den prozentualen Anteil der Anrufer an, die vor der Annahme des Gespräches durch einen Service-Desk-Mitarbeiter den Anruf abbrechen, z. B. weil sie zu lange in einer Warteschlange aufgehalten wurden.

- Als *Reaktionszeit* wird der Zeitraum vom Moment der Annahme eines Anrufs durch einen Service-Desk-Mitarbeiter bis zur Eröffnung eines Unterstützungsvorgangs im System bezeichnet.

- Die *Interventionszeit* beginnt mit der Eröffnung eines Unterstützungsvorgangs im System und endet mit dem Beginn der Bearbeitung des Vorfalls durch einen Spezialisten.

- Die *Störungsbehebungs- oder Lösungszeit* umfasst den Zeitraum bis zur Lösung des Vorfalls.

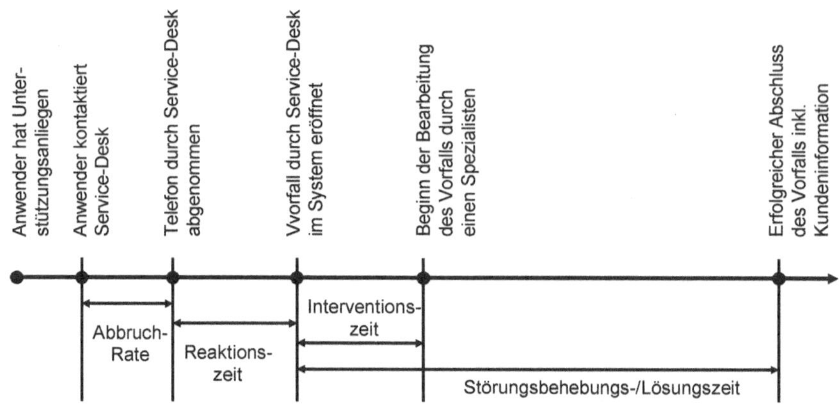

Abb. 89. Bearbeitungszeiten in der Anwenderunterstützung

Am Beispiel der IT-Leistung „Betrieb von Anwendungsprogrammen“ soll im Folgenden gezeigt werden, wie die beschriebenen Service-Level in der Praxis genutzt werden können. Jedes betriebene Anwendungsprogramm wird zunächst anhand von zwei Kriterien klassifiziert:

- *Wichtigkeit*: Das Anwendungsprogramm wird als „geschäftskritisch“, „kritisch“ oder „unkritisch“ eingestuft. Die Einstufung hängt von der Wichtigkeit der IT-Produkte, für die das Anwendungsprogramm genutzt wird, ab und muss vom Leistungsabnehmer bestimmt werden. Wird beispielsweise das IT-Produkt „Schadensabwicklung Kfz-Versicherung“ vom Leistungsabnehmer als geschäftskritisch eingestuft, so erhalten alle Anwendungsprogramme, die für die Bereitstellung der im IT-Produkt enthaltenen IT-Leistungen erforderlich sind, ebenfalls die Einstufung geschäftskritisch.
- *Unterstützungsklasse*: Das Anwendungsprogramm wird einer Unterstützungsklasse zugeordnet, die den Qualitätsgrad der Anwendungsunterstützung bestimmt. Zum Beispiel können vier Unterstützungsklassen „Premium“, „Gold“, „Silber“ und „Bronze“ zur Auswahl stehen. Die Zuordnung wird erneut durch den Leistungsabnehmer getroffen und ist im Wesentlichen abhängig von einer Kosten/Nutzen-Betrachtung.

In Abhängigkeit von der Klassifikation werden die Service-Level definiert. Verfügbarkeit, Zuverlässigkeit und Servicezeit hängen von der Wichtigkeit der Anwendung ab (siehe Abb. 90)

Wichtigkeit der Anwendung	Verfügbarkeit/ Jahr	Zuverlässigkeit/ Jahr	Servicezeit
Geschäftskritisch	99.8%	2 Ausfälle	7x24h
Kritisch	99%	5 Ausfälle	7x24h
Unkritisch	96%	10 Ausfälle	06:00-20:00 Uhr

Abb. 90. Beispiele für Verfügbarkeit, Zuverlässigkeit und Servicezeit in Abhängigkeit von der Wichtigkeit eines Anwendungsprogramms

Die Unterstützungsklasse bestimmt die Qualität der Anwenderunterstützung, z. B. durch die Definition unterschiedlicher Interventions- und Störungsbehebungszeiten (siehe Abb. 91).

Unterstützungs-klasse	Max. Interventionszeit	Max. Störungs-behebungszeit	Störungsbehebung
Premium	20 Minuten	4 Stunden	Störungsbehebung in jedem Fall während 7x24h
Gold	40 Minuten	8 Stunden	Störungsbehebung in jedem Fall während 7x24h
Silber	4 Stunden	18 Stunden	Störungsbehebung in jedem Fall nur während der Geschäftszeit
Bronze	8 Stunden	36 Stunden	Störungsbehebung in jedem Fall nur während der Geschäftszeit

Abb. 91. Beispiele für Interventions- und Störungsbehebungszeiten in Abhängigkeit von der Unterstützungsklasse

Damit die Beschreibung eines Service-Levels einen ausreichenden Detaillierungs- und Konkretisierungsgrad erreicht, sollten die folgenden Attribute für jeden Service-Level definiert werden[Bernhard 2000, 184]:

- Zielsetzung,
- Definition der Service-Level-Kennzahl,
- Methode bzw. Verfahren zur Messung des Service-Levels,
- Verantwortlichkeiten für die Messung,
- Häufigkeit der Messung,
- Empfänger der Messergebnisse,

- Berichtsform,
- Ausprägungsmöglichkeiten und Maßnahmen bei Nichteinhaltung des Service-Levels (z. B. betriebliche und monetäre Auswirkungen).

4.6 Lebenszyklusanalysen

Bereits bei der Gestaltung des Leistungsprogramms sollten erste Analysen der Leistungslebenszyklen vorgenommen werden. IT-Leistungen durchlaufen, wie Leistungen aus anderen Branchen auch, einen Lebenszyklus. Um eine Planung der Art und Menge der in einer Periode zu produzierenden Leistungen durchführen zu können, muss bekannt sein, welche wirtschaftlichen Beiträge die einzelnen IT-Leistungen im Zeitablauf erbringen können [Schweitzer 1994, 612]. Diese wirtschaftlichen Beiträge, z. B. Absatzmengen, Umsätze, Cashflows oder Deckungsbeiträge, werden maßgeblich durch die Lebenszyklusphase, in der sich eine Leistung befindet, mitbestimmt. Der produktionsorientierte Lebenszyklus von IT-Leistungen wurde bereits in Kapitel 3.4 vorgestellt. Für den wirtschaftlichen Beitrag entscheidender ist jedoch der Marktlebenszyklus. Dieser unterscheidet idealtypisch die in Abb. 92 dargestellten Phasen.

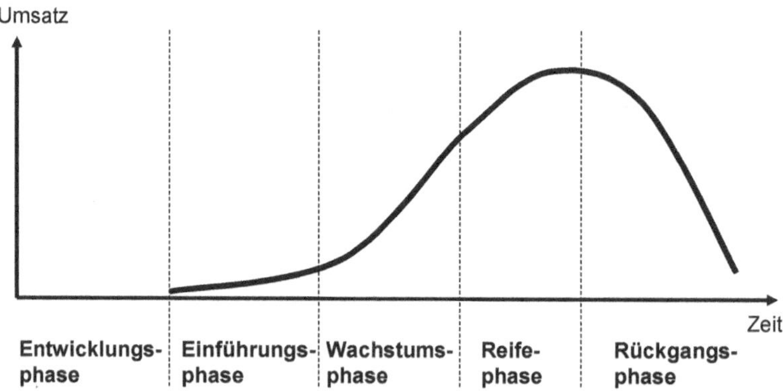

Abb. 92. Marktlebenszyklus von IT-Leistungen (in Anlehnung an [Matys 2002])

Ein IT-Dienstleister muss einerseits rechtzeitig Leistungen, die das Ende ihres Marktlebenszyklus erreicht haben, durch neue Leistungen ersetzen und andererseits ein ausgewogenes Leistungsprogramm, mit Leistungen in unterschiedlichen Lebenszyklusphasen, anstreben. Jede Phase des Marktlebenszyklus stellt einen IT-Dienstleister dabei vor unterschiedliche Herausforderungen [Matys 2002, 91ff]:

- In der *Entwicklungsphase* muss zum einen die Leistung schnellstmöglich bis zur Marktreife entwickelt und zum anderen die Markteinführung durch entsprechende Maßnahmen vorbereitet werden.
- In der *Einführungsphase* stehen, neben der Identifikation und Eliminierung von „Kinderkrankheiten" einer Leistung, vor allem die Etablierung der Leistung am Markt und die Erreichung des Break-Even-Punktes im Vordergrund.
- Die Konsolidierung des Leistungswachstums ist das zentrale Ziel der *Wachstumsphase*. Dies kann z. B. durch die Steigerung der Leistungsqualität und der Leistungsfunktionalität geschehen.
- In der *Reifephase* gilt es, die erreichten Marktanteile der Leistung zu verteidigen, z. B. durch den Einsatz von Differenzierungsstrategien, Preissenkungen, neuen Absatzwegen oder verstärkten Maßnahmen zur Absatzförderung. Bereits in dieser Phase sollte mit der Entwicklung einer Nachfolgeleistung begonnen werden.
- Das Hauptziel der *Rückgangsphase* liegt in der Vermeidung von Verlusten. Die Leistung muss rechtzeitig vom Markt genommen und durch eine Nachfolgeleistung ersetzt werden.

Eine wichtige Rolle spielen Lebenszyklusanalysen im Rahmen der Leistungskalkulation. Bereits bei der Leistungsspezifikation sollte eine Kalkulation der Herstellkosten der Leistung durchgeführt werden. Diese Kalkulation muss alle Lebenszykluskosten berücksichtigen. Sie darf sich nicht, wie es häufig bei IT-Dienstleistern zu beobachten ist, auf die Entwicklungskosten konzentrieren. Der folgende Exkurs stellt ein Verfahren zur integrierten Kalkulation von IT-Leistungen vor.

4.7 Exkurs: Integrierte Kostenkalkulation von IT-Leistungen[6]

Ein IT-Dienstleister muss in der Lage sein, seine Leistungen vorab gesamthaft zu kalkulieren. Häufig fordern Kunden sogar eine stückkostenbasierte Kalkulation. So möchten sie wissen, zu welchem Stückpreis beispielsweise eine Gehaltsabrechnung erstellt oder eine Buchungstransaktion abgewickelt werden kann und wie variabel die Preise bei unterschiedlichen Abnahmemengen gestaltet werden können.

Viele IT-Dienstleister verfügen heute nicht über das kostenrechnerische Instrumentarium, um die Stückkosten einer IT-Leistung gesamthaft kalkulieren und verrechnen zu können. Sie kennen ihre tatsächlichen Kosten zur Erbringung der Leistung nur unzureichend, was insbesondere in wettbewerbsintensiven Marktsegmenten eine Preisverhandlung mit den Kunden erschwert. Drei Probleme lassen sich in diesem Zusammenhang als Ursache erkennen:

- Entwicklungs- und Produktionskosten werden isoliert betrachtet. Bedingt durch separate Liefer- und Leistungsbeziehungen der Entwicklungs- und Produktionsbereiche zu den Leistungsabnehmern, haben beide Bereiche in der Vergangenheit ihre eigenen, jeweils spezifischen Leistungsdefinitionen etabliert. Während in der Entwicklung beispielsweise Anwendungssysteme und Entwicklungsprojekte als Kostenträger dienen, nutzt die Produktion typischerweise hardware- oder transaktionsbezogene Kostenträger. Eine gemeinsame Leistungsdefinition, die die Leistungen der Entwicklung und der Produktion integriert, existiert in der betrieblichen Praxis heute, wenn überhaupt, nur ansatzweise in der Kostenabrechnung und nicht zum Zeitpunkt der Leistungsplanung.
- Die fehlende Integration hat zur Konsequenz, dass es keinen Zwang einer frühzeitigen Abstimmung von Entwicklung und Produktion gibt, obwohl beide nur gemeinsam einen echten Nutzen für den Leistungsabnehmer erbringen können. Die wechselseitigen Abhängigkeiten bleiben in der Leistungsplanung weitgehend unberücksichtigt.
- Um Verbesserungspotentiale im Zusammenspiel von Entwicklung und Produktion identifizieren zu können, bedarf es einer kostenrechnerischen Bewertung sämtlicher Handlungsalternativen bereits in der Phase

[6] Die Ausführungen basieren auf Forschungsarbeiten von Jochen Scheeg [Scheeg 2005]

der Leistungsplanung. Zwar können heute technische Abhängigkeiten und Anforderungen relativ frühzeitig beschrieben werden, die Auswirkungen auf die gesamthafte Wirtschaftlichkeit des Leistungserbringungsprozesses lassen sich wegen der fehlenden kostenrechnerischen Instrumente jedoch nur unzureichend beziffern.

Scheeg stellt einen Lösungsansatz für die gesamthafte Kalkulation von IT-Leistungen vor, der unter Berücksichtigung von Entwicklungs- und Produktionskosten auch die Kalkulation von Leistungsstückkosten ermöglicht. Neben dem Lösungskonzept wird auch eine prototypische Umsetzung auf der Basis von SAP R/3 gezeigt, die in Zusammenarbeit mit dem Systemintegrator und Beratungshaus Syskoplan erarbeitet wurde.

Integrierte Kostentabellen als Kalkulationsinstrument:

Um die beschriebenen Defizite der in der Praxis verwendeten Kalkulationsverfahren zu vermeiden, sollte ein Ansatz zur integrierten Kalkulation von IT-Leistungen die folgenden Merkmale aufweisen:

- Er sollte die Verwendung einer kundenorientierten, einheitlichen Leistungsdefinition sowohl in der Entwicklung als auch in der Produktion beinhalten,
- er sollte sich verstärkt auf die Phase der Leistungsplanung konzentrieren, da im Rahmen der Planung bereits ein Großteil der späteren Produktionskosten festgelegt wird,
- er sollte eine integrierte Kostensicht von Entwicklung und Produktion schaffen und
- er sollte sich wirtschaftlich und praktikabel umsetzen lassen.

Ein Instrument, welches diesen Anforderungen gerecht wird, stellen Kostentabellen dar. Kostentabellen kommen heute vor allem in der japanischen Fertigungsindustrie zum Einsatz und dienen der Schätzung und Planung von Produktkosten [Yoshikawa/Innes/Mitchell 1990]. In einer Kostentabelle werden unterschiedliche Entwicklungs- und Produktionsalternativen eines Produkts oder einer Leistung kostenmässig gegenübergestellt. Im Rahmen der Kalkulation eines IT-Dienstleisters lassen sie sich somit als Instrument zur Entscheidungsunterstützung einsetzen.

Für die Gestaltung einer IT-Leistung existieren in der Regel unterschiedliche Entwicklungs- und Produktionsalternativen. So kann eine Leistung in der Entwicklung beispielsweise mit Hilfe eines monolithischen Anwendungsprogramms realisiert werden, das alle benötigten Funktionen enthält, oder aber durch den Einsatz einer modularen Architektur, bestehend aus mehreren einzelnen Anwendungsmodulen, gestaltet werden. Auch beim Einsatz von Standardsoftwarelösungen stehen meist unterschiedliche Entwicklungsvarianten zur Verfügung. So kann eine IT-Leistung „E-Mail-Service“ beispielsweise entweder auf der Basis einer Microsoft-Exchange-Plattform oder einer Lotus-Notes-Plattform entwickelt werden.

Ebenso wie für die Entwicklung gibt es für die Produktion einer IT-Leistung unterschiedliche Alternativen. In Abhängigkeit von den Anforderungen, insbesondere auch von den vom Leistungsabnehmer nachgefragten Mengen, stehen vielfältige Möglichkeiten zur Gestaltung der Produktionsinfrastruktur zur Verfügung. So können unterschiedliche Serverplattformen, Speicherkonzepte oder Netzwerktopologien zum Einsatz kommen. Diese Alternativen werden im Folgenden als Produktionsalternativen bezeichnet.

Zum Teil werden durch die Wahl einer Entwicklungsalternative bestimmte Produktionsalternativen ausgeschlossen. Wird beispielsweise die oben erwähnte IT-Leistung „E-Mail-Service“ auf der Basis einer Microsoft-Exchange-Lösung entwickelt, so kommen für die Produktion Unix-Server nicht in Frage. Trotz dieser Einschränkungen gibt es dennoch in der Regel für jede Entwicklungsalternative unterschiedliche Produktionsalternativen, da sich die Produktionssysteme etwa hinsichtlich der Skalierbarkeit und der Verfügbarkeit unterscheiden können.

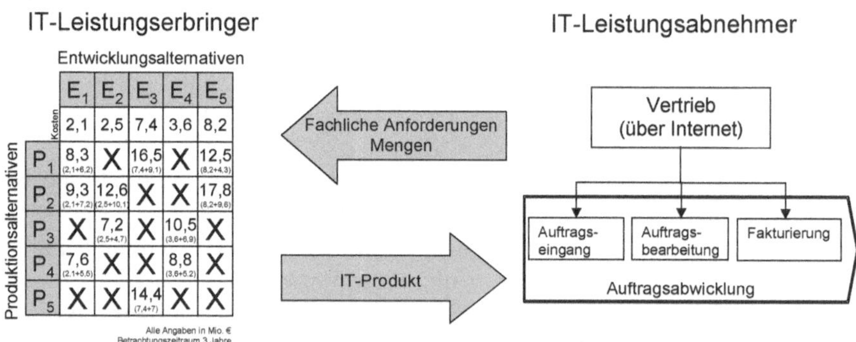

	E_1	E_2	E_3	E_4	E_5
Kosten	2,1	2,5	7,4	3,6	8,2
P_1	8,3 (2,1+6,2)	X	16,5 (7,4+9,1)	X	12,5 (8,2+4,3)
P_2	9,3 (2,1+7,2)	12,6 (2,5+10,1)	X	X	17,8 (8,2+9,6)
P_3	X	7,2 (2,5+4,7)	X	10,5 (3,6+6,9)	X
P_4	7,6 (2,1+5,5)	X	X	8,8 (3,6+5,2)	X
P_5	X	X	14,4 (7,4+7)	X	X

Abb. 93. Matrix der Entwicklungs- und Produktionsalternativen

Die Erstellung einer integrierten Kostentabelle erfolgt in mehreren Schritten und wird im Folgenden anhand einer beispielhaften IT-Leistung erläutert (siehe Abb. 93):

- *Schritt 1 – Spezifikation der fachlichen Anforderungen und Mengen*: Ein IT-Leistungsabnehmer möchte für seinen Geschäftsprozess „Internet-

Vertrieb" ein IT-Produkt zur Unterstützung der Auftragsabwicklung einkaufen. Dieses soll den Auftragseingang, die Auftragsbearbeitung und die Fakturierung unterstützen. Zur Erbringung einer jeden Produktfunktion sind IT-Leistungen erforderlich. In einem ersten Schritt muss der Leistungsabnehmer die fachlichen, d. h. funktionalen Anforderungen an die benötigten IT-Leistungen spezifizieren. Darüber hinaus ist ein Mengengerüst, z. B. die Anzahl Auftragsabwicklungen pro Jahr, zu kalkulieren. Das Mengengerüst hat großen Einfluss auf die Auswahl der technischen Realisierungsmöglichkeiten und somit auch auf die Kosten der Leistungen. Eine Leistung für eine internetbasierte Auftragsabwicklung von täglich 20 Aufträgen ist anders zu konzipieren als eine Leistung für 20.000 tägliche Aufträge. Je präziser die Mengenplanung dem späteren tatsächlichen Mengenbedarf entspricht, umso geringer ist die Gefahr einer falschen Dimensionierung der Leistung, insbesondere im Bereich der Produktion.

- *Schritt 2 – Definition der Entwicklungsalternativen*: Auf der Grundlage der fachlichen Anforderungen und Mengen kann der Leistungserbringer mögliche Entwicklungsalternativen ableiten und spezifizieren. Im Rahmen der Spezifikation werden unterschiedliche Alternativen, beispielsweise hinsichtlich der Architektur (Art und Anzahl der Module, Organisation von Funktionalität und Datenhaltung, Art und Anzahl der Schnittstellen), der Benutzeroberfläche, des Einsatzes von Standardsoftwarelösungen oder des erforderlichen Betriebssystems, beschrieben. Obwohl die Spezifikation mehrerer Entwicklungsalternativen einen hohen Aufwand in der Planungsphase bedeutet, lässt sich dieser bei einer gesamthaften Betrachtung des Leistungslebenszyklus rechtfertigen. Denn im Rahmen der Spezifikation der Leistung wird bereits ein Großteil der späteren Lebenszykluskosten der Leistung festgelegt. Allerdings sollte nicht eine möglichst große Zahl theoretischer Entwicklungsalternativen spezifiziert werden, sondern eine überschaubare Anzahl realistischer Alternativen. Um die praktische Realisierbarkeit einer Entwicklungsalternative einzuschätzen, kann es sich als hilfreich erweisen, bereits im Rahmen der Leistungsspezifikation einen experimentellen Prototypen zu entwickeln.
- *Schritt 3 – Kostenschätzung der Entwicklungsalternativen*: Nachdem die Entwicklungsalternativen aus den fachlichen Anforderungen abgeleitet und systemtechnisch spezifiziert wurden, sind in einem dritten Schritt die Kosten der Alternativen zu schätzen. Für die Schätzung kann auf etablierte Aufwands- und Kostenschätzverfahren in der Entwicklung zurückgegriffen werden (siehe Kapitel 5.3.3). Die geschätzten Kosten je

betrachtete Entwicklungsalternative bilden die horizontale Achse der Kostentabelle.

- *Schritt 4 – Schätzung der Verbrauchsmengen in der Produktion*: Die späteren Produktionskosten einer IT-Leistung hängen stark von der Ausgestaltung der technischen Parameter in der Entwicklung ab. Jede Entwicklungsalternative besitzt folglich spezifische Eigenschaften hinsichtlich der Inanspruchnahme von Produktionsressourcen. Während die eine Entwicklungsalternative etwa eine sehr effiziente Produktion ermöglicht, kann eine andere Alternative zu einem deutlich höheren Verbrauch von Produktionsressourcen führen. Von entscheidender Bedeutung ist es daher, bereits in der Planungsphase eine Schätzung der zu erwartenden Verbrauchsmengen an Produktionsressourcen für jede Entwicklungsalternative vorzunehmen. Während dieses Vorgehen in der industriellen Fertigung durch die Erstellung von Stücklisten im Rahmen der Arbeitsvorbereitung erfolgt, ist es im Bereich der IT-Dienstleistungsproduktion weitgehend unbekannt. Eine Stückliste für eine IT-Leistung muss demnach spezifizieren, welche und wie viele Produktionsressourcen die Erbringung einer Leistung verbraucht. Für jede Entwicklungsalternative ist eine Stückliste zu erstellen, die angibt, welche Menge der jeweiligen Basisleistungsarten die Produktion einer IT-Leistung verbraucht (siehe Abb. 94).

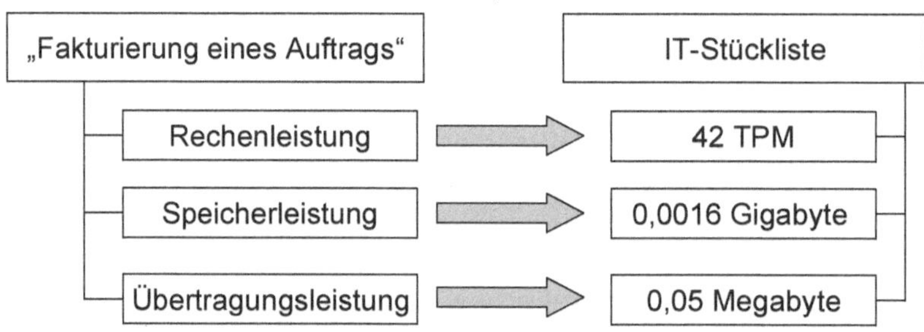

Abb. 94. Stückliste für die IT-Leistung „Fakturierung"

Die konkreten Verbrauchsmengen können entweder auf der Basis von Erfahrungswerten ermittelt oder mit Hilfe von Schätzverfahren prognostiziert werden. Ersterer Ansatz ist insbesondere bei bereits existierenden IT-Leistungen möglich, beispielsweise auf der Basis bekannter Auslastungs- und Performancedaten aus der Produktion. Für eine neue Leistung, für die keine Erfahrungswerte oder Ist-Daten aus der Produktion vorliegen, kann alternativ auf Methoden des Software Performance Engineerings (SPE) zurückgegriffen werden. SPE erlaubt es, den Leistungsgrad und die Ressourcenauslastung von Anwendungssystemen bereits im Entwicklungsstadium zu prognostizieren [Dumke et al. 2001].

- *Schritt 5 – Definition der Produktionsalternativen*: Analog zur Vorgehensweise in der Entwicklung sind mögliche Produktionsalternativen für eine IT-Leistung zu spezifizieren. Diese ergeben sich vor allem aus der konkreten Ausgestaltung von Parametern wie Hardware (z. B. Plattform, Prozessortyp, Prozessoranzahl), systemnaher Software (z. B. Betriebssystem und Datenbankmanagementsystem), Speichermedien (Art, Anzahl, Größe), Skalierbarkeit und Verfügbarkeit.

- *Schritt 6 – Kostenschätzung der Produktionsalternativen*: Die Kosten einer Produktionsalternative setzen sich im Wesentlichen aus Hardware-, Software- und Personalkosten zusammen. Hinzu kommen sonstige Kosten, z. B. für Miete oder Strom. Die Produktionskosten hängen von der zugrunde liegenden Entwicklungsalternative ab, da jede Entwicklungsalternative einen individuellen Ressourcenverbrauch verursacht. So können sich zwei Entwicklungsalternativen beispielsweise in ihrem Bedarf an Rechenleistung voneinander unterscheiden, was zu unterschiedlichen Anforderungen an die Hardware und somit auch zu unterschiedlichen Produktionskosten führt. Die konkreten Produktionskosten lassen sich auf der Grundlage der Stückliste und der nachgefragten Menge ermitteln. Die prognostizierten Verbrauchsmengen bilden die Basis für die Auswahl und Dimensionierung der Produktionsalternativen. Darüber hinaus ist auch der zu betrachtende Produktionszeitraum zu berücksichtigen. Während die Entwicklungskosten unabhängig von der Lebensdauer der Leistung anfallen, sind die Produktionskosten von der Lebensdauer abhängig. Die Gesamtkosten je Produktionsalternative bilden in Abhängigkeit von der Entwicklungsalternative die vertikale Achse der Kostentabelle.

- *Schritt 7 – Ermittlung der Gesamtkosten*: Durch die Addition von Entwicklungs- und Produktionskosten lassen sich die Gesamtkosten für jede Alternativenkombination ermitteln (siehe Abb. 95). Die Gesamtkosten beziehen sich dabei, ebenso wie die Produktionskosten, immer auf einen definierten Betrachtungszeitraum. Eine Berechnung der Leistungsstückkosten ist möglich, indem die Gesamtkosten durch die Anzahl der nachgefragten Leistungen dividiert werden.

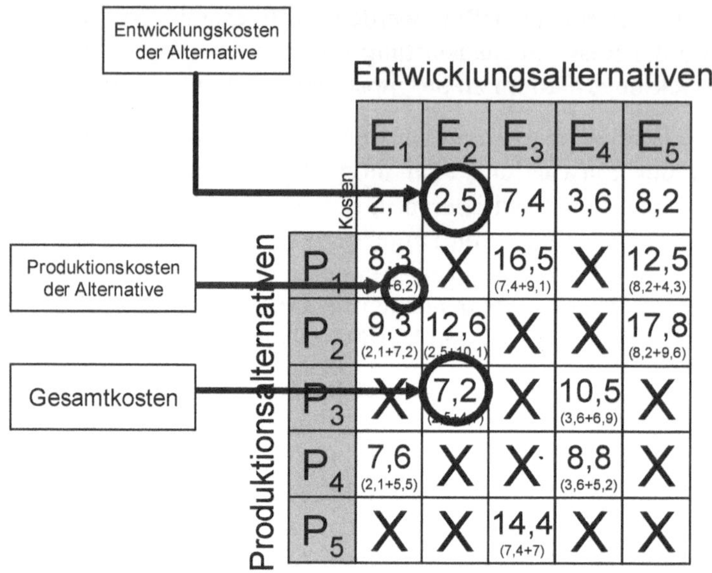

Abb. 95. Integrierte IT-Kostentabelle

In dem in Abb. 95 dargestellten Beispiel erkennt man, dass unter reinen Kostengesichtspunkten die Kombination der Entwicklungsalternative E_2 und der Produktionsalternative P_3 bei einem Betrachtungszeitraum von 3 Jahren mit Gesamtkosten in Höhe von 7,2 Mio. Euro die beste Lösung darstellt. Dies muss jedoch nicht zwangsläufig bedeuten, dass diese Kombination auch realisiert wird. So könnte eine andere Kombination zwar teurer, jedoch beispielsweise deutlich besser nach oben skalierbar sein. Hat der IT-Dienstleister die Absicht, die Leistung gegebenenfalls auch an andere Kunden zu verkaufen, was zu einer höheren Produktionsmenge führen würde, so könnte diese Alternativenkombination für ihn trotz der höheren Grundkosten vorteilhaft sein.

Insgesamt ermöglichen integrierte IT-Kostentabellen einem IT-Dienstleister eine lebenszyklus- und leistungsorientierte Kostenkalkulation. Sie können zum einen als Grundlage für den Vergleich unterschiedlicher Entwicklungs- und Produktionsalternativen genutzt werden und zum anderen als Grundlage für Preisberechnungen und Verhandlungen mit Leistungsabnehmern dienen.

Prototypische Umsetzung ausgewählter Elemente:

Ein zentraler Baustein des vorgestellten Lösungskonzeptes wurde auf der Basis von SAP prototypisch realisiert. Der Prototyp erlaubt

- die Definition und Spezifikation unterschiedlicher Produktionsalternativen für eine IT-Leistung (Schritt 5) und
- die kostenmässige Bewertung der Produktionsalternativen für eine vorgegebene Entwicklungsalternative (Schritt 6).

Der Prototyp stellt einem IT-Dienstleister ein Instrument zur Verfügung, das es ihm auf der Grundlage einer konkreten Entwicklungsalternative ermöglicht, die Produktionskosten einer Leistung vorab zu kalkulieren, und zwar für unterschiedliche Produktionsalternativen. Bei der Kalkulation werden auch Restkapazitäten auf bereits vorhandenen Produktionsplattformen berücksichtigt. Die Funktionsweise des Prototypen wird im Folgenden beispielhaft vorgestellt. Den Ausgangspunkt bilden die funktionalen Anforderungen des Kunden an die Leistung. Es wurden zwei unterschiedliche Entwicklungsalternativen für die Leistung spezifiziert. Für jede Entwicklungsalternative sollen nun die zu erwartenden Produktionskosten unter Berücksichtigung der vorhandenen Produktionsinfrastruktur kalkuliert werden.

Ressource	Hersteller	Ressourcenbeschreibung	Prozessor-Typ	Prozesso	OS	DB
1	Fujitsu Siemens	PRIMERGY R450	Intel Xeon MP 2.00 GHz	4	Microsoft Windows Server 2003 Enterprise Edition	Microsoft SQL Server 2000 Enterprise Ed. SP3
2	Fujitsu Siemens	PRIMERGY T850	Intel MP 1.6GHz	8	Microsoft Windows Server 2003 Enterprise Edition	Microsoft SQL Server 2000 Enterprise Ed. SP3
3	Fujitsu Siemens	PRIMERGY R450	Intel Xeon MP 1.6GHz	4	Microsoft Windows 2000 Advanced Server	Microsoft SQL Server 2000 Enterprise Edition
4	Fujitsu Siemens	PRIMERGY H250	Intel Xeon 2.20 GHz	2	Microsoft Windows 2000 Advanced Server	Microsoft SQL Server 2000 Enterprise Edition
5	Fujitsu Siemens	Primergy F200	Intel Pentium III 1266 MHz	2	Microsoft Windows 2000 Server SP2	Microsoft SQL Server 2000 Enterprise Edition
6	Fujitsu Siemens	PRIMERGY H400 O/S with 3 PRIMERG	Intel Pentium III Xeon 900 MHz	4	Microsoft Windows 2000	Microsoft SQL Server 2000

Ressource	Hersteller	Ressourcenbeschreibung	Prozessor-Typ	Prozesso	OS	DB
1	HP	HP 9000 Model Superdome Enterprise S	HP PA-RISC 8700 875MHz	64	HP UX 11.i 64-bit	Oracle 9i Enterprise Database Server 9.2.0.1
2	HP	HP 9000 Superdome Enterprise Server	HP PA-RISC 8700 750MHz	64	HP UX 11.i 64-bit	Oracle 9i Database Enterprise Edition
3	HP	hp server rp8400	HP PA-RISC 8700 750MHz	16	HP UX 11.i 64-bit	Sybase Adaptive Server Enterprise v12.5

Ressource	Hersteller	Ressourcenbeschreibung	Prozessor-Typ	Prozesso	OS	DB
1	IBM	IBM eServer pSeries 690 Model 7040-68	IBM POWER4+ 1.9GHz	32	IBM AIX5L V5.2	IBM DB2 UDB 8.1
2	IBM	IBM eServer pSeries 690 Turbo 7040-68	IBM Power 4 1700 MHz	32	IBM AIX5L V5.2	Oracle Database 10g Enterprise Edition
3	IBM	IBM eServer pSeries 690 Turbo 7040-68	IBM Power 4 1700 MHz	32	IBM AIX5L V5.2	IBM DB2 UDB 8.1
4	IBM	IBM eServer pSeries 690 Turbo 7040-68	IBM Power 4 1700 MHz	32	IBM AIX5L V5.2	IBM DB2 UDB 8.1
5	IBM	IBM eServer pSeries 660 Model 6M1	IBM RS64 IV 750MHz	8	IBM AIX 4.3.3	Oracle 9i Database Enterprise Ed. 9.0.1
6	IBM	IBM eServer pSeries 680 Model 7017-S8	IBM RS64 IV 600 MHz	24	IBM AIX 4.3.3	Oracle 8i Enterprise Edition v. 8.1.7
7	IBM	IBM eServer pSeries 660	IBM RS64 IV 668 MHz	6	IBM AIX 4.3.3	Oracle9i Database Ent. Edition 9.0.1

Abb. 96. Übersicht aller potentiellen Produktionsressourcen für eine Entwicklungsalternative

Die Spezifikation der Entwicklungsalternative 1 erlaubt eine Produktion auf den in Abb. 96 dargestellten, bereits vorhandenen Hardwareressourcen. Jede Ressource muss zunächst mit ihren technischen und betriebswirtschaftlichen Informationen detailliert beschrieben werden. Abb. 97 zeigt dies für die technischen Informationen beispielhaft für einen Server. Zunächst sind grundlegende Angaben zu Servertyp, CPU-Anzahl, CPU-Typ,

Betriebssystem-Typ und Betriebssystem-Version zu machen. Der Server erbringt die zwei Leistungsarten „Speicherung“, gemessen in Gigabyte, und „Verarbeitung“, gemessen in TPM (Transactions per Minute). Für jede Leistungsart können die Maximalkapazität (CAP_SLAM), der K-Punkt (KPP_SLAM), d. h. der Auslastungsgrad, ab dem in der Praxis mit einem Leistungseinbruch des Servers zu rechnen ist (siehe Kapitel 4.3.4), und die Plan-Kapazität (PLM_SLAM), auch Plan-Auslastung genannt, spezifiziert werden.

In der Abbildung nicht dargestellt sind die betriebswirtschaftlichen Beschreibungsmerkmale des Servers. Dies sind zum einen finanzielle Größen, wie z. B. Kaufpreis und jährliche Abschreibungen. Zum anderen müssen die in SAP-CO geführten Kostenarten der Produktion den Leistungsarten „Verarbeitung“ und „Speicherung“ entweder direkt oder unter Verwendung von Verteilungsschlüsseln zugeordnet werden. Das System bietet zu diesem Zweck die Möglichkeit, Zuordnungsschlüssel dauerhaft zu hinterlegen.

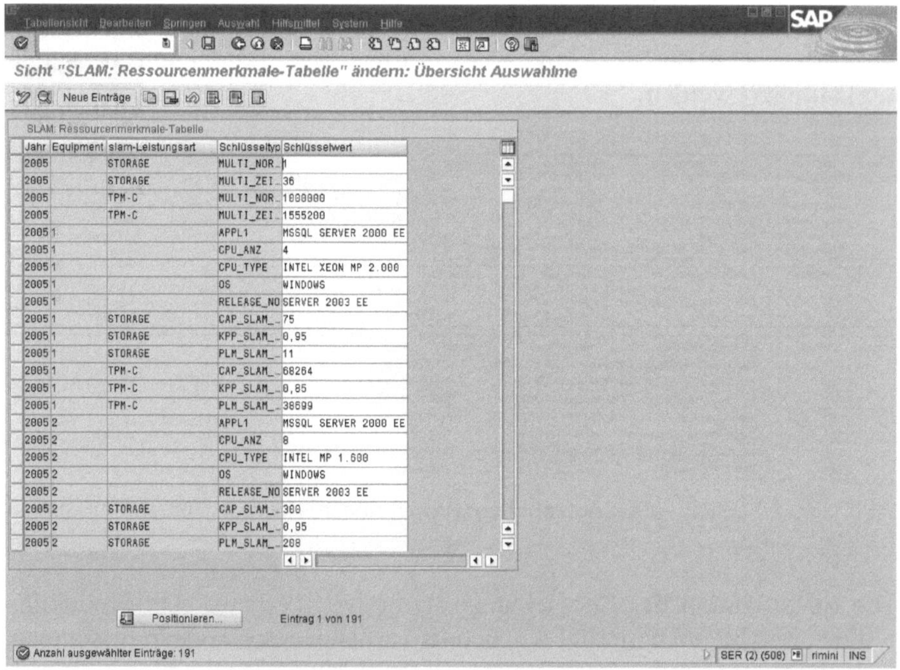

Jahr	Equipment	slam-Leistungsart	Schlüsseltyp	Schlüsselwert
2005		STORAGE	MULTI_NOR…	1
2005		STORAGE	MULTI_ZEI…	36
2005		TPM-C	MULTI_NOR…	1000000
2005		TPM-C	MULTI_ZEI…	1555200
2005	1		APPL1	MSSQL SERVER 2000 EE
2005	1		CPU_ANZ	4
2005	1		CPU_TYPE	INTEL XEON MP 2.000
2005	1		OS	WINDOWS
2005	1		RELEASE_NO	SERVER 2003 EE
2005	1	STORAGE	CAP_SLAM_…	75
2005	1	STORAGE	KPP_SLAM_…	0,95
2005	1	STORAGE	PLM_SLAM_…	11
2005	1	TPM-C	CAP_SLAM_…	68264
2005	1	TPM-C	KPP_SLAM_…	0,85
2005	1	TPM-C	PLM_SLAM_…	38699
2005	2		APPL1	MSSQL SERVER 2000 EE
2005	2		CPU_ANZ	8
2005	2		CPU_TYPE	INTEL MP 1.600
2005	2		OS	WINDOWS
2005	2		RELEASE_NO	SERVER 2003 EE
2005	2	STORAGE	CAP_SLAM_…	300
2005	2	STORAGE	KPP_SLAM_…	0,95
2005	2	STORAGE	PLM_SLAM_…	208

Abb. 97. Technische Ressourcenmerkmale eines Servers

Die kaufmännischen Informationen aus SAP-CO, d. h. die Kostenarten- und Kostenstellenrechnung, sowie sämtliche Informationen der technischen Ressourcen sind im System zusammengeführt und schaffen die Voraussetzungen für die Leistungskalkulation. Den Kern des Systems bildet ein Ressourcenkonfigurator, der diese Informationen nach definierten Kriterien kombiniert. Abb. 98 zeigt die Funktionsweise des Ressourcenkonfigurators am Beispiel des Produkts „Internetvertrieb unterstützen“. Das Produkt soll ab dem Planjahr 2005 für eine angenommene Nutzungsdauer von 3 Jahren bereitgestellt werden. Um den Anforderungen der Leistungsabnehmer gerecht zu werden, ist für die Entwicklungsalternative 1 ein Kapazitätsbedarf in Höhe von 245.000 TPM-C erforderlich. Für den Nutzungszeitraum von 3 Jahren beläuft sich der Gesamtbedarf auf 25,2 Mio. normierte Transaktionen. Analog beträgt der zeitpunktbezogene Bedarf an Speicherkapazität 2,5 GB, der Bedarf insgesamt 1.620 GB-Monate. Qualitative Anforderungen an das Produkt, z. B. hinsichtlich des Betriebssystems, des Datenbankmanagementsystems oder des Prozessortyps, können ebenfalls spezifiziert werden.

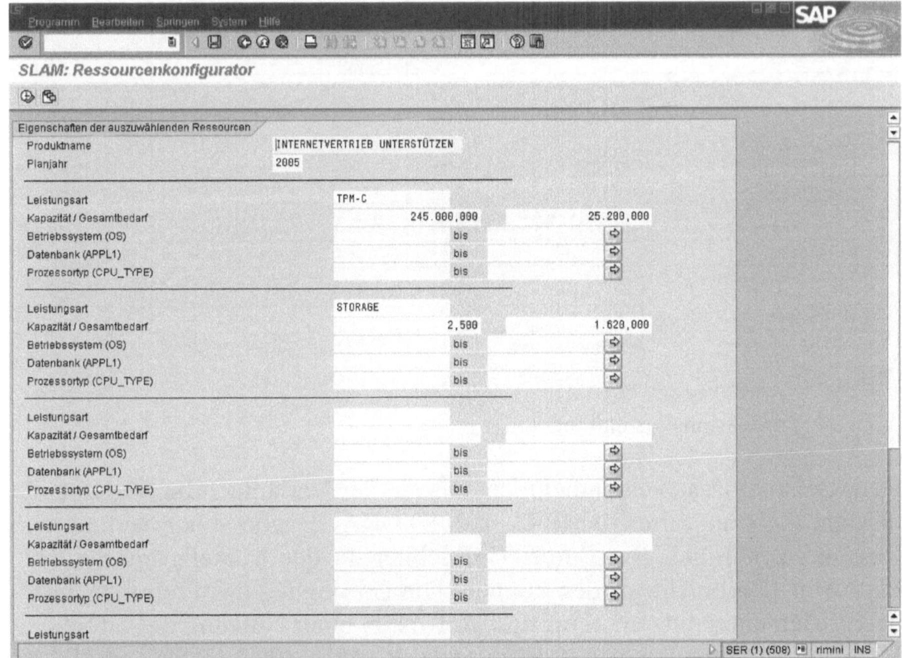

Abb. 98. Ressourcenkonfigurator

Mit diesen Informationen lassen sich durch den Ressourcenkonfigurator die Produktionskosten auf allen in Frage kommenden Hardwarekombinationen berechnen (siehe Abb. 99). Dabei werden sowohl die qualitativen als auch die quantitativen Anforderungen berücksichtigt. Jede mögliche Ressourcenkombination wird als Variante bezeichnet. Für jede Ressource und jede Leistungsart werden die Produktionskosten unter Zugrundelegung der unterschiedlichen Kapazitäten dargestellt: zunächst die Kosten bei einer Maximalauslastung, dann die Kosten bei einer Auslastung bis zum K-Punkt beziehungsweise bis zur Plan-Auslastung. Die vorletzte Spalte zeigt die Leistungsartengesamtkosten.

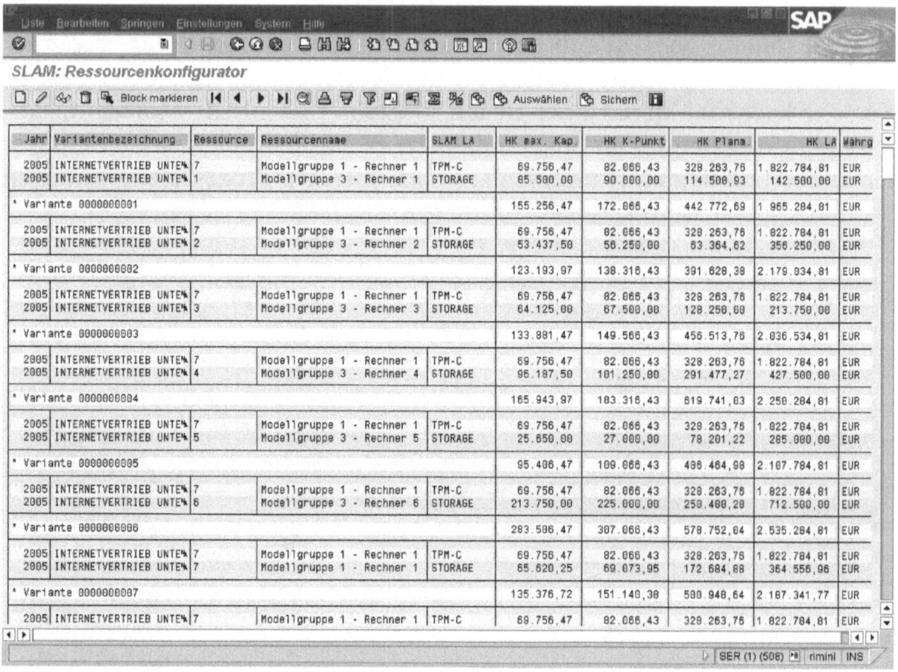

SLAM: Ressourcenkonfigurator

Jahr	Variantenbezeichnung	Ressource	Ressourcenname	SLAM LA	HK max. Kap.	HK K-Punkt	HK Planm.	HK LA	Währg
2005	INTERNETVERTRIEB UNTE	7	Modellgruppe 1 - Rechner 1	TPM-C	69.756,47	82.066,43	328.263,76	1.822.784,81	EUR
2005	INTERNETVERTRIEB UNTE	1	Modellgruppe 3 - Rechner 1	STORAGE	85.500,00	90.000,00	114.508,93	142.500,00	EUR
* Variante 0000000001					155.256,47	172.066,43	442.772,69	1.965.284,81	EUR
2005	INTERNETVERTRIEB UNTE	7	Modellgruppe 1 - Rechner 1	TPM-C	69.756,47	82.066,43	328.263,76	1.822.784,81	EUR
2005	INTERNETVERTRIEB UNTE	2	Modellgruppe 3 - Rechner 2	STORAGE	53.437,50	56.250,00	63.364,62	356.250,00	EUR
* Variante 0000000002					123.193,97	138.316,43	391.628,38	2.179.034,81	EUR
2005	INTERNETVERTRIEB UNTE	7	Modellgruppe 1 - Rechner 1	TPM-C	69.756,47	82.066,43	328.263,76	1.822.784,81	EUR
2005	INTERNETVERTRIEB UNTE	3	Modellgruppe 3 - Rechner 3	STORAGE	64.125,00	67.500,00	128.250,00	213.750,00	EUR
* Variante 0000000003					133.881,47	149.566,43	456.513,76	2.036.534,81	EUR
2005	INTERNETVERTRIEB UNTE	7	Modellgruppe 1 - Rechner 1	TPM-C	69.756,47	82.066,43	328.263,76	1.822.784,81	EUR
2005	INTERNETVERTRIEB UNTE	4	Modellgruppe 3 - Rechner 4	STORAGE	96.187,50	101.250,00	291.477,27	427.500,00	EUR
* Variante 0000000004					165.943,97	183.316,43	619.741,03	2.250.284,81	EUR
2005	INTERNETVERTRIEB UNTE	7	Modellgruppe 1 - Rechner 1	TPM-C	69.756,47	82.066,43	328.263,76	1.822.784,81	EUR
2005	INTERNETVERTRIEB UNTE	5	Modellgruppe 3 - Rechner 5	STORAGE	25.650,00	27.000,00	78.201,22	285.000,00	EUR
* Variante 0000000005					95.406,47	109.066,43	406.464,98	2.107.784,81	EUR
2005	INTERNETVERTRIEB UNTE	7	Modellgruppe 1 - Rechner 1	TPM-C	69.756,47	82.066,43	328.263,76	1.822.784,81	EUR
2005	INTERNETVERTRIEB UNTE	6	Modellgruppe 3 - Rechner 6	STORAGE	213.750,00	225.000,00	250.488,28	712.500,00	EUR
* Variante 0000000006					283.506,47	307.066,43	578.752,04	2.535.284,81	EUR
2005	INTERNETVERTRIEB UNTE	7	Modellgruppe 1 - Rechner 1	TPM-C	69.756,47	82.066,43	328.263,76	1.822.784,81	EUR
2005	INTERNETVERTRIEB UNTE	7	Modellgruppe 1 - Rechner 1	STORAGE	65.620,25	69.073,95	172.684,88	364.556,96	EUR
* Variante 0000000007					135.376,72	151.140,38	500.948,64	2.187.341,77	EUR
2005	INTERNETVERTRIEB UNTE	7	Modellgruppe 1 - Rechner 1	TPM-C	69.756,47	82.066,43	328.263,76	1.822.784,81	EUR

Abb. 99. Produktionskostenübersicht

Dem Beispiel lässt sich entnehmen, dass in der Variante 7 die beiden technischen Leistungsarten TMP-C und STORAGE von einer technischen Ressource, nämlich Ressource 7 (Rechner 1) der Modellgruppe 1 (IT-Plattform 1) erbracht werden können. Die Erbringung des Produkts „Internetvertrieb unterstützen" führt hier zu Kosten unter Nutzung des HK-max.-Kap-Wertes von ca. 135.376 Euro bzw. ca. 151.140 Euro für den HK-K-Punkt-Wert und ca. 500.948 Euro für den HK-Planm.-Wert.

4.8 Produktionsprogrammplanung

4.8.1 Strategische Programmplanung

In der strategischen Programmplanung wird die Strategie für das Leistungsprogramm eines IT-Dienstleisters festgelegt. Im Sinne einer globalen Rahmenplanung definiert die strategische Programmplanung langfristig den gesamten Aktionsbereich, legt die Richtung fest, in welche das Leistungsprogramm zu lenken ist, und wählt die Leistungsfelder aus, welche dem IT-Dienstleister auf lange Sicht ein angemessenes Erfolgspotential sichern [Schweitzer 1994, 655]. Die Strategieentwicklung folgt dem Prozess der strategischen Planung und muss auf Dauer ertragskräftige Leistungssegmente identifizieren sowie einen Orientierungs- und Gestaltungsrahmen für die taktische und operative Programmplanung vorgeben. Die strategische Programmplanung konzentriert sich dabei auf Leistungssegmente. In der Praxis wird meist als Instrument die Portfolio-Analyse eingesetzt.

Neben der Identifikation und Positionierung von Leistungssegmenten mit Hilfe der Portfolio-Analyse werden im Rahmen der strategischen Programmplanung auch Normstrategien abgeleitet. Diese sind in der Regel mit einer bestimmten Positionierung einzelner Leistungssegmente innerhalb eines Portfolios verknüpft und enthalten Handlungsempfehlungen für den langfristigen Umgang mit den Leistungssegmenten. Ziel der Normstrategien ist es, das Ist-Leistungs-Portfolio mit Hilfe der Strategien in das angestrebte Soll-Leistungs-Portfolio zu überführen. Für ausgewählte Portfolio-Konzepte existieren bereits Normstrategien. So werden für die einzelnen Kategorien innerhalb des Marktattraktivitäts-Wettbewerbsvorteils-Portfolios Investitions- und Wachstumsstrategien, Abschöpfungs- und Desinvestitionsstrategien oder selektive Strategien empfohlen [Hinterhuber 1992, 133ff].

Ward und Peppard verbinden in ihrer in Kapitel 4.2.3 vorgestellten „Composite Matrix" eine Reihe generischer Strategien, die als Normstrategien verstanden werden können (siehe Abb. 100):

- Leistungssegmente in der strategischen Kategorie (engl. strategic) sollten zentral geplant werden, damit das Top-Management jederzeit möglichst vollständig informiert ist.
- Leistungssegmente mit hohem Potential besitzen ein hohes Risiko, da es sich in der Regel um sehr innovative, wenig erprobte Leistungen (engl.

leading edge) handelt. Sie müssen strategisch im Sinne einer wettbewerbsorientierten Marktstrategie (engl. free market) behandelt werden. Dies bedeutet, dass Entscheidungen innerhalb der Geschäftsbereiche, d. h. dezentral getroffen werden.

- Leistungssegmente in der Kategorie „Support" sollten ebenfalls mit einer marktorientierten Strategie bearbeitet werden. Die Wirtschaftlichkeit spielt aber in dieser Kategorie eine besondere Rolle, weshalb im Sinne einer Strategie der knappen Ressourcen (engl. scarce resources) eine strenge Kostenkontrolle und Budgetlimitierung verfolgt werden sollte.
- Die zentralen operativen Leistungssegmente (engl. key operational) müssen standardisiert und integriert sein, weshalb eine Monopolstrategie, bei der Entscheidungen zentral durch das Top-Management getroffen werden, empfohlen wird.

Abb. 100. Normstrategie für die „Composite Matrix" [Ward/Peppard 2002, 319]

4.8.2 Taktische Programmplanung

In der taktischen Programmplanung sind die in den strategischen Leistungssegmenten enthaltenen Leistungen zu konkretisieren. Es sind die folgenden Fragen zu klären [Zäpfel 1989a, 75]:

- Welche neuen Leistungen sollen zu welchen Zeitpunkten eingeführt werden (*Leistungsinnovationen*)?

- Welche existierenden Leistungen sollen zukünftig beibehalten oder verändert werden (*Leistungsvariation* bzw. *Leistungsdifferenzierung*)?
- Welche existierenden Leistungen sollen eliminiert werden (*Leistungselimination*)?

Mit der Beantwortung dieser Fragen werden zum einen die *Dichte des Leistungsprogramms*, d. h. die Art und Menge der Leistungen innerhalb eines Leistungssegments, und zum anderen die *Breite des Leistungsprogramms*, d. h. die Art und Menge von Leistungen über alle Leistungssegmente hinweg, festgelegt [Corsten 1995, 200; Schweitzer 1994, 662f].

In der Beurteilung einer angemessenen Dichte und Breite des Leistungsprogramms eines IT-Dienstleisters bestehen häufig unterschiedliche Auffassungen zwischen den absatzwirtschaftlichen und produktionswirtschaftlichen Bereichen. Aus Absatzsicht bietet ein breites Spektrum an Produkten die Möglichkeit, neue Kunden zu gewinnen und neue Absatzmärkte zu erschließen. In der Produktion führt ein breites Leistungsspektrum dahingegen häufig zu Problemen. Mit der Aufnahme jeder weiteren Leistung fallen zusätzliche Kosten bei der Produktionsdurchführung an und der Produktionsprozess wird komplexer [Zäpfel 1989a, 76].

Leistungsdifferenzierungen und Leistungsvariationen sind daher aus Sicht der Produktion zu beurteilen. Eine Leistungsdifferenzierung erfolgt, wenn eine Leistung für verschiedene Zielgruppen gleichzeitig in unterschiedlichen Varianten angeboten wird; eine Leistungsvariation verbessert dahingegen eine bestehende Leistung in ihren Eigenschaften und ersetzt die bestehende Leistung [Zäpfel 1989a, 53ff]. Zielsetzung in der Produktion ist es, trotz einer hohen Breite des Leistungsprogramms die Flexibilität des Produktionssystems hoch und die Komplexität niedrig zu halten [Schuh/Schwenk 2001]. Zu diesem Zweck können die bereits in Kapitel 3.2.4 beschriebenen Maßnahmen zur Standardisierung und Modularisierung von IT-Leistungen herangezogen werden. Insbesondere die modulare Gestaltung des Leistungsprogramms in Form von Bausteinen spielt dabei eine wichtige Rolle. In der Praxis der IT-Dienstleistungsproduktion ist es dabei in der Regel nicht möglich, ausschließlich Leistungen in Form von standardisierten Modulen anzubieten. Vielmehr setzt sich das Leistungsprogramm aus standardisierten Basisleistungsmodulen, standardisierten optionalen Leistungsmodulen und kundenspezifischen Leistungsmodulen zusammen (siehe Abb. 101).

Zu den standardisierten Basisleistungsmodulen werden optional ergänzende Leistungsmodule angeboten, die ebenfalls standardisiert sind. So können beispielsweise zu einem Basisleistungsmodul „E-Mail-Service“, das einen standardisierten Funktions- und Qualitätsumfang enthält, optional mehrere Ergänzungen, wie z. B. eine „E-Mail-Verschlüsselung“, ein „mobiler E-Mail-Zugang via Remote-Access“ oder eine „Erweiterung der Mailbox-Größe um 50 MB“, angeboten werden. Die optionalen Leistungsmodule sind ebenfalls standardisiert, sie können aber immer nur in Verbindung mit einem Basisleistungsmodul angeboten werden. Nach Bedarf können kundenspezifische Leistungsmodule angeboten werden. Diese können sowohl eigenständige kundenspezifische Leistungsmodule, wie z. B. eine kundenindividuelle Abwicklung eines internetbasierten Bestellvorgangs, darstellen als auch kundenspezifische Ergänzungen standardisierter Basisleistungsmodule, wie z. B. die „Bereitstellung eines kundenindividuellen E-Mail-Clients“.

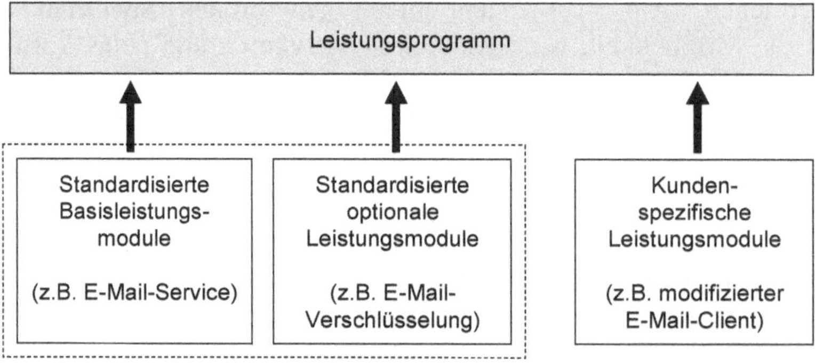

Abb. 101. Standardisierung und Modularisierung des Leistungsprogramms

Das Leistungsprogramm setzt sich somit aus drei Leistungstypen zusammen, die beliebig zu IT-Produkten gebündelt werden können (siehe Abb. 102).

Im Rahmen der taktischen Programmplanung ist darüber zu entscheiden, welchen Anteil die drei Leistungstypen am Gesamtprogramm haben. Es gilt, die Vorteile eines breiten, auf individuelle Kundenbedürfnisse zugeschnittenen Leistungsspektrums mit den Vorteilen einer wirtschaftlichen Produktion auf der Grundlage weniger standardisierter Leistungsmodule gegeneinander abzuwägen. Dabei eignen sich industriell produzierte Dienstleistungen eher für eine hohe Standardisierung und Professional Services eher für eine kundenspezifische Gestaltung.

IT-Produkt

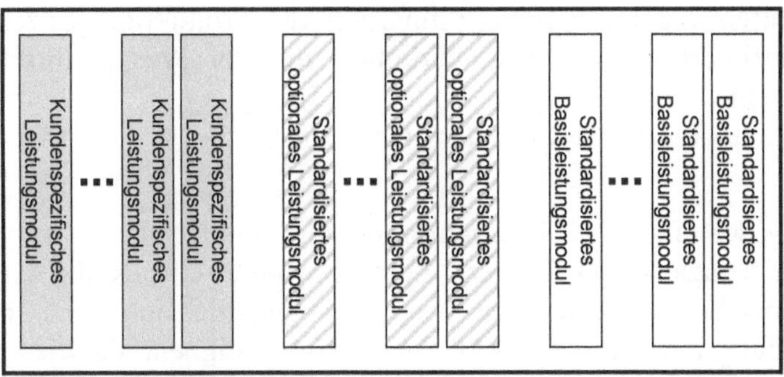

Abb. 102. Zusammensetzung eines IT-Produkts aus standardisierten und kundenspezifischen Leistungstypen

Die Komplexität des Produktionsprozesses hängt nicht nur von der Breite des Leistungsprogramms ab. Von Bedeutung ist auch, ob zwischen den Leistungen Entwicklungs- und Produktionsverwandtschaften bestehen [Corsten 1995, 200; Zäpfel 1989a, 76]:

- Eine *Entwicklungsverwandtschaft* besteht immer dann, wenn mehrere IT-Leistungen auf gleichen oder verbundenen Entwicklungsergebnissen beruhen oder wenn in der Entwicklung auf gleichartige Entwicklungspotentiale zurückgegriffen werden kann. Ein typischer Fall einer Entwicklungsverwandtschaft liegt dann vor, wenn verschiedene IT-Leistungen das gleiche Anwendungsprogramm oder die gleichen Programmmodule verwenden. In diesem Fall können Entwicklungskosten auf mehrere Leistungen verteilt werden. Ein weiteres Beispiel ist die Wiederverwendung von Entwicklungs-Know-how. Mehrere IT-Leistungen, die auf einer Web-Service-orientierten Architektur basieren oder die auf der gleichen Entwicklungsplattform entwickelt werden können, weisen eine Entwicklungsverwandtschaft auf, da z. B. Lerneffekte genutzt werden können.
- Eine *Produktionsverwandtschaft* ist dann gegeben, wenn Leistungen mit gleichen oder ähnlichen Produktionspotentialen oder Produktionsprozessen hergestellt werden können. In der IT-Dienstleistungsproduktion spielt in diesem Zusammenhang vor allem die Nutzung gleicher oder ähnlicher Betriebsmittel eine wichtige Rolle. Können unterschiedliche IT-Leistungen beispielsweise auf einem Server oder auf einer bestimmten Serverplattform erbracht werden, so lassen sich Skaleneffekte nutzen und Wartungskosten verringern. Gleiches gilt für die Produktionsprozesse, etwa wenn für verschiedene IT-Leistungen der gleiche Wartungsprozess eingesetzt werden kann.

Des Weiteren muss die *Tiefe des Leistungsprogramms*, d. h. die Anzahl der Produktionsstufen, die eine Leistung innerhalb des Produktionsprozesses durchläuft, definiert werden. Eng verknüpft mit der Programmtiefe sind Entscheidungen über die Eigen- und Fremdfertigung, d. h. welche Leistungsbestandteile selbst erstellt und welche von Dritten bezogen werden.

Die Durchführung der taktischen Programmplanung mündet in einem dynamischen Optimierungsmodell. In der Literatur werden eine Reihe von Planungs- und Entscheidungsmodellen vorgeschlagen, die sich auch für die Programmplanung innerhalb eines IT-Dienstleisters eignen. Verwiesen sei an dieser Stelle beispielhaft auf die klassischen Optimierungsmodelle von Zäpfel [Zäpfel 1989a, 77ff] und Corsten [Corsten 1995, 205ff].

4.8.3 Operative Programmplanung

Die operative Programmplanung hat die Leistungen nach Art, Menge und Zeitpunkt für den unmittelbar folgenden Planungszeitraum zu fixieren [Zäpfel 1982, 47]. Das operative Programm legt somit fest, welche Leistungen in welchen Mengen in der nächsten Planungsperiode herzustellen sind. Dabei sind die strategischen und taktischen Rahmenbedingungen zu berücksichtigen, d. h., die folgenden Größen sind als gegeben zu betrachten:

- Leistungsspezifikationen,
- Absatzhöchstmengen,
- Produktionskapazitäten,
- Produktionsprozesse.

Erneut können dynamische Optimierungsmodelle zur operativen Programmplanung herangezogen werden (siehe bspw. [Schweitzer 1994, 666ff]).

5 Management der Anwendungsentwicklung

5.1 Einführung

Im Rahmen der Anwendungsentwicklung werden die Anwendungsprogramme, die für die Erbringung der IT-Leistungen benötigt werden, gestaltet und entwickelt. Anwendungsprogramme stellen Betriebsmittel innerhalb des Produktionssystems dar. Durch die Anwendungsprogramme wird die Funktionalität der IT-Leistungen festgelegt, während Qualität und Menge der IT-Leistungen durch die Produktionspotentiale und -prozesse bestimmt werden (siehe Abb. 103).

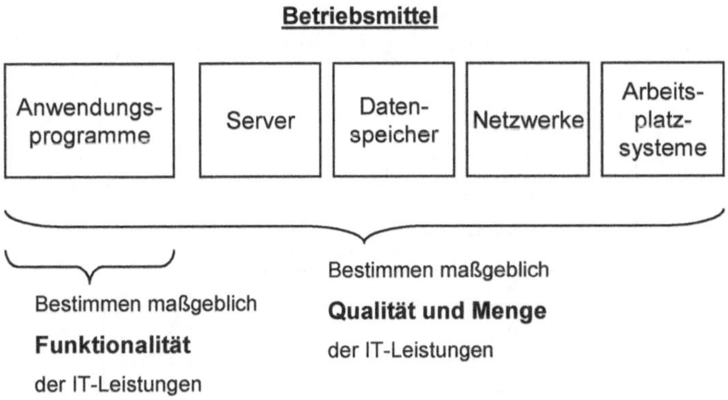

Abb. 103. Einfluss der Betriebsmittel auf Funktionalität, Qualität und Menge der IT-Leistungen

Die Anwendungsentwicklung stellt eine anspruchsvolle Aufgabe dar. Dies liegt zum einen an den besonderen Charakteristika von Anwendungsprogrammen und zum anderen an den Rahmenbedingungen, unter denen die Anwendungsentwicklung innerhalb eines IT-Dienstleisters stattfindet. Die folgenden Faktoren sind in diesem Zusammenhang zu nennen:

- Anwendungsprogramme weisen in der Regel eine hohe Komplexität auf. Die Komplexität kann sich sowohl im Umfang der Anwendungsprogramme als auch in der Programmstruktur und den verwendeten Algorithmen ausdrücken.

- Die Anwendungsentwicklung ist fehleranfällig. Mit der steigenden Bedeutung von IT-Leistungen in den Geschäftsprozessen und Geschäftsprodukten steigen auch die Qualitätsanforderungen an die Anwendungsentwicklung. Softwarefehler können zu Ausfällen und einer Nicht-Verfügbarkeit von IT-Leistungen führen.
- IT-Leistungen unterliegen häufigen Änderungen. Leistungsabnehmer stellen neue Anforderungen an die Funktionalität der IT-Leistungen, was eine häufige Änderung bzw. Weiterentwicklung der Anwendungsprogramme zur Folge hat.
- Entwicklungsprojekte stehen in der Praxis oft unter einem hohen Zeit- und Kostendruck.

Um den Prozess der Anwendungsentwicklung zu systematisieren, werden unter dem Begriff des Software-Engineerings Methoden und Werkzeuge bereitgestellt und verwendet, die das ingenieurmäßige Entwerfen, Herstellen und Implementieren von Software ermöglichen [Hesse et al. 1984]. Balzert unterteilt das Software-Engineering in drei Teildisziplinen (siehe Abb. 104).

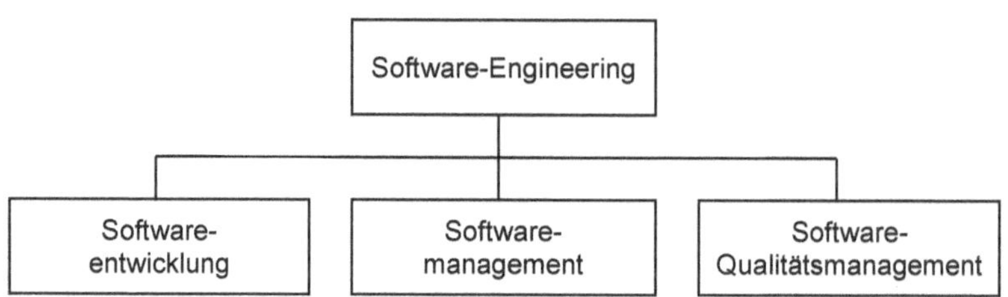

Abb. 104. Teildisziplinen des Software-Engineerings (in Anlehnung an [Balzert 2000, 39]

Die Softwareentwicklung hat die Aufgabe, neue Anwendungsprogramme zu planen, zu definieren, zu entwerfen und zu realisieren. Darüber hinaus müssen bestehende Anwendungsprogramme gewartet und weiterentwickelt werden. Die Softwareentwicklung verläuft entlang eines definierten Entwicklungsprozesses. Das Softwaremanagement hat die Aufgabe, diesen Entwicklungsprozess zu planen, zu organisieren, zu leiten und zu kontrollieren [Balzert 2000, 40]. Einen wesentlichen Bestandteil des Softwaremanagements bildet das Projektmanagement, da die Softwareentwicklung typischerweise in Form von Entwicklungsprojekten durchgeführt wird. Das Software-Qualitätsmanagement muss die geforderte Qualität der Anwendungsprogramme durch begleitende Qualitätsmaßnahmen sicherstellen.

Im Folgenden werden die Aufgaben des Softwaremanagements im Rahmen der IT-Dienstleistungsproduktion näher betrachtet. Der eigentliche Softwareentwicklungsprozess ist nicht Gegenstand dieser Buches (es sei auf die umfangreiche Literatur verwiesen, z. B. [Balzert 2000; Sommerville 2001]). Das Software-Qualitätsmanagement wird als ein Teilbereich des Softwaremanagements aufgefasst.

Von entscheidender Bedeutung ist es, das Management der Anwendungsentwicklung als eine Teilaufgabe innerhalb der IT-Dienstleistungsproduktion zu verstehen. In der betrieblichen Praxis wird dies häufig vernachlässigt und die Anwendungsentwicklung wird als isolierter Aufgabenbereich eines IT-Dienstleisters betrachtet, der eigene Produkte in Form von Softwarelösungen hervorbringt. Dies führt dazu, die IT-Leistungserbringung in eine permanente Folge von Projekten zur Änderung der IT-Leistungen zu zerlegen. Kosten und Qualität des gesamthaften Leistungs-Portfolios erhalten so zu wenig Aufmerksamkeit.

Die Managementaufgaben innerhalb der Anwendungsentwicklung lassen sich, gemäß ihrem zeitlichen Bezug, in strategische, taktische und operative Aufgaben unterteilen.

5.2 Strategisches Management der Anwendungsentwicklung

Das strategische Management hat die Aufgabe, die strategischen Rahmenbedingungen für den Prozess der Anwendungsentwicklung zu definieren. Die Rahmenbedingungen werden typischerweise in einer Entwicklungsstrategie festgehalten. Die Entwicklungsstrategie sollte Aussagen zu den folgenden Bereichen der Anwendungsentwicklung enthalten:

- der Organisation der Anwendungsentwicklung,
- der Festlegung von Entwicklungsprinzipien und Standards,
- der strategischen Ausrichtung des Anwendungs-Portfolios und
- den Rahmenbedingungen für Entwicklungswerkzeuge und -sprachen.

5.2.1 Organisation der Anwendungsentwicklung

Aufbau- und Ablauforganisation des Entwicklungsbereichs sind eingebettet in die Gesamtorganisation des IT-Dienstleisters (siehe Kapitel 2.6). In der Entwicklungsstrategie sind aufbauorganisatorische Aussagen zu organisatorischen Positionen, Verantwortungsbereichen, disziplinarischen Vollmachten und Qualifikationsprofilen zu machen [Balzert 1998, 62]. Da die Anwendungsentwicklung in Projektform organisiert ist, ist insbesondere auch die Gestaltung der möglichen Projektformen und Projektstrukturen eine wichtige organisatorische Aufgabe. Neben der dauerhaften Aufbauorganisation erfordern Entwicklungsprojekte häufig auch temporäre aufbauorganisatorische Maßnahmen, z. B. im Rahmen einer neuen Anwendungsentwicklung. Die Definition und Umsetzung dieser temporären Maßnahmen ist Teil des taktischen Entwicklungsmanagements. Von wachsender strategischer Bedeutung ist dahingegen der Umgang mit dem sogenannten Offshoring, d. h. mit der Nutzung oder Verlagerung von Entwicklungsressourcen in Niedriglohnländer [Jouanne-Diedrich 2004, 129]. Neben der grundlegenden Entscheidung für oder gegen Offshoring, die gesamtunternehmerisch durch den IT-Dienstleister getroffen werden muss, sind in der Entwicklungsstrategie insbesondere die Rahmenbedingungen für eine reibungslose organisatorische Umsetzung bzw. Eingliederung der externen Entwicklungseinheiten zu definieren.

Ablauforganisatorisch folgt die Anwendungsentwicklung einem festgelegten Vorgehens- oder Prozessmodell. In Literatur und Praxis wurde zu diesem Zweck eine Vielzahl von Modellen erarbeitet. Zu den etablierten Prozessmodellen der Anwendungsentwicklung zählen beispielsweise das Wasserfall-Modell [Boehm 1981], das V-Modell [Boehm 1984], das Spiral-Modell [Boehm 1988], das objektorientierte Modell [Rumbaugh et al. 1993] oder das Prototyping [Budde et al. 1992]. Diese werden laufend ergänzt um neue Modelle, wie derzeit z. B. das Extreme Programming oder die Agile Softwareentwicklung [Lindstrom/Jeffries 2004]. Im Rahmen der Entwicklungsstrategie sind das oder die für die Entwicklung einzusetzende(n) Prozessmodell(e) auszuwählen und an die individuellen Bedürfnisse des IT-Dienstleisters anzupassen.

5.2.2 Festlegung von Entwicklungsprinzipien und Standards

Der Anwendungsentwicklung liegen Entwicklungsprinzipien und Standards zugrunde. Beide bilden einen Teil der Anwendungsarchitektur. Entwicklungsprinzipien sind allgemein gültige, abstrakte Grundsätze für die Gestaltung der Anwendungsarchitektur. Drei beispielhafte Entwicklungsprinzipien und deren mögliche Ausprägungsformen sind:

- *Prinzip der Strukturierung*: Client/Server-Architektur, hostbasierte-Architektur, n-Tier-Architektur usw.

- *Prinzip der Modularisierung*: monolithische Architektur, komponentenorientierte Architektur, Web-Service-orientierte Architektur usw.
- *Prinzip der Standardisierung*: Einsatz von Standardsoftware oder Individualsoftware.

Abb. 105 zeigt eine beispielhafte Entwicklungsstrategie für das Entwicklungsprinzip der Standardisierung. Vertikal werden die unterschiedlichen Arten von Software, unterteilt in Standardsoftware, fremd- und eigenentwickelte Individualsoftware und „Legacy"-Software, unterschieden. Horizontal sind die im Einsatz befindlichen Anwendungskategorien hinsichtlich ihrer Architektur in Client/Server-Anwendungen, Web-Anwendungen, (Einzel-)Arbeitsplatzanwendungen und Terminal-Anwendungen unterteilt. Für jede Kombination wird eine Strategie festgelegt. So werden beispielweise Standardsoftwarelösungen für Arbeitsplatzanwendungen mit Hilfe der Microsoft-Office-Produkte umgesetzt. Und Terminal-Anwendungen sind unabhängig von der Anwendungsart abzulösen. Darüber hinaus werden die strategischen Zielsegmente festgelegt. Im konkreten Beispiel bedeutet dies, dass Client/Server- und Arbeitsplatzanwendungen nur mit Standardsoftware realisiert werden, während für Web-Anwendungen auch Individualsoftware zum Einsatz kommen kann.

Kategorie / Art	Client/Server-Anwendungen	Web-Anwendungen	(Einzel-) Arbeitsplatz-Anwendungen	Terminal-Anwendungen
Standardsoftware	SAP (ERP)	Webanbindung an Standardsoftware	MS Office	ablösen
Individualsoftware (Fremdentwicklung)	Bei Bedarf möglich	Soll-Architektur	Bei Bedarf möglich	ablösen
Individualsoftware (Eigenentwicklung)	Bei Bedarf möglich	Soll-Architektur	Bei Bedarf möglich	ablösen
„Legacy"-Software	Nicht anwendbar	Nicht anwendbar	Nicht anwendbar	ablösen

= strategische Zielsegmente

Abb. 105. Entwicklungsstrategie für das Entwicklungsprinzip der Standardisierung[7]

7 Quelle: ITMC AG, Horgen, Schweiz

Für die frühen Entwicklungsphasen sind ebenfalls Entwicklungsprinzipien festzulegen, etwa hinsichtlich der einzusetzenden Konzepte und Methoden für die objektorientierte Analyse oder für die Softwareergonomie.

Zur Umsetzung von Entwicklungsprinzipien können Entwicklungsstandards genutzt werden. So lassen sich webbasierte Anwendungsarchitekturen beispielsweise auf der Basis des Microsoft .NET[8]- oder des J2EE[9]-Standards realisieren. Serviceorientierte-Architekturen erfordern eine Middleware, für deren Umsetzung ebenfalls unterschiedliche Standards und Lösungen zur Verfügung stehen. Gleiches gilt für Standards zur Gestaltung der Benutzerschnittstelle oder der Sicherheitsarchitektur. Die zentralen Entwicklungsstandards sind im Rahmen der Entwicklungsstrategie festzulegen.

Produktionsgerechte Anwendungsentwicklung („Design for Production“)

Die Anwendungsarchitektur und die ihr zugrunde liegenden Entwicklungsprinzipien und Standards haben maßgeblichen Einfluss auf die Produktion. Dabei existieren in der Praxis häufig Zielkonflikte. So kann beispielsweise ein aus Sicht der Anwendungsentwicklung sinnvoller Entwicklungsstandard, z. B. der Einsatz einer Web-Service-orientierten-Architektur auf der Grundlage des J2EE-Standards, in der Produktion unverhältnismäßig hohe Ressourcenverbräuche und Unterstützungskosten verursachen. Auch der umgekehrte Zusammenhang ist möglich, etwa wenn ein aus Sicht der Produktion sehr wirtschaftlicher Standard, z. B. der Einsatz einer Legacy-Host-Lösung, in der Entwicklung hohe Aufwände verursacht, weil beispielsweise kein ausreichendes Entwicklungs-Know-how für diese Lösung vorhanden ist.

Eine wirtschaftliche IT-Dienstleistungsproduktion ist nur mit einem lebenszyklusbasierten Management der produzierten IT-Leistungen möglich (siehe Kapitel 3.4 und 4.6). Dies erfordert sowohl in der Anwendungsentwicklung als auch bei der Gestaltung der Produktionspotentiale und Produktionsprozesse eine gesamthafte Betrachtung aller Bereiche des Produktionsmanagements. Für die Anwendungsentwicklung ergeben sich daraus eine Reihe konkreter Konsequenzen:

- Produktionsbezogene Ziele müssen bei der Gestaltung der Anwendungsprogramme berücksichtigt werden. Dies gilt insbesondere bei der

---

[8] www.microsoft.com/net (abgerufen am 10.02.2005)

[9] www.j2ee.com (abgerufen am 10.02.2005)

strategischen Auswahl und Festlegung von Entwicklungsprinzipien und Standards, da diese maßgeblichen Einfluss auf die Wirtschaftlichkeit der Produktion haben.

- Entwickler müssen über konkrete Regeln für eine produktionsgerechte Anwendungsentwicklung verfügen. Sie müssen die Auswirkungen ihrer Entscheidungen auf die Produktion kennen.
- Die Herstellkosten von IT-Leistungen müssen bereits entwicklungsbegleitend ermittelt werden. Sie dienen als ein wesentliches Kriterium für die Beurteilung von Entwicklungsalternativen.

In der industriellen Fertigung wurden unter dem Schlagwort „Design for Manufacture and Assembly (DFMA)“ Konzepte und Methoden entwickelt, die eine produktionsgerechte Gestaltung von Produkten ermöglichen [Ashley 1995]. Diese lassen sich auch im Rahmen der IT-Dienstleistungsproduktion anwenden. Produktionsgerechte Anwendungsentwicklung bedeutet dabei, die Anwendungsprogramme so zu gestalten, dass sie die vom Kunden geforderten funktionalen Anforderungen erfüllen und gleichzeitig die Erbringung der IT-Leistungen mit der geforderten Qualität und einem minimalen Aufwand ermöglichen. Das Zielsystem der Anwendungsentwicklung wird im Rahmen einer produktionsgerechten Entwicklung um die Produktionsziele „Leistungsqualität“ und „Herstellkosten“ ergänzt (siehe Abb. 106).

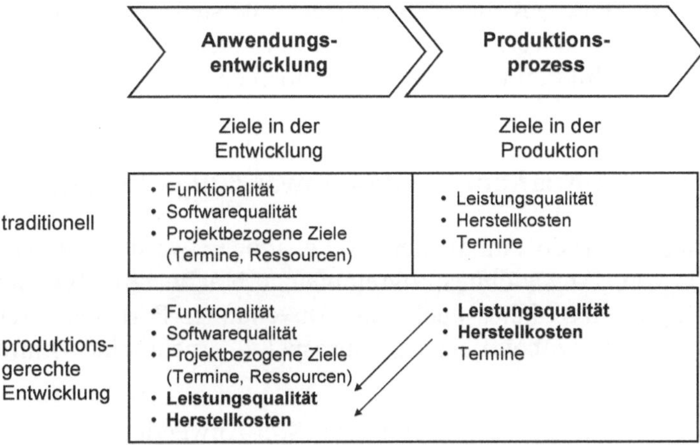

Abb. 106. Zielsetzungen im Rahmen einer produktionsgerechten Entwicklung

Die Umsetzung einer produktionsgerechten Anwendungsentwicklung erfordert sowohl organisatorische als auch methodenorientierte Maßnahmen. Zu den organisatorischen Maßnahmen zählen:

- eine engere Verzahnung und stärkere Parallelisierung der Anwendungs- und Produktionsprozessentwicklung,
- der Einsatz interdisziplinärer, phasenübergreifender Entwicklungsteams, z. B. bestehend aus Anwendungsentwicklern, Produktionsprozessentwicklern, Produktionsexperten, Produktmanagern, und
- die systematische Einführung und organisatorische Verankerung der produktionsgerechten Anwendungsentwicklung.

Die methodischen Elemente konzentrieren sich auf zwei Bereiche:

- die Verwendung von Entwicklungsregeln (Design-Regeln) für eine produktionsgerechte Entwicklung von Anwendungsprogrammen und
- eine entwicklungsbegleitende Kalkulation von Herstellkosten mit dem Ziel, eine direkte und transparente Verbindung zwischen den kostendeterminierenden Gestaltungsmerkmalen in der Entwicklung und den Herstellkosten in der Produktion zu schaffen.

Für beide Elemente ist in der Praxis umfangreiches Erfahrungswissen erforderlich. So wurden in der industriellen Produktion beispielsweise Regeln für die Auswirkungen bestimmter Gestaltungsentscheidungen im Rahmen der Entwicklung auf die späteren Herstellkosten über Jahrzehnte hinweg ausgearbeitet und verfeinert. Diese Erfahrungsbasis muss für die IT-Dienstleistungsproduktion in weiten Teilen noch aufgebaut werden.

5.2.3 Strategische Ausrichtung des Anwendungs-Portfolios

Die im Leistungs-Portfolio enthaltenen IT-Leistungen werden mit Hilfe einer Vielzahl von Anwendungsprogrammen erbracht. Ähnlich dem Leistungs-Portfolio muss daher auch das Anwendungs-Portfolio strategisch geplant werden, wobei Lebenszyklusaspekte erneut eine zentrale Rolle spielen.

Die Anwendungsarchitektur beschreibt das Soll-Anwendungs-Portfolio eines Leistungserbringers. Die Beschreibung sollte aus einer fachlichen, d. h. geschäfts- und kundenorientierten, und einer technischen Sicht heraus erfolgen. Die fachliche Darstellung zeigt die Soll-Funktionalität der Anwendungsprogramme bezogen auf die IT-Leistungen und IT-Produkte des

IT-Dienstleisters. Die technische Darstellung präsentiert die Systeme aus Sicht der Produktion, mit ihren Bausteinen, ihrem Zusammenwirken sowie ihrer datenmäßigen Integration. Beide Sichtweisen werden im Folgenden kurz an einem Beispiel erläutert.

Bei der Beschreibung der fachlichen Anwendungsarchitektur bietet es sich an, den Zusammenhang zwischen den Anwendungsprogrammen und den Geschäftsprozessen aufzuzeigen. Dies kann beispielsweise durch eine Darstellung dessen, wie die Geschäftsprozesse eines Kunden durch strategisch positionierte Anwendungsprogramme unterstützt werden, geschehen. Auf diese Weise lässt sich erkennen, ob es funktionale Überschneidungen oder Lücken in der Anwendungsarchitektur, und damit indirekt auch im Leistungs-Portfolio, gibt. In der in Abb. 107 dargestellten fachlichen Anwendungsarchitektur ist beispielhaft die Anwendungsunterstützung für drei Geschäftsprozesse dargestellt. Die farbliche Differenzierung macht deutlich, welche Anwendungstypen zum Einsatz kommen, insbesondere ob es sich um Standardlösungen oder eigenentwickelte Lösungen handelt.

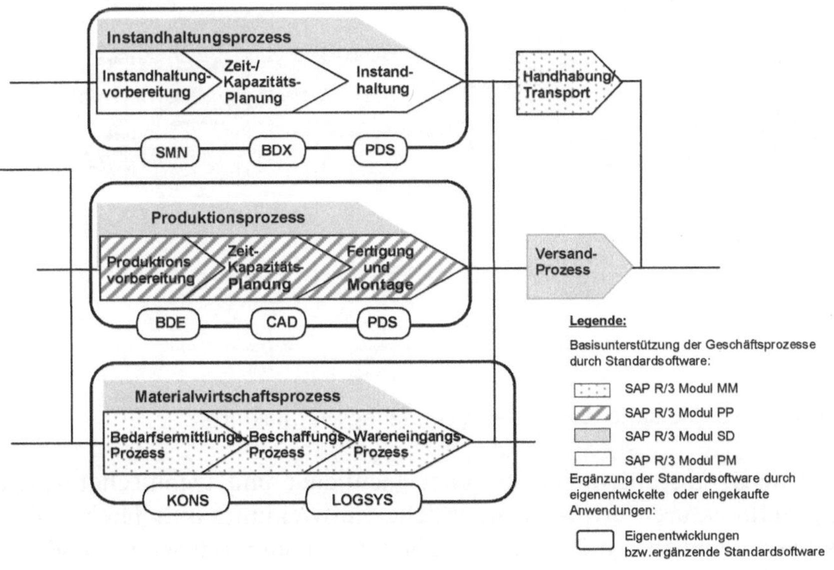

Abb. 107. Beispielhafte fachliche Anwendungsarchitektur (in Anlehnung an [Brunner/Gasser/Pörtig 2003, 27])

Mit der technischen Anwendungsarchitektur soll der Übergang von einer Betrachtung einzelner Anwendungsprogramme hin zu einer gesamtheitlichen Betrachtung im Sinne einer „technischen Anwendungslandschaft“ erreicht werden. Des Weiteren werden die Anwendungen gegenüber dem Anwender und untereinander harmonisiert und einheitlich ausgerichtet. Eine beispielhafte technische Anwendungsarchitektur zeigt Abb. 108. In dieser werden drei grundlegende Anwendungsbereiche unterschieden: Fachanwendungen, „Content-Systeme“ und betriebswirtschaftliche Informationsssysteme. In jedem Anwendungsbereich sind die zentralen Anwendungsprogramme und Schnittstellen, auch zu externen Partnern, dargestellt.

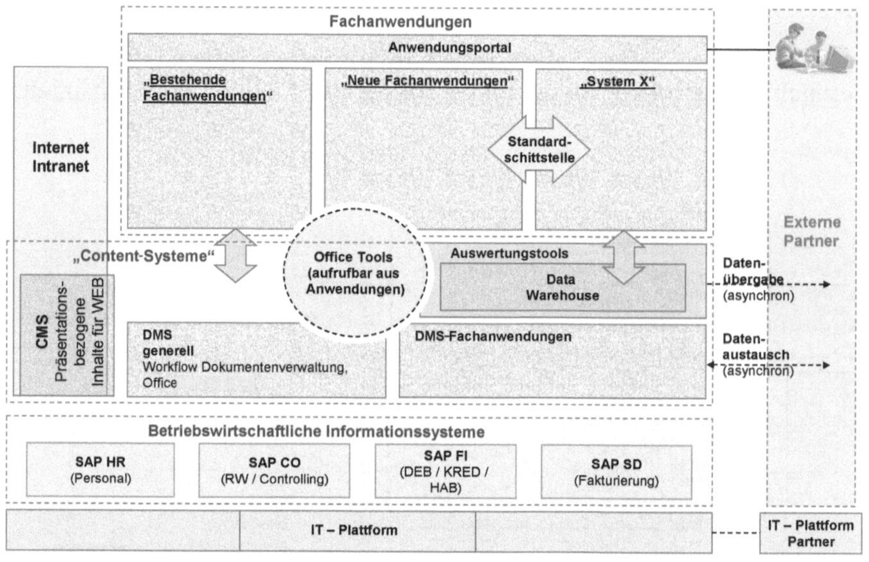

Abb. 108. Beispielhafte technische Anwendungsarchitektur[10]

Die Umsetzung unternehmensweiter fachlicher und technischer Anwendungsarchitekturen erfordert erhebliche Entwicklungsaktivitäten und Anpassungen, sowohl im Bereich einzelner Anwendungsprogramme als auch im Bereich der Entwicklungsprozesse. Sie wirkt sich zudem langfristig auf den wirtschaftlichen Erfolg eines IT-Dienstleisters aus, da sie die Herstell-

10 Quelle: ITMC AG, Horgen, Schweiz

kosten der IT-Leistungen wesentlich beeinflusst. Die fachliche und technische Anwendungsarchitektur ist aus diesem Grund strategisch zu planen.

5.2.4 Entwicklungswerkzeuge und -sprachen

Ein professioneller Entwicklungsprozess muss durch geeignete Entwicklungswerkzeuge unterstützt werden. Diese Werkzeuge kommen sowohl in den frühen Planungs-, Definitions- und Entwurfsphasen als auch in den späteren Implementierungs-, Test- und Einführungsphasen zum Einsatz. Die strategischen Entwicklungsprinzipien und Standards haben Einfluss auf die Entwicklungswerkzeuge. Im Rahmen der Entwicklungsstrategie müssen nicht sämtliche Werkzeuge im Detail ausgewählt, sondern vielmehr strategische Rahmenbedingungen bezüglich Werkzeugplattformen oder Werkzeuglieferanten definiert werden. Gleiches gilt für die Wahl der eingesetzten Entwicklungssprachen.

5.3 Taktisches Management der Anwendungsentwicklung

Auf der taktischen Ebene sind verschiedene Planungsaufgaben wahrzunehmen. Im Mittelpunkt steht dabei die Planung der Entwicklungsprojekte hinsichtlich Zeiten, Ressourcen und Kosten. Darüber hinaus sind das Controlling-System und das Qualitätssystem der Entwicklung zu planen.

5.3.1 Zeitplanung

Ein Projektplan verfeinert und konkretisiert auf der Grundlage des in der Entwicklungsstrategie festgelegten Prozessmodells die Aufgaben, Phasen und Meilensteine eines Entwicklungsprojekts. Auch die zeitbezogene Zuordnung von Aufgaben zu Mitarbeitern erfolgt in der Regel im Rahmen des Projektplans. Für die Zeitplanung steht eine Vielzahl etablierter Methoden, wie z. B. Netzpläne oder Gantt-Diagramme, und Werkzeuge, wie z. B. Microsoft Project, zur Verfügung.

5.3.2 Ressourcenplanung

Für die Durchführung der Entwicklungsprojekte werden Ressourcen benötigt. Diese müssen frühzeitig geplant werden, um Ressourcenengpässe und Überkapazitäten zu minimieren. Die wichtigste Ressource in der Anwendungsentwicklung bilden die Mitarbeiter, weshalb der Personalplanung eine zentrale Rolle zukommt. Darüber hinaus sind auch die im Entwicklungsprozess eingesetzten Betriebsmittel, z. B. Arbeitsplätze, Entwicklungssysteme oder Entwicklungssoftware zu planen.

Im Rahmen der Personalplanung sind

- die Qualifikation des Personals,
- die verfügbare Personalkapazität,
- die zeitliche Verfügbarkeit,
- die örtliche Verfügbarkeit und
- die organisatorische Zuordnung

zu berücksichtigen [Balzert 1998, 43]. Die Einsatzplanung der Mitarbeiter kann auftragsorientiert oder kapazitätsorientiert erfolgen. Bei der auftragsorientierten Einsatzplanung wird auf der Grundlage der existierenden Entwicklungsaufträge und der damit verbundenen Termine ermittelt, welcher Personalbedarf in welchem zeitlichen Verlauf benötigt wird. Innerhalb der vorgegebenen terminlichen Spielräume versucht man, einzelne Aufgaben so zu verschieben, dass eine möglichst gleichmäßige Personalauslastung erreicht wird. Die kapazitätsorientierte Einsatzplanung geht von den vorhandenen Personalkapazitäten aus. Es wird errechnet, welche frühesten Projekttermine mit den vorhandenen Personalkapazitäten erreicht werden können. Ziel ist es, die Termine so zu definieren, dass zu keinem Zeitpunkt der Personalbedarf die vorhandenen Personalkapazitäten übersteigt.

Für die Planung der Betriebsmittel stehen etablierte Methoden und Vorgehensweisen der Betriebsmitteleinsatzplanung zur Verfügung. Zu diesen zählen beispielsweise die vorratseingeschränkte Einsatzplanung, die bedarfsbezogene Einsatzplanung oder die freie Einsatzplanung [Balzert 1998, 50]

5.3.3 Aufwands- und Kostenplanung

Für die Gesamtkosten einer IT-Leistung spielen die Entwicklungskosten eine wichtige Rolle. Drei Parameter sind für die Berechnung der Kosten eines Entwicklungsprojekts von Bedeutung [Sommerville 2001, 520]:

- Personalkosten,
- Hardware- und Softwarekosten (für fremdbezogene Software), einschließlich Wartung, und
- Reise- und Schulungskosten.

In der Praxis stellen die Personalkosten in Form von Gehältern meist den größten Kostenfaktor dar.

Ziel der Aufwands- und Kostenplanung in der Anwendungsentwicklung ist es, den wirtschaftlichen Aufwand für die Realisierung eines Anwendungsprogramms zu bestimmen. Für die Aufwandsplanung kommen spezielle Aufwandsschätzverfahren zum Einsatz, die gleichzeitig den Kern der Kostenplanung und der Vorkalkulation bilden. Abb. 109 zeigt die Vorgehensweise bei der Aufwandsschätzung in der Anwendungsentwicklung.

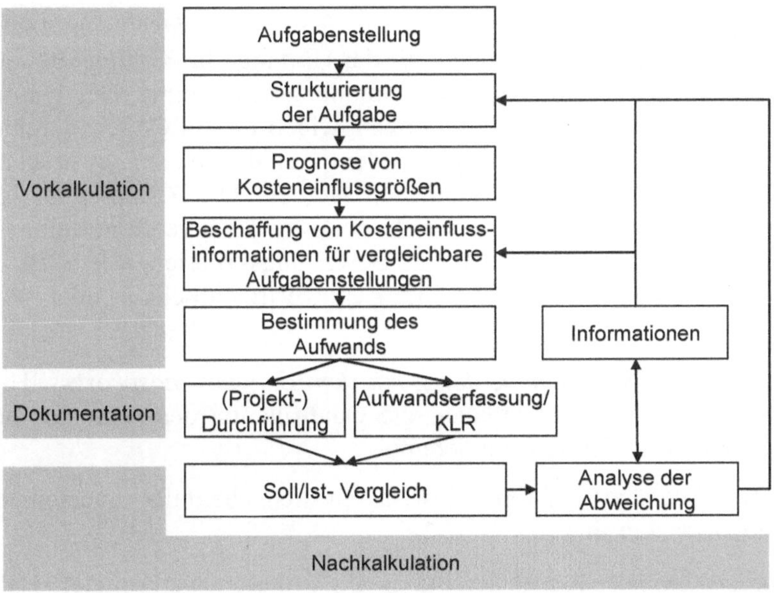

Abb. 109. Vorgehensweise bei der Aufwandsschätzung von Entwicklungsvorhaben (in Anlehnung an [Knöll/Busse 1991, 24])

Ausgangspunkt bilden die Anforderungen der Leistungsabnehmer an die IT-Leistungen, die im Rahmen der Leistungsspezifikation (siehe Kapitel 4.3) in Form eines Lastenheftes festgehalten werden. Die funktionalen Anforderungen werden durch die Entwicklung entsprechender Anwendungsprogramme umgesetzt, d. h., sie bilden die Aufgabenstellung für die Anwendungsentwicklung. Bei der Aufgabenstellung kann es sich dabei sowohl um eine Neuentwicklung als auch um eine Weiterentwicklung bzw. Änderung bestehender Anwendungsprogramme handeln. In einem ersten Schritt müssen die Aufgaben der Anwendungsentwicklung auf der Basis der Anforderungen strukturiert werden. Im Anschluss sind Kosteneinflussgrößen zu identifizieren und zu prognostizieren. Darauf aufbauend wird das vorhandene Erfahrungswissen, in Form von Kosteninformationen aus bereits durchgeführten vergleichbaren Aufgabenstellungen, beschafft und die Aufwandsschätzung im Sinne einer Vorkalkulation durchgeführt. Parallel zur Projektdurchführung sind die tatsächlichen Aufwände kostenmäßig zu erfassen, damit eine Nachkalkulation und eine Abweichungsanalyse durchgeführt werden können.

Von entscheidender Bedeutung für die Qualität der Aufwandsschätzung ist die korrekte Bestimmung der Kosteneinflussgrößen. Diese lassen sich in zwei Kategorien unterteilen [Hermann 1990, 423]:

- *Einflussgrößen im Zusammenhang mit dem zu entwickelnden Anwendungsprogramm*: Hierzu zählen z. B. der Umfang, die Komplexität oder die Qualität des zu erstellenden Anwendungsprogramms. Der Umfang kann durch quellcodeorientierte Größen, wie „Lines of Code", durch die Anzahl von Programmanweisungen oder durch die Anzahl der geschätzten Anwendungsfunktionen gemessen werden. Die Komplexität lässt sich auf der Grundlage qualitativer Expertenschätzungen ermitteln. Und die angestrebte Qualität basiert auf Bewertungskriterien, wie z. B. Zuverlässigkeit, Portabilität, Effizienz, Benutzerfreundlichkeit oder Wartbarkeit.

- *Einflussgrößen im Zusammenhang mit dem Entwicklungsprozess*: Hierzu zählen z. B. die Projektdauer, die Qualifikation des Personals oder die gewählte Entwicklungsumgebung.

Die Aufwandsschätzverfahren selbst lassen sich ebenfalls unterschiedlichen Kategorien zuordnen:

- *Analogiemethoden* sind in der Praxis am weitesten verbreitetet [Habib 2000, 125]. Sie basieren auf Erfahrungen bereits realisierter Anwendungsprogramme und nehmen Vergleiche mit Hilfe von Ähnlichkeitskriterien, wie z. B. Anwendungsgebieten, Programmiersprachen, Projektumfänge, Komplexitäten, Mitarbeiterqualifikationen oder Datenorganisationen, vor.

- Bei *Relationsmethoden* wird der Aufwand von Entwicklungsprojekten ebenfalls auf Basis bereits realisierter Projekte geschätzt, das Vorgehen ist jedoch stärker formalisiert. Den Ähnlichkeitskriterien werden für unterschiedliche Ausprägungen Werte zugewiesen, was die Vergleichbarkeit bei einer Experteneinschätzung erhöht [Noth/Kretzschmar 1986, 22].
- *Multiplikatormethoden* zerlegen zunächst das geplante Anwendungsprogramm in mehrere Einheiten, um dann den Aufwand pro Einheit zu ermitteln. Die Einheiten können z. B. nach Funktionen, Lines of Code, Anzahl Instruktionen, Modulen oder Bildschirmmasken gebildet werden [Habib 2000, 125]. Auf der Grundlage von Erfahrungswerten wird jede Einheit einer Aufwandskategorie zugeordnet. Durch die Multiplikation jeder Einheit mit dem Aufwand der jeweiligen Aufwandskategorie ergibt sich der Gesamtaufwand für ein Anwendungsprogramm [Noth/Kretzschmar 1986, 22].
- *Gewichtungsmethoden*, die auch als Faktoren- oder multiple Regressionsmethoden bezeichnet werden, verwenden Schätzgleichungen, die durch die oben beschriebenen Einflussgrößen gebildet werden und die auf der Grundlage einer Regressionsgeraden die Abschätzung des Gesamtaufwands erlauben. Den Einflussgrößen werden zu diesem Zweck Werte zugeordnet und diese mit einer mathematischen Formel miteinander verknüpft. Eine in der Praxis weit verbreitete Gewichtungsmethode ist das Function-Point-Verfahren.
- *Methoden der parametrischen Gleichungen* errechnen auf der Grundlage von Korrelationsanalysen, welchen Einfluss bestimmte Faktoren auf den Gesamtaufwand eines Entwicklungsprojekts haben. Die Faktoren, die die höchste Korrelation aufweisen, werden ausgewählt und in einem Gleichungssystem zusammengefasst. Der Gesamtaufwand ergibt sich aus dem Gleichungssystem, das die Faktoren mit dem jeweiligen Einflussgrad bewertet [Noth/Kretzschmar 1986, 23].
- *Prozentsatzmethoden* basieren auf einer Lebenszyklusanalyse der Anwendungsprogramme. Für jede Phase des Anwendungslebenszyklus werden die Aufwände geschätzt.

Für jede Kategorie wurden in der Vergangenheit konkrete Methoden entwickelt. Methodenübersichten finden sich z. B. in [Boehm/Abts/Chulani 1998] oder [Briand/Wieczorek 2001]. In der Praxis haben vor allem das

Function-Point-Verfahren [Cote et al. 1988] und das Constructive Cost Model (COCOMO) [Boehm et al. 1995] Verbreitung gefunden.

5.3.4 Planung des Controlling-Systems

Das Controlling-System ermöglicht eine transparente Überwachung und Steuerung der Ressourcen und des Ressourceneinsatzes. Bezogen auf die Anwendungsentwicklung muss das Controlling-System den Entwicklungsprozess und dessen Output, d. h. die Anwendungsprogramme, überwachen und steuern. Die Planung des Controlling-Systems konzentriert sich auf die beiden folgenden Aufgaben:

- die Planung des Kontrollsystems
- die Definition von Mess- und Überprüfungsverfahren (Software-Metriken).

Eine Übersicht über die in der Anwendungsentwicklung typischerweise eingesetzten Kontrollsysteme gibt die Abb. 110.

System	**Inhalt**
Controlling des Entwicklungsprozesses	
Budgetüberprüfungen	Plan/Ist-Vergleiche von Projektbudgets mit dem Ziel, Abweichungen zu identifizieren
Meilensteinprüfungen	Plan/Ist-Vergleiche von Meilensteinen mit dem Ziel, Abweichungen zu identifizieren
Verfolgung von Risiken	Überwachung von Projektrisiken
Qualitätssicherung	Überwachung der vorgebenen Prozessstandards
Controlling der Anwendungsprogramme	
Konfigurationsmanagement	Kontrolle des Status der Anwendungsprogramme
Qualitätssicherung	Überwachung der vorgegebenen Qualität der Anwendungsprogramme

Abb. 110. Kontrollsysteme in der Anwendungsentwicklung (in Anlehnung an [Balzert 1998, 222])

Die Ergebnisse der Kontrollsysteme werden in Berichten festgehalten. Typische Berichte, die im Rahmen des Anwendungsentwicklungs-Controllings generiert werden, sind [Boehm 1991, 39; Thayer 1990, 48]:

- Budgetberichte,
- Terminübersichten,
- Mitarbeiterstunden/Aktivitäten-Berichte,
- Mitarbeitertage/Aufgaben-Berichte,
- Meilensteinfälligkeitsberichte,
- Projektfortschrittsberichte,
- Aktivitätenberichte,
- Trenddiagramme,
- Änderungsberichte,
- Risikolisten.

Voraussetzung für ein funktionierendes Kontrollsystem sind geeignete Mess- und Überprüfungsverfahren. Im Bereich der Anwendungsentwicklung werden diese auch als Software-Metriken bezeichnet. Eine Software-Metrik definiert, wie eine Kenngröße eines Entwicklungsprozesses oder eines Anwendungsprogramms gemessen wird [Balzert 1998, 225]. Ziel ist es, für bestimmte Merkmale eines Entwicklungsprozesses oder eines Anwendungsprogramms numerische Werte abzuleiten. Im Entwicklungsprozess kommen in der Regel Steuerungs-Metriken zum Einsatz, während für das Controlling der Anwendungsprogramme Vorhersage-Metriken verwendet werden. Den Zusammenhang und Regelkreis zeigt die Abb. 111.

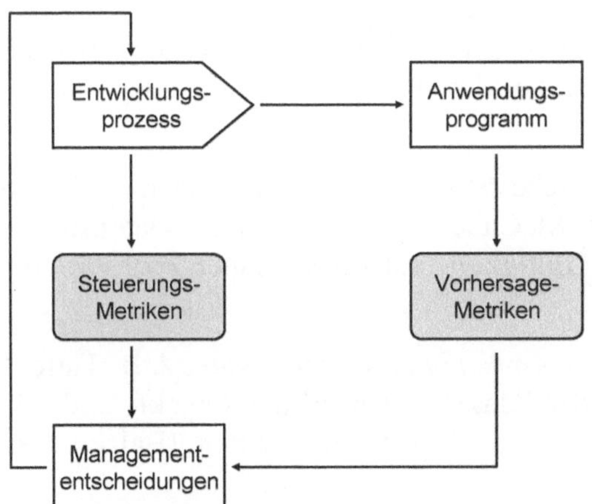

Abb. 111. Einsatz von Software-Metriken im Kontrollsystem der Anwendungsentwicklung (in Anlehnung an [Sommerville 2001, 559])

Der Einsatz systematischer Softwaremessungen und -Metriken erfolgt in der Praxis nur zögerlich, da der Nutzen häufig unklar ist [Sommerville 2001, 557]. Entwicklungsprozesse sind für eine Messung nicht genügend ausgereift und praxistaugliche Standards für Softwaremessungen fehlen. Als Software-Metriken für Entwicklungsprozesse kommen vor allem die folgenden in Frage:

- *Mitarbeiter-Metriken*, z. B. Anzahl der an einem Entwicklungsprojekt beteiligten Mitarbeiter,
- *Zeit-Metriken*, z. B. Zeitaufwand für ein Entwicklungsprojekt,
- *Kosten-Metriken*, z. B. Kosten eines Entwicklungsprojekts,
- *Fehler-Metriken*, z. B. Anzahl der identifizierten Fehler vor der Auslieferung eines Anwendungsprogramms oder Aufwand zur Fehlerbehebung, und
- *Schwierigkeitsgrad-Metriken*, z. B. Komplexität eines Entwicklungsprojekts, gemessen auf der Basis der Anzahl Entwicklungsmodule.

Messgrößen für Anwendungsprogramme sollten im Idealfall Aussagen über die Qualität des Anwendungsprogramms machen, indem sie beispielsweise bestimmte Qualitätsmerkmale der Anwendungsprogramme, wie Wartbarkeit, Zuverlässigkeit oder Benutzerfreundlichkeit, messen. In der Praxis scheitert diese Messung jedoch häufig an der hohen Komplexität. Stattdessen finden sich überwiegend Metriken, die elementare technische Eigenschaften von Anwendungsprogrammen, im Sinne interner Merkmale, messen. Zu diesen zählen:

- *Umfangs-Metriken*, z. B. Anzahl der Programmzeilen (Lines of Code), Anzahl der Funktionen, Größe des Programmcodes oder Function Points,
- *Struktur-Metriken*, z. B. logische Struktur-Metriken, wie die McCabe-Metrik [McCabe 1983a, 3ff; McCabe 1983b, 19ff], oder Datenstruktur-Metriken, wie die Anzahl, Gültigkeit und Lebensdauer von Variablen, und
- *Metriken für objektorientierte Anwendungskomponenten*, z. B. Tiefe des Vererbungsbaums, Anzahl der Klassen, Anzahl der Objekt- und Klassenattribute, Anzahl wiederverwendeter Komponenten [Balzert 1998, 483].

5.3.5 Planung des Qualitätssystems

Qualitäts- und Controlling-System sind eng miteinander verknüpft. Beide müssen aufeinander abgestimmt sein. Mit der Abstimmung sollte bereits im Planungsstadium von Anwendungsprogrammen begonnen werden. Softwarequalität ist die „Gesamtheit der Merkmale und Merkmalswerte eines Software-Produktes, die sich auf dessen Eignung beziehen, festgelegte oder vorausgesetzte Erfordernisse zu erfüllen“ [DIN ISO 1991]. Qualität bedeutet somit, dass das entwickelte Anwendungsprogramm mit seiner Spezifikation übereinstimmt. Das Qualitätsmanagement umfasst zwei planerische Aufgaben [Sommerville 2001, 546]:

- Die Gestaltung eines Systems organisationsspezifischer Verfahren und Standards für die Entwicklung qualitativ hochwertiger Anwendungsprogramme (diese Aufgabe wird häufig auch als Qualitätssicherung bezeichnet).
- Die Auswahl geeigneter Verfahren und Standards aus diesen Rahmenrichtlinien und deren Anpassung an ein bestimmtes Entwicklungsprojekt.

Wie das Controlling-System konzentriert sich auch das Qualitätssystem in der Anwendungsentwicklung auf zwei Schwerpunkte: die Verbesserung der Qualität des Entwicklungsprozesses und die Verbesserung der Qualität der Anwendungsprogramme. Für die Verbesserung der Prozessqualität wurde in der Vergangenheit in Wissenschaft und Praxis eine Vielzahl von Qualitätsmethoden entwickelt. Beispielhaft seien nur der ISO9000-Ansatz, der Total-Quality-Management(TQM)-Ansatz, der Capability-Maturity-Model(CMM)-Ansatz und der Software-Process-Improvement-and-Capability-Determination(SPICE)-Ansatz genannt. Für eine detaillierte Beschreibung der einzelnen Ansätze sei auf die umfangreiche Literatur zum Thema verwiesen (siehe z. B. [Balzert 1998]).

Mit der Planung der Qualität der Anwendungsprogramme in Form eines Qualitätsplans ist bereits frühzeitig zu beginnen. Der Qualitätsplan für ein Anwendungsprogramm sollte dabei die folgenden Themenbereiche adressieren [Humphrey 1989]:

- *Anwendungsbeschreibung*: Fachliche Beschreibung der Funktionalität, des Einsatzbereichs und der Qualitätserwartungen an das Anwendungsprogramm.
- *Anwendungsplan*: Beschreibung der wichtigen Eckpunkte des Entwicklungsprojekts (Termine, Ressourcen, Kosten) und der Zuständigkeiten für das Anwendungsprogramm.

- *Entwicklungsprozess*: Beschreibung des Entwicklungsprozesses.
- *Qualitätsziele*: Beschreibung der Qualitätsziele und Qualitätsmerkmale des Anwendungsprogramms.
- *Risiken*: Beschreibung der wichtigen Risiken in Hinblick auf die Produktqualität und Maßnahmen zum Risikomanagement.

Die Qualität eines Anwendungsprogramms wird durch einzelne Qualitätsmerkmale beschrieben. Von entscheidender Bedeutung ist dabei, die Qualitätsmerkmale ausgehend vom Kunden zu definieren. Abb. 112 zeigt den Zusammenhang. Ein Kunde, der ein IT-Produkt einkauft, verknüpft mit diesem gewisse Qualitätsanforderungen. Die Qualitätsanforderungen werden aus geschäftlicher Sicht definiert und beziehen sich typischerweise auf die Produktfunktionalität, die zu erwartenden Kosteneinsparungen, die Anwenderzufriedenheit und das Mengengerüst (siehe auch Kapitel 4.3).

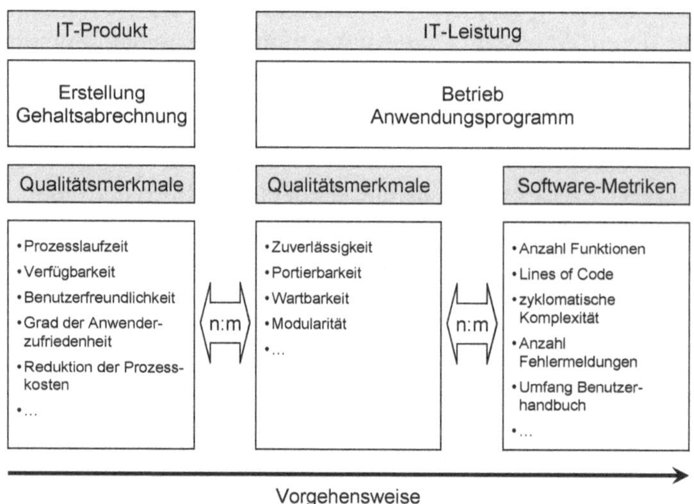

Abb. 112. Zusammenhang zwischen Produkt- und Leistungsqualitätsmerkmalen und Software-Metriken

Aus den produktbezogenen Qualitätsmerkmalen leiten sich Qualitätsanforderungen an die zu entwickelnden Anwendungsprogramme ab. Gemäß DIN-ISO-Norm sind sechs Qualitätsmerkmale für Anwendungsprogramme definiert [DIN ISO 1991]:

- *Funktionalität* (Richtigkeit, Angemessenheit, Interoperabilität, Ordnungsmäßigkeit, Sicherheit),

- *Zuverlässigkeit* (Reife, Fehlertoleranz, Wiederherstellbarkeit),
- *Benutzbarkeit* (Verständlichkeit, Erlernbarkeit, Bedienbarkeit),
- *Effizienz* (Zeitverhalten, Verbrauchsverhalten),
- *Änderbarkeit* (Analysierbarkeit, Modifizierbarkeit, Stabilität, Prüfbarkeit) und
- *Übertragbarkeit* (Anpassbarkeit, Installierbarkeit, Konformität, Austauschbarkeit).

Zwischen den produktbezogenen und den anwendungsbezogenen Qualitätsmerkmalen besteht eine n:m-Beziehung. So hängt beispielsweise der Grad der Anwenderzufriedenheit von mehreren Anwendungsqualitätsmerkmalen, etwa der Fehlertoleranz, der Verständlichkeit, der Bedienbarkeit, dem Zeitverhalten oder der Sicherheit, ab. Umgekehrt beeinflusst jedes Anwendungsqualitätsmerkmale verschiedene Produktqualitätsmerkmale.

Die Qualitätsmerkmale werden, wie bereits beschrieben, mit Hilfe von Software-Metriken gemessen. Zwischen Qualitätsmerkmalen und Software-Metriken besteht dabei ebenfalls eine n:m-Beziehung. So hängt beispielsweise die Wartbarkeit eines Anwendungsprogramms unter anderem von der Anzahl der Funktionen, der Programmgröße und dem Umfang der technischen Dokumentationen ab.

5.4 Operatives Management der Anwendungsentwicklung

5.4.1 Steuerung des Entwicklungs-Controllings

Die im Rahmen der Planung des Controlling-Systems definierten Kontrollsysteme müssen kontinuierlich gesteuert werden. Die Steuerung umfasst dabei zum einen die tatsächliche Durchführung der Messung von Entwicklungsprozessen und Anwendungsprogrammen auf der Grundlage der definierten Software-Metriken und zum anderen die Initiierung von Verbesserungsmaßnahmen, falls Plan/Ist-Abweichungen festgestellt werden.

5.4.2 Steuerung der Entwicklungsqualität

Die Informationen, die durch das Controlling-System bereitgestellt werden, bilden die Grundlage der Qualitätskontrolle. Die Qualitätskontrolle hat die Aufgabe, die Einhaltung der Verfahren und Standards zur Qualitätssicherung zu überprüfen [Sommerville 2001, 555]. In der Praxis erfolgt die Qualitätskontrolle meist in Form regelmäßiger Reviews, z. B. Entwurfs- und Programmüberprüfungen, Fortschritts-Reviews oder Qualitäts-Reviews. Darüber hinaus können Teile der Qualitätskontrolle auch automatisiert werden, d. h. Anwendungsprogramme und Dokumentationen können mittels eines geeigneten Softwarewerkzeugs automatisch mit vorab festgelegten Qualitätsstandards verglichen werden.

5.4.3 Konfigurations-, Änderungs- und Freigabemanagement

Die Anwendungsentwicklung zeichnet sich in der Praxis dadurch aus, dass Anwendungsprogramme häufigen Änderungen unterliegen, dass regelmäßig Fehler korrigiert werden müssen und dass unterschiedliche Versionen der Anwendungsprogramme oder einzelner Anwendungsmodule existieren. Dem Konfigurationsmanagement obliegt die Aufgabe, Verfahren und Standards zur Verwaltung der sich weiter entwickelnden Anwendungsprogramme zu erarbeiten und umzusetzen [Sommerville 2001, 651]. Auf diese Weise sollen die Nachverfolgbarkeit und Kontrollierbarkeit der Anwendungsprogramme im Lebenszyklus sichergestellt, Zusammenhänge und Unterschiede zwischen einzelnen Konfigurationen deutlich gemacht und ein problemloser Rückgriff auf frühere Konfigurationen ermöglicht werden [Balzert 1998, 243]. In der Anwendungsentwicklung konzentriert sich das Konfigurationsmanagement auf das Management der Anwendungskonfigurationen. Dieses ist Teil des gesamthaften Konfigurationsmanagement eines IT-Dienstleisters (siehe Abb. 113). Die IT-Produktkonfigurationen müssen im Rahmen der absatzwirtschaftlichen Aufgaben des IT-Dienstleisters verwaltet werden. Das Management der IT-Leistungskonfigurationen liegt im Verantwortungsbereich der Produktion. Es sind die Konfigurationen aller fünf Betriebsmittel zu verwalten.

Inhalte und Aufgaben des Konfigurationsmanagements werden detailliert im Rahmen der Ausführungen zum Management von Produktionsanpassungen in Kapitel 7.4 beschrieben. Im Folgenden soll lediglich auf einige Besonderheiten im Bereich der Anwendungskonfiguration eingegangen werden.

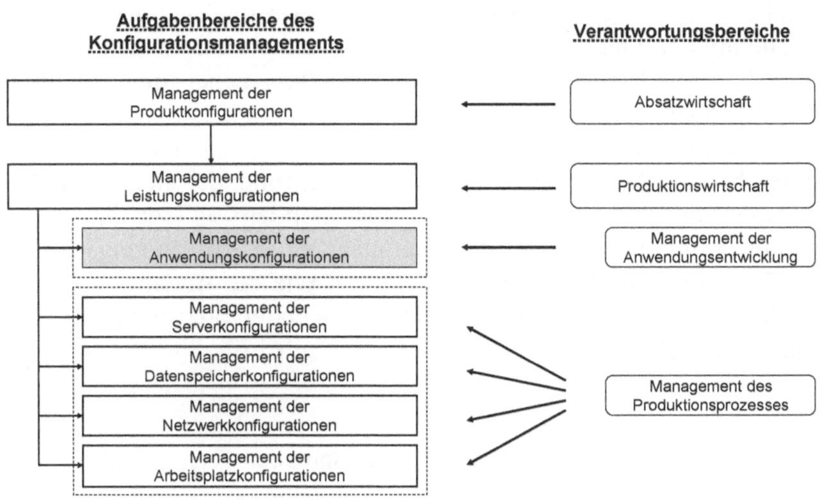

Abb. 113. Bezugsobjekte des Konfigurationsmanagements

Grundlage des Konfigurationsmanagements bilden Konfigurationseinheiten. Konfigurationseinheiten sind die Objekte, die durch das Konfigurationsmanagement gesteuert und kontrolliert werden. In der Anwendungsentwicklung können Konfigurationseinheiten zum einen Dokumente, wie z. B. Projektpläne, Spezifikationen oder Entwürfe, und zum anderen Anwendungselemente sein. Ein Anwendungselement ist jeder identifizierbare und maschinenlesbare Bestandteil eines Anwendungsprogramms, z. B. Quellcode-Module oder automatisch generierter Objektcode [Balzert 1998, 235].

Eine Anwendungskonfiguration setzt sich aus einer Menge von Konfigurationseinheiten zusammen. Jede Änderung führt zu einer neuen Konfiguration. Je nach Phase des Entwicklungsprozesses kommen unterschiedliche Konfigurationstypen zum Einsatz (siehe Abb. 114). Die Konfigurationseinheiten sind in der Konfigurationsdatenbank zu speichern (siehe Kapitel 6.3.5).

Werden eine oder mehrere Konfigurationseinheiten einer Anwendungskonfiguration geändert, ist es Aufgabe des Änderungsmanagements, die Änderungen in einem kontrollierten, vorab festgelegten Änderungsprozess zu implementieren. Die Vielzahl der Änderungen, die an Anwendungskonfigurationen erforderlich sind, erschweren eine individuelle Umsetzung einzelner Änderungen. Vielmehr werden mehrere Änderungen zu Anwendungsversionen und Anwendungs-Releases zusammengefasst. Eine Anwendungsversion bezeichnet eine konkrete Anwendungskonfiguration, während es sich bei einem Anwendungs-Release um eine an einen Leistungsabnehmer freigegebene Anwendungskonfiguration handelt [Sommerville 2001, 660]. Ein Anwendungs-Release kann neben dem Quell- und Objektcode auch Konfigurationsdateien, Datendateien, Installationsroutinen oder Dokumentationen beinhalten. Dem Freigabemanagement kommt im Bereich der Anwendungsentwicklung aufgrund der hohen Zahl von Änderungen eine hohe Bedeutung zu. Insbesondere obliegt ihm die Entscheidung, wann und in welcher Frequenz neue Anwendungs-Releases freigegeben werden. Dabei spielen Faktoren wie die Anzahl der Systemfehler, die Anzahl Änderungsvorschläge der Kunden oder die Konkurrenzsituation eine Rolle.

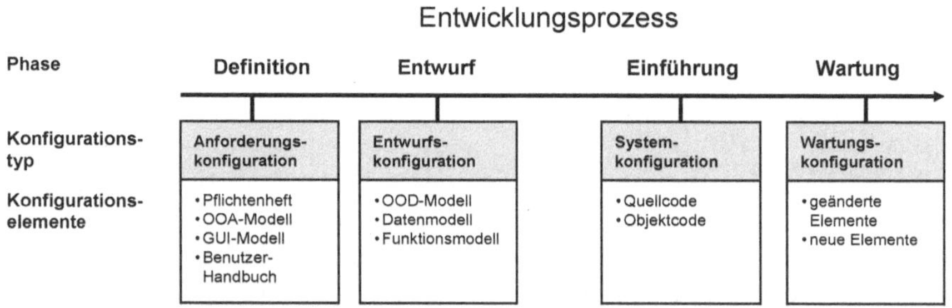

Abb. 114. Konfigurationstypen und -elemente in der Anwendungsentwicklung (in Anlehnung an [Balzert 1998, 237])

Die Inhalte und Aufgaben des Änderungs- und Freigabemanagements werden gesamthaft aus Sicht der IT-Dienstleistungsproduktion in Kapitel 7.4 beschrieben.

6 Management des Produktionspotentials

6.1 Einführung

Die IT-Dienstleistungsproduktion vollzieht sich, wie in Kapitel 3.2.2 beschrieben, in zwei Phasen. In der Vorkombination wird die Leistungsbereitschaft hergestellt, in der Endkombination wird die Leistungsbereitschaft für die Erbringung von IT-Leistungen genutzt. Die Leistungsbereitschaft entsteht, indem durch die Kombination von Produktionsfaktoren Produktionspotentiale geschaffen werden [Corsten 1995, 229]. Als Produktionspotential wird das technisch maximale Leistungsvermögen des Produktionsbereichs eines Betriebs verstanden [Schweitzer 1994, 618]. Das Produktionspotential entspricht somit der Produktionskapazität (siehe Kapitel 3.2.4).

Bestimmt wird das Produktionspotential durch den am knappsten dimensionierten Produktionsfaktor, der auch als Engpassfaktor bezeichnet wird [Corsten 1995, 229]. Hauptaufgabe der Potentialgestaltung ist es daher, die Produktionsfaktoren so zu planen, zu beschaffen, bereitzustellen und aufeinander abzustimmen, dass Kapazitätsengpässe so weit wie möglich vermieden werden. Die damit in Zusammenhang stehenden Managementaufgaben in der IT-Dienstleistungsproduktion konzentrieren sich, in Anlehnung an die Aufgabenbereiche der Potentialgestaltung in der industriellen Produktion, auf die folgenden Teilpotentiale bzw. Aufgaben [Corsten 1995, 229ff; Kern 1992, 148ff; Schweitzer 1994, 618ff; Zäpfel 1989b, 115ff]:

- Management der Technologiestrategie,
- Management der Potentialbeiträge der Anlagenwirtschaft (inkl. Kapazitätsgestaltung, Inbetriebnahme und Business Continuity),
- Management der Potentialbeiträge der Beschaffungswirtschaft,
- Management der Potentialbeiträge der Personalwirtschaft,
- Standort- und Fabrikplanung.

Im Folgenden wird auf das Management der Technologiestrategie, der Anlagenwirtschaft und der Standort-/Fabrikplanung eingegangen. Die Potentialbeiträge der Beschaffungswirtschaft wurden übersichtsartig in Kapitel 2.8 dargestellt. Das Management der Potentialbeiträge der Personalwirtschaft konzentriert sich in erster Linie auf Fragen der Stellung der Mitarbeiter im Betrieb, der Aufgaben der Personalwirtschaft, der Entlohnung und der Arbeitsgestaltung. Diesbezüglich unterscheidet sich ein IT-Dienstleister nicht wesentlich von anderen Betrieben, weshalb auf die umfangreiche Literatur zu allgemeinen Fragen der Personalwirtschaft [Jung 2003; Olfert 2003; Scholz 2000] und der Personalwirtschaft in Industriebetrieben [Corsten 1995, 229ff; Heinen 1991, 729ff; Kern 1992, 159ff] verwiesen sei.

6.2 Technologiestrategie

Technologien nehmen eine zentrale Rolle in der IT-Dienstleistungsproduktion ein. Die IT-Dienstleistungsproduktion ist geprägt durch eine hohe technologische Dynamik, die dazu führt, dass ständig neue Technologien für die Produktion zur Verfügung stehen. Dies bezieht sich insbesondere auf die in der IT-Dienstleistungsproduktion eingesetzten Betriebsmittel, wie folgende Beispiele für neue Technologien aus der jüngeren Vergangenheit zeigen:

- *Server-Technologien*: Grid-Technologien, Blade-Technologien, On-Demand-Technologien.
- *Datenspeicher-Technologien*: Speichernetz-Technologien (Storage Area Networks), Virtualisierungs-Technologien.
- *Netzwerk-Technologien*: Internet-/Intranet-Technologien, Mobilfunk-Technologien, WLAN-Technologien, Bluetooth-Technologien.
- *Arbeitsplatzsystem-Technologien*: Thin-Client-Technologien, Technologien für mobile Endgeräte (z. B. PDA, Smart-Phones), Tablet-PC-Technologien.
- *Anwendungsprogramm-Technologien*: objektorientierte Technologien, komponentenbasierte Technologien, serviceorientierte Technologien, Middleware-Technologien.

Darüber hinaus spielen technologische Innovationen auch bei der Gestaltung von Architekturen eine wichtige Rolle.

Technologiestrategien können produktionsprozess- oder leistungsbezogen sein. Auf diese Weise lassen sich vier Typen von Technologiestrategien unterscheiden (siehe Abb. 115):

- *Leistungs- bzw. Prozessintensivierung*: Durch einen intensiveren Einsatz bekannter Technologien werden Leistungen und Produktionsprozesse effizienter gestaltet. Zum Beispiel kann ein intensiverer Einsatz von Mobilfunk-Technologien IT-Leistungen für mobile Kunden effizienter gestalten. Oder der intensive Einsatz komponentenbasierter Technologien führt zu einem effizienteren Produktionsprozess.

- *Leistungs(technologie)-Innovation*: Neue verfügbare Technologien ermöglichen die Entwicklung und Erbringung neuer Leistungen. Beispielsweise wurde durch neue Internet-Technologien eine Vielzahl von Leistungsinnovationen möglich, etwa E-Commerce-, Logistik- oder Kommunikationsleistungen.

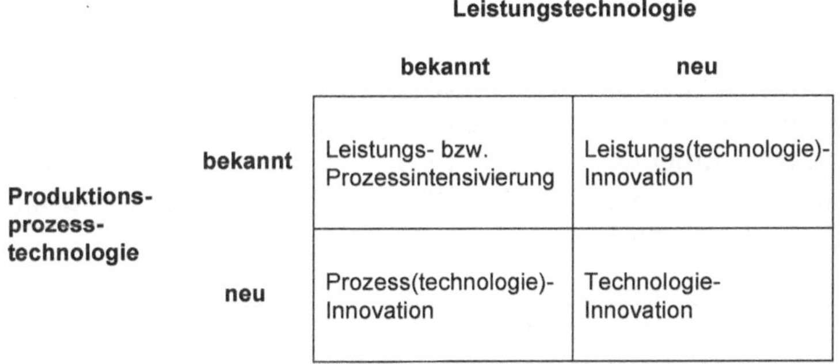

Abb. 115. Typen von Technologiestrategien (in Anlehnung an [Zäpfel 1989b, 121])

- *Prozess(technologie)-Innovationen*: Durch neue Technologien kann der Produktionsprozess effizienter gestaltet werden und auf diese Weise die Wettbewerbsfähigkeit des IT-Dienstleisters gesteigert werden. Beispiele hierfür sind etwa Innovationen im Server-Bereich, wie Grid- oder Blade-Technologien, oder in der Anwendungsentwicklung, wie serviceorientierte-Architekturen.

- *Technologie-Innovationen*: Neue Leistungen und neue Produktionsprozesse werden gleichzeitig eingeführt. Diese Strategie ist mit hohen Risiken verbunden. Ein gutes Beispiel aus dem Bereich der IT-Dienstleistungsproduktion stellen Internet-Technologien dar, die nahezu gleichzeitig sowohl zu neuen Leistungen als auch zu neuen Produktionsprozessen führten. Technologie-Innovationen erfordern umfangreiches Know-how in der Produktion und benötigen häufig lange Lernprozesse.

Im Zusammenhang mit Technologiestrategien sind in der IT-Dienstleistungsproduktion die folgenden Aufgaben wahrzunehmen:

- das Management des Technologie-Portfolios,
- das Management von Standards und Richtlinien und
- das Management von Architekturen.

Alle im Einsatz befindlichen Technologien sollten im Rahmen eines Technologie-Portfolios aktiv gestaltet werden. Dies gilt sowohl für Hardwaretechnologien, wie z. B. neue Server- oder Netzwerktechnologien, als auch für Softwaretechnologien, wie z. B. neue Entwicklungsumgebungen oder Programmiersprachen [McKeen/Smith 2003, 186]. In der Praxis wird dieser Grundsatz oft nur unzureichend berücksichtigt, insbesondere was die Lebensdauer der Technologien angeht. Während Hardwaretechnologien meist in zeitlichen Abständen von 3 bis 5 Jahren erneuert werden, sind Softwaretechnologien nicht selten 20 und mehr Jahre im Einsatz. Innerhalb des Technologie-Portfolios sollten auf alle Technologien die gleichen Kriterien angewendet werden. Ist die Technologie nicht mehr in der Lage, die Erbringung kundenorientierter Leistungen auf wirtschaftliche Art und Weise zu unterstützen, muss sie abgelöst werden. Dies gilt sowohl für Software- als auch für Hardwaretechnologien.

Unterstützen	**Investieren**
• regelmäßige Technologie-Updates • geeignet für nicht-strategische Leistungen • notwendiges Know-how weiterhin sicherstellen • Unterstützung durch Lieferanten sicherstellen	• Technologie beschaffen und für strategische Leistungen einsetzen • internes Know-how aufbauen und sicherstellen • Vereinbarung von Lizenzbedingungen
Eliminieren	**Beobachten**
• alle Einsatzgebiete der Technologie identifizieren • Einsatz der Technologie begrenzen(„Containment") • Leistungen auf neue Technologien migrieren • Technologie aktiv außer Betrieb nehmen • Unterstützung einstellen	• Technologie beobachten • kleines Expertenteam aufbauen • geeignete Leistungen für Technologie identifizieren • Vor- und Nachteile der Technologie identifizieren • „Hypes" vermeiden

Abb. 116. „WISE-Grid" nach [McKeen/Smith 2003, 193]

Für das Management des Technologie-Portfolios wurde in Literatur und Praxis eine Vielzahl allgemeiner Portfolio-Ansätze entwickelt (für eine

Übersicht siehe z. B. [Zäpfel 1989b, 124]). Besonders geeignet sind Portfolio-Konzepte, die den Lebenszyklus von Technologien berücksichtigen. McKeen und Smith schlagen für das Management von IT-Technologie-Portfolios das in Abb. 116 dargestellte „WISE-Grid (Watch-Invest-Support-Eliminate)“ vor, das den Lebenszyklus in vier Phasen unterteilt. Für jede Phase werden konkrete Managementempfehlungen gegeben.

Ein weiteres lebenszyklusbasiertes Konzept, das für das Management von Informationstechnologien eine weite Verbreitung gefunden hat, ist der von der Firma Gartner[11] benannte "Technologie-Hype-Cycle". Dieser positioniert einzelne Technologien aus einem Technologiesegment anhand der Merkmale „Reifegrad“ und „Sichtbarkeit“ innerhalb eines S-Kurven-förmigen Lebenszyklus. Darüber hinaus wird für jede Technologie die Zeit, die bis zur Erreichung des höchsten Reifegrads („Plateau der Produktivität“) benötigt wird, prognostiziert. Abb. 117 zeigt beispielhaft einen Technologie-Hype-Cycle für das Technologiesegment „Web-Services“.

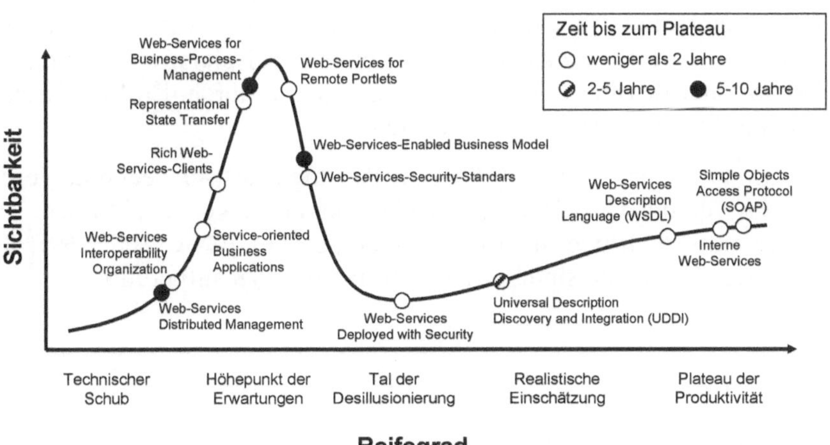

Abb. 117. Beispielhafter Technologielebenszyklus für Web-Services [Gartner 2004]

Die dem Technologie-Hype-Cycle zugrunde liegende Annahme ist, dass alle Technologien die beschriebene S-Kurve durchlaufen, allerdings mit unterschiedlicher Geschwindigkeit, woraus sich für IT-Dienstleister, die über den Einsatz einer bestimmten Technologie nachdenken, konkrete Anhaltspunkte und Managementempfehlungen ergeben.

11 www.gartner.de (abgerufen am 10.02.2005)

Der Gestaltung der Produktionspotentiale müssen Gestaltungsprinzipien (engl. design guidelines) und Standards zugrunde liegen. Die Gestaltungsprinzipien legen die grundlegenden Eigenschaften der Produktionspotentiale fest. Dementsprechend orientieren sie sich an den Zielsetzungen und Eigenschaften des Produktionssystems der IT-Dienstleistungsproduktion (siehe Kapitel 3.2.4). Wichtige Gestaltungsprinzipien sind Modularität, Skalierbarkeit, Flexibilität, Sicherheit, Fehlertoleranz, Anwendbarkeit und Supportfähigkeit [OGC 2002, 53]. Auch Gestaltungsprinzipien unterliegen dem Kriterium der Wirtschaftlichkeit. Aus diesem Grund sind im Rahmen der Technologiestrategie Wirtschaftlichkeitsbetrachtungen, beispielsweise in Form von Kosten/Nutzen-Analysen oder Investitionsrechnungen, vorzunehmen. Ausgangspunkt und zentrales Entscheidungskriterium bilden stets die Kundenanforderungen an die herzustellenden IT-Leistungen und nicht technologische Aspekte.

Bei der Umsetzung der Gestaltungsprinzipien spielen Standards eine zentrale Rolle. Ohne eine intensive Nutzung von Standards lassen sich die Produktionspotentiale in der Regel nicht gemäß den Anforderungen der Gestaltungsprinzipien realisieren. So können beispielsweise modulare, skalierbare oder flexible Produktionspotentiale nur durch den Einsatz standardisierter Technologien erreicht werden.

Die IT Infrastructure Library (ITIL) schlägt mehr als 40 Technologiesegmente vor, für die Gestaltungsprinzipien, in Form von Richtlinien, und Standards entwickelt und umgesetzt werden sollten [OGC 2002, 69f]. Einige wichtige Segmente sind beispielhaft in Abb. 118 aufgeführt.

- Zugriffsrichtlinien und Standards
- Verkabelungsrichtlinien und Standards
- Kommunikationsrichtlinien und Standards
- Daten- und Datenbankrichtlinien und Standards
- Arbeitsplatzsystemrichtlinien und Standards
- E-Commerce- und E-Business-Richtlinien und Standards
- E-Mail- und Groupware-Richtlinien und Standards
- Sicherheitsrichtlinien und Standards
- Intranetrichtlinien und Standards
- Netzwerkrichtlinien und Standards
- Remote-Access-Richtlinien und Standards
- Speicherungsrichtlinien und Standards
- Anwenderzugangs- und Passwortrichtlinien und Standards

Abb. 118. Ausgewählte Technologierichtlinien und Standards gemäß ITIL [OGC 2002, 69f]

6.3 Anlagenwirtschaft

6.3.1 Grundlagen

Das wichtigste Produktionspotential in der IT-Dienstleistungsproduktion stellt das Anlagenpotential dar. Anlagen sind die zur Nutzung bestimmten aktiven und passiven Betriebsmittel (Betriebsmittel i. e. S.), die sich im Wesentlichen aus den fünf in Kapitel 3.2.1 beschriebenen Betriebsmitteln Server, Datenspeicher, Netzwerke, Arbeitsplatzsysteme und Anwendungsprogrammen zusammensetzen. Als Potentialfaktoren stellen die Betriebsmittel Nutzungspotentiale dar, die über einen längeren Zeitraum zur Erbringung von IT-Leistungen zum Einsatz kommen [Corsten 1995, 280]. Als Anlagenwirtschaft werden alle Aufgaben der Verwaltung, Planung und Steuerung des Anlagenpotentials bezeichnet [Schweitzer 1994, 619]. Konkret sind in der IT-Dienstleistungsproduktion die folgenden Aufgaben wahrzunehmen:

- Anlagenbeschaffung,
- Anlagenplanung (inkl. Kapazitätsgestaltung),
- Anlageninbetriebnahme,
- Anlageninstandhaltung (inkl. Gestaltung von Ausfallstrategien) und
- Anlagenverwaltung (inkl. Konfigurationsmanagement).

Die einzelnen Aufgabenbereiche werden zunächst kurz beschrieben. In den Folgekapiteln erfolgt im Anschluss eine detaillierte Betrachtung der Inhalte und Aufgaben der Kapazitätsgestaltung, der Anlageninbetriebnahme der Gestaltung von Ausfallstrategien und des Konfigurationsmanagements.

Der *Anlagenbeschaffung* obliegt die Aufgabe, die für die konkreten Produktionszwecke benötigten Betriebsmittel hinsichtlich Art und Menge zur erforderlichen Zeit am erforderlichen Ort bereitzustellen [Kern 1992, 206]. Sie hat großen Einfluss auf die langfristige Kapazitätsplanung, da die Betriebsmittel die wichtigste Einflussgröße für die Produktionskapazität darstellen [Corsten 1995, 293]. Eine wesentliche Rolle spielt in diesem Zusammenhang die Frage, ob die Betriebsmittel eigenerstellt oder fremdbeschafft werden sollen. Die Betriebsmittelbeschaffung ist Teil der beschaffungswirtschaftlichen Aufgaben eines IT-Dienstleisters.

Hauptaufgabe der *Anlagenplanung* ist die Kapazitätsplanung, d. h. die Kapazitätsdimensionierung der zum Einsatz kommenden Anlagen. Wie bereits in den grundlegenden Ausführungen zur Potentialgestaltung beschrieben, bilden Engpassfaktoren bei der Kapazitätsdimensionierung einen entscheidenden Faktor. In der IT-Dienstleistungsproduktion existieren vor allem zwei Arten von Engpassfaktoren:

- *Betriebsmittel*: Produktionseinheiten, deren Kapazität primär von Betriebsmitteln determiniert wird, sind z. B. Verarbeitungs-, Speicher- oder Übertragungseinheiten.
- *Arbeitskräfte*: Produktionseinheiten, deren Kapazität primär von Arbeitskräften determiniert wird, sind beispielsweise Anwenderunterstützungseinheiten, Wartungseinheiten oder Anwendungsentwicklungseinheiten.

Dementsprechend konzentriert sich die Anlagenplanung in der IT-Dienstleistungsproduktion in erster Linie auf die Kapazitätsplanung von Arbeitskräften und Betriebsmitteln. Auf die mit der Kapazitätsplanung verbundenen Aufgaben wird ausführlich in Kapitel 6.3.2 eingegangen.

Die *Anlageninbetriebnahme* spielt in der IT-Produktion eine besondere Rolle. Die hohe technologische Dynamik und die Vielzahl neuer Anforderungen an die IT-Leistungen führen dazu, dass regelmäßig neue Produktionsanlagen in Betrieb genommen bzw. dass bestehende Produktionsanlagen modifiziert werden müssen. Dies gilt sowohl für Hardware- als auch für Softwareelemente der Produktionsinfrastruktur. Um eine Beeinträchtigung der bestehenden Produktionsinfrastruktur zu vermeiden, erfolgt die Anlageninbetriebnahme entlang eines definierten Prozesses. Dieser Prozess wird in Kapitel 6.3.3 näher beschrieben.

Die *Anlageninstandhaltung* hat die Aufgabe, die Erhaltung und Wiederherstellung der Funktionstüchtigkeit von Anlagen sicherzustellen [Herzig 1979, 815]. Ausfallursachen für Anlagen können zum einen herstellerbedingte Ursachen, z. B. Ausfälle aufgrund von Entwicklungsfehlern oder mangelnder Materialqualität, und zum anderen einsatzbedingte Ursachen, z. B. Bedienungsfehler, Umgebungsbedingungen (Staub, Temperatur, Feuchtigkeit usw.) oder Umweltkatastrophen, sein [Corsten 1995, 313]. In der IT-Dienstleistungsproduktion sind in diesem Zusammenhang vor allem die folgenden Ausfallursachen von Bedeutung:

- *Herstellerbedingte Ausfallursachen* aufgrund fehlerhafter Software (Anwendungsprogramme und Systemsoftware) und mangelnder Materialqualität (z. B. Festplatten, Magnetbänder, Prozessoren).

- *Einsatzbedingte Ausfallursachen* aufgrund von Bedienungsfehlern (z. B. unsachgemäß eingespielte neue Software-Releases) und Umgebungsbedingungen (insbesondere Temperatur und Feuchtigkeit).
- *Katastrophenbedingte Ausfälle* (z. B. Feuer, Hochwasser, Erdbeben, Terroranschläge).

Da ein Ausfall von IT-Produktionsanlagen in der Regel gravierende Auswirkungen auf den Geschäftsbetrieb der Leistungsabnehmer hat, kommt der Gestaltung von Ausfallstrategien eine besondere Bedeutung zu.

Für die Instandhaltung einzelner Produktionsanlagen stehen einem IT-Dienstleister unterschiedliche Instandhaltungsstrategien zur Verfügung. Zu unterscheiden sind insbesondere Präventiv- und Ausfallstrategien (siehe Abb. 119). Präventivstrategien ersetzen bzw. reparieren eine Anlage vorbeugend, ohne dass bereits ein Anlagenausfall vorliegt. In der IT-Dienstleistungsproduktion kommen Präventivstrategien z. B. bei der Instandhaltung des Betriebsmittels „Datenspeicher“ zum Einsatz. Hersteller machen Angaben zur durchschnittlichen Lebenszeit einer Festplatte, d. h. zum durchschnittlichen Zeitraum, bis die Festplatte ausfällt (engl. mean time between failure, MTBF). Auf der Grundlage der MTBF können Festplatten präventiv ersetzt werden.

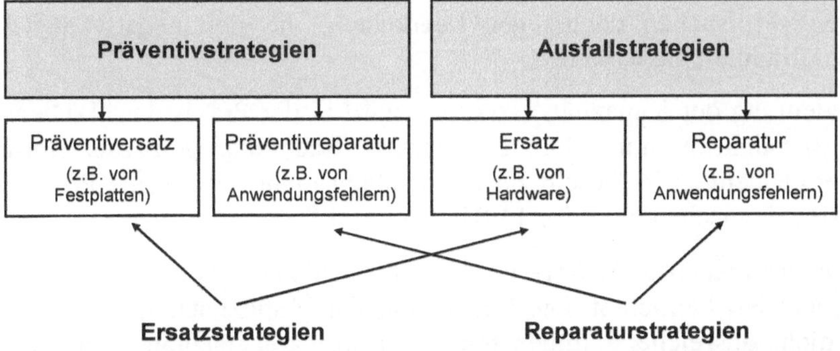

Abb. 119. Instandhaltungsstrategien in der IT-Dienstleistungsproduktion (in Anlehnung an [Corsten 1995, 316])

Ausfallstrategien ersetzen bzw. reparieren eine Anlage erst dann, wenn sie ausgefallen ist. Diese Strategien dominieren in der Praxis der IT-Dienstleistungsproduktion. Sowohl Anwendungsfehler als auch Hardwarefehler werden meist erst nach Auftreten eines Fehlers behoben.

Im Bereich der Softwarebetriebsmittel überwiegen die Reparaturstrategien und im Bereich der Hardwarebetriebsmittel die Ersatzstrategien. Beispielsweise führen Fehler in Anwendungsprogrammen nur selten dazu, dass ein Anwendungsprogramm ersetzt wird, sondern vielmehr zu einer Reparatur im Sinne einer Fehlerbehebung. Bei Hardwareausfällen lohnt sich dahingegen eine Reparatur nur in seltenen Fällen, in der Regel wird die betroffene Hardwarekomponente komplett ersetzt.

Die *Anlagenverwaltung* ist eine kontinuierliche Aufgabe. Sie hat dafür zu sorgen, dass Informationen über die aktuellen Anlagen gesammelt, gespeichert und für Planungsaufgaben aufbereitet werden. Die Aufgaben der Anlagenverwaltung sind in der IT-Dienstleistungsproduktion üblicherweise im so genannten Konfigurationsmanagement zusammengefasst. Dieses ist Gegenstand des Kapitels 6.3.5.

6.3.2 Kapazitätsplanung und Kapazitätsmanagement

Der Kapazitätsgestaltung kommt im Management der IT-Dienstleistungsproduktion eine zentrale Rolle zu. Sie wird beeinflusst durch die hohe Komplexität, Dynamik und Intransparenz der Produktionspotentiale und -prozesse. Die Qualität der IT-Leistungen und die Wirtschaftlichkeit der Produktion hängen maßgeblich von der Kapazitätsgestaltung ab. Unterkapazitäten führen zu unmittelbaren Qualitätseinbrüchen, z. B. in Form von lastbedingten Systemabstürzen oder inakzeptablen Antwortzeiten. Überkapazitäten verursachen dahingegen Leerkosten, die sich negativ auf die Wirtschaftlichkeit auswirken.

Der Bedeutung der Kapazitätsgestaltung wird in der Praxis der IT-Dienstleistungsproduktion nur selten ausreichend Rechnung getragen. Bordewisch et al. nennen in diesem Zusammenhang mehrere zentrale Problemkreise [Bordewisch et al. 2001, I.9ff]:

- *Hardwarezentrierte Sichtweise*: Die Kapazitätsgestaltung wird hardwarezentriert betrachtet. Die Entstehung von Kapazitätsengpässen wird auf nicht ausreichend dimensionierte Hardwarekapazitäten zurückgeführt. Die geringen Kosten für Hardwareerweiterungen verleiten dazu, Kapazitätsengpässe durch den Ausbau von Server-, Datenspeicher- und Netzwerkkapazitäten zu beheben. Die Auswirkungen der Software auf die Kapazität des Produktionssystems, z. B. in Form von Softwareengpässen oder in Form ineffizienter Ressourcennutzung, werden nicht betrachtet.
- *Organisation und Management*: Es werden nur Einzelaspekte, wie z. B. einzelne Server oder Netzwerkabschnitte, betrachtet. Eine gesamthafte Kapazitätsplanung, ausgehend von den geschäftlichen Anforderungen,

findet nicht statt. Stattdessen wird die Kapazitätsgestaltung als eine rein technische Aufgabe, die sich primär um die Überwachung, Analyse und bestmögliche Auslastung von Hardwareressourcen zu kümmern hat, angesehen.

- *Messung und Monitoring des Ist-Zustands*: IT-Dienstleister haben aufgrund fehlender oder unzureichender Messungen keinen Überblick über Ressourcenauslastungen. Die in anderen Branchen als Grundlage dienende Betriebsdatenerfassung existiert in der IT-Dienstleistungsproduktion nur ansatzweise. Eine Abbildung der technischen Messdaten auf IT-Leistungen oder gar IT-Produkte findet nicht statt.
- *Planung, Prognose und Werkzeuge*: Die Erstellung aussagekräftiger und exakter Prognosemodelle scheitert an der mangelhaften Qualität der Mess- und Prognosedaten. Die Bedeutung der Kapazitätsplanung wird verkannt, was unter anderem dazu führt, dass der Aufgabe nicht ausreichend Ressourcen zugeordnet werden.

Die Kapazitätsgestaltung lässt sich in zwei Aufgabenbereiche unterteilen: die Kapazitätsplanung und das Kapazitätsmanagement (siehe Abb. 120).

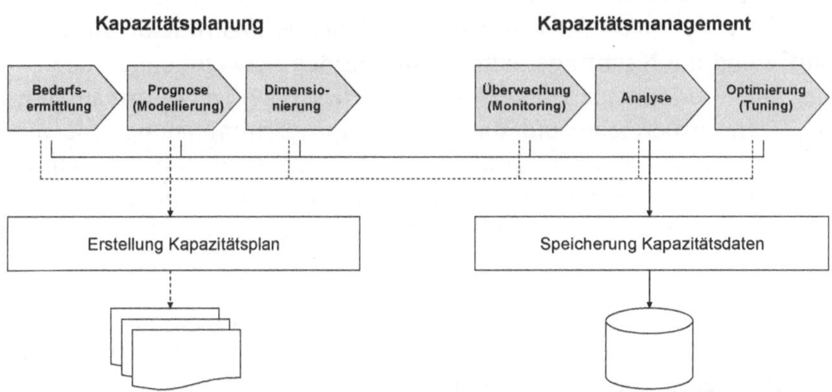

Abb. 120. Aufgaben der Kapazitätsplanung und des Kapazitätsmanagements

Die Kapazitätsplanung ist ein auf die Gestaltung zukünftiger Kapazitäten ausgerichteter Prozess, der die Produktionskapazität so zu gestalten hat, dass die IT-Leistungen in der geforderten Qualität zu den geforderten Zeitpunkten in der geforderten Menge hergestellt werden können. Auf der Grundlage des ermittelten Leistungsbedarfs werden im Rahmen der Kapazitätsplanung Prognosemodelle erstellt und die Produktionskapazitäten dimensioniert.

Das Kapazitätsmanagement konzentriert sich auf die Überwachung, Analyse und Gestaltung bestehender Produktionskapazitäten. Die Ergebnisse werden in Form eines Kapazitätsplans gespeichert und in einer Kapazitätsdatenbank abgelegt.

Ebenen der Kapazitätsgestaltung:

Ausgangspunkt der Kapazitätsgestaltung bilden die Anforderungen der Leistungsabnehmer an die Qualität, Menge und Termine der IT-Produkte. Aus diesen Anforderungen leiten sich die Kapazitätsanforderungen an die IT-Leistungen und an die einzelnen Produktionspotentiale (vor allem Anlagen und Arbeitskräfte) ab. Um eine Verknüpfung zwischen diesen drei Betrachtungsebenen herzustellen, muss sich die Kapazitätsgestaltung auf drei Ebenen vollziehen (in Anlehnung an [OGC 2001, 124f]):

- Im Rahmen der *Produktkapazitätsgestaltung* werden aus den geschäftlichen Anforderungen der Leistungsabnehmer an die IT-Produkte Kapazitätsanforderungen abgeleitet. Zunächst muss Klarheit darüber geschaffen werden, welche zukünftigen Anforderungen überhaupt bestehen. Zu diesem Zweck können Marktanalysen, Vertriebspläne, Entwicklungspläne usw. herangezogen werden. Die Produktkapazitätsgestaltung muss der hohen Dynamik des Marktes für IT-Dienstleistungen Rechnung tragen. Anforderungen der Kunden an bestehende IT-Produkte ändern sich häufig und die Nachfragemengen sind großen Schwankungen unterworfen. Die Produktkapazitätsgestaltung liefert wichtige Informationen an die Vertriebsbereiche und die Leistungsprogrammplanung. Sie macht beispielsweise Aussagen darüber, welche Qualitätsanforderungen, etwa hinsichtlich Verfügbarkeit, Antwortzeit oder Zuverlässigkeit, realistischerweise erfüllt und welche Produktmengen hergestellt werden können.

- Das primäre Ziel der *Leistungskapazitätsgestaltung* ist es, die für die einzelnen IT-Leistungen benötigten Kapazitäten zu planen und zu verwalten. Hierzu muss zunächst ein Verständnis dafür geschaffen werden, welche Qualitätsanforderungen an die IT-Leistungen gestellt werden, welche Produktionspotentiale (Ressourcen) zur Erbringung der IT-Leistungen in welchem Umfang benötigt werden und in welchem Umfang die IT-Leistungen im Zeitverlauf nachgefragt werden, d. h. ob beispielsweise Nachfragespitzen bestehen. Dies gilt sowohl für die Planung der Leistungskapazitäten für neue IT-Leistungen als auch für die Überwachung und Gestaltung bestehender Leistungskapazitäten. Werden beispielsweise vertraglich zugesagte Qualitätsmerkmale einer IT-Leistung, etwa hinsichtlich der Verfügbarkeit oder Antwortzeit, nicht eingehalten, ist zu prüfen, ob hierfür Kapazitätsengpässe verantwortlich und welche Kapazitätseinheiten konkret betroffen sind (z. B. mangelhafte Server- oder Netzwerkkapazitäten oder ein ineffizientes Design eines Anwendungsprogramms).

- Im Rahmen der *Potentialkapazitätsgestaltung (Ressourcenkapazitätsgestaltung)* werden die Kapazität und aktuelle Auslastung der einzelnen Produktionsressourcen identifiziert und überwacht. Der Fokus liegt damit auf der Kapazität der Betriebsmittel, d. h. der Server, Datenspeicher, Netzwerke, Arbeitsplatzsysteme und Anwendungsprogramme sowie auf der Kapazität der Arbeitskräfte, die beispielsweise für Anwenderunterstützungs- und Wartungsaufgaben benötigt werden.

Im Rahmen der Kapazitätsgestaltung muss eine Verknüpfung zwischen den drei Betrachtungsebenen hergestellt werden. Diese Verknüpfung kann in Form eines Systemmodells dargestellt werden, das die Beziehungen und Abhängigkeiten zwischen den drei Betrachtungsebenen verdeutlicht (siehe Abb. 121).

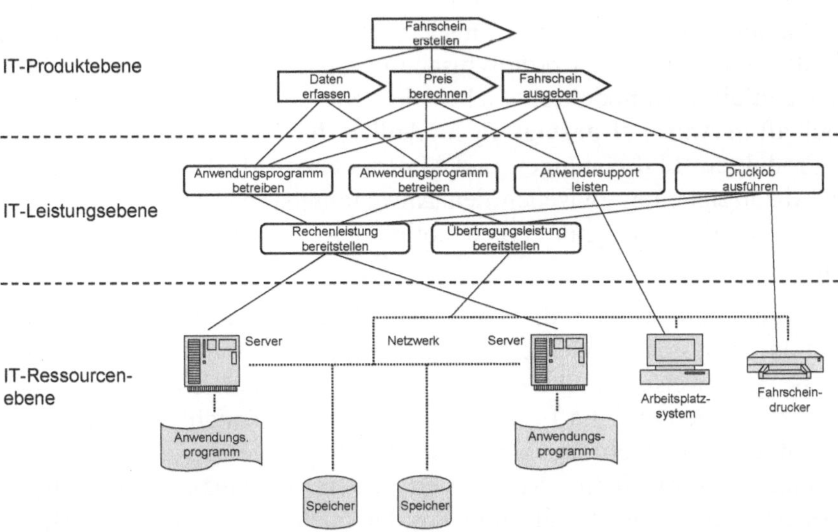

Abb. 121. Systemmodell als Grundlage der Kapazitätsgestaltung

Nur durch eine präzise Beschreibung der Zusammenhänge zwischen Produkten, Leistungen und Ressourcen können im Rahmen des Kapazitätsmanagements Messergebnisse auf der Ebene der Ressourcen in Ergebnisse für die Leistungen und letztlich für die Produkte in den Geschäftsprozessen transformiert werden [Bordewisch et al. 2001, I.19]. Gleiches gilt für die Kapazitätsplanung, bei der aus den Anforderungen an die IT-Produkte die Anforderungen an die IT-Leistungen und letztlich an die einzelnen Ressourcen abgeleitet werden müssen.

Kapazitätsplanung:

Aufgabe der Kapazitätsplanung ist es, den Kapazitätsbedarf, der sich aus neuen IT-Produkten oder aus der Änderung bestehender IT-Produkte ergibt, zu ermitteln. Die Kapazitätsplanung ist frühzeitig durchzuführen und nicht erst zu dem Zeitpunkt, an dem die für das Produkt erforderlichen IT-Leistungen in Betrieb genommen werden. Sie ist außerdem gesamthaft für alle Produktionsressourcen durchzuführen, d. h. nicht isoliert für einzelne Server, Anwendungsprogramme oder Netzwerke. Es sind sowohl Hardware- als auch Softwareressourcen zu berücksichtigen.

Ein generisches Vorgehensmodell zur Kapazitätsplanung stellt die MAPKIT-Methode dar [Bordewisch et al. 2001]. Abb. 122 zeigt die wesentlichen Elemente der Methode und ordnet sie den drei Aufgaben der Kapazitätsplanung zu. Ausgangspunkt bildet bei neuen Anforderungen an eine existierende IT-Leistung das bestehende Produktionssystem und bei der Planung einer neuen Leistung ein prototypisches Produktionssystem. Für das bestehende oder prototypische Produktionssystem werden ein System- und ein Lastmodell entwickelt. Ein Systemmodell wurde bereits beispielhaft in Abb. 121 gezeigt. Es modelliert die Beziehungen zwischen den IT-Produkten, IT-Leistungen und IT-Ressourcen. Insbesondere sind auch die Abhängigkeiten zwischen den Anwendungsprogrammen und den von den Anwendungsprogrammen benötigten Ressourceneinheiten darzustellen.

Im Lastmodell werden die kapazitätsrelevanten Anforderungen an das Produktionssystem modelliert. Zu den wichtigen Modellparametern gehören beispielsweise die aktuelle Anzahl der Anwender, die aktuell hergestellten Mengen und die Lastverteilung über den Zeitablauf. Für das Lastmodell müssen auch die aktuell durch die einzelnen Anwendungsprogramme verbrauchten Ressourcen (Verarbeitungs-, Speicher- und Übertragungsressourcen) ermittelt werden (siehe Exkurs in Kapitel 4.7).

Systemmodell und Lastmodell werden zum Basismodell zusammengeführt, das den aktuellen Ist-Zustand abbildet. Zur Erstellung des Basismodells stehen eine Reihe von Modellierungsansätzen zur Verfügung. In der ITIL werden Trendanalysen, analytische Modelle und Simulationsmodelle aufgeführt [OGC 2001, 142]. Bordewisch et al. unterscheiden Standard-Benchmarks, Lastsimulationen, stochastische Modellierung, Anwender-Benchmarks, Lasttests und Simulationen [Bordewisch et al. 2001, I.39ff].

Im Rahmen der Bedarfsermittlung sind die zukünftigen Mengen- und Qualitätsanforderungen an die IT-Produkte zu ermitteln. Aus diesen Anforderungen müssen die zukünftigen Anforderungen an Lasten und Kapazitäten abgeleitet werden. In Abhängigkeit vom Basismodell ist zu diesem Zweck ein Prognosemodell, entweder auf der Grundlage statistischer Modellierungen oder durch Benchmarking, zu erstellen. Es bietet sich an, mehrere Prognosen, im Sinne von Szenarien, für unterschiedliche Last- und Kapazitätsannahmen durchzuführen.

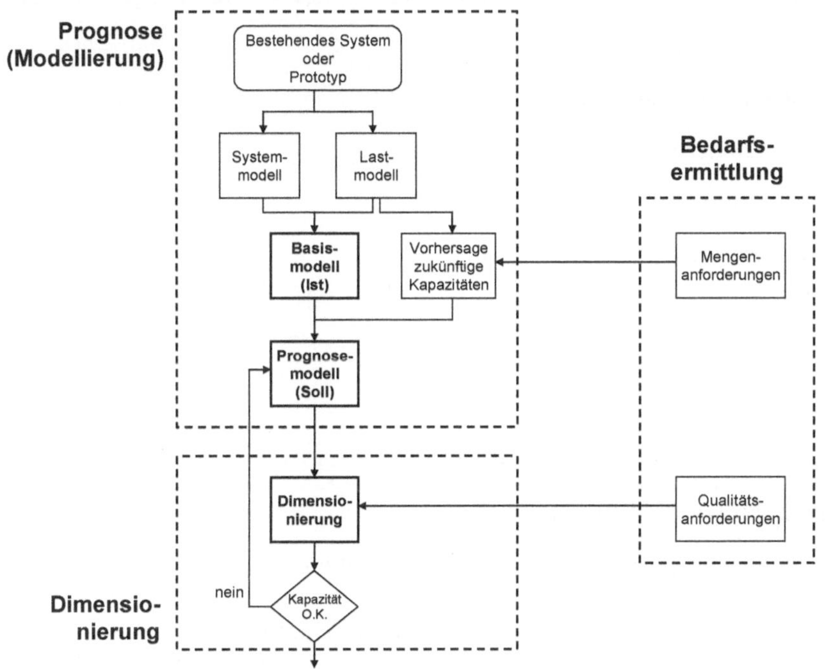

Abb. 122. MAPKIT-Vorgehensmethode zur Kapazitätsplanung (vereinfachte Darstellung in Anlehnung an [Bordewisch et al. 2001, I.32])

Die prognostizierten Szenarien legen den Rahmen für die konkrete Gestaltung der Kapazitäten fest. Im Rahmen der Dimensionierung werden die Kapazitäten der einzelnen Ressourcen unter Berücksichtigung der Qualitätsanforderungen der Nutzer, beispielsweise hinsichtlich Verfügbarkeit, Antwortzeit oder Sicherheit, ermittelt. Können die Qualitätsanforderungen nicht erfüllt werden, so müssen die Rahmenbedingungen oder die Anforderungen selbst verändert werden.

Kapazitätsmanagement:

Aufgabe des Kapazitätsmanagements ist es, die aktuellen Produktionsressourcen kontinuierlich zu überwachen, zu analysieren und zu verbessern. Überwachung, Analyse und Verbesserung bilden dabei einen Managementkreislauf.

Die *Kapazitätsüberwachung* erfolgt in der Regel automatisiert durch den Einsatz von Monitoren oder Agenten, die auf den verschiedenen Produktionsressourcen installiert werden. Auf diese Weise werden beispielsweise

- CPU-Auslastung,
- Hauptspeicherauslastung,
- Datenspeicherauslastung,
- Input/Output-Raten,
- Datendurchsatz,
- Warteschlangen (engl. queues),
- Transaktionen (Anzahl und pro Sekunde),
- Antwortzeiten,
- Dauer von Stapelverarbeitungen und
- Anzahl Nutzer und Logons

überwacht [OGC 2001, 133]. Zu unterscheiden sind kapazitätsbezogene Messdaten (z. B. Auslastungsgrade) und qualitätsbezogene Messdaten (z. B. Antwortzeiten, Anzahl Nutzer). Beide Datenkategorien werden benötigt, um einen Zusammenhang zwischen den Produktionskapazitäten und den Qualitätsmerkmalen der IT-Leistungen herstellen zu können.

Eine wichtige Rolle spielt die Frage der Messpunkte. Es können einerseits komponentenbasierte Messungen und andererseits End-to-End-Messungen durchgeführt werden. Die Messung einzelner Produktionsressourcen, z. B. einzelner Server oder Netzwerkabschnitte, liefert in erster Linie Daten für die interne Produktionssteuerung. Für ein gesamthaftes Kapazitäts- und Qualitätsmanagement sind sie dahingegen nur eingeschränkt geeignet. So ist es beispielsweise möglich, dass sämtliche Produktionsressourcen isoliert betrachtet eine den Anforderungen entsprechende Kapazität, Antwortzeit und Verfügbarkeit aufweisen, dass aber die IT-Leistung und das beim Kunden abgelieferte IT-Produkt, gesamthaft betrachtet, nicht den vereinbarten Qualitätsanforderungen entspricht. Aus Sicht der Leistungsabnehmer ist daher eine End-to-End-Messung, im Sinne einer gesamthaften Messung eines IT-Produkts beim Leistungsabnehmer, vorteilhaft. Zu diesem Zweck können Referenzmessungen beim Leistungsabnehmer durchgeführt werden, z. B. in Form von Referenzarbeitsplätzen, auf denen automatisiert standardisierte Geschäftsprozesse durchgeführt, d. h. IT-Produkte abgerufen werden. Für anwendungsprogrammbezogene Messungen ist es häufig erforderlich, bereits in der Anwendungsentwicklung spezielle Messpunkte im Programmcode zu verankern.

Im Rahmen der einführenden Beschreibungen zum Kapazitätsbegriff in Kapitel 3.2.4 wurde bereits darauf hingewiesen, dass die Produktionsressourcen in der IT-Dienstleistungsproduktion in der Regel nicht bis zur theoretischen Maximalkapazität wirtschaftlich sinnvoll ausgelastet werden können, da ab einem gewissen Auslastungsgrad („K-Punkt") ein starker Leistungsabfall eintritt. Eine Aufgabe der Kapazitätsüberwachung ist es daher, die K-Punkte der Produktionsressourcen zu überwachen und bei einer drohenden Überschreitung frühzeitig einen Alarm auszulösen, z. B. wenn die Auslastung einer CPU, die einen K-Punkt von 85 % aufweist, für einen bestimmten Zeitraum über 80 % liegt.

Die gewonnenen Messdaten sind im Rahmen der *Kapazitätsanalyse* auszuwerten, sodass Probleme frühzeitig identifiziert werden können. Beispielsweise können durch eine Analyse die folgenden Probleme erkannt werden [OGC 2001, 135]:

- Quellen für Kapazitätsprobleme (Server, Speicher, Daten usw.),
- ungleichmäßige Verteilung der Arbeitslast über mehrere Produktionsressourcen hinweg,
- Ineffizienzen im Design von Anwendungsprogrammen,
- unvorhergesehene Zunahmen der Transaktionsvolumina und
- ineffiziente Speicherauslastung.

Eine Aufgabe der Kapazitätsanalyse ist es, Muster und Trends in den Messdaten zu identifizieren, z. B. Muster für die Lastverteilung im Tagesablauf oder Trends hinsichtlich eines kontinuierlich zunehmenden Transaktionsvolumens.

Die *Kapazitätsverbesserung* wird in der IT-Dienstleistungsproduktion auch als „Tuning" bezeichnet. Zu unterscheiden sind technische Tuningmaßnahmen, die sich auf Hardwareressourcen und Systemsoftware beziehen, und anwendungsbezogene Tuningmaßnahmen, bei denen anwendungsspezifische Vorgänge mit dem Ziel überprüft werden, den Ressourcenbedarf eines Anwendungsprogramms an Verarbeitungs-, Speicher- und Übertragungsressourcen zu reduzieren [Bordewisch et al. 2001, I.46]. Technische Tuningmaßnahmen sind beispielsweise:

- die gleichmäßige Verteilung der Arbeitslast auf mehrere Server oder Datenspeicher (engl. workload balancing),
- die Minimierung von Speicherzugriffen durch Swapping-Mechanismen oder
- die Entwicklung von Sperr-Strategien („Locking-Strategien") in Datenbanken.

Anwendungsbezogene Tuningmaßnahmen umfassen beispielsweise die Verbesserung von Algorithmen oder Schnittstellen, aber auch organisatorische Eingriffe, z. B. durch eine Verlagerung von Abläufen in auslastungsärmere Zeitfenster. Letztere Strategie wird in der ITIL als „demand management" bezeichnet [OGC 2001, 140].

6.3.3 Inbetriebnahme von Produktionsanlagen

Die Produktionsanlagen eines IT-Dienstleisters unterliegen häufigen Änderungen. Die hohe Dynamik im Bereich der technologischen Entwicklung und neue Kundenanforderungen an IT-Produkte und IT-Leistungen führen dazu, dass einzelne Produktionsanlagen geändert oder neue Produktionsanlagen in Betrieb genommen werden müssen. Dies gilt sowohl für die Hardware- als auch für die Softwareelemente der Produktionsinfrastruktur.

Die Inbetriebnahme erfolgt entlang eines definierten Prozesses, der sicherstellt, dass bestehende Produktionsanlagen und Produktionsprozesse nicht beeinträchtigt werden. Ziel ist es, auf der Grundlage der bestehenden Geschäftsanforderungen eine angemessene und stabile Produktionsumgebung zu schaffen, die flexibel genug ist, um sich zukünftigen Anforderungen anpassen zu können. Aufgrund der hohen Komplexität und der Vielzahl von Abhängigkeiten zwischen den Produktionsanlagen ist dies eine anspruchsvolle Aufgabe.

Abb. 123 zeigt den Prozess der Inbetriebnahme im Überblick. Grundlage und Ausgangspunkt bildet eine Machbarkeitsbetrachtung, innerhalb deren die in Betrieb zu nehmende Produktionsanlage unter Berücksichtigung der bestehenden Produktionsstandards, Richtlinien und Architekturen sowie der Geschäftsanforderungen analysiert wird. Die Inbetriebnahme wird üblicherweise in Projektform durchgeführt und besteht im Kern aus vier Phasen.

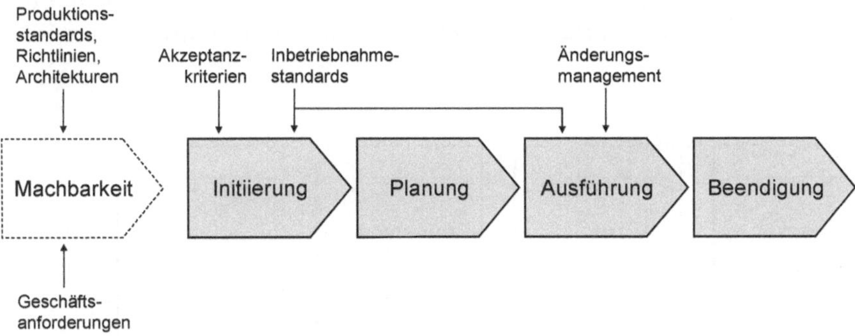

Abb. 123. Prozess der Inbetriebnahme (in Anlehnung an [OGC 2002, 78])

In der Initiierungsphase wird auf der Grundlage der Ergebnisse der Machbarkeitsanalyse das Inbetriebnahmeprojekt auf den Weg gebracht. Dabei sind bestehende Inbetriebnahmestandards und Akzeptanzkriterien für neue Produktionselemente zu berücksichtigen. Im Anschluss wird ein detaillierter Plan für die Inbetriebnahme entwickelt. Dieser beinhaltet vor allem das funktionale Design, die prozessualen und organisatorischen Aspekte und das technische Design der in Betrieb zu nehmenden Produktionsanlage [OGC 2002, 86ff]. An die Planungsphase schließt sich die Ausführungsphase an, innerhalb deren die eigentliche Umsetzung erfolgt. Da es sich bei der Inbetriebnahme um einen Änderungsprozess handelt, sind die allgemeinen Anforderungen und Prozesse des Änderungsmanagements zu berücksichtigen (siehe Kapitel 7.4). In der Ausführungsphase sind eine Reihe von Aufgaben wahrzunehmen:

- *Gestaltung von Arbeitsumgebungen*: Um eine Beeinträchtigung der aktuellen Produktionsinfrastruktur zu vermeiden, werden neue Produktionsanlagen in kontrollierten Arbeitsumgebungen entwickelt, getestet, abgenommen und eingeführt (siehe Abb. 124). Eine Kombination oder Zusammenlegung einzelner Arbeitsumgebungen ist, mit Ausnahme der Produktionsumgebung, möglich. Wichtig ist jedoch, dass eine klare Trennung der Arbeitsumgebungen erfolgt und dass die Entwicklungs-, Test- und Abnahmeumgebungen mit der Produktionsumgebung möglichst identisch sind (z. B. hinsichtlich der Architektur, der eingesetzten Standards und Methoden oder der erbrachten IT-Leistungen).
- *Konzeption der neuen Produktionsanlage*: Die neue Produktionsanlage muss technisch konzipiert werden. Dabei sind existierende Standards und Integrationsaspekte zu berücksichtigen. Zu den konzeptionellen Aufgaben zählen auch die Erstellung einer hinreichenden Dokumentati-

on, z. B. in Form eines Betriebshandbuchs, eines Anwenderhandbuchs oder einer Architekturbeschreibung, und die Durchführung von Schulungen.

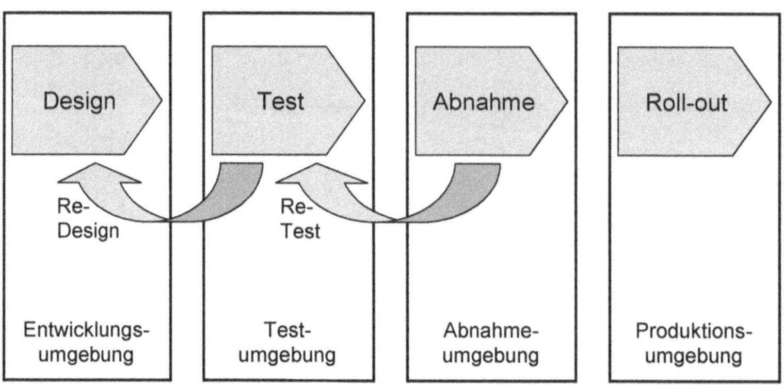

Abb. 124. Arbeitsumgebungen (in Anlehnung an [OGC 2002, 89])

- *Durchführung von Abnahmetests*: Im Rahmen eines Abnahmetests wird überprüft, ob die entwickelte Produktionsanlage den an sie gestellten geschäftlichen und technischen Anforderungen gerecht wird. In der Regel werden sowohl die Funktionalität als auch die Leistungsfähigkeit der Produktionsanlage getestet (z. B. durch einen Belastungstest). Die Testergebnisse sind in einem Abnahmeprotokoll zu dokumentieren, in dem alle relevanten Eingabedaten, durchgeführten Tests und erhaltene Testergebnisse festgehalten werden [Balzert 2000, 1087].

- *Roll-out*: Nach erfolgreicher Abnahme muss die Produktionsanlage in die aktuelle Produktionsumgebung integriert werden. Dieser Prozess wird in der IT-Dienstleistungsproduktion auch als Roll-out bezeichnet (siehe Abb. 125). Es können unterschiedliche Roll-out-Strategien verfolgt werden, die von einem „Big-Bang"-Szenario, d. h. einer Einführung der neuen Anlage in einem Schritt, bis hin zu Stufen-Szenarien, in denen eine schrittweise Einführung erfolgt, reichen. Das genaue Vorgehen ist in einem Roll-out-Plan festzuhalten, der beispielsweise einen Überblick über die neue Produktionsanlage, die betroffenen Komponenten, die Roll-out-Strategie, Notfall-Szenarien, Zeitpläne oder Migrationspläne enthält. Von Bedeutung ist eine Roll-out-Strategie insbesondere für die dezentralen Elemente der Produktionsinfrastruktur, d. h. für die Arbeitsplatzsysteme, und für neue Anwendungsprogramme oder Anwendungs-Releases. In diesem Fall sind die Leistungsabnehmer unmittelbar betroffen, weshalb mit besonderer Vorsicht agiert werden muss.

Von besonderer Bedeutung ist ein definierter Inbetriebnahmeprozess bei der Einführung neuer Anwendungsprogramme. Im Anschluss an die Entwicklung und den Test des Anwendungsprogramms wird dieses vom Kunden abgenommen und im Anschluss eingeführt. Am Abnahme- und Roll-out-Prozess sind sowohl Vertreter der Anwendungsentwicklung (Projektleiter, Entwickler) als auch ein spezieller Installationsentwickler (engl. deployment manager) beteiligt. Der Installationsentwickler ist für die Abnahme und den Roll-out aus technischer Sicht verantwortlich [Balzert 2000, 1086].

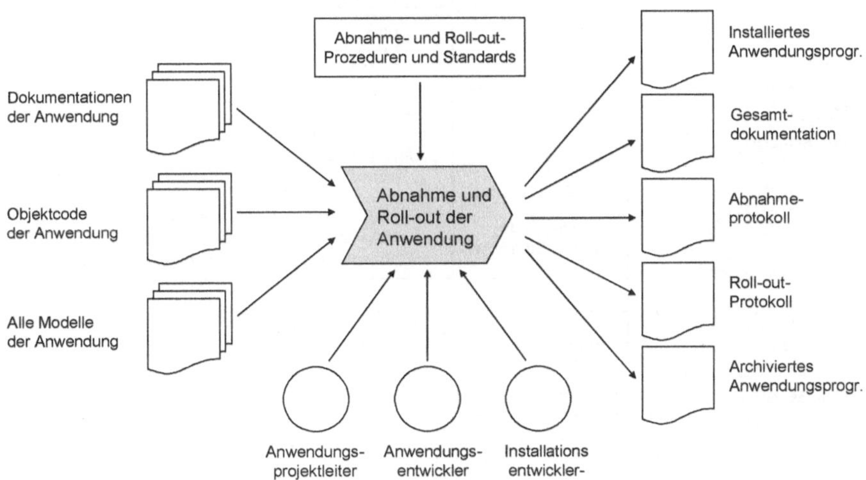

Abb. 125. Inbetriebnahme von Anwendungsprogrammen (in Anlehnung an [Balzert 2000, 1086])

6.3.4 Continuity-Management

Ausfälle einzelner Produktionsanlagen oder gar ganzer Produktionsstandorte haben in der Regel gravierende Auswirkungen auf den Geschäftsbetrieb der Leistungsabnehmer. Dies gilt für den Ausfall von Anwendungsprogrammen ebenso wie für den Ausfall von Servern oder Netzwerken oder gar eines ganzen Rechenzentrums. Dem Continuity-Management kommt die Aufgabe zu, Notfallpläne zu entwickeln, die bei einem Ausfall der Produktionsinfrastruktur die Wiederherstellung eines vorab mit dem Leistungsabnehmer vereinbarten Leistungsgrads innerhalb eines ebenfalls vorab vereinbarten Zeitraums garantieren. Die Aktivitäten zur Wiederherstellung des IT-Leistungsgrads (engl. IT-Service-Continuity-Management) müssen eingebettet sein in die gesamthaften Aktivitäten des Unternehmens (engl. Business-Continuity-Management). Abb. 126 zeigt die vier Phasen eines Continuity-Management-Prozesses im Überblick.

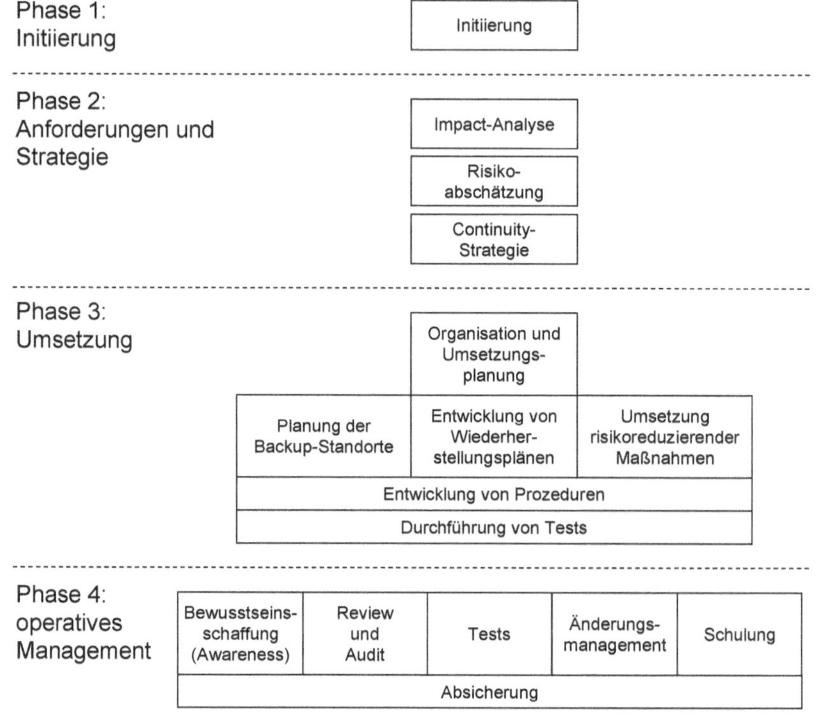

Abb. 126. Phasen des Continuity-Management-Prozesses (in Anlehnung an [OGC 2001, 171])

In der *Initiierungsphase* werden die notwendigen Voraussetzungen für das Continuity-Management geschaffen. So sind beispielsweise grundlegende Richtlinien (engl. continuity policies), Umfang, Ressourcen sowie Organisations- und Kontrollstrukturen zu definieren.

Zu Beginn der *Anforderungs- und Strategiephase* steht die Durchführung einer Impact-Analyse. Im Rahmen der Impact-Analyse werden die aus Sicht der Leistungsabnehmer kritischen Geschäftsprozesse identifiziert und die negativen Auswirkungen, die ein Ausfall von IT-Leistungen in diesen kritischen Geschäftsprozessen beim Leistungsabnehmer hervorrufen würde, analysiert. Die negativen Auswirkungen können unterschiedlicher Art sein, z. B. Umsatzverluste, Zusatzkosten, Imageverluste oder Wettbewerbsnachteile. Gleichzeitig wird in der Impact-Analyse identifiziert, welcher minimale IT-Leistungsgrad aus Sicht der Leistungsabnehmer noch akzeptabel ist, welche Ressourcen und Fähigkeiten der IT-Dienstleister zur Aufrechterhaltung dieses minimalen Leistungsgrads benötigt und innerhalb welchen Zeitraums zum einen der minimale Leistungsgrad und zum anderen der volle Leistungsgrad wiederhergestellt werden muss [OGC 2001, 174]. Ziel der Risikoabschätzung ist es, zu identifizieren, mit welcher Wahrscheinlichkeit bestimmte Risiken tatsächlich eintreten und wie hoch die Gefahr ist, dass ein bestimmtes Risiko zu Ausfällen in der Produktionsinfrastruktur führt. Für die Risikoabschätzung können unterschiedliche Verfahren, wie z. B. die Erstellung eines Risiko-Portfolios, eingesetzt werden. Konkrete Beispiele finden sich in der ITIL (siehe [OGC 2001, 177ff]).

Auf der Grundlage der Impact-Analyse und Risikoabschätzung kann die Continuity-Strategie erstellt werden. Diese kann sowohl präventive Elemente, d. h. Maßnahmen zur Risikoreduktion, als auch reaktive Elemente, d. h. Wiederherstellungsmaßnahmen, enthalten. Zu den präventiven, risikoreduzierenden Maßnahmen zählen beispielsweise Backup- und Recovery-Strategien, die Eliminierung singulärer Fehlerpunkte (engl. single points of failure), physische Zugangskontrollsysteme, Feuer- und Wasserdetektoren oder fehlertolerante Prozesse. Reaktive Wiederherstellungsmaßnahmen können sich auf Produktionsanlagen, IT-Leistungen oder Mitarbeiter konzentrieren.

Die Impact-Analyse und die Risikoabschätzung definieren dabei die Anforderungen an die Wiederherstellungsmaßnahmen. Konkrete Maßnahmen unterscheiden sich vor allem bezüglich des Zeitraums, der bis zur Wiederherstellung des vollen Leistungsgrads benötigt wird (siehe Abb. 127). Sind keine Maßnahmen vorhanden oder existieren lediglich Umgehungslösungen, die manuelle Eingriffe erfordern, so kann die Wiederherstellung, je nach Schwere des Ausfalls, mehrere Tage und Wochen dauern. Graduelle Maßnahmen erlauben typischerweise eine Wiederherstellung innerhalb von 72 Stunden. Dies wird erreicht, indem Räumlichkeiten bereitgestellt werden, die über eine grundlegende Infrastruktur verfügen (i. d. R. Strom-, lokale Netzwerk- und Telekommunikationsinfrastruktur) und die im Notfall für den Aufbau einer IT-Produktionsinfrastruktur genutzt werden können. Diese Variante wird auch als „Cold Standby“ bezeichnet, da keine in Betrieb befindlichen Produktionsanlagen, wie Server, Datenspeicher oder Arbeitsplatzsysteme, vorhanden sind. Diese müssen im Bedarfsfall von Lieferanten bereitgestellt und konfiguriert werden.

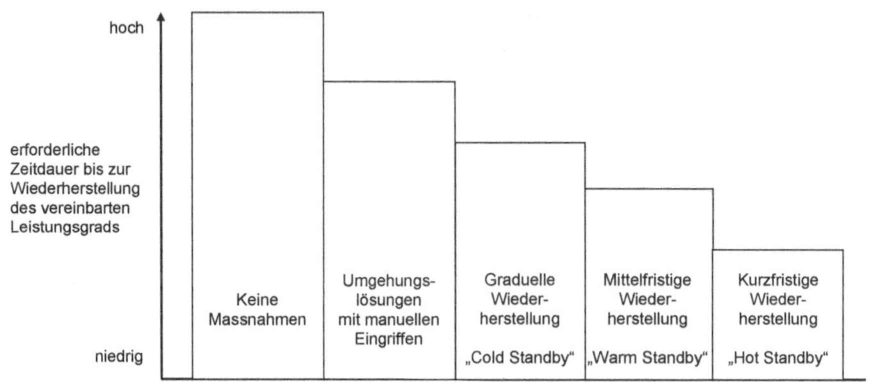

Abb. 127. Übersicht verbreiteter Wiederherstellungsmaßnahmen in der IT-Dienstleistungsproduktion

Mittelfristige Maßnahmen haben das Ziel, den IT-Leistungsgrad innerhalb von 24 bis 72 Stunden wiederherzustellen. Typischerweise werden zu diesem Zweck kommerzielle Backup-Rechenzentren von Drittanbietern genutzt, die über eine komplette IT-Produktionsinfrastruktur, inkl. Management- und Unterstützungsprozessen verfügen. Diese können im Notfall sofort genutzt werden, es bedarf jedoch einer bestimmten Zeit, bis die individuellen Produktionsprozesse, Anwendungsprogramme und Daten des IT-Dienstleisters konfiguriert sind. Kurzfristige Wiederherstellungsmaßnahmen, die innerhalb von 24 Stunden zum Tragen kommen sollen, werden in der Praxis meist in Verbindung mit den mittelfristigen Maßnahmen genutzt. Im Backup-Rechenzentrum werden bereits kritische Serversysteme, Datenspeicher, Anwendungsprogramme und Kommunikationsverbindungen aufgebaut, sodass eine Fortsetzung der Produktion im Backup-Rechenzentrum nahezu unverzüglich möglich ist. Im Extremfall kann eine identische Kopie (engl. mirrored site) der Produktionsinfrastruktur im Backup-Rechenzentrum aufgebaut werden.

Nachdem die Continuity-Strategie definiert wurde, kann mit der *Umsetzungsphase* begonnen werden. Zunächst ist die organisatorische und prozessuale Umsetzung der Strategieelemente, z. B. der Wiederherstellungsmaßnahmen, zu planen. Die für einen „Cold"-, „Warm"- oder „Hot"-Standby erforderlichen Backup-Räumlichkeiten sind zu planen. Es müssen beispielsweise entsprechende Verträge mit Drittanbietern geschlossen, die Serversysteme installiert und Netzwerkinfrastrukturen aufgebaut werden. Im Anschluss sind ein konkreter Wiederherstellungsplan zu erarbeiten und die risikoreduzierenden Maßnahmen umzusetzen. Für alle diese Aktivitäten müssen definierte Prozeduren existieren und Testmaßnahmen durchgeführt werden.

Das *operative Continuity-Management* bildet einen Teil des operativen Produktionsmanagements und umfasst die in der Abb. 126 dargestellten Aufgaben.

6.3.5 Konfigurationsmanagement

Dem Konfigurationsmanagement obliegt die Aufgabe, die IT-Produktionsinfrastruktur zu verwalten und zu überwachen. Zu diesem Zweck wird ein logisches Modell der Produktionsinfrastruktur erstellt, das sich aus Konfigurationselementen zusammensetzt. Im Rahmen des Konfigurationsmanagements müssen die Konfigurationselemente identifiziert, überwacht, verwaltet und verifiziert werden. In Anlehnung an die Best Practices der ITIL untergliedern sich die Aufgaben des Konfigurationsmanagements wie in Abb. 128 dargestellt [OGC 2000].

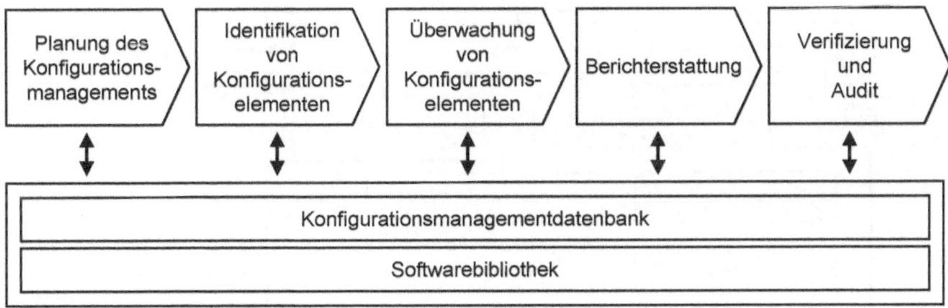

Abb. 128. Aufgaben des Konfigurationsmanagements

Die gemeinsame Grundlage bildet eine Konfigurationsmanagementdatenbank und eine Softwarebibliothek. Die *Planung des Konfigurationsmanagements* mündet in einen Konfigurationsplan. Dieser enthält Aussagen darüber, welche Ziele mit dem Konfigurationsmanagement verfolgt werden sollen, welche Richtlinien, Standards und Prozesse gelten, welche Rollen und Verantwortlichkeiten existieren, wie die Schnittstellen zu anderen Prozessen zu gestalten sind (z. B. zum Änderungsmanagement und zum Kapazitätsmanagement) und welche Struktur die Konfigurationsmanagementdatenbank und die Softwarebibliothek haben sollte.

Die *Identifikation von Konfigurationselementen* bildet eine der Hauptaufgaben innerhalb des Konfigurationsmanagements. Als Konfigurationselemente kommen grundsätzlich alle Elemente der IT-Produktionsinfrastruktur in Frage, so z. B.

- Hardwareelemente (Server, Serverkomponenten, Netzwerkkomponenten),
- Systemsoftware,
- Anwendungssoftware (Eigenentwicklungen und Standardsoftware),
- Datenbanken oder
- Dokumentationen (Hardware, Software).

Neben den Konfigurationselementen selbst müssen vor allem auch die Beziehungen zwischen den Elementen abgebildet werden. Zu diesem Zweck werden die Konfigurationselemente meist in einer hierarchischen Baumstruktur angeordnet. Abb. 129 zeigt eine beispielhafte Baumstruktur für ein Hardware- und ein Softwareelement.

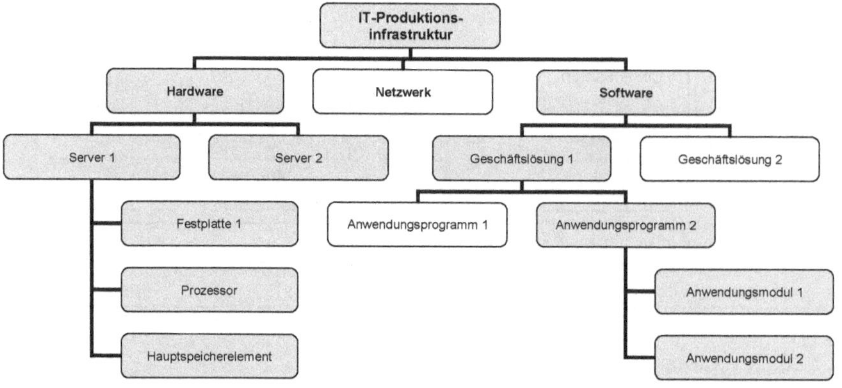

Abb. 129. Beispielhafte Struktur von Konfigurationselementen in einem Konfigurationsbaum

Eine zentrale Frage stellt die Granularität dar, mit der die Konfigurationselemente zu definieren sind. Eine zu hohe Granularität führt zu einer komplexen Struktur, die in der Praxis nur schwer gehandhabt werden kann. Eine zu geringe Granularität erschwert dahingegen eine sinnvolle Überwachung und Auswertung. Die Konfigurationselemente können in einer Top-Down-Analyse erarbeitet werden. Bis zu welcher Detailebene die Baumstruktur zu entwickeln ist, muss im Rahmen des Konfigurationsplans unternehmensindividuell festgelegt werden. Zwischen den Elementen eines Konfigurationsbaums können unterschiedliche Beziehungen bestehen. Es lassen sich drei grundlegende Beziehungsarten unterscheiden [OGC 2000, 141]:

- Ein Konfigurationselement ist Teil eines anderen Konfigurationselements (Vater-Kind-Beziehung). Diese Beziehungsart wird durch die Baumstruktur repräsentiert. Eine Festplatte ist beispielsweise Teil eines Servers oder ein Anwendungsmodul Teil eines Anwendungsprogramms.
- Ein Konfigurationselement ist mit einem anderen Konfigurationselement verbunden. Ein Server ist beispielsweise mit einem Netzwerk verbunden.
- Ein Konfigurationselement nutzt ein anderes Konfigurationselement. Ein Anwendungsprogramm wird auf einem Server ausgeführt und nutzt eventuell Anwendungsmodule eines anderen Programms.

Konfigurationselemente und ihre Beziehungen untereinander sind in der Konfigurationsmanagementdatenbank zu speichern. Die folgenden Attribute eignen sich zur Beschreibung von Konfigurationselementen:

- Name,
- eindeutige Identifikationsnummer,
- Kategorie und Typ,
- Versionsnummer,
- Lokation,
- Besitzer,
- Lieferant,
- Lizenz,
- Status,
- Vater-Elemente und
- Kind-Elemente.

Für die Verwaltung der softwarebezogenen Konfigurationselemente kann eine eigenständige Softwarebibliothek aufgebaut werden. Diese besteht sowohl aus physischen Elementen (z. B. Originalkopien der Software und Softwaredokumentationen) als auch aus elektronischen Elementen (z. B. Lizenzinformationen oder Seriennummern).

Die *Überwachung der Konfigurationselemente* erfolgt mit der Zielsetzung, das Hinzufügen, Ändern oder Löschen von Konfigurationselementen nur im Rahmen eines kontrollierten Prozesses zu gestatten. Auf diese Weise wird die Integrität und Aktualität der Konfigurationsmanagementdatenbank jederzeit sichergestellt.

Im Rahmen der *Berichterstattung* werden regelmäßige Statusberichte bezüglich der IT-Produktionsinfrastruktur generiert. Die Berichte sollten Informationen zum Status der Konfigurationselemente, zu den aktuellen Softwareversionen, den vorgenommenen Änderungen und zu offenen Problemen enthalten [OGC 2000, 147].

Die *Verifizierung* ist eng verknüpft mit der Inbetriebnahme neuer Infrastrukturkomponenten und dem Änderungsmanagement. Bevor neue Konfigurationselemente in die Produktionsumgebung integriert werden können, ist ihre Funktionsfähigkeit zu verifizieren. Darüber hinaus ist in regelmäßigen Abständen zu verifizieren, ob die Inhalte der Konfigurationsmanagementdatenbank mit der tatsächlichen Produktionsinfrastruktur übereinstimmen oder ob Abweichungen vorliegen.

6.4 Standort- und Fabrikplanung

Aufgabe der Standortplanung ist es, die Standorte eines Unternehmens im geographischen Raum festzulegen [Corsten 1995, 327]. Es ist zu planen, wie viele Standorte das Unternehmen haben soll und wo die Standorte liegen sollen, d. h. wie die Standortverteilung auszusehen hat. Eine Standortplanung kann sowohl im Rahmen der Unternehmensgründung als auch im Rahmen von Standortreorganisationen erforderlich werden. Standorte lassen sich mit Hilfe von Standortfaktoren bewerten. Bei einem Standortfaktor handelt es sich dabei um eine situationsspezifische Einflussgröße, die das Zielsystem eines Unternehmens beeinflusst [Hansmann 1974, 17]. In der betriebswirtschaftlichen Literatur wurden umfangreiche Standortfaktorsysteme entwickelt. Abb. 130 zeigt eine Zusammenfassung wichtiger Standortfaktoren, untergliedert nach beschaffungsorientierten, absatzorientierten und allgemeinen Faktoren.

Eine nähere Betrachtung der Standortfaktoren zeigt, dass sich diese zum Teil stark an den Bedürfnissen der Sachgüterproduktion orientieren. Dementsprechend sind sie für die Standortplanung eines IT-Dienstleisters von unterschiedlicher Bedeutung. Bei den beschaffungsorientierten Standortfaktoren spielt neben der Eignung des eigentlichen Betriebsgeländes vor allem der Standortfaktor „Personal" eine entscheidende Rolle. Dies gilt insbesondere für die Standorte, an denen die personalintensiven Produktionsprozesse, d. h. die Anwendungsentwicklung und Anwenderunterstützung, durchgeführt werden. Der Verfügbarkeit, Qualität und dem Lohnniveau des Personals kommt in diesem Fall eine zentrale Bedeutung zu. Der Dienstleistungscharakter der IT-Produkte macht es in diesem Zusammenhang möglich, die personalintensiven Produktionsprozesse an Standorte in Niedriglohnländer wie Indien, China oder Osteuropa zu verlagern, was in der IT-Dienstleistungsproduktion als „Offshoring" bezeichnet wird. Bei „Offshoring"-Strategien wird die Standortplanung in der Praxis nahezu ausschließlich unter Berücksichtigung des Standortfaktors „Personal" getroffen.

Beschaffungsorientierte Standortfaktoren

- Betriebsgelände/-raum
- Anlagen
- Personal
  - Verfügbarkeit
  - Qualität
  - Lohnniveau
- Rohstoffe
- Energie, Wasser
- Fremddienste
  - Transportdienste
  - Kundendienst
  - Beratungsdienste
  - Kreditversorgung
- Öffentliche Leistungen
  - Infrastruktur
  - Sicherheit
  - Entsorgung
  - Investitionen
- Kontaktpotentiale
  - Lieferanten
  - Behörden
  - Technische Agglomeration
- Umwelteinflüsse

Absatzorientierte Standortfaktoren

- Absatzpotentiale
  - regionaler Produktbedarf
  - regionale Kaufkraft
  - regionale Konkurrenz
  - öffentliche Hilfen
- Kontaktpotentiale
  - Kunden
  - Messe, Makler
  - wirtschaftliche Agglomeration
- Umweltbelastungsmöglichkeiten
  - Abfall
  - Abwasser
  - Abluft

Allgemeine Standortfaktoren

- Soziale und politische Potentiale
  - Wirtschafts-, Rechtsordnung
  - Regierungssystem
  - innere Ordnung
  - soziales Klima
  - Geld-, Abgabensystem
  - Beteiligungsansprüche der öffentlichen Hand
- Transferpotentiale
  - Warenverkehr
  - Nachrichtenverkehr
  - Kapitaltransfer
- Managementpotentiale
  - Managementmentalität
  - Kooperationsfähigkeit
  - Existenz
- Lebensqualität
  - Infrastruktur
  - Wohnwert
  - Klima

Abb. 130. Wichtige Standortfaktoren (in Anlehnung an [Kern 1992, 156f])

Absatzorientierte Standortfaktoren spielen in der IT-Dienstleistungsproduktion nur eine untergeordnete Rolle, da Standort und Absatzmarkt problemlos geographisch getrennt sein können. Eine Ausnahme bilden interne IT-Dienstleister, die primär für einen internen Kunden arbeiten. In diesem Fall kann der geographische Standort des Kunden bei der Standortplanung des IT-Dienstleisters durchaus eine Rolle spielen. Bietet ein IT-Dienstleister unterstützungsintensive IT-Produkte an, so sind absatzorientierte Faktoren ebenfalls zu berücksichtigen. So müssen beispielsweise für die Vor-Ort-Unterstützung von Arbeitsplatzsystemen entsprechende regionale Standorte geplant werden.

Allgemeine Standortfaktoren gelten für alle Unternehmen und sind somit auch bei der Standortwahl eines IT-Dienstleisters von Bedeutung.

Neben diesen Standortfaktoren spielt in der IT-Dienstleistungsproduktion traditionell der Faktor „Sicherheit“ eine wichtige Rolle. Vor allem größere IT-Dienstleister unterhalten Backup-Standorte, an denen die Produktionsinfrastruktur eines anderen Standortes gespiegelt, d. h. in identischer Form nachgebaut wird. Tritt ein Katastrophenfall, z. B. eine Naturkatastrophe oder ein Terrorangriff, ein, der zum teilweisen oder kompletten Ausfall eines Produktionsstandortes führt, so kann die Produktion innerhalb eines kurzen Zeitraums auf den Backup-Standort verlagert werden. Die Planung derartiger Backup-Standorte ist eine Aufgabe im Rahmen des Business-Continuity-Managements, auf die bereits in Kapitel 6.3.4 näher eingegangen wurde.

Ergebnis der Standortplanung ist eine Standortstrategie. Diese bildet einen Teil der Produktionsstrategie und beschreibt die langfristige Zielsetzung bezüglich der geographischen Verteilung der Produktionskapazitäten auf die vorhandenen und potentiellen neuen Standorte [Zäpfel 1989b, 146]. Dabei können Innovations- und Variations- bzw. Eliminationsstrategien unterschieden werden. Innovationsstrategien legen fest, wie neue Standorte räumlich zu verteilen sind. Es kann beispielsweise eine Strategie der räumlichen Differenzierung, der räumlichen Verdichtung oder der Erweiterung vorhandener Standorte verfolgt werden. Variations- bzw. Eliminationsstrategien verfolgen das Ziel, die bestehenden Standorte zu verringern oder räumlich zu konzentrieren, um auf diese Weise die Wettbewerbsfähigkeit des Betriebs zu verbessern. Beispiele sind Konzentrationsstrategien oder Teilstilllegungsstrategien.

Standortstrategien sind in der Praxis häufig wellenförmigen Veränderungen bzw. Trends unterworfen, die sich an den übergeordneten strategischen Zielen des Betriebs orientieren. Dominieren in erster Linie Maßnahmen zur Kostenreduktion, so bieten sich vor allem räumliche Differenzierungsstrategien, z. B. im Rahmen von „Offshoring“-Strategien, und Konzentrationsstrategien, z. B. im Rahmen einer Reduktion der Rechenzentrumsstandorte, an.

Während in der Standortplanung die Strategie bezüglich der Struktur und Verteilung aller Standorte entwickelt wird, konzentriert sich die Fabrikplanung auf einen konkreten Standort. Als Fabrikplanung bezeichnet man die vorausschauende Potentialgestaltung des gesamten Produktionsbereichs eines Unternehmens [Schweitzer 1994, 623]. Sie kann immer dann erforderlich werden, wenn neue Produktionskapazitäten benötigt werden, wenn neue Technologien verfügbar werden, wenn neue Leistungen hergestellt werden oder wenn Rationalisierungsmaßnahmen umgesetzt werden sollen. In der IT-Dienstleistungsproduktion konzentriert sich die Fabrikplanung auf die Rechenzentrumsplanung, d. h. konkret auf die Neuplanung oder Erweiterungsplanung eines Rechenzentrums.

Obwohl detaillierte Planungs- und Vorgehensmodelle für die Fabrikplanung existieren, sind diese für die Rechenzentrumsplanung meist nur sehr eingeschränkt nutzbar, da sich die Modelle stark an den Bedürfnissen der industriellen Sachgüterproduktion ausrichten. So steht beispielsweise im Mittelpunkt aller Fabrikplanungsmodelle die Planung des Fabrik-Layouts, d. h. der räumlichen Anordnung der Potentialfaktoren, mit Hilfe deren ein möglichst reibungsloser Güterfluss durch die einzelnen Stationen des Produktionsbereichs erreicht werden kann. Da in der IT-Dienstleistungsproduktion nahezu ausschließlich Güterflüsse in Form von Informationsflüssen auftreten, spielt die Layout-Planung, beispielsweise die räumliche Anordnung der Server und Datenspeicher, nur eine untergeordnete Rolle. Stattdessen dominieren bei der Rechenzentrumsplanung die folgenden Faktoren [OGC 2002, 57]:

- Anforderungen an die Stromversorgung und die Notstromversorgung,
- Anforderungen an Temperatur, Feuchtigkeit und Luftqualität,
- Anforderungen an Klimaanlagen und Lüftungsschächte,
- Anforderungen an Zugangs- und Sicherheitssysteme,
- Anforderungen an Verkabelung und Netzwerke und
- Anforderungen an elektromagnetische Störungen („electromagnetic interference“ und „radio frequency interference“).

Eine besondere Rolle kommt der Planung der dezentralen Betriebsmittel in der IT-Dienstleistungsproduktion, d. h. den Netzwerken, Arbeitsplatzsystemen und dazugehörigen Peripheriegeräten, wie beispielsweise Druckern, zu. Im Unterschied zur industriellen Sachgüterproduktion, in der Produkte an einem oder mehreren zentralen Produktionsstandorten hergestellt werden, bilden die dezentralen Elemente der IT-Dienstleistungsproduktionsinfrastruktur, die unmittelbar vor Ort beim Leistungsabnehmer betrieben werden, ein wichtiges Planungsobjekt. Die Fabrikplanung darf sich daher nicht nur auf die Planung der zentralen Rechenzentren konzentrieren, sondern muss auch Antworten auf die folgenden beispielhaften Planungsfragen geben:

- Wie sind zentrale und dezentrale Komponenten zu vernetzen?

- Wie ist die räumliche Anordnung von Druckern beim Leistungsabnehmer zu gestalten?
- Welche Zugangs- und Sicherheitsanforderungen sind dezentral, z. B. bei den Arbeitsplatzsystemen, zu berücksichtigen?
- Welche Umweltbedingungen (Temperatur, Feuchtigkeit usw.) sind an den dezentralen Einsatzorten zu berücksichtigen?

An die Fabrikplanung schließen sich Steuerungsmaßnahmen an, die auch als Ausführungsplanung bezeichnet werden. Zu diesen Maßnahmen zählen beispielsweise die Koordination, Durchsetzung und Kontrolle von Bauplänen, die Überwachung von Ausschreibungsverfahren, die Überwachung von Kosten- und Terminplänen oder die Durchführung von Zwischen- und Funktionsprüfungen [Schweitzer 1994, 626].

7 Management des Produktionsprozesses

7.1 Einführung

In der IT-Dienstleistungsproduktion ist der Produktionsprozess für eine IT-Leistung in den Anwendungsprogrammen abgebildet. Die im Anwendungsprogramm enthaltenen Algorithmen legen fest, in welcher Reihenfolge die Faktorkombinationsprozesse der IT-Dienstleistungsproduktion ausgeführt werden, welche Produktionsfaktoren in den Prozess einfließen und wie der Output des Produktionsprozesses aussieht.

Aufgabe der Produktionsplanung ist es, zu bestimmen, wann unter Einsatz welcher Produktionsfaktoren welche Leistungen zu erstellen sind [Adam 1998, 118]. Die Produktionssteuerung hat die Aufgabe, die laufenden Produktionsprozesse zu überwachen und bei Störungen die erforderlichen Maßnahmen zu ergreifen. Viele der in der Literatur diskutierten Konzepte und Verfahren zur Produktionsplanung und -steuerung sind für die IT-Dienstleistungsproduktion nur bedingt geeignet, da sie sich stark an der physischen Sachgüterproduktion orientieren. Trotzdem haben die grundlegenden Aufgabenbereiche der Produktionsplanung und -steuerung auch in der IT-Dienstleistungsproduktion eine Berechtigung.

7.2 Produktionsplanung

7.2.1 Grundlagen

Ausgehend vom aktuellen Leistungsprogramm und den verfügbaren Produktionspotentialen müssen die einzelnen Produktionsaufträge für eine Planungsperiode geplant werden. Als Produktionsauftrag wird dabei eine zeitlich terminierte Anweisung zur Erbringung einer Leistung oder Teilleistung bezeichnet [Heinen 1991, 536]. Im Mittelpunkt der Produktionsplanung steht die zeitliche Koordination und Abstimmung der Produktionsaufträge. Zu diesem Zweck umfasst die Produktionsplanung im Kern drei Aufgaben [Corsten 1995, 414ff; Heinen 1991, 536ff; Schweitzer 1994, 681ff; Zäpfel 1982, 183ff]:

- *Losgrößenplanung*: Bestimmung der Losgröße, d. h. der Anzahl an Fertigungsprodukten, die als eine Gruppe geschlossen durch die Fertigung laufen. Die Bestimmung der Losgröße kann dabei auf der Grundlage verschiedener Zielgrößen erfolgen, z. B. mit dem Ziel einer Kosten- oder Durchlaufzeitminimierung.

- *Durchlaufterminierung*: Planung der Anfangs- und Endtermine für jeden Produktionsauftrag, unter Berücksichtigung der technischen Produktionsabläufe, jedoch ohne Berücksichtigung von Kapazitätsrestriktionen.

- *Kapazitätsterminierung*: Abstimmung der im Rahmen der Durchlaufterminierung vorgenommenen Planung mit den vorhandenen Kapazitäten.

Das Ergebnis der Produktionsplanung bilden konkrete Vorgaben über Starttermine und Durchlaufzeiten der Produktionsaufträge auf den einzelnen Produktionskapazitäten für einen Planungszeitraum von einer oder mehreren Wochen [Heinen 1991, 546]. Um komplexe Produktionsprogramme überhaupt planen zu können, müssen Hilfsmittel eingesetzt werden. Das in diesem Zusammenhang in der Praxis am weitesten verbreitete Hilfsmittel stellen Netzplantechniken dar [Corsten 1995, 417ff].

Umfang und Aufgaben der Produktionsplanung in der IT-Dienstleistungsproduktion hängen stark davon ab, welcher Produktionstyp dem Produktionsprozess zugrunde liegt. Zu unterscheiden sind dabei die zwei Produktionstypen

- Stapelverarbeitungs-Produktion und

- Dialog-Produktion.

Als Stapelverarbeitungs-Produktion werden Produktionsprozesse bezeichnet, die zu einem vorab geplanten Zeitpunkt durch den IT-Dienstleister ausgeführt werden. Typische Stapelverarbeitungs-Produktionsprozesse sind beispielsweise die IT-gestützte Erstellung und der Druck von Rechnungen (z. B. monatliche Kundenrechnungen oder Gehaltsabrechnungen), die Durchführung umfangreicher Berechnungen (z. B. Analyse von Kundentransaktionen) oder die Durchführung punktueller IT-gestützter Vertriebsaktionen (z. B. der Versand von Massen-E-Mails). All diesen Produktionsprozessen ist gemeinsam, dass ihre Ausführung zu einem vorab in Absprache mit dem Kunden geplanten Zeitpunkt stattfindet. Der IT-Dienstleister besitzt somit einen Dispositionszeitraum. Ein weiteres Merkmal von Stapelverarbeitungsprozessen ist, dass im Rahmen eines Produktionsauftrags meist eine große Menge von Produktionsprozessen gemeinsam durchgeführt wird, z. B. die Erstellung von 20.000 Gehaltsabrechnungen oder der Versand von mehreren 100.000 E-Mails. Aus diesen Gründen ist für Stapelverarbeitungsprozesse eine echte Produktionsplanung im Sinne der oben beschriebenen Aufgaben möglich: Die geeignete Losgröße ist zu bestimmen, die Durchlaufzeiten sind zu terminieren und mit den vorhandenen Kapazitäten abzugleichen.

Die Dialog-Produktion ist dadurch gekennzeichnet, dass der Produktionsprozess unmittelbar vom Anwender gestartet wird, ohne dass der genaue Startzeitpunkt dem IT-Dienstleister vorab genau bekannt ist. Typische Dialog-Produktionsprozesse sind beispielsweise die Durchführung einer Buchhaltungstransaktion, der Abruf von Kundendaten aus einer Datenbank, der Versand einer E-Mail oder der Ausdruck eines Dokuments durch einen Anwender. In all diesen beispielhaften Fällen wird der Ausführungszeitpunkt durch den Anwender bestimmt und ist dem IT-Dienstleister vorab nicht genau bekannt. Somit existiert auf der Ebene der Produktionsaufträge kein Dispositionszeitraum, innerhalb dessen eine Produktionsplanung durchgeführt werden könnte. Des Weiteren gilt für Dialog-Produktionsprozesse immer die Losgröße „Eins". In einem Produktionsauftrag wird ein einzelnes Fertigungsprodukt, z. B. eine Buchungstransaktion, für den Anwender hergestellt. Eine Zusammenlegung mehrerer Produktionsprozesse zu einem Fertigungslos ist nicht möglich.

Aus diesen Gründen ist bei Dialog-Produktionsprozessen eine Produktionsplanung im oben genannten Sinne auf der Ebene einzelner Produktionsaufträge nicht möglich. Stattdessen ist im Rahmen der Produktionsplanung die Leistungsbereitschaft zur Herstellung eines Fertigungsprodukts zu planen. Gemäß dem in Kapitel 3.2.2 vorgestellten zweistufigen Grundmodell der IT-Dienstleistungsproduktion bildet die Herstellung der Leistungsbereitschaft die Voraussetzung für die eigentliche Produktion dialogorientierter Fertigungsprodukte. Das Fertigungsprodukt „E-Mail-Versand" setzt beispielsweise voraus, dass in der Produktion die Leistungsbereitschaft hergestellt wird, E-Mails mit der vereinbarten Qualität versenden, d. h. die einzelnen Produktionsaufträge der Kunden abwickeln zu können. Im Rahmen der Produktionsplanung sind zur Herstellung der Leistungsbereitschaft zwei Aufgaben wahrzunehmen: Es ist vorab eine gesamthafte Kapazitätsplanung für das Fertigungsprodukt vorzunehmen. Und es ist die dem Kunden garantierte Verfügbarkeit der Leistungsbereitschaft sicherzustellen. Am Beispiel des dialogorientierten Fertigungsprodukts „E-Mail-Versand" sollen diese Aufgaben kurz erläutert werden. Eine Produktionsplanung für jeden einzelnen Produktionsauftrag, d. h. für jede zu versendende E-Mail, ist nicht möglich. Stattdessen muss zum einen vorab gesamthaft eine Kapazitätsplanung für das Fertigungsprodukt „E-Mail-

Versand“ durchgeführt werden, beispielsweise auf der Grundlage des mit dem Kunden vereinbarten Mengengerüsts. Ist z. B. bekannt, wie viele E-Mails pro Monat oder Jahr durchschnittlich versendet werden und wie sich der Versand typischerweise über den Tages-, Wochen- und Monatsverlauf verteilt, so kann innerhalb der Produktionsplanung eine Kapazitätsplanung durchgeführt werden (siehe Kapitel 6.3.2). Zum anderen muss im Rahmen der Produktionsplanung die Verfügbarkeit der Leistungsbereitschaft sichergestellt werden. Wurde dem Kunden beispielsweise garantiert, dass er 24 Stunden am Tag und 365 Tage im Jahr E-Mails versenden kann, so muss eine ständige Verfügbarkeit der Leistungsbereitschaft der Produktionsprozesse sichergestellt werden. In der IT-Dienstleistungsproduktion wird diese Planungsaufgabe daher auch als Verfügbarkeitsplanung bezeichnet.

Abb. 131 zeigt zusammenfassend die Unterschiede zwischen der Produktionsplanung von Stapelverarbeitungs- und Dialog-Produktionsprozessen.

	Stapelverarbeitungs-Produktion	**Dialog-Produktion**
Planungs-objekt	Produktionsauftrag (z.B. Erstellung und Druck von 20.000 Rechnungen)	IT-Leistung (z.B. E-Mail-Versand)
Los-größe	1 ... n (zu optimieren)	1
Aufgaben der Produktionsplanung	Für einen Produktionsauftrag: • Losgrößenplanung • Durchlaufterminierung • Kapazitätsterminierung	Für eine IT-Leistung: • Planung der Leistungsbereitschaft (Kapazitätsplanung, Verfügbarkeitsplanung)

Abb. 131. Unterschiede zwischen der Produktionsplanung von Stapelverarbeitungs- und Dialog-Produktionsprozessen

7.2.2 Stapelverarbeitungs-Produktionsprozesse

Für Stapelverarbeitungs-Produktionsprozesse lässt sich eine Losgrößenplanung, Durchlaufterminierung und Kapazitätsterminierung durchführen. Ziel der Losgrößenplanung ist es, die optimale Losgröße, d. h. die optimale Zahl von Fertigungsprodukten zu ermitteln, bei der die losgrößenabhängigen Kosten je Fertigungsprodukt ein Minimum erreichen [Heinen 1991, 538]. Die Bildung von Losgrößen erfolgt vor allem aufgrund von Rüstkosten für Produktionsanlagen. Rüstkosten haben in der IT-Dienstleistungsproduktion nicht dieselbe hohe Bedeutung wie in der industriellen Sachgüterproduktion, dürfen aber bei Stapelverarbeitungsprozessen nicht vollständig vernachlässigt werden. So ist es unter Umständen erforderlich, Server für einen bestimmten Stapelverarbeitungsprozess individuell zu konfigurieren, Drucker mit speziellem Papier auszustatten, Backup-Systeme mit bestimmten Sicherungsbändern zu rüsten oder Server-Systeme um zusätzlichen Speicher oder um zusätzliche Prozessorkapazität aufzurüsten. In diesen Fällen ist zu planen, welche Losgröße für den Stapelverarbeitungsprozess optimal ist. Ist es beispielsweise vorteilhafter, alle zu erstellenden Gehaltsabrechnungen eines Monats an einem Zeitpunkt oder verteilt auf mehrere Nächte zu produzieren? Zur Lösung dieses Optimierungsproblems können existierende Losgrößenformeln, wie z. B. die Andlersche Losgrößenformel [Schweitzer 1994, 683ff], verwendet werden, allerdings müssen sie auf die Besonderheiten der IT-Dienstleistungsproduktion angepasst werden. So spielen beispielsweise Lagerbestände und Fragen der Anlieferung in der IT-Dienstleistungsproduktion kaum eine Rolle.

Für die Durchlaufterminierung ist zunächst die Zusammensetzung der Durchlaufzeit eines Stapelverarbeitungs-Produktionsauftrags zu analysieren. Hierbei ergeben sich deutliche Unterschiede zu den aus der industriellen Produktion bekannten Komponenten der Durchlaufzeit und deren Bedeutung. Während in der industriellen Sachgüterproduktion vor allem Liegezeiten eine zentrale Rolle spielen (vgl. z. B. [Stommel 1976, 142ff]), wird die Durchlaufzeit in der IT-Dienstleistungsproduktion stark von der Bearbeitungszeit determiniert. Abb. 132 zeigt, auf der Grundlage des in der industriellen Produktion gängigen Modells zur Zusammensetzung von Durchlaufzeiten, die Bedeutung der einzelnen Komponenten in der IT-Dienstleistungsproduktion.

Abb. 132. Bedeutung einzelner Komponenten der Durchlaufzeit in der IT-Dienstleistungsproduktion

Die Durchlaufzeit kann durch zeitliche Anpassung, erhöhte Intensität oder durch Splittung und Überlappung von Produktionsaufträgen verkürzt werden [Heinen 1991, 544]. Eine zeitliche Anpassung, z. B. durch Überstunden oder Sonderschichten, birgt in der IT-Dienstleistungsproduktion aufgrund der hochgradigen Automation des Produktionsprozesses nur geringe Potentiale. Eine Erhöhung der Intensität, d. h. der pro Zeiteinheit produzierten Menge, kann beispielsweise durch Tuning-Maßnahmen erreicht werden. Potential zur Durchlaufzeitverkürzung bietet die Splittung und Überlappung von Produktionsaufträgen. So können beispielsweise Produktionsaufträge so gesplittet werden, dass sie auf mehreren Servern oder Prozessoren parallel abgearbeitet werden. Wie in der industriellen Sachgüterproduktion lassen sich Netzplantechniken zur Vorwärts- und Rückwärtsrechnung, zur Identifikation kritischer Pfade oder zur Erkennung freier Puffer einsetzen. Als Ergebnis der Durchlaufterminierung erhält man eine Auflistung aller Start- und Endtermine der Stapelverarbeitungs-Produktionsaufträge und die dafür benötigten Produktionskapazitäten.

In der sich anschließenden Kapazitätsterminierung werden die Start- und Endtermine unter Berücksichtigung der aktuellen Kapazitätsrestriktionen festgelegt [Corsten 1995, 426]. Zu diesem Zweck werden das Kapazitätsangebot und die im Rahmen der Durchlaufterminierung ermittelten Kapazitätsnachfragen gegenübergestellt. In der Regel sind Angebot und Nachfrage nicht deckungsgleich (siehe Abb. 133), sodass Maßnahmen zum Kapazitätsabgleich ergriffen werden müssen.

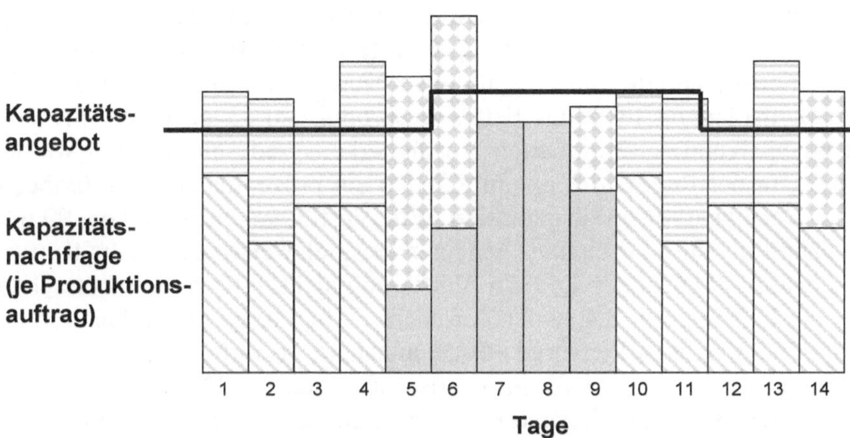

Abb. 133. Kapazitätsangebot und -nachfrage im Zeitverlauf

Grundsätzlich kann entweder die Kapazitätsnachfrage an das Kapazitätsangebot oder umgekehrt das Angebot an die Nachfrage angepasst werden. Im ersten Fall können beispielsweise die Start- und Endtermine einzelner Produktionsaufträge verschoben werden, sodass nachfragearme Zeiten, in denen Restkapazitäten verfügbar sind, ausgenutzt werden. Alternativ können Produktionsaufträge oder Teile von Produktionsaufträgen ausgelagert werden. Im zweiten Fall kann das Kapazitätsangebot erhöht oder verringert werden. Dabei sind sowohl mittel- und langfristige Maßnahmen, z. B. die Beschaffung zusätzlicher Server- oder Netzwerkkapazitäten, als auch kurzfristige, z. B. die kurzfristige Nutzung externer Kapazitäten bei Spitzenkapazitätsnachfragen, denkbar.

7.2.3 Dialog-Produktionsprozesse

Für Dialog-Produktionsprozesse sind im Rahmen der Produktionsplanung die Kapazitätsplanung und die Verfügbarkeitsplanung für eine IT-Leistung vorzunehmen. Aufgaben und Inhalte der Kapazitätsplanung wurden bereits in Kapitel 6.3.2 behandelt. Die folgenden Ausführungen konzentrieren sich daher auf die Verfügbarkeitsplanung von Dialog-Produktionsprozessen.

Ziel der Verfügbarkeitsplanung ist es, die Leistungsbereitschaft der Produktion sicherzustellen, sodass zu den vom Anwender bestimmten Zeitpunkten dialogorientierte IT-Leistungen erbracht werden können. Die Leistungsbereitschaft wird in der IT-Dienstleistungsproduktion daher auch als Verfügbarkeit bezeichnet. Die Verfügbarkeit ist aus Sicht der Leistungsabnehmer eines der zentralen Qualitätskriterien einer IT-Leistung, weshalb der Verfügbarkeitsplanung eine besondere Bedeutung zukommt. Produktionspotentiale und Produktionsprozesse sind im Rahmen der Verfügbarkeitsplanung für jedes Fertigungsprodukt so zu gestalten, dass die mit einem Kunden vereinbarten Verfügbarkeitsgrade eingehalten werden können. In der Regel wird einem Kunden ein prozentualer, zeitraumbezogener Verfügbarkeitsgrad garantiert. Ein Verfügbarkeitsgrad von 99,6 % pro Jahr für eine IT-Leistung bedeutet beispielsweise, dass dem Kunden die Leistung 99,6 % der Zeit zur Verfügung steht, oder anders betrachtet, dass die Leistung nur 0,4 % der Zeit nicht verfügbar ist. Je stärker sich der garantierte Verfügbarkeitsgrad 100 % annähert, desto höher sind die Kosten, die in der Produktion für Präventivmaßnahmen (z. B. Backup-Systeme oder -Netzwerke) zur Sicherstellung der geforderten Leistungsbereitschaft entstehen. Zwar nehmen gleichzeitig die Kosten für Korrekturmaßnahmen ab, jenseits eines wirtschaftlich optimalen Verfügbarkeitsgrads steigen die Gesamtkosten jedoch exponentiell an (siehe Abb. 134).

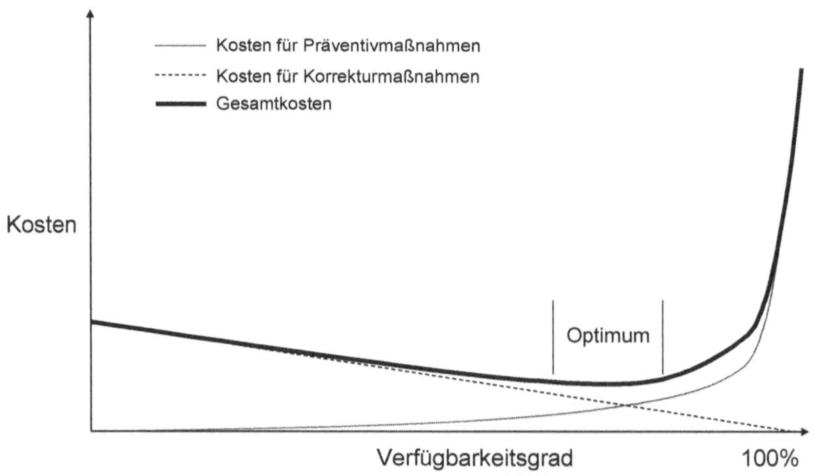

Abb. 134. Zusammenhänge zwischen Verfügbarkeitsgrad und Kosten (in Anlehnung an [OGC 2001, 228])

Aufgrund der hohen Bedeutung, die IT-Leistungen heute in vielen Geschäftsprozessen einnehmen, hat die Nichtverfügbarkeit von IT-Leistungen unmittelbare Auswirkungen auf das Geschäft der Kunden. Dabei lassen sich materielle und immaterielle Auswirkungen unterscheiden. Zu den materiellen Auswirkungen zählen beispielsweise

- entgangene Umsätze,
- Produktivitätsverluste der Anwender oder
- Strafzahlungen.

Immaterielle Auswirkungen umfassen

- den Verlust von Kunden,
- den Verlust von Kundenvertrauen bzw. eine erhöhte Kundenunzufriedenheit,
- Imageschäden oder
- entgangene Geschäfte (z. B. der Verlust potentieller neuer Kunden).

Die monetären Auswirkungen einer Nichtverfügbarkeit von IT-Leistungen müssen vorab ermittelt werden, wobei in der Praxis vor allem die immateriellen Faktoren häufig nur schwer quantifizierbar sind. Die potentiellen monetären Auswirkungen einer Nichtverfügbarkeit bilden die Grundlage für die Definition eines aus Kundensicht sinnvollen Verfügbarkeitsgrads.

Zwischen IT-Dienstleister und Kunde ist im Rahmen der Verfügbarkeitsplanung auch zu vereinbaren, wie die Verfügbarkeit konkret zu messen ist. Ausgangspunkt bildet dabei die in Abb. 135 dargestellte Formel zur Berechnung des Verfügbarkeitsgrads.

$$\textbf{Verfügbarkeitsgrad} = \frac{\text{Vereinbarte Servicezeit [Std/Jahr]} - \text{Ausfallzeit [Std/Jahr]}^*}{\text{Vereinbarte Servicezeit [Std/Jahr]}} \times 100$$

* nur Ausfallzeiten innerhalb der Servicezeit

Abb. 135. Berechnung des Verfügbarkeitsgrads

Auf der Grundlage dieser Formel lassen sich beispielsweise die erlaubten Ausfallzeiten in Abhängigkeit von den vereinbarten Servicezeiten und Verfügbarkeitsgraden ermitteln. Abb. 136 zeigt dies an einigen konkreten Beispielen. Garantiert ein IT-Dienstleister beispielsweise für eine IT-Leistung eine Verfügbarkeit von 99,8 %, so bedeutet dies, dass bei einer mit dem Kunden vereinbarten Servicezeit von 7 x 24 Stunden die Leistung für maximal 17,52 Stunden pro Jahr nicht verfügbar sein darf. Steht die Leistung dem Kunden nur innerhalb der Geschäftszeit, beispielsweise von

06:00 bis 20:00 Uhr, zur Verfügung, so darf die Leistung innerhalb der Geschäftszeit maximal 7,28 Stunden nicht verfügbar sein.

	Maximale Ausfallzeit (in Stunden)		
Verfügbarkeitsgrad (in%)	7x24h	Geschäftszeit (06:00 - 20:00 Uhr)	Supportzeit (07:00 - 18:00 Uhr)
96.00	350.40	145.60	114.40
97.00	262.80	109.20	85.80
98.00	175.20	72.80	57.20
99.00	87.60	36.40	28.60
99.50	43.80	18.20	14.30
99.80	17.52	7.28	5.72
99.90	8.76	3.64	2.86

Abb. 136. Maximal erlaubte Ausfallzeiten in Abhängigkeit vom Verfügbarkeitsgrad und von der Servicezeit

Bei der konkreten Umsetzung ist zu vereinbaren, wie sich die Ausfallzeiten zusammensetzen dürfen. Ist es beispielsweise zulässig, dass die maximale jährliche Ausfallzeit im Rahmen eines einzigen Ausfalls zusammenhängend auftreten darf, oder darf pro Ausfall eine maximale Ausfallzeit nicht überschritten werden? Und wie viele Ausfälle dürfen pro Jahr maximal auftreten?

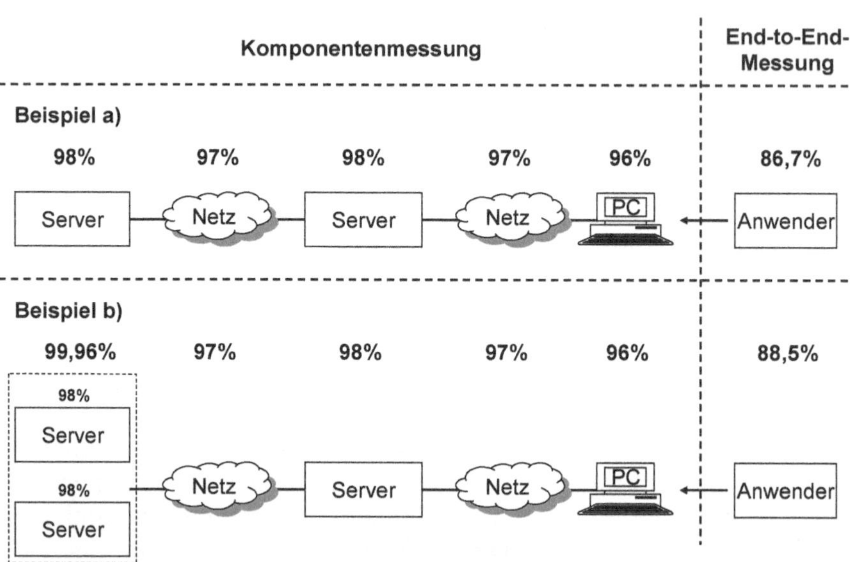

Abb. 137. Unterschiede zwischen Komponenten- und End-to-End-Messung (in Anlehnung an [OGC 2001, 270f])

Eine weitere wichtige Entscheidung, die im Rahmen der Verfügbarkeitsplanung zu treffen ist, betrifft die Messpunkte. Hierbei ist zwischen einer komponentenbezogenen Messung und einer End-to-End-Messung der Verfügbarkeit zu unterscheiden. Die Wahl der Messpunkte kann entscheidenden Einfluss auf den ermittelten Verfügbarkeitsgrad haben, wie die Abb. 137 zeigt. In Beispiel a) der Abb. 137 erkennt man, dass, obwohl jede Einzelkomponente einen Verfügbarkeitsgrad von mindestens 96 % aufweist, der gesamte Produktionsprozess aus Sicht des Leistungsabnehmers nur einen Verfügbarkeitsgrad von 86,7 % besitzt. Denn die End-to-End-Verfügbarkeit eines Produktionsprozesses berechnet sich durch die Multiplikation der komponentenbezogenen Verfügbarkeitsgrade der beteiligten Betriebsmittel. Beispiel b) zeigt, dass eine Spiegelung eines Servers zwar den Verfügbarkeitsgrad dieser Serverkomponente auf 99,96 % erhöht, den End-to-End-Verfügbarkeitsgrad des Produktionsprozesses aber nur auf 88,5 % steigert.

7.3 Produktionssteuerung

Im Rahmen der Produktionssteuerung erfolgen die Feinplanung der Produktionsaufträge sowie die Überwachung und Kontrolle der Produktionsprozesse. Das Hauptziel der Feinplanung in der IT-Dienstleistungsproduktion ist es, die endgültige Belegung der Produktionsanlagen für einen kurzfristigen Betrachtungszeitraum von einigen Stunden bis Tagen zu bestimmen. Die Feinplanung wird in der IT-Dienstleistungsproduktion auch als Lastverteilung bezeichnet. Sie ist eng verknüpft mit der Kapazitätsplanung (siehe Kapitel 6.3.2), der Verfügbarkeitsplanung (siehe Kapitel 7.2.3) und der Continuity-Planung (siehe Kapitel 6.3.4) und wird zunehmend automatisiert durchgeführt. Moderne Server-, Speicher- und Netzwerksysteme sind in der Lage, im Rahmen der Lastverteilung Produktionsaufträge selbständig auf die vorhandenen Produktionsanlagen zu verteilen. Spezielle Steuermodule übernehmen beispielsweise die Aufgabe, die anstehenden Produktionsaufträge auf die verfügbaren Server-Systeme zu verteilen und dabei die Kapazität und aktuelle Auslastung jedes einzelnen Server-Systems zu berücksichtigen (siehe Abb. 138).

Zur Überwachung und Kontrolle der Produktionsprozesse wird die Produktionsinfrastruktur in Komponenten, sogenannte „Managed Objects (MO)“ [OGC 2002, 117], unterteilt. Jedes MO repräsentiert eine Produktionsressource, die überwacht und kontrolliert werden kann. Es wird beschrieben durch seine Attribute, die Überwachungs- und Kontrollfunktionen, die an ihm ausgeführt werden können, die Statusmeldungen, die es erzeugen kann, und seine Beziehungen zu anderen MO.

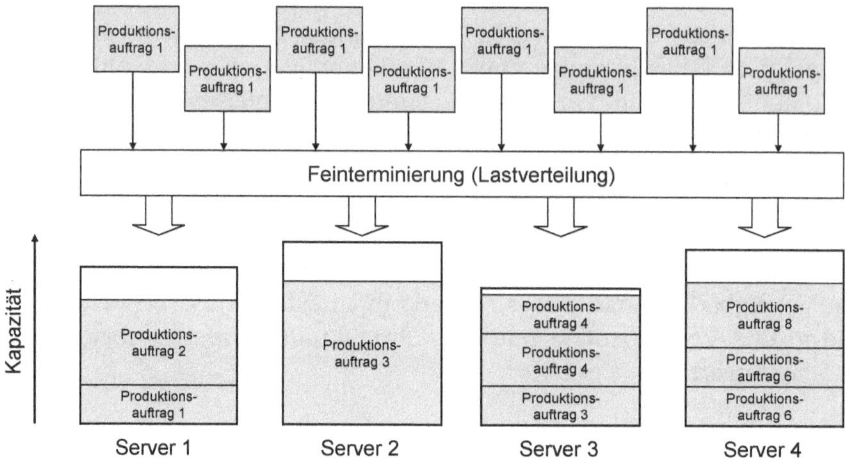

Abb. 138. Beispielhafte Lastverteilung von Produktionsaufträgen auf Server-Systeme

In der ITIL werden eine Vielzahl von Aufgaben definiert, die im Rahmen der Produktionsüberwachung und -kontrolle zu verrichten sind. Zu den wichtigsten zählen [OGC 2002, 128ff]:

- Management der Statusmeldungen (engl. event management), d. h. Überwachung, Erkennung, Erfassung, Untersuchung, Verarbeitung und Lösung der durch MO generierten Status- und Störungsmeldungen,
- Speichermanagement, d. h. Überwachung und Kontrolle sämtlicher Speichersysteme,
- Backup- und Recovery-Management,
- Sicherheitsmanagement, d. h. Überwachung und Kontrolle aller operationellen Sicherheitsrisiken,
- Performance-Management, d. h. Tuning-Maßnahmen, Caching-Strategien, Datenkomprimierung oder Festplatten-Striping.

Die Verrichtung der Aufgaben erfolgt in der Praxis überwiegend werkzeuggestützt. Zum Einsatz kommen beispielsweise Systemmanagement-Tools, Netzwerkmanagement-Tools, Diagnose-Tools, Scheduling-Tools, Performance-Tools oder Servicemanagement-Tools.

7.4 Produktionsanpassung

Die Produktionsprozesse in der IT-Dienstleistungsproduktion zeichnen sich durch eine hohe Dynamik aus, d. h., sie unterliegen im Zeitablauf einer hohen Zahl von Anpassungen. Dementsprechend muss das Produktionssystem so gestaltet werden, dass es eine möglichst hohe Anpassungsfähigkeit aufweist [Schweitzer 1994, 721]. Während mögliche Maßnahmen zur Erreichung einer hohen Anpassungsfähigkeit bereits im Zusammenhang mit dem Flexibilitätsbegriff in Kapitel 3.2.4 diskutiert wurden, soll im Folgenden der Prozess zur Umsetzung von Anpassungsmaßnahmen im Vordergrund stehen.

Die Umsetzung von Anpassungsmaßnahmen in der IT-Dienstleistungsproduktion erfordert ein enges Zusammenspiel von Konfigurationsmanagement, Änderungsmanagement und Freigabemanagement (siehe Abb. 139).

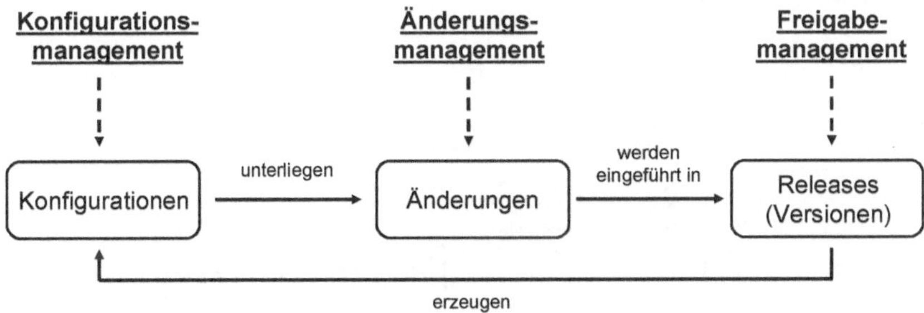

Abb. 139. Zusammenhang zwischen Konfigurations-, Änderungs- und Freigabemanagement

Den Ausgangspunkt bildet das Konfigurationsmanagement, das sämtliche Elemente und Komponenten der Produktionsinfrastruktur in einer Konfigurationsdatenbank verwaltet (siehe Kapitel 6.3.5). Die Konfigurationselemente unterliegen ständigen Änderungen. So werden beispielsweise neue Hardwareelemente, etwa Server- oder Netzwerkelemente, hinzugefügt, bestehende Elemente aktualisiert, erweitert oder außer Betrieb genommen und neue Technologien integriert. Besonders Anwendungsprogramme unterliegen häufigen Anpassungen, da sich die Anforderungen der Kunden und Anwender weiterentwickeln. Um eine stabile Produktionsinfrastruktur und fehlerfreie Produktionsprozesse erhalten zu können, dürfen Änderungen nicht unkontrolliert umgesetzt und eingeführt werden, sondern nur auf der Grundlage eines kontrollierten Prozesses. Dies ist Aufgabe des Änderungsmanagements und betrifft sämtliche Änderungen an der Produktionsinfrastruktur und den Produktionsprozessen, d. h. sowohl hardware- als auch softwarebezogene Änderungen.

Abb. 140 zeigt den Änderungsprozess bis zur Freigabe. Jede Anpassung von Konfigurationselementen erfordert zunächst einen Änderungsantrag (engl. request for change). Dieser sollte im Kern die folgenden Inhalte enthalten [OGC 2001, 174f]:

- Beschreibung der zu ändernden Konfigurationselemente,
- Begründung für die Änderung, inkl. Konsequenzen, wenn die Änderung nicht vorgenommen würde,
- Änderungspriorität,
- Auswirkungen der Änderung (technisch und geschäftlich),
- Ressourcenbedarf,
- Umsetzungsplanung,
- Risikoanalyse.

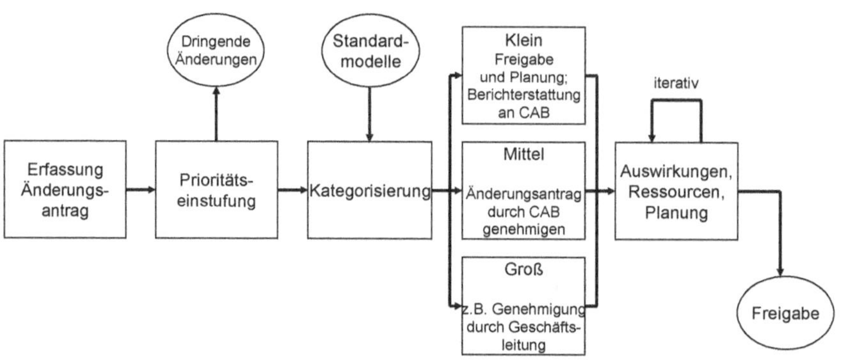

Abb. 140. Generischer Änderungsprozess bis zur Freigabe

Nach der Erfassung des Änderungsantrags wird dieser zunächst einer Prioritätsstufe zugeordnet. Ausschlaggebend für die Prioritätseinstufung ist in erster Linie die Risikoeinschätzung im Hinblick auf die technischen und geschäftlichen Auswirkungen. Für dringende Änderungen kann ein eigener Prozess, der eine sehr schnelle Umsetzung erlaubt, definiert werden. Änderungen, die nicht dringend sind, werden in einem nächsten Schritt kategorisiert. Auf der Basis standardisierter Bewertungsmodelle werden die Änderungsanträge beispielsweise in Anträge mit kleinen, mittleren oder großen Auswirkungen unterteilt. Für jede Kategorie ist ein individueller Freigabeprozess definiert. Dabei spielt ein spezielles Genehmigungsgremium, das in der ITIL als „Change-Advisory-Board (CAB)“ bezeichnet wird, eine zentrale Rolle. Es setzt sich aus Mitgliedern der Produktion (z. B. Anwendungsentwicklern, Betriebsmitarbeitern, technischen Experten, Anwendungsunterstützung), des Vertriebs (z. B. Kundenbetreuer, Produktmanagern) und des Leistungsabnehmers zusammen. Kleine Änderungen können unmittelbar im Rahmen des Änderungsmanagements freigegeben und geplant werden. Das CAB ist in diesem Fall lediglich zu informieren. Änderungsanträge der mittleren Kategorie müssen dahingegen durch das CAB genehmigt und freigegeben werden. Bei Änderungsanträgen mit großen Auswirkungen kann sogar eine Genehmigung durch die Geschäftsleitung des IT-Dienstleisters erforderlich sein.

In jedem Fall sind die Auswirkungen der Änderung im Detail zu analysieren, der Ressourcenbedarf zu ermitteln und die Umsetzung zu planen. Im Anschluss kann die Änderung freigegeben werden. Den Änderungsprozess von der Freigabe bis zur abschließenden Bewertung zeigt die Abb. 141.

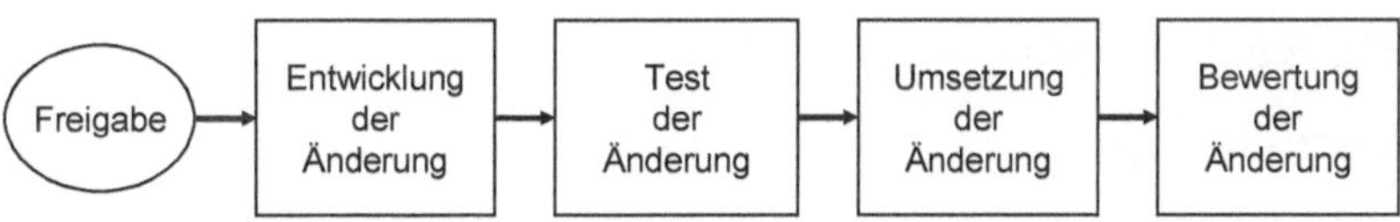

Abb. 141. Änderungsprozess von der Freigabe bis zur abschließenden Bewertung

Aufgabe des Freigabemanagements ist es, die Änderungen in die laufende Produktionsinfrastruktur zu übernehmen. Dabei wird in der Regel nicht jede Änderung einzeln eingeführt, sondern mehrere Änderungen werden zu einem Release zusammengefasst. Als Release wird demnach eine Menge freigegebener Änderungen bezeichnet [OGC 2001, 205]. Releases können sich sowohl auf Softwareänderungen als auch auf Hardwareänderungen beziehen. Die zentralen Aufgaben des Freigabemanagements zeigt die Abb. 142. Wie bereits in Kapitel 6.3.3 beschrieben, kommen dabei unterschiedliche Umgebungen zum Einsatz. Die Planung und Entwicklung finden in der Entwicklungsumgebung, die Konfiguration, der Test und die Freigabe in einer kontrollierten Testumgebung und die eigentliche Installation in der Produktionsumgebung statt.

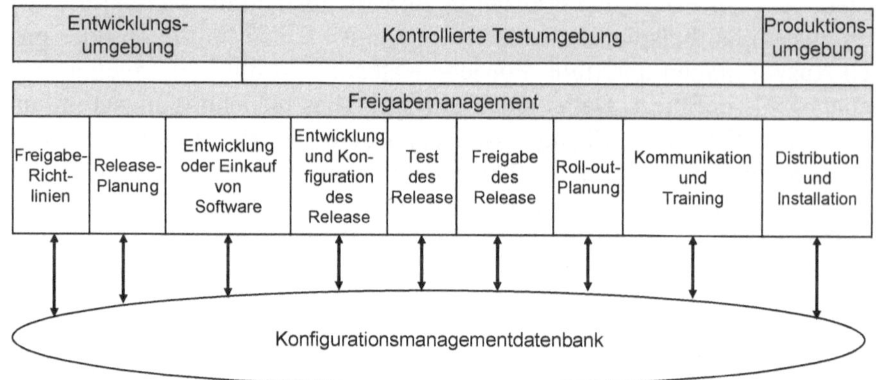

Abb. 142. Aufgaben des Freigabemanagements (in Anlehnung an [OGC 2001, 204])

Besondere Aufmerksamkeit ist der Aufgabe der Roll-out-Planung zu widmen. Sie hat maßgeblichen Einfluss auf die Komplexität und somit auf den Erfolg einer Release-Einführung. Im Mittelpunkt steht die Frage, in welchen Schritten die bestehenden Anwender einer IT-Leistung mit einem neuen Release versorgt werden. Dabei können zwei unterschiedliche Roll-out-Strategien unterschieden werden:

- „Big-Bang"-Strategie,
- Phasen-Strategie.

In einer „Big-Bang"-Strategie wird ein neues Release für sämtliche Anwender zu einem definierten Zeitpunkt freigeschaltet (siehe Abb. 143.). Dies kann mit erheblichen Umstellungs-, Kommunikations- und Schulungsaufwänden verbunden sein, weshalb in großen Organisationen Releases in der Regel in mehreren Phasen eingeführt werden.

Neben den betroffenen Anwendern können Roll-out-Strategien sich auch auf die räumliche Strategie zur Einführung von Releases konzentrieren und beispielsweise festlegen, in welchen Phasen unterschiedliche regionale Niederlassungen mit neuen Releases versorgt werden.

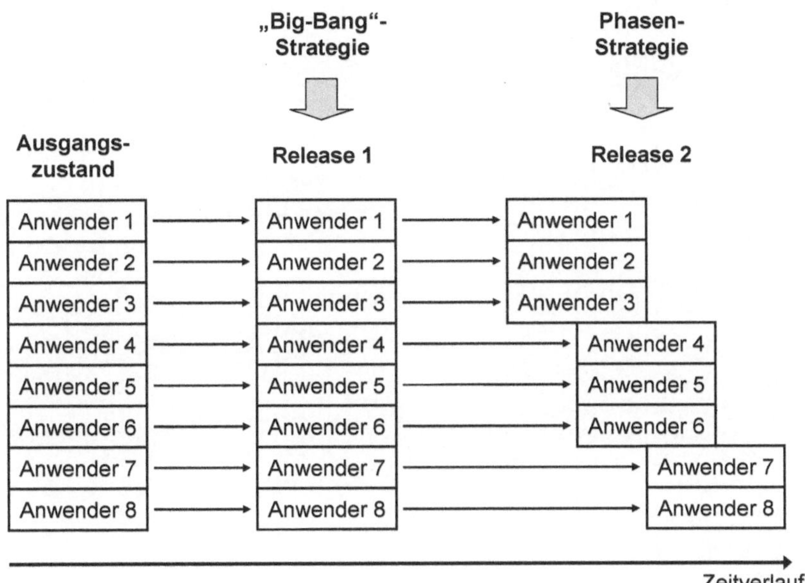

Abb. 143. Roll-out-Strategien

8 Management der Anwenderunterstützung

8.1 Einführung

Die Anwenderunterstützung hat die Aufgabe, die Anwender bei der Nutzung der IT-Leistungen zu unterstützen. IT-Leistungen stellen in der Regel unterstützungsintensive Leistungen dar. Dementsprechend hoch ist die Bedeutung der Anwenderunterstützung innerhalb der IT-Dienstleistungsproduktion. Die vom Anwender wahrgenommene Qualität der IT-Leistungen wird maßgeblich durch die Qualität der Anwenderunterstützung bestimmt. Unterstützungsanliegen lassen sich grob in zwei Kategorien unterteilen:

- Störungsmeldungen (z. B. Ausfall eines Druckers, Fehlermeldungen oder Netzwerkstörungen) und
- Service- und Informationsanliegen (z. B. Einrichtung eines E-Mail-Accounts, Vergabe/Ersatz eines Passwortes, Frage nach dem Status eines Vorgangs).

Die Anwenderunterstützung ist in der Praxis oft zentral organisiert, sodass ein zentraler Anlaufpunkt (engl. single point of contact) für die Anwender existiert. Je nach Umfang der angebotenen Unterstützungsleistungen lassen sich dabei die in Abb. 144 dargestellten Varianten unterscheiden [OGC 2000].

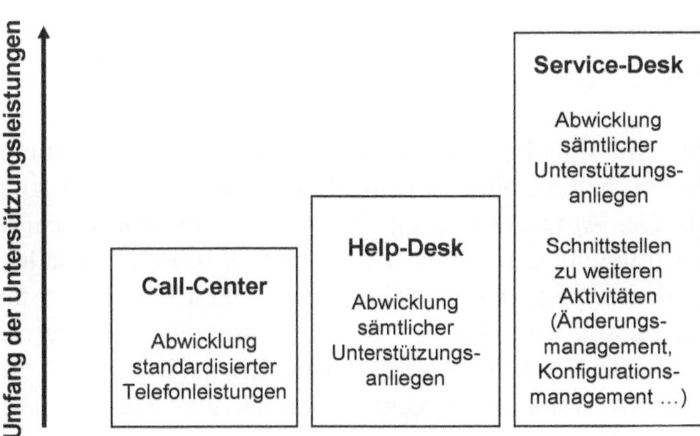

Abb. 144. Organisatorische Varianten der Anwenderunterstützungs

Ein Call-Center ist in erster Linie auf die Abwicklung einer großen Zahl standardisierter Telefondienstleistungen ausgerichtet. Ein Help-Desk hat die Aufgabe, alle Unterstützungsanliegen auf effiziente Art und Weise abzuwickeln. Den größten Leistungsumfang bietet ein Service-Desk. Neben der Abwicklung von Unterstützungsanliegen besitzt dieser auch direkte Schnittstellen zu anderen Aufgabenbereichen, wie z. B. dem Änderungsmanagement, dem Konfigurationsmanagement, dem Service-Level-Management oder dem Continuity-Management.

Um eine effiziente Bearbeitung der Unterstützungsanliegen zu ermöglichen, wird der Unterstützungsprozess mehrstufig gestaltet. Der sogenannte 1st-Level-Support bildet die eigentliche Schnittstelle zum Anwender (siehe Abb. 145).

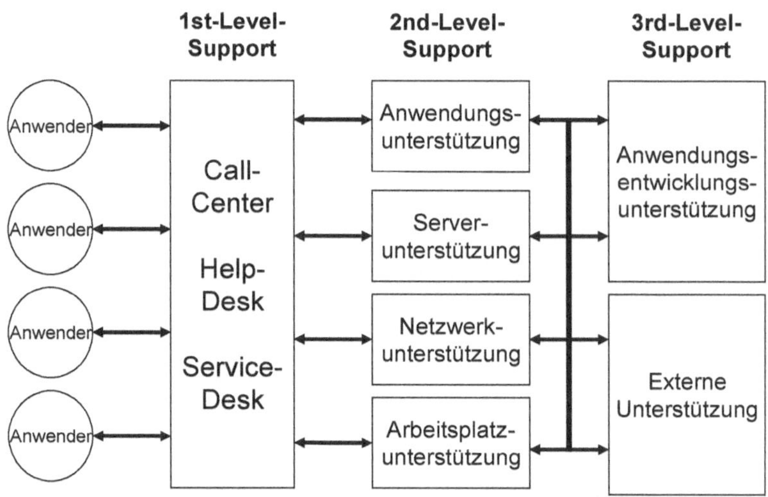

Abb. 145. Organisation des 1st-, 2nd- und 3rd-Level-Supports

Er muss in der Lage sein, die gängigen Unterstützungsanliegen unmittelbar und eigenständig zu bearbeiten, ohne dass weitere Spezialisten hinzugezogen werden müssen. Der Anteil der durch den 1st-Level-Support bearbeiteten Unterstützungsanliegen wird auch als Erstlösungsquote bezeichnet. Die Höhe der Erstlösungsquote hängt dabei stark vom Leistungsumfang des 1st-Level-Supports und von der Art der Unterstützungsanliegen ab. Für einen leistungsfähigen 1st-Level-Support hat sich nach unseren Beobachtungen in mehreren Beratungsprojekten als Richtwert eine Erstlösungsquote von 60 bis 70 % etabliert.

Diejenigen Unterstützungsanliegen, die nicht im 1st-Level-Support abschliessend bearbeitet werden können, werden an den 2nd-Level-Support weitergeleitet. Dieser setzt sich aus technischen Experten zusammen und ist meist dezentral organisiert. Typischerweise existieren getrennte 2nd-Level-Supporteinheiten für die einzelnen Betriebsmittel, d. h. den Anwendungsbetrieb, den Serverbetrieb, den Netzwerkbetrieb oder den Arbeitsplatzbetrieb. Wird beispielsweise durch mehrere Anwender eine Störung gemeldet, der nach Analysen innerhalb des 1st-Level-Supports eine Netzwerkstörung zugrunde liegt, so wird die Störungsmeldung an die entsprechende 2nd-Level-Supporteinheit zur Lösung weitergeleitet. In der Regel existiert auch ein 3rd-Level-Support. Dieser umfasst zum einen Entwicklungseinheiten, die z. B. Fehler in Anwendungsprogrammen identifizieren und beheben, und externe Lieferanten, die Unterstützungsanliegen für die durch sie bereitgestellten Produktionsanlagen bearbeiten.

Die Anwenderunterstützung unterteilt sich in die zwei Aufgabenbereiche Incident-Management und Problem-Management (siehe Abb. 146).

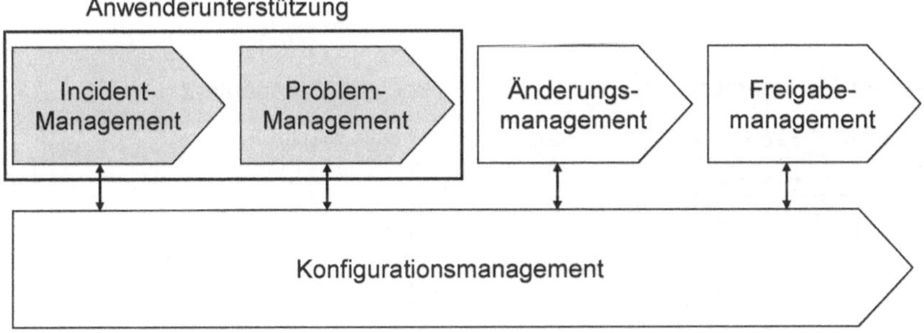

Abb. 146. Aufgabenbereiche im Umfeld der Anwendungsunterstützung

Das Incident-Management ist für die Erfassung, Klassifikation, Untersuchung und Lösung von Unterstützungsanliegen (engl. incidents) und für die Kommunikation und Information mit den Anwendern zuständig. Liegt einem Unterstützungsanliegen ein tiefer gehendes Problem zugrunde, so ist es Aufgabe des Problem-Managements, dieses Problem zu untersuchen und zu lösen. Eine Problemlösung führt meist zu einer Änderung an der bestehenden Produktionsinfrastruktur, weshalb die Umsetzung der Problemlösung im Rahmen des Änderungs- und Freigabemanagements erfolgt. Alle Prozesse greifen auf die im Rahmen des Konfigurationsmanagements bereitgestellten Daten zu. Das folgende Beispiel soll die Zusammenhänge verdeutlichen: Ein Anwender meldet eine Störung in einem Anwendungsprogramm. Er erhält eine Fehlermeldung, wenn er versucht, Kundenstammdaten abzurufen. Im Rahmen des Incident-Managements wird die Störung entgegengenommen und eine erste Störungsanalyse durchgeführt. Die Analyse ergibt, dass eine Netzwerkstörung vorliegt. Diese wird an das Problem-Management übergeben und dort weiter untersucht. Es stellt sich heraus, dass ein bestimmter Netzwerk-Router für die Störung verantwortlich ist und dieser ausgetauscht werden muss. Es wird ein entsprechender Änderungsantrag gestellt und der Änderungsprozess durchlaufen. Zusammen mit einer Reihe weiterer Änderungen wird der neue Router im Rahmen eines Freigabeprozesses in die Produktionsumgebung integriert.

Im Folgenden werden die Aufgaben des Incident- und Problem-Managements näher betrachtet.

8.2 Incident-Management

Der Incident-Management-Prozess beginnt mit der Annahme und Erfassung der Unterstützungsanliegen der Anwender (siehe Abb. 147).

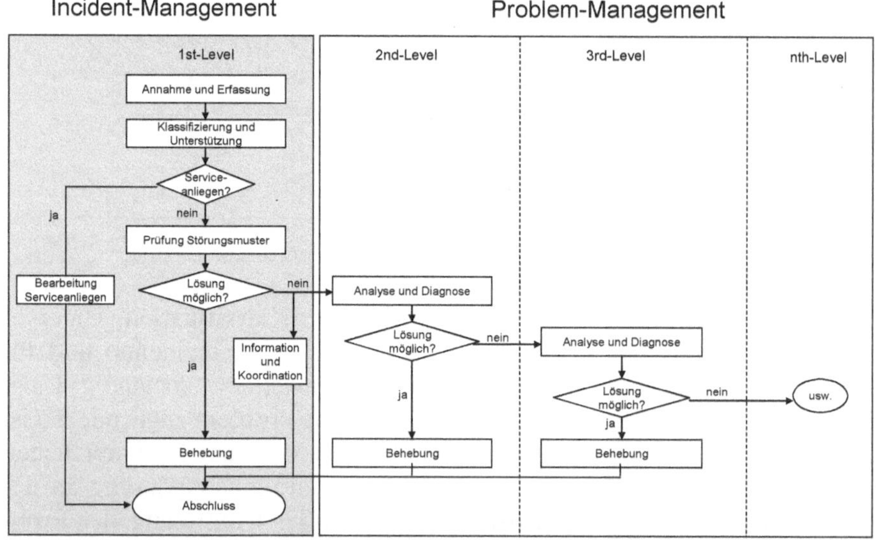

Abb. 147. Übersicht der Incident- und Problem-Management-Prozesse

Die Annahme erfolgt in der Regel zentral in einem Call-Center, Help-Desk oder Service-Desk. Die Kontaktaufnahme ist mittels unterschiedlicher

Medien möglich, z. B. via Telefon, E-Mail oder Internet. Jedes Unterstützungsanliegen wird zunächst als Incident erfasst. Als Incident wird jedes Ereignis bezeichnet, welches nicht Teil des regulären Produktionsprozesses einer IT-Leistung ist und welches potentiell eine Nicht-Verfügbarkeit einer Leistung oder eine reduzierte Leistungsqualität verursachen kann [OGC 2000, 71]. Im Anschluss an die Incident-Erfassung erfolgt deren Klassifizierung. Auf der obersten Klassifikationsebene lassen sich dabei die bereits beschriebenen zwei Incident-Kategorien „Störungsmeldungen" und „Service- und Informationsanliegen" unterscheiden. Durch die Klassifizierung findet eine erste Unterstützung des Anwenders statt. So kann ihm beispielsweise bis zur Behebung einer Störung eine temporäre Umgehungslösung (engl. work-around) vorgeschlagen werden.

Handelt es sich bei einem Incident um ein Service- und Informationsanliegen, so wird dieses im Rahmen des Incident-Managements bearbeitet. Für jeden Typ von Service- und Informationsanliegen existieren vorgegebene Prozesse, die unmittelbar im 1st-Level-Support bearbeitet werden können. Die Bearbeitungsdauer kann jedoch variieren. So sind einige Service- und Informationsanliegen, wie z. B. die Rücksetzung eines Passwortes, sofort bearbeitbar, während für andere Anliegen, z. B. die Einrichtung eines E-Mail-Accounts oder eines neuen Arbeitsplatzsystems, ein mehrstufiger Prozess existiert.

Störungsmeldungen werden zunächst durch den 1st-Level-Support analysiert. Es wird geprüft, ob es sich um ein bekanntes Störungsmuster handelt, für das bereits eine Lösung oder ein Work-around, d. h., eine temporäre Umgehungslösung existiert. Zu diesem Zweck sammelt der 1st-Level-Support alle verfügbaren Informationen zur Störung, z. B. durch Befragung des Anwenders oder aus Überwachungs- und Monitoring-Systemen. Ist eine Störungsbehebung durch den 1st-Level-Support nicht möglich, so wird die Störung samt Störungsinformationen an den 2nd-Level-Support übergeben. Der 1st-Level-Support nimmt jedoch weiterhin eine Informations- und Koordinationsrolle ein. Er hat den Anwender kontinuierlich über den Status der Störungsbehebung zu informieren. Und er koordiniert und überwacht den Lösungsfortschritt. Die Koordinationsrolle ist insbesondere dann von Bedeutung, wenn ein Incident zwischen verschiedenen 2nd- und 3rd-Level-Supporteinheiten weitergeleitet wird, ein Fall, der in der Praxis bei komplexen Störungen häufig auftritt. Meldet ein Anwender beispielsweise eine Störung bei der Nutzung eines Anwendungsprogramms, so kann die Störungsursache eine Serverstörung, eine Netzwerkstörung, ein Fehler im Anwendungsprogramm oder eine Störung im Arbeitsplatzsystem des Anwenders sein. In diesem Fall ist es die Aufgabe des 1st-Level-Supports, die Koordination zwischen den 2nd- und 3rd-Level-Supporteinheit zu übernehmen, bis die verantwortliche Unterstützungseinheit identifiziert werden konnte.

Der Incident-Management-Prozess endet mit dem ordentlichen Abschluss eines jeden Incidents. Die Incident-Details müssen dokumentiert, Aufwand und Kosten der Störungsbehebung zugeordnet und der Anwender informiert sein.

8.3 Problem-Management

Aufgabe des Problem-Managements ist es, die einer Störungsmeldung zugrunde liegende Störungsursache zu identifizieren und einen Lösungsvorschlag zur Störungsbehebung zu entwickeln. Es besitzt somit einen gänzlich anderen Charakter als das Incident-Management. Primäres Ziel des Incident-Managements ist es, dem Anwender bei einer Störung schnellstmöglich eine Lösung anzubieten, die ihn in die Lage versetzt, seine Arbeit fortzusetzen. Aus diesem Grund können im Rahmen des Incident-Managements nur die Symptome einer Störung bekämpft werden, es lässt sich aber nicht die eigentliche Störungsursache ermitteln. Melden Anwender beispielsweise wiederholt eine Störung bei einer Datenbankabfrage in einem Anwendungsprogramm, die zu einem Absturz des Anwendungsprogramms führt, so muss der 1st-Level-Support den Anwender schnellstmöglich wieder arbeitsfähig machen, indem er ihm etwa den Neustart des Anwendungsprogramms erklärt oder eine geänderte Form der Datenbankabfrage erläutert. Die eigentliche Störungsursache, d. h. der Fehler im Anwendungsprogramm, muss dahingegen im Rahmen des Problem-Managements identifiziert und beseitigt werden.

Viele IT-Dienstleister betreiben kein wirkliches Problem-Management. Die Aufgaben des Incident- und Problem-Managements werden nicht voneinander abgegrenzt. Stattdessen beschäftigen sich 1st-, 2nd- und 3rd-Level-Supporteinheiten ausschließlich mit der kurzfristigen Behebung von Störungen. Die Ursachen werden nicht analysiert. Dies führt nicht nur zu einer höheren Kundenunzufriedenheit, sondern auch zu einem hohen Arbeitsvolumen im Bereich der Anwenderunterstützung, da bereits bekannte Störungen immer wieder auftreten und vom Anwender wiederholt Unterstützungsleistungen in Anspruch genommen werden.

Um den Prozess des Problem-Managements beschreiben zu können, sind zunächst einige Begriffsklärungen vorzunehmen. Zu unterscheiden sind die folgenden fünf Begriffe [OGC 2000, 77]:

- *Incident*: Siehe Definition in Abschnitt 8.2.
- *Work-around:* Temporäre Umgehungslösung für einen Incident.
- *Problem*: Eine nicht bekannte Ursache für einen oder mehrere Incidents.
- *Bekannter Fehler*: Ein Problem, das erfolgreich analysiert wurde und für das ein Work-around existiert.
- *Änderungsantrag*: Ein Antrag zur Änderung einzelner Komponenten der IT-Produktionsinfrastruktur zwecks Behebung eines bekannten Fehlers.

Im Rahmen des Problem-Management-Prozesses wird aus einem oder mehreren Incidents zunächst ein Problem, dann ein bekannter Fehler und schließlich ein Änderungsantrag. Meldet ein Anwender beispielsweise eine Störung beim Ausdruck von Dokumenten, so wird diese Störung als Problem an das Problem-Management übergeben. Ist die Problemursache, z. B. ein defekter Papiereinzug bei einem Drucker, identifiziert und ein Work-around, z. B. die Umstellung des Druckertreibers auf ein anderes Papierfach, gefunden, so wird aus dem Problem ein bekannter Fehler. Die Behebung des Fehlers erfordert einen Änderungsantrag, nämlich den Austausch des defekten Papiereinzugs.

Im Rahmen des Incident-Managements werden die bekannten Fehler und die dazugehörigen Work-arounds genutzt, um Incidents beheben zu können. Den Zusammenhang zeigt Abb. 148.

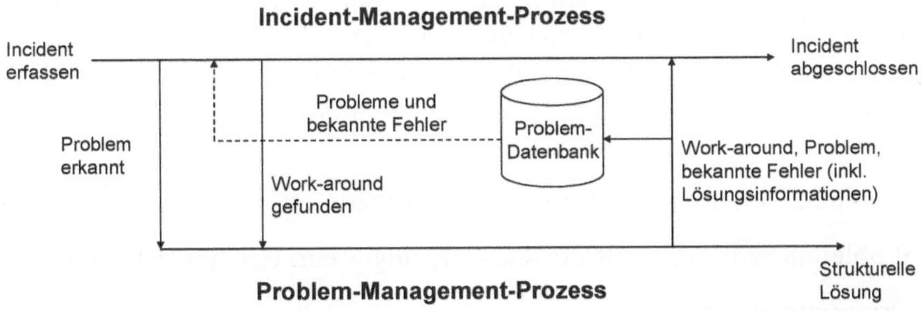

Abb. 148. Zusammenhänge zwischen Incident- und Problem-Management-Prozess (in Anlehnung an [OGC 2000, 77])

Mehrere gleichartige Incidents können zur Erkennung eines Problems führen, welches an den Problem-Management-Prozess übergeben wird. Gleichzeitig wird nach temporären Work-arounds gesucht. Zu diesem Zweck greift das Incident-Management auf eine Problemdatenbank zu, in der alle bekannten Work-arounds, Probleme und Fehler inkl. Lösungsinformationen erfasst sind.

Auf der Grundlage der Unterscheidung von Problemen und bekannten Fehlern unterteilt sich der Problem-Management-Prozess in die beiden Teilprozesse der Problemkontrolle und Fehlerkontrolle (siehe Abb. 149).

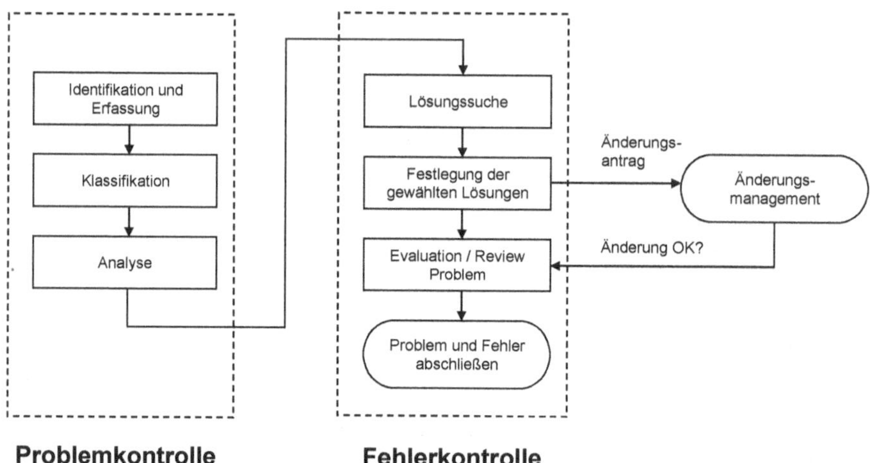

Abb. 149. Prozesse der Problem- und Fehlerkontrolle im Rahmen des Problem-Managements

Im Prozessschritt „Identifikation und Erfassung" wird das Problem mit den in der Problemdatenbank enthaltenen bekannten Problemen und Fehlern verglichen. Ist das Problem noch nicht bekannt, so wird es erfasst und klassifiziert. Die Klassifizierung kann anhand der folgenden Dimensionen erfolgen:

- Problemkategorie (z. B. Hardware-, Software-, Netzwerkproblem),
- Problemauswirkung (auf Leistungserbringer und Leistungsabnehmer),
- Dringlichkeit und
- Priorität.

Im Rahmen der Problemanalyse wird nach der Ursache für das Problem gesucht. Meist liegt die Ursache entweder in einer Störung eines oder mehrerer Elemente der IT-Produktionsinfrastruktur oder in einem prozessbezogenen Fehler, z. B. einer fehlerhaften Einspielung eines Updates. Zur Problemanalyse stehen eine Reihe von Methoden zur Verfügung, wie z. B.

die „Kepner/Tregoe-Analyse“, „Ishikawa-Diagramme“ oder Flowchart-basierte Ansätze [OGC 2000, 118f]. Mit dem Abschluss der Problemanalyse sollten die Problemursache identifiziert und ein erster Work-around ermittelt sein, sodass aus dem Problem ein bekannter Fehler wird. Der Prozess der Fehlerkontrolle verfolgt darauf aufbauend das Ziel, die bekannten Fehler zu beheben. Den Ausgangspunkt bildet die Suche nach Lösungen zur Fehlerbehebung, die gemeinsam mit technischen Experten aus den betroffenen Einheiten erfolgt. Die letztendlich ausgewählte Lösung wird mittels eines Änderungsantrags, unter Kontrolle des Änderungsmanagements, umgesetzt. Aufgabe der Fehlerkontrolle ist es, den Änderungsantrag zu erstellen und dessen erfolgreiche Umsetzung zu evaluieren.

Der Fehlerkontrollprozess endet mit einer nachträglichen Kontrolle der Problemlösung und dem Problem- und Fehlerabschluss.

Einen wichtigen Baustein des Problem-Managements bildet das frühzeitige Erkennen und Vermeiden von Problemen. Während der bisher beschriebene Prozess der Problem- und Fehlerkontrolle reaktiv versucht, bereits aufgetretene Probleme zu lösen, ist es das Ziel des proaktiven Problem-Managements, Probleme und Fehler bereits vor dem Auftreten von Incidents zu beseitigen. Zu diesem Zweck stehen vor allem Methoden der Trendanalyse und Präventivmaßnahmen zur Verfügung. Im Rahmen von Trendanalysen werden verfügbare Daten und Erkenntnisse über die IT-Produktionsinfrastruktur analysiert, um besonders problemanfällige Komponenten zu identifizieren. Mittels präventiver Maßnahmen können diese Komponenten im Anschluss verbessert, ausgetauscht oder ergänzt werden.

8.4 Exkurs: Six-Sigma-Analyse

Im Bereich des Qualitätsmanagements findet die Six-Sigma-Analyse von Unternehmensprozessen zunehmend Verbreitung. Nachdem die Six-Sigma-Analyse zu Beginn vor allem für die Analyse sachgüterproduzierender Betriebe und standardisierter Fertigungsprozesse mit hoher Wiederholfrequenz eingesetzt wurde, werden in jüngerer Zeit vermehrt auch Dienstleistungsunternehmen und Dienstleistungsprozesse untersucht [Schmutte 2002].

Auch die Produktionsprozesse eines IT-Dienstleisters eignen sich für die Six-Sigma-Analyse. Denn diese stellen einerseits Dienstleistungsprozesse dar und weisen andererseits typische Merkmale industrieller Produktionsprozesse, wie beispielsweise einen hohen Standardisierungsgrad und eine hohe Wiederholfrequenz, auf.

Im Folgenden werden die Ergebnisse einer Fallstudie vorgestellt, innerhalb deren eine Six-Sigma-Analyse exemplarisch im Bereich der Anwendungsunterstützungsprozesse eines IT-Dienstleisters durchgeführt wurde. Konkret wurden das Incident- und Problem-Management für ein datenintensives Anwendungssystem eines deutschen Großkonzerns untersucht. Das beschriebene Vorgehen lässt sich auf nahezu alle Produktionsprozesse, die im Rahmen dieser Arbeit beschrieben werden, übertragen. Zunächst erfolgt eine kurze Einführung in die Grundlagen der Six-Sigma-Methode.

In der Praxis verbergen sich hinter dem Schlagwort Six-Sigma unterschiedliche Ansätze, die von einer rein methodischen Vorgehensweise bei Verbesserungsprojekten bis hin zu einer Unternehmensentwicklungsmethodik reichen [Schmutte 2002]. Entwickelt wurde Six-Sigma in den 1980er Jahren von der Firma Motorola zur Qualitätssicherung von Produktionsprozessen. Six-Sigma zielt darauf ab, stabile und beherrschbare Prozesse zu schaffen. Stabil und beherrschbar bedeutet dabei, dass der Output eines Prozesses möglichst geringen Schwankungen unterliegt und dass die Schwankungen innerhalb vom Kunden vorgegebener Toleranzbereiche liegen. Zu diesem Zweck bedient sich Six-Sigma einfacher statistischer Instrumente. Der Kunde definiert eine obere und untere Toleranzgrenze für den Output eines Prozesses, beispielsweise für die maximale Abweichung einer Bohrung innerhalb eines Produktionsprozesses.

Im Rahmen einer Six-Sigma-Analyse wird nun der Prozess statistisch untersucht, indem der Mittelwert und die Standardabweichung (Sigma) des Prozess-Outputs ermittelt werden. Die Stabilität des Prozesses kann durch den Sigma-Level, d. h. den Grad der Abweichung der Prozessergebnisse vom Mittelwert, ausgedrückt werden. Eine Stabilität von 6 Sigma bedeutet konkret, dass bei 1 Mio. durchgeführten Prozessen der Prozess-Output statistisch betrachtet nur 3,4-mal außerhalb des vom Kunden spezifizierten Toleranzbereichs liegt (siehe Abb. 150).

Bezogen auf das Beispiel dürfte bei 1 Mio. durchgeführter Bohrungen die Bohrung höchstens 3,4-mal um mehr als 0,1 mm von der Vorgabe abweichen. Nicht zwangsläufig muss ein Qualitätsniveau von 6 Sigma angestrebt werden. Untersuchungen haben gezeigt, dass Unternehmen im Durchschnitt in ihren Produktionsprozessen ein Niveau von 4 Sigma erreichen, d. h. bei 1 Mio. Prozessdurchläufen das Prozessergebnis 6.210-mal außerhalb des Toleranzbereichs liegt.

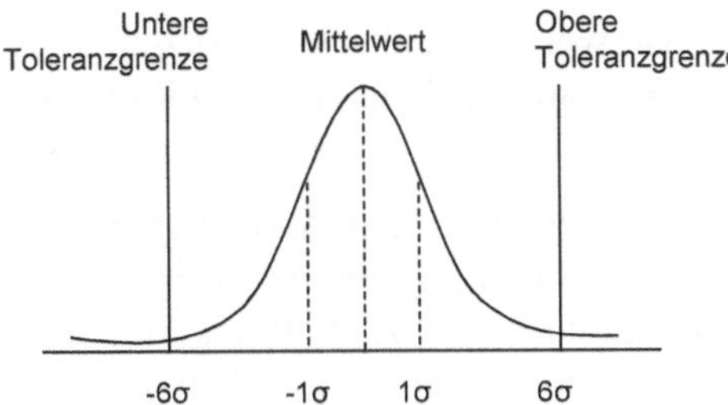

	Prozess Sigma	Fehlerrrate pro Mio. Prozesse
Nicht wett-bewerbsfähig	2	308537
Durchschnitt	4	6210
„World Class"	6	3,4

Abb. 150. Six-Sigma-Methode

Das Ziel einer Six-Sigma-Analyse ist es, die Prozesse eines Unternehmens an den Kundenanforderungen auszurichten. Methodisch beruht Six-Sigma auf zwei Basisbausteinen:

- einem *streng systematischen Vorgehen* auf der Grundlage quantitativer, statistischer Instrumente, das insbesondere eine präzise Messung der Prozessqualität, aber auch die Analyse, Verbesserung und Kontrolle von Prozessen umfasst.
- Einer *Weiterbildungs- und Coaching-Methodik*, die sicherstellt, dass das zur Durchführung von Six-Sigma-Projekten erforderliche Know-how im Unternehmen breit verfügbar ist.

Das systematische Vorgehen sichert bei Six-Sigma der Einsatz des DMAIC-Zyklus (siehe Abb. 151).

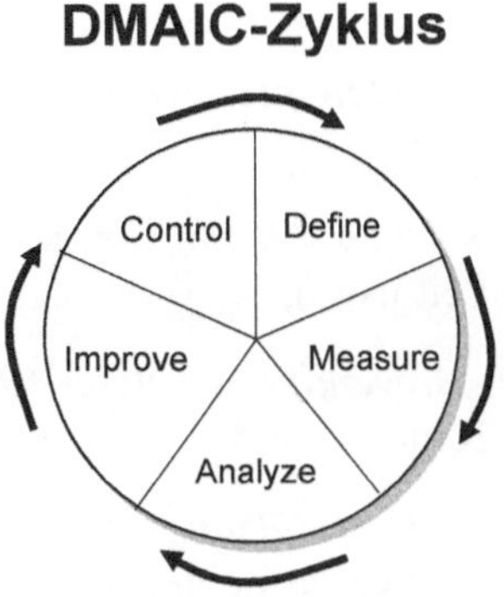

Phase	Werkzeug, Instrument
D	SIPOC, CTQ,VOC, Stakeholder-Analyse, Rolled Throughput Yield
M	Kano-Modell, Gage R&R, Priorization-Matrix, Process Capability, Process Sigma
A	Affinity Diagramm, Stratified Frequency Plot, Hypothesis Test, Scatter Plot, Regression, Cause-and-Effect-Diagram
I	FMEA, Pareto Chart, Design of Experiments, Sampling, CoPQ
C	Data Collection Plan, Quality Control Process Chart, Control Charts, Standardization

Abb. 151. Phasen des DMAIC-Zyklus

Dieser unterscheidet die fünf Phasen „Define“, „Measure“, „Analyze“, „Improve“ und „Control“. Für jede Phase werden konkrete Werkzeuge und Instrumente zur Verfügung gestellt. Eine ausführliche Beschreibung der fünf Phasen erfolgt weiter unten im Rahmen des Beispiels.

Die Weiterbildungs- und Coaching-Methodik beruht auf dem so genannten Belt-Konzept. In Anlehnung an asiatische Kampfsportarten definiert Six-Sigma klare Rollen und Verantwortlichkeiten, wie z. B. Black-Belt oder Green-Belt. Die beteiligten Personen durchlaufen ein mehrwöchiges Ausbildungsprogramm und sind gleichzeitig in ein aktuelles Six-Sigma-Projekt involviert. Die höchste Ausbildungsstufe stellt der zertifizierte Six-Sigma-Black-Belt dar. Wird Six-Sigma in einem Unternehmen als ein Teil der Unternehmensentwicklungsmethodik betrachtet, so bedeutet dies in der Praxis häufig, dass ab einer bestimmten Managementebene bestimmte Six-Sigma-Belts zwingend erworben werden müssen.

Six-Sigma-Analyse von Incident- und Problem-Managementprozessen:

Untersucht wurde der Anwendungsunterstützungsprozess für ein Anwendungsprogramm in einem deutschen Großunternehmen. Bei dem betrachteten Anwendungsprogramm handelte es sich um eine hostbasierte Legacy-Anwendung zur Unterstützung eines Kerngeschäftsprozesses des Unternehmens. Das Anwendungsprogramm wird von ca. 23.000 Anwendern genutzt und hat sich als eine unterstützungsintensive Anwendung herausgestellt. Täglich werden rund 300 Anfragen an das Help-Desk gestellt, die zur Eröffnung eines Incidents führen. 70 % der Incidents können innerhalb des 1st-Level-Supports bearbeitet werden. Wöchentlich werden rund 300 Problem-Reports erstellt, die im 2nd- oder 3rd-Level-Support bearbeitet werden.

Mit Hilfe der Six-Sigma-Analyse sollten die folgenden Zielsetzungen erreicht werden:

- eine *messbare Verbesserung der Qualität des Unterstützungsprozesses* (Verbesserung der Erstlösungsquote, Antwortzeit usw.),
- eine *messbare Verbesserung der Qualität des Anwendungssystems* (Reduzierung der Anzahl Incidents und Problem-Reports) und
- eine *messbare Reduzierung der Kosten des Unterstützungsprozesses* (Reduzierung der Anzahl Incidents sowie der Kosten je Incident).

Die im Folgenden beschriebenen quantitativen Messwerte wurden aus Gründen der Vertraulichkeit fiktiv gewählt und entsprechen nicht den tatsächlich ermittelten Werten.

Define-Phase

Das Projektvorgehen orientierte sich am DMAIC-Zyklus (siehe [Schmutte 2002]). Im Mittelpunkt der Define-Phase stand neben der Projektdefinition vor allem die Definition und Beschreibung des zu verbessernden Unterstützungsprozesses und die Ermittlung der Qualitätskriterien und Toleranzgrenzen der Kunden. Für die Prozessbeschreibung wurde als Instrument das SIPOC-Diagramm verwendet, welches für einzelne Prozessschritte Lieferanten, Inputs, Outputs und Kunden definiert. Auf der obersten Ebene ergab sich für den Unterstützungsprozess das in Abb. 152 dargestellt SIPOC-Diagramm. Jeder der vier Teilprozesse kann wiederum in Aktivitäten unterteilt werden (hier nicht dargestellt).

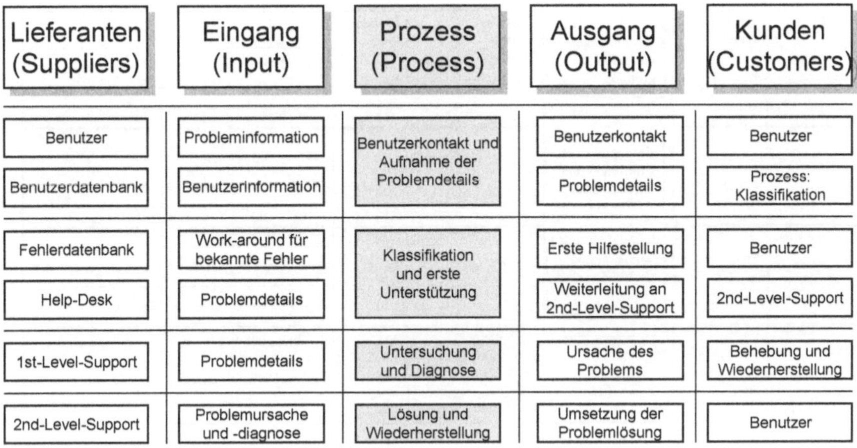

Abb. 152. SIPOC-Diagramm des Unterstützungsprozesses

Eine zentrale Voraussetzung für eine Six-Sigma-Analyse eines Prozesses ist die Ermittlung der Kundenanforderungen an den Prozess. Für jeden Prozessschritt und jede Aktivität sind die Anforderungen an den Prozess-Output aus Sicht der Kunden zu definieren. Die Anforderungen werden auch als Critical-to-Quality (CTQ) bezeichnet und können mit unterschiedlichen Methoden, wie z. B. Kundeninterviews, Fragebögen, Kundenbeschwerden, Kundensegmentierungen oder Brainstorming, ermittelt werden.

Abb. 153 zeigt am Beispiel des Prozessschrittes „Klassifikation und erste Unterstützung“ die Kundenanforderungen für die ersten beiden Aktivitäten. Die Anforderungen wurden zusätzlich hinsichtlich ihrer Wichtigkeit aus Kundensicht bewertet. Neben den aktivitätsbezogenen Anforderungen existieren auch allgemeine Anforderungen an den Prozessschritt. Dabei handelt es sich vor allem um allgemeine Managementanforderungen.

Institut für Wirtschaftsinformatik
Universität St.Gallen

Six-Sigma-Projekt:Supportprozesse
Pilotierung: Anwendung „xxx“

Phase: Define — Prozessbereich: Incident Management

Prozessschritt: Klassifikation und erster Support — Prozessverantwortlicher: Hr. Mustermann

Prozess-lieferant	Prozess-input	Aktivitäten	Prozessoutput	Kunde	Anforderungen an Output aus Sicht des Kunden	Wichtigkeit
Fehlerdaten-bank	Work-around für bekannte Fehler	Prüfung der bekannten Fehler	Erste Hilfestellung	User	1. Antwortzeiten 2. Qualität der Hilfestellung 3. Kompetenz der MA 4. 5.	2 1 3
Help Desk	Problem-details	Bereitsellung eines Work-arounds	Weiterleitung an 2nd-Level-Support	2nd-Level-Support	1. Schnelligkeit der Weiterleitung 2. Richtigkeit 3. 4. 5.	2 3
		Festlegung von Prioritäten und Klassifizierung			1. 2. 3. 4. 5.	
		Weiterleitung an 2nd-Level-Support			1. 2. 3. 4. 5.	
			Allgemeine Anforderungen	Unter-nehmens-leitung	1. Einhaltung des Budgets 2. Erhöhung der MA-Zufriedenheit 3. 4.	3 1

Abb. 153. Anforderungen an den Prozessschritt „Klassifikation und erste Unterstützung“ (Auszug)

Measure-Phase

In der Measure-Phase werden die in der Define-Phase für einen Prozess identifizierten Kundenanforderungen gemessen. Ziel ist es, den aktuellen Qualitätsgrad für jede Anforderung zu ermitteln. Zu diesem Zweck umfasst die Measure-Phase die folgenden Aktivitäten:

- Operationalisierung der identifizierten Anforderungskriterien,
- Bestimmung einer geeigneten Messmethode und einer repräsentativen Stichprobengröße und
- Messung der derzeitigen Qualität bezüglich der operationalisierten Anforderungskriterien.

Abb. 154 zeigt auszugsweise die Ergebnisse der Measure-Phase für den Prozessschritt „Klassifikation und erste Unterstützung".

Institut für Wirtschaftsinformatik

Universität St.Gallen

Six-Sigma-Projekt:Supportprozess
Pilotierung: Anwendung „xxx"

Phase: Measure Prozessbereich: Incident Management

Prozessschritt: Klassifikation und erster Support Prozessverantwortlicher: Hr. Mustermann

Anforderung aus Define	Erhebungs-methode	Definition	Akzeptanz-wert	Stichprobe (Anz. Prozesse)	Ø-gemessener Wert	Sigma-Level
Anwortzeiten	Zeitmessung	Zeit von der Fehlermeldung bis zur Bereitstellung eines Work-arounds	2 h	200	3 h	1
Qualität der Hilfestellung	Kundenbefragung	1="sehr gut"; 2="mittelmäßig"; 3="schlecht"	1,5	200	2	3
Kompetenz der MA	Zählung	Anzahl der gelösten Probleme	100	200	120	2
Schnelligkeit der Weiterleitung	Zeitmessung	Zeit von der Fehlermeldung bis zur Weiterleitung	3 h	200	2,5 h	3
Richtigkeit	Zählung	Anzahl der falschen Weiterleitungen	10	200	15	3
Einhaltung des Budgets	Summe der Kosten	Durch Prozessschritt entstandene Kosten	12 €	200	16 €	2
Erhöhung der MA-Zufriedenheit	MA-Befragung	1="sehr gut"; 2="mittelmäßig"; 3="schlecht"	2	50	2	4

Abb. 154. Ergebnisse der Measure-Phase (Auszug)

Für jedes Anforderungskriterium aus der Define-Phase sind eine Messmethode, eine Messeinheit, ein kundenseitiger Akzeptanzwert und die Stichprobengröße spezifiziert. Als Ergebnis sind der durchschnittlich gemessene Wert (Mittelwert) und der Sigma-Level (Grad der Abweichung vom Mittelwert) angegeben.

Analyze-Phase

Vor allem die Kriterien Antwortzeit, Kompetenz der Service-Mitarbeiter und Budget weisen ein niedriges Sigma-Niveau auf. Dies bedeutet, dass diese Prozesse, vom Output her betrachtet, großen Schwankungen in der Qualität unterliegen. In der Analyze-Phase gilt es, nach den Gründen und eigentlichen Ursachen für das niedrige Qualitätsniveau zu suchen. Die Ursachen sollten möglichst anhand konkreter Daten verifiziert werden können. Als zwei zentrale Problemfelder wurden die Qualität der Tickets (Incidents) und die Ticketursache identifiziert (siehe Abb. 155).

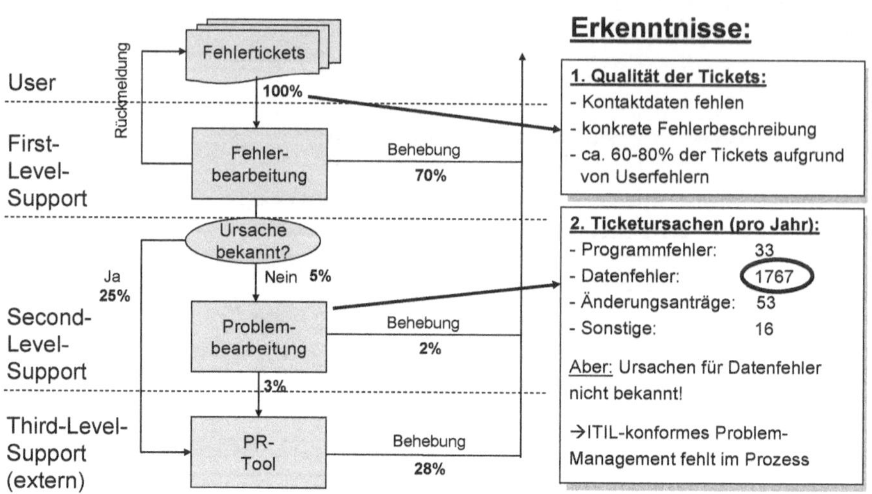

Abb. 155. Ursachenanalyse im Rahmen der Analyze-Phase

Die Qualität der Ticketinformationen war schlecht, insbesondere fehlten häufig die Kontaktdaten der Anwender, was dazu führte, dass diese manuell ermittelt werden mussten. 60-80 % aller Tickets wurden aufgrund von Anwenderfehlern erzeugt. Im 2nd-Level-Support wurden die Ursachen für die Tickets analysiert. So stellte man fest, dass die Ursache für rund 95 % aller Tickets in Datenfehlern begründet lag. Über die Ursache der vielen Datenfehler wiederum liessen sich kaum verifizierbare Erkenntnisse gewinnen. Zu den vermuteten Gründen zählten beispielsweise Dateninkonsistenzen, die im Rahmen von Updates oder Konvertierungen entstanden, oder schwer verständliche Formulare und Eingabemasken, die zu falsch eingegebenen Daten führten. Des Weiteren wurde in der Analyse festgestellt, dass ein echter Problem-Management-Prozess im konkreten Fall nicht existierte. Dies führte unter anderem dazu, dass im Rahmen des 2nd-Level-Supports lediglich aufgetretene Fehler behoben wurden, aber die eigentliche Fehlerursache nicht analysiert wurde.

Improve- und Control-Phase

Die letzten beiden Phasen des DMAIC-Zyklus sind nicht Six-Sigma-spezifisch, weshalb an dieser Stelle nur kurz darauf eingegangen wird. In der Improve-Phase wird nach Lösungsmöglichkeiten gesucht, die die eigentlichen Ursachen des niedrigen Qualitätsniveaus beseitigen sollen. Typischerweise werden mehrere Alternativen entwickelt und bewertet. Im Rahmen des Pilotprojekts konzentriert sich die Lösungsfindung vor allem auf die Umsetzung eines Best-Practice-Unterstützungsprozesses auf der Grundlage der ITIL.

Die Überwachung der Umsetzung der Verbesserungsmaßnahmen sowie die kontinuierliche Überwachung der Prozessqualität finden im Rahmen der Control-Phase statt.

9 Zusammenfassung und Ausblick

Zunächst sollen die zentralen Inhalte und Aussagen des Buches nochmals kurz zusammengefasst werden. Den Ausgangspunkt der Betrachtungen bildet der IT-Dienstleister, wobei zwischen den beiden Erscheinungsformen des internen und externen IT-Dienstleisters zu unterscheiden ist. Von zentraler Bedeutung für die Produktion ist das IT-Produktverständnis, da die IT-Leistungen, als Output des Produktionssystems, von der Art der erzeugten Produkte abhängen. Im Sinne eines kundenorientierten IT-Produktverständnisses lassen sich geschäftsprozessunterstützende und geschäftsproduktunterstützende IT-Produkte unterscheiden. Beiden Produktkategorien ist gemeinsam, dass sie ein Bündel von IT-Leistungen darstellen und beim Leistungsabnehmer einen Nutzen erzielen.

Aufbauend auf diesen grundlegenden Betrachtungen lässt sich das Produktionssystem eines IT-Dienstleisters, bestehend aus den Elementen Input, Throughput und Output, beschreiben. Im Bereich des Inputs wurde ein Produktionsfaktorsystem für die IT-Dienstleistungsproduktion vorgestellt und vertieft auf die Betriebsmittel und Objektfaktoren eingegangen. Der Throughput orientiert sich an dem zweistufigen Produktionsprozess von Dienstleistungen, wobei die drei Faktorkombinationsprozesse Verarbeitung, Speicherung und Übertragung existieren. Den Output des Produktionssystems bilden die unterschiedlichen Kategorien von IT-Leistungen, die im Detail beschrieben wurden.

Die konkreten Aufgabenbereiche der Produktionswirtschaft eines IT-Dienstleisters lassen sich untergliedern in

- das Management des Leistungsprogramms,
- das Management der Anwendungsentwicklung,
- das Management des Produktionspotentials,
- das Management des Produktionsprozesses und
- das Management der Anwenderunterstützung.

Abb. 156 stellt nochmals alle selektierten Prinzipien und Funktionen im Überblick dar.

Das Buch zeigt anhand von vier Exkursen, wie sich Inhalte und Aufgaben aus dem Bereich der IT-Dienstleistungsproduktionswirtschaft zur Lösung konkreter Problemstellungen in der Praxis nutzen lassen. Im Einzelnen handelt es sich um:

- die Ermittlung der Lebenszykluskosten von Anwendungsprogrammen (Kapitel 3.4.3),
- den Einsatz der Wertanalyse als Methode zur funktionalen Spezifikation von IT-Leistungen (Kapitel 4.4),
- die Gestaltung einer integrierten Kostenkalkulation von IT-Leistungen (Kapitel 4.7) und
- die Durchführung einer Six-Sigma-Analyse von Anwendungsunterstützungsprozessen (Kapitel 8.4).

Grundlagen der IT-Dienstleistungsproduktion *(Kapitel 4)*	**Management des Leistungsprogramms** *(Kapitel 5)*	**Management der Anwendungsentwicklung** *(Kapitel 6)*
Aufgabenbereiche des Produktionsmanagements	Strategische Programmplanung	Organisation der Entwicklung
Elemente von Produktionssystemen	Taktische Programmplanung	Entwicklungsprinzipien und Standards
Produktionsfaktorsysteme	Operative Programmplanung	Entwicklungsportfolio-Management
Dienstleistungsproduktions-prozesse	Portfolio-Management	Entwicklungswerkzeuge
Elementare Kombinationsprozesse	Lebenszyklusmanagement	Produktionsgerechte Entwicklung
Leistungsbegriffe und Leistungskategorien	Leistungsspezifikation	Projektplanung
Kapazität von Produktionssystemen	Leistungsqualitätsmanagement	Aufwands- und Kostenplanung
Flexibilität von Produktionssystemen	Leistungskalkulation	Entwicklungs-Controlling
Produktionstypologien		Qualitätssysteme in der Entwicklung
		Änderungsmanagement

Management des Produktionpotentials *(Kapitel 7)*	**Management des Produktionsprozesses** *(Kapitel 8)*	**Management der Anwenderunterstützung** *(Kapitel 9)*
Technologiestrategien	Losgrößenplanung	Nachverkaufsdienste
Anlagenbeschaffung	Durchlaufterminierung	Kundendienst
Kapazitätsplanung und Kapazitätsmanagement	Kapazitätsterminierung	
Inbegriebnahme	Produktionssteuerung	
Instandhaltung und Ausfallstrategien	Produktionsanpassung	
Anlagenverwaltung		
Standort- und Fabrikplanung		

Abb. 156. Betrachtete Prinzipien und Funktionen

Die in diesem Buch vorgestellten grundlegenden Inhalte und Lösungsansätze stellen nur einen ersten Schritt in der Ausgestaltung des Produktionsmanagements eines IT-Dienstleisters dar. Es ergeben sich zwangsläufig Limitationen, die nur durch weiterführende Arbeiten adressiert werden können. Auf der Grundlage des in diesem Buch definierten konzeptionellen Rahmens lassen sich die einzelnen Teilbereiche des Produktionsmanagements vertiefen und durch konkrete Modelle, Methoden und Lösungen ergänzen. Insbesondere die Übertragung erfolgreicher Managementkonzepte aus der industriellen Produktion auf die IT-Dienstleistungsproduktion bietet große Potentiale. Zarnekow/Brenner/Pilgram identifizieren in diesem Zusammenhang fünf Bereiche des industriellen Produktionsmanagements, die aus ihrer Sicht ein besonders hohes Transferpotential aufweisen (siehe Abb. 157):

- integrierte Managementansätze,
- Produktionsplanung und -steuerung,
- Kosten- und Leistungsrechnung,
- Qualitätsmanagement und
- Programmplanung.

Weiterer Forschungsbedarf ergibt sich aus der Verknüpfung der in dieser Arbeit behandelten Fragestellungen des Produktionsmanagements mit dem Service-Engineering, das sich auf die methodische Gestaltung von Produkten und Produktprogrammen konzentriert. Das Service-Engineering für einen IT-Dienstleister kann auf dem in dieser Arbeit beschriebenen IT-Produkt- und IT-Leistungsverständnis aufsetzen und Konzepte und Methoden für die Gestaltung von IT-Produkten und IT-Leistungen entwickeln. In der Praxis besteht an dieser Stelle ein großer Nachholbedarf, da die IT-Produktgestaltung sich meist wenig systematisch und reaktiv auf Kundenbedürfnisse ausgerichtet vollzieht. Durch ein stärker methodisches Vorgehen erschließen sich große Verbesserungspotentiale. Erste Ansätze für ein IT-Service-Engineering finden sich in den Beiträgen von Österle und Reichmayr [Österle/Reichmayr 2003], Becker und Neumann [Becker/ Neumann 2003], Thomas und Scheer [Thomas/Scheer 2003] und Böhmann [Böhmann 2004].

Eng verknüpft mit den Ansätzen des Service-Engineerings sind die Gestaltung und Erstellung von IT-Produkt- und IT-Leistungskatalogen. Diesbezüglich herrscht bei vielen IT-Dienstleisters eine große Unsicherheit. Sie besitzen nur wenig valide Erkenntnisse und Erfahrungen, wie beispielsweise ein IT-Produktkatalog strukturiert sein sollte und welche Inhalte in einer IT-Produktbeschreibung konkret enthalten sein sollten. Somit besteht ein konkreter Forschungsbedarf beispielsweise in der Definition von Datenmodellen für IT-Produktkataloge oder in der Entwicklung bzw. Adaption von Werkzeugen für die Gestaltung und Darstellung von Produktkatalogen.

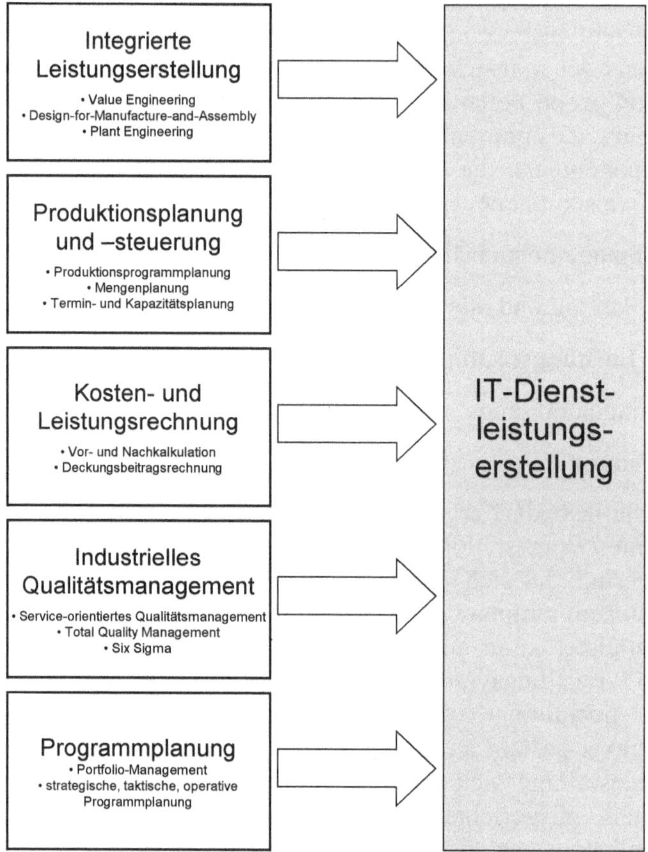

Abb. 157. Bereiche des Produktionsmanagements mit hohem Transferpotential (in Anlehnung an [Zarnekow/Brenner/Pilgram 2005, 35])

Ein weiteres breites Feld für zukünftige Forschungsarbeiten bietet sich im Bereich der Systementwicklung. Insbesondere gilt es zu untersuchen, wie sich eine produktionsorientierte Betrachtungsweise eines IT-Dienstleisters auf den Systementwicklungsprozess auswirkt. Legt man beispielsweise der Systementwicklung das in dieser Arbeit verwendet IT-Produktverständnis zugrunde, so müssen die bestehenden Vorgehensmodelle und Prozesse kritisch hinterfragt und zum Teil modifiziert werden. In der Phase der Anforderungsanalyse sind dann nicht mehr Anforderungen an Anwendungssysteme zu definieren, sondern Anforderungen an IT-Produkte und IT-Leistungen aus Kundensicht. Dies führt unter anderem zu einer lösungsneutralen Anforderungsspezifikation, die es Fachbereichen ermöglicht, ihre Bedarfe an IT-Produkten so zu beschreiben, dass sie grundsätzlich von unterschiedlichen IT-Dienstleistern gedeckt werden könnten. In Anbetracht der intensiven Diskussion rund um den Themenkreis In- oder Outsourcing tun sich auf diese Weise für die Fachbereiche neue Möglichkeiten auf.

Die Vielzahl der offenen Fragestellungen bietet genügend Spielraum für einen langjährigen Forschungsbedarf. Dies verwundert nicht, wenn man etwa den Zeitraum berücksichtigt, über den sich der Erfahrungsschatz im Bereich der industriellen Produktionswirtschaft herausgebildet hat. Im Vergleich hierzu steht die IT-Dienstleistungsproduktion erst am Anfang.

10 Literaturverzeichnis

Adam D. (1998): Produktionsmanagement. 9. Aufl., Gabler, Wiesbaden.

Anthony R. (1965): Planning and Control - A framework for analysis. Harvard University Press, Cambridge.

Ashley S. (1995): Cutting costs and time with DFMA. In: Mechanical Engineering, Vol. 117, Nr. 3, S. 74-77.

Balzert H. (1998): Lehrbuch der Software-Technik - Software-Management, Software-Qualitätssicherung, Unternehmensmodellierung, Vol. 2. Spektrum, Berlin.

Balzert H. (2000): Lehrbuch der Software-Technik - Software-Entwicklung, Vol. 1. 2. Aufl., Spektrum, Berlin.

Becker J., Neumann S. (2003): Referenzmodelle für Workflow-Applikationen in technischen Dienstleistungen. In: Bullinger H.-J., Scheer A.-W. (Hrsg.): Service Engineering. Springer, Berlin, S. 619-646.

Bernhard M. G. (2000): Ein Projektmodell für die praktische Anwendung. In: Bernhard M. G., Lewandowski W., Mann H. (Hrsg.): Service-Level-Management in der IT - Wie man erfolgskritische Leistungen definiert und steuert. Symposion, Düsseldorf, S. 180-212.

Bernhard M. G., Lewandowski W., Mann H. (Hsrg.) (2000): Service-Level-Management in der IT - Wie man erfolgskritische Leistungen definiert und steuert. Symposion, Düsseldorf.

Bieberstein I. (1995): Dienstleistungs-Marketing. Kiehl, Ludwigshafen.

Bieger T. (2002): Dienstleistungsmanagement. 3. Aufl., Haupt, Bern.

Biethahn J., Muksch H., Ruf W. (2000): Ganzheitliches Informationsmanagement: Grundlagen. 5. Aufl., Oldenbourg, München.

Bode J. (1993): Betriebliche Produktion von Informationen. Deutscher Universitäts-Verlag, Wiesbaden.

Boeh A., Meyer M. (2004): IT-Balanced Scorecard: Ein Ansatz zur strategischen Ausrichtung der IT. In: Zarnekow R., Brenner W., Grohmann H. H. (Hrsg.): Informationsmanagement – Konzepte und Strategien für die Praxis. dpunkt, Heidelberg, S. 103-122.

Boehm B. (1981): Software engineering economics. Prentice Hall, Englewood Cliffs.

Boehm B. (1984): Verifying and validating software requirements and design specifications. In: IEEE Software, Vol. 1, Nr. 1, S. 75-88.

Boehm B. (1988): A spiral model of software development and enhancement. In: IEEE Com-puter Magazine, Vol. 21, Nr. 5, S. 61-72.

Boehm B. (1991): Software risk management: Principles and practices. In: IEEE Software, Vol. 8, Nr. 1, S. 32-41.

Boehm B., Clark B., Horowitz E., Westland J. C., Madachy R. J., Selby R. W. (1995): Cost models for future software life cycle processes: COCOMO 2.0. In: Annals of Software Engineering, Vol. 1, S. 57-94.

Boehm B., Abts C., Chulani S. (1998): Software Development Cost Estimation Approaches – A Survey. University of Southern California, Los Angeles.

Böhmann T. (2004): Modularisierung von IT-Dienstleistungen – Eine Methode für das Service Engineering. Deutscher Universitäts-Verlag, Wiesbaden.

Böhmann T., Krcmar H. (2004): Grundlagen und Entwicklungstrends im IT-Servicemanagement. In: HMD – Praxis der Wirtschaftsinformatik, Vol. 41, Nr. 237, S. 7-21.

Bordewisch R., Flues C., Grabau R., Hintelmann J., Hirsch K., Risthaus H. (2001): Kapazitätsmanagement gestern & heute. In: Müller-Clostermann B. (Hrsg.): Kursbuch Kapazitätsmanagement. Books on Demand, Norderstedt, S. I.3-I.15.

Brenner W. (1994a): Grundzüge des Informationsmanagements. Springer, Berlin.

Brenner W. (1994b): Konzepte des Informationssystem-Managements. Physica, Heidelberg.

Briand L. C., Wieczorek I. (2001): Software resource estimation. In: Marciniak J. J. (Hrsg.): Encyclopedia of Software Engineering. Vol. 2, John Wiley & Sons, New York, S. 1160-1196.

Britzelmaier B. (1999): Informationsverarbeitungs-Controlling: Ein datenorientierter Ansatz. Teubner, Stuttgart.

Bruhn M. (1997): Qualitätsmanagement für Dienstleistungen, Grundlagen — Konzepte – Methoden. Springer, Berlin.

Brunner H., Gasser K., Pörtig F. (2003): Strategische Informatikplanung – Ein Erfahrungsbericht. In: HMD – Praxis der Wirtschaftsinformatik, Vol. 40, Nr. 232, S. 25-36.

Budde R., Kantz K., Kuhlenkamp K., Züllighofen H. (1992): Prototyping – An approach to evolutionary system development. Springer, Berlin.

Bullinger H.-J., Scheer A.-W. (2004): Service Engineering – Entwicklung und Gestaltung innovativer Dienstleistungen. In: Bullinger H.-J., Scheer A.-W. (Hrsg.): Service Engineering. Springer, Berlin, S. 3-17.

Cap Gemini Ernst & Young (2003): Studie IT-Trends 2003: Wohin geht die Reise. http://www.cgey.com (Abruf am 22.10.2004).

Carr N. G. (2003): IT Doesn't Matter. In: Harvard Business Review, Vol. 81, Nr. 5, S. 41-49.

Cavinato J. (1991): Identifying interfirm total cost advantages for supply chain effectiveness. In: International Journal of Purchasing and Materials Management, Vol. 27, Nr. 4, S. 10-15.

Corrie R. K., Atkins W. S. (1991): Project Evaluation. Telford, London.

Corsten H. (1995): Produktionswirtschaft. 5. Aufl., Oldenbourg, München.

Corsten H. (2001): Dienstleistungsmanagement. 4. Aufl., Oldenbourg, München.

Cote V., Brurgue P., Oligny S., Rivard N. (1988): Software Metrics: An overview of recent results. In: Journal of Systems and Software, Vol. 8, Nr. 2, S. 121-131.

David J. S., Schuff D., St. Louis R. (2002): Managing your IT Total Cost of Ownership. In: Communications of the ACM, Vol. 45, Nr. 1, S. 101-106.

Dellmann K., Pedell K. (1994): Controlling von Produktivität, Wirtschaftlichkeit und Ergeb-nis. Berichte aus der Arbeit der Schmalenbach-Gesellschaft – Deutsche Gesellschaft für Betriebswirtschaft e.V., Schäffer Poeschel, Stuttgart.

DIN ISO (1991): DIN ISO 9126: Informationstechnik – Beurteilen von Softwareprodukten, Qualitätsmerkmale und Leitfaden zu deren Verwendung. Beuth, Berlin.

Dumke R., Rautenstrauch C., Schmietendorf A., Scholz A. (2001): Performance Engineering: State of the Art and Current Trends. Springer, Berlin.

Dyckhoff H., Ahn H. (2001): Sicherstellung der Effektivität und Effizienz der Führung als Kernfunktion des Controlling. In: krp – Kostenrechnungspraxis, Vol. 45, Nr. 2, S. 111-121.

EITO (2004): European Information Technology Observatory 2004. http://www.eito.com/ previous-2004-sub.html (Abruf am 22.10.2004).

Ellermann H. (2003): IT bei den DAX-30-Unternehmen. In: CIO, Vol. 3, Nr. 1, S. 12-18.

Ellram L., Siferd S. P. (1998): Total Cost of Ownership: A Key Concept in Strategic Cost Management Decisions. In: Journal of Business Logistics, Vol. 19, Nr. 1, S. 55-84.

Eversheim W. (1990): Organisation in der Produktionstechnik - Band 2. 2. Aufl., VDI-Verlag, Düsseldorf.

Eversheim W., Schuh G. (1999): Produktion und Management: Integriertes Management - Band 1. Springer, Berlin.

Ferrin B. G., Plank R. E. (2002): Total Cost of Ownership models: An exploratory study. In: Journal of Supply Chain Management, Vol. 38, Nr. 3, S. 18-30.

Galliers R. D., Leidner D. E. (2003): Strategic Information Management: Challenges and Strategies in Managing Information Systems. 3. Aufl., Butterworth-Heinemann, Burlington.

Gartner (2004): Reifegrad von Web-Services. In: Computerwoche, Nr. 44/2004, S. 24.

Gartner Research (2004): IBM dominiert den weltweiten IT-Servicemarkt. In: Computerwoche, Nr. 27/2004, S. 50.

Gibson C. F., Nolan R. L. (1974): Managing the four stages of growth. In: Harvard Business Review, Vol. 52, Nr. 1, S. 76-88.

Grosse-Wilde (2004): SRM – Supplier-Relationship-Management. In: Wirtschaftsinformatik, Vol. 46, Nr. 1, S. 61-63.

Habib I. (2000): Kosten- und Leistungsrechnungssysteme für Softwareunternehmen. Cuvillier, Göttingen.

Hammer M., Champy J. (1994): Business Reengineering. 2. Aufl., Campus, Frankfurt/Main.

Hansmann K.-W. (1974): Entscheidungsmodelle zur Standortplanung der Industrieunternehmen. Gabler, Wiesbaden.

Heinen E. (1991): Industriebetriebslehre: Entscheidungen im Industriebetrieb. 9. Aufl., Gab-ler, Wiesbaden.

Heinrich L. (2002): Informationsmanagement. 7. Aufl., Oldenbourg, München.

Hentschel B. (1992): Dienstleistungsqualität aus Kundensicht: Vom merkmals- zum ereignisorientierten Ansatz. Deutscher Universitäts-Verlag, Wiesbaden.

Hermann O. (1990): Verfahren der Aufwandsschätzung bei der Entwicklung von Anwendungssystemen. In: Kurbel K., Strunz H. (Hrsg.): Handbuch der Wirtschaftsinformatik. Schäffer Poeschel, Stuttgart, S. 420-434.

Herzig N. (1979): Grundlagen der Instandhaltung. In: Kern W. (Hrsg.): Handwörterbuch der Produktionswirtschaft. Schäffer Poeschel, Stuttgart, S. 814-823.

Hesse W., Keutgen H., Luft A. L., Rombach H. D. (1984): Ein Begriffssystem für die Softwaretechnik. In: Informatik-Spektrum, Vol 7., Nr. 4, S. 200-213.

Hinterhuber H. H. (1992): Strategische Unternehmensführung, Band 1: Strategisches Denken. de Gruyter, Berlin.

Hochstein A., Hunziker A. (2003): Serviceorientierte Referenzmodelle des IT-Managements. In: HMD – Praxis der Wirtschaftsinformatik, Vol. 40, Nr. 232, S. 45-56.

Hochstein A., Zarnekow R., Brenner W. (2004): Service-orientiertes IT-Management nach ITIL – Möglichkeiten und Grenzen. In: HMD – Praxis der Wirtschaftsinformatik, Vol. 41, Nr. 239, S. 68-76.

Hoffmann H. J. (1994): Wertanalyse – Die westliche Antwort auf Kaizen. Ullstein, Frankfurt/Main.

Hulvej J. (2003): Analogien zwischen der IT-Produktion und der industriellen Produktion und Dienstleistungsproduktion. Arbeitsbericht des Competence Center Integrated Information Management an der Universität St. Gallen, Nr. 6, August 2003.

Hulvej J., Friedli T., Fleisch E. (2004): Analogien und Unterschiede zwischen der industriellen Fertigung und der IT-Produktion. In: Zarnekow R., Brenner W., Grohmann H. H. (Hrsg.): Informationsmanagement – Konzepte und Strategien für die Praxis, dpunkt, Heidelberg, S. 179-190.

Humphrey W. (1989): Managing the Software Process. Addison-Wesley, Reading.

IBM (1988): Information Systems Management, Band 1-6. IBM Deutschland GmbH.

IDC (2004): Outsourcing steht im Mittelpunkt. In: Computerwoche, Nr. 30/2004, S. 42.

IT Governance Institute (2003): Board Briefing on IT Governance. 2. Aufl, Rolling Meadows, http://www.itgovernance.org (Abruf am 02.02.2005)

itsmf (2002): IT Service Management – eine Einführung. 1. Aufl., Van Haren, Norwich.

Jackson D. W., Ostrom L. L. (1980): Life cycle costing in industrial purchasing. In: International Journal of Purchasing and Materials Management, Vol. 16, Nr. 1, S. 8-12.

Jacob H. (1990): Industriebetriebslehre: Handbuch für Studium und Prüfung. 4. Aufl., Gabler, Wiesbaden.

Jahn H. C., Meyer T. D., al-Ani A., Ackermann W., Bechmann T., El Hage B. (2002): Informationstechnologie als Wettbewerbsfaktor. Studie Accenture und Universität St. Gallen.

Jouanne-Diedrich H. v. (2004): 15 Jahre Outsourcing-Forschung: Systematisierung und Lessons Learned. In: Zarnekow R., Brenner W., Grohmann H. H. (Hrsg.): Informationsmanagement – Konzepte und Strategien für die Praxis, dpunkt, Heidelberg, S. 125-133.

Jung H. (2003): Personalwirtschaft. 5. Aufl., Oldenbourg, München.

Keen P. (1991): Shaping the future: Business redesign through information technology. Harvard Business School Press, Boston.

Kern W. (1962): Die Messung industrieller Fertigungskapazitäten und ihre Ausnutzung. Grundlagen und Verfahren. Westdeutscher Verlag, Köln.

Kern W. (1992): Industrielle Produktionswirtschaft. 5. Aufl., Schäffer Poeschel, Stuttgart.

Knöll H.-D., Busse J. (1991): Aufwandsschätzung von Software-Projekten in der Praxis: Methoden, Werkzeugeinsatz, Fallbeispiele. BI-Wiss.-Verl., Mannheim.

Kosiol E. (1962): Unternehmung. In: HdB. Vol. 4, 3. Aufl., Stuttgart, S. 5540-5545.

Kosiol E. (1976): Organisation der Unternehmung. 2. Aufl., Gabler, Wiesbaden.

Kotler P. (2002): Marketing Management. Prentice Hall, Englewood Cliffs.

Krcmar H. (2002): Informationsmanagement. 3. Aufl., Springer, Berlin.

Lederer A. L., Prasad J. (1993): Information systems software cost estimating: A current assessment. In: Journal of Information Technology, Vol. 8, Nr. 1, S. 22-33.

Lehmann A. (2001): Qualität und Produktivität im Dienstleistungsmanagement. Strategien konkretisiert im Versicherungs- und Finanzdienstleistungswettbewerb. Gabler, Wiesbaden.

Lindstrom L., Jeffries R. (2004): Extreme programming and agile software development methodologies. In: Information Systems Management, Vol. 21, Nr. 3, S. 41-52.

Lowendahl B. (1997): Strategic Management of Professional Service Firms. Handelshojskolens Forlag, Copenhagen.

Luczak H., Eversheim W., Schotten M. (1998): Produktionsplanung und -steuerung: Grundlagen, Gestaltung und Konzepte. Springer, Berlin.

Maleri R. (1991): Grundlagen der Dienstleistungsproduktion. 2. Aufl., Springer, Berlin.

Mattern T. (2004): Web-Services als Basis neuer betriebswirtschaftlicher Konzepte. In: HMD – Praxis der Wirtschaftsinformatik, Vol. 41, Nr. 234, S. 34-41.

Matys E. (2002): Praxishandbuch Produktmanagement. Campus, Frankfurt/Main.

McCabe T. J. (1983a): A complexity Measure. In: McCabe T. J. (Hrsg.): Structured Testing, IEEE Computer Society Press, Silver Spring, S. 3-15.

McCabe T. J. (1983b): A testing methodology using the McCabe complexity measure. In: McCabe T. J. (Hrsg.): Structured Testing, IEEE Computer Society Press, Silver Spring, S. 19-47.

McFarlan F. (1984): Information Technology changes the way you compete. In: Harvard Business Review, Vol 62, Nr. 3, S. 98-103.

McKeen J. D., Smith A. (2003): Making IT happen: Critical Issues in IT Management. John Wiley & Sons, West Sussex.

Meffert H., Bruhn M. (2000): Dienstleistungsmarketing: Grundlagen – Konzepte – Methoden. 3. Aufl., Gabler, Wiesbaden.

Metagroup (2004): Welche Professional Services werden nachgefragt? In: Computerwoche, Nr. 34/2004, S. 42.

Meyer M., Zarnekow R., Kolbe L. (2003): IT-Governance – Begriff, Status Quo und Bedeutung. In: Wirtschaftsinformatik, Vol. 45, Nr. 4, S. 445-448.

Miles L. (1972): Techniques of Value Analysis and Engineering. 2. Aufl., McGraw-Hill, New York.

Moll K.-R. (1994): Informatik-Management. Springer, Berlin.

Noth T., Kretzschmar M. (1986): Aufwandsschätzung von DV-Projekten. Springer, Berlin.

OGC (2000): ITIL – Best Practice for Service Support. Office of Government Commerce, The Stationary Office, Norwich.

OGC (2001): ITIL – Best Practice for Service Delivery. Office of Government Commerce, The Stationary Office, Norwich.

OGC (2002): ITIL – Best Practice for ICT Infrastructure Management. Office of Government Commerce, The Stationary Office, Norwich.

Olbrich A. (2004): ITIL kompakt und verständlich. 2. Aufl., Vieweg, Wiesbaden.

Olfert K. (2003): Personalwirtschaft. Kiehl, Ludwigshafen.

Opfer N. D. (2001): Total Cost of Ownership for Information Technology. In: Proc. AACE International Transactions, S. IT.07.1-IT.07.6.

Österle H. (1987): Erfolgsfaktor Informatik – Umsetzung der Informationstechnik in Unternehmensführung. In: Information Management, Vol. 2, Nr. 3, S. 24-31

Österle H., Brenner W., Hilbers K. (1992): Unternehmensführung und Informationssystem. 2. Aufl., Teubner, Stuttgart.

Österle H., Reichmayr C. (2003): Out-tasking mit WebServices. In: Bullinger H.-J., Scheer A.-W. (Hrsg.): Service Engineering, Springer, Berlin, S. 565-590.

OVUM (2004): T-Systems dominiert den deutschen Outsourcing-Markt. In: Computerwoche Nr. 41/2004, S. 29.

Peters G. (1993): Evaluating your computer investment strategy. In: Willcocks L. P. (Hrsg.): Information Management: Evaluation of Information Systems Investments. Chapman and Hall, London, S. 99-112.

Pfeiffer W. (1982): Technologie-Portfolio zum Management strategischer Zukunftsgeschäftsfelder. Vandenhoeck & Ruprecht, Göttingen.

Quinlan T. A. (1988): EDP Cost Accounting. John Wiley & Sons, New York.

Rosen R. v. (2001): Corporate Governance: Eine Bilanz. In: Die Bank, Ausgabe 4/2001, S. 278-282.

Rüegg-Stürm J. (2002): Das neue St. Galler Management-Modell. Haupt, Bern.

Rumbaugh J., Blaha M., Premerlani W., Eddy F., Lorensen W. (1993): Objektorientiertes Modellieren und Entwerfen. Hanser, München.

Schäfer E. (1981): Absatzwirtschaft. 3. Aufl., Schäffer Poeschl, Stuttgart.

Scheeg J., Pilgram U. (2003): Integrierte Kostenbetrachtung für IT-Produkte. In: HMD – Praxis der Wirtschaftsinformatik, Vol. 40, Nr. 232, S. 89-97.

Scheeg J. (2005): Integrierte Kostentabellen als Instrument für eine effiziente IT-Leistungserbringung. Dissertation Universität St. Gallen, Institut für Wirtschaftsinformatik.

Scheuch F. (2002): Dienstleistungsmarketing. 2. Aufl., Vahlen, München.

Schmitz L. (2005): Rechenleistung aus dem großen Topf. In: Computerwoche, Nr. 4/2005, S. 16.

Schmutte A. M. (2002): Six Sigma im Business Excellence Prozess. In: Bühner R. (Hrsg.): Organisation. Loseblattwerk, 30. Nachlieferung. Moderne Industrie, Landsberg, S. 1-30.

Scholz C. (2000): Personalmanagement. 5. Aufl., Vahlen, München.

Schuh G., Schwenk U. (2001): Produktkomplexität managen: Strategien – Methoden – Tools. Hanser, München.

Schuh G., Friedli T., Gebauer H. (2004): Fit for Service: Industrie als Dienstleister. Hanser, München.

Schweitzer M. (1994): Industriebetriebslehre. 2. Aufl., Vahlen, München.

Sebastian K.-H., Maessen A. (2003): Strategisches Preismanagement. In: Campus Management. Vol. 1, Campus, Frankfurt/Main, S. 418-421.

Shields M. D., Young S. M. (1991): Managing product life cycle costs – an organizational model. In: Journal of Cost Management, Vol. 5, Nr. 3, S. 39-52.

Sommerville I. (2001): Software-Engineering. 6. Aufl., Pearson, München.

Somogyi E. K., Galliers R. D. (2003): Developments in the application of information technology in business. In: Galliers R. D., Leidner D. E. (Hrsg.): Strategic Information Management, 3. Aufl., Butterworth-Heinemann, Oxford, S. 3-26.

Spur G. (1994): Fabrikbetrieb. Hanser, München.

Staehle W. (1991): Management. 6. Aufl., Vahlen, München.

Stommel H.-J. (1976): Betriebliche Terminplanung. de Gruyter, Berlin.

Stone L. (2002a): Matching enterprise needs with the right external sources. Gartner Research Note, Nr. K-18-3939, http://www.gartner.com/pages/story.php.id.266.archive.1.s.8.jsp (Abruf am 12.02.2005).

Stone L. (2002b): Critical Success Factors for Outsourcing Relationships. Gartner Research Article, Nr. AV-18-1098, http://www.gartner.com/pages/story.php.id.265.archive.1.s.8.jsp. (Abruf am 12.02.2005).

Strassmann P. (1997): The Squandered Computer – Evaluating the Business Alignment of Information Technologies. Information Economics Press, New Canaan.

Supply-Chain Council (2003): Supply-Chain Operations Reference-model: Overview Version 6.0. Supply-Chain Council Inc., Pittsburgh, http://www.supply-chain.org (Abruf am 7.12.2004).

Tamm G., Zarnekow R. (2005): Umsetzung eines ITIL-konformen IT-Service-Support auf der Grundlage von Web-Services. In: Ferstl O., Sinz E., Eckert S., Isselhorst T. (Hrsg.): eEconomy, eGovernment, eSociety, Proc. 7. Internationale Tagung Wirtschaftsinformatik 2005 (WI2005). Physica, Heidelberg, S. 647-666.

Tate G., Verner J. M. (1990): Software sizing and costing models: A survey of empirical validation and comparison studies. In: Journal of Information Technology, Vol. 5, Nr. 1, S. 12-26.

Thayer R. H. (1990): Tutorial Software Engineering Project Management. IEEE Computer Society Press, Los Alamitos.

Thiel W. (2002): IT-Strategien zur aktuellen Marktlage. In: 8. Handelsblatt-Tagung Strategisches IT-Management, Bonn, 29. Januar 2002.

Thomas O., Scheer A.-W. (2003): Customizing von Dienstleistungsunternehmen. In: Bullinger H.-J., Scheer A.-W. (Hrsg.): Service Engineering. Springer, Berlin, S. 677-718.

Ulrich H. (1984): Management. Haupt, Bern.

Vogt W. (2002): Fit for benefit – IT-Services kundenorientiert planen und steuern. Perseo, Basel.

Wang R. Y., Lee Y. W., Pipino L. L., Strong D. M. (1998): Manage your information as a product. In: Sloan Management Review, Vol. 39, Nr. 4, S. 95-105.

Ward J., Peppard J. (2002): Strategic Planning for Information Systems. John Wiley, West Sussex.

Weber H. (1999): Industriebetriebslehre. 3. Aufl., Springer, Berlin.

Weill P., Broadbent M. (1998): Leveraging the new infrastructure – How market leaders capitalize on information technology. Harvard Business School Press, Boston.

Weill P., Woodham R. (2002): Don't just lead, govern: Implementing effective IT governance. In: Massachusetts Institute of Technology, Center for Information Systems Research, Working Paper CISR-WP-326.

Wenzel R., Fischer G., Metze G., Nieß P. S. (2001): Industriebetriebslehre – Das Management des Produktionsbetriebs. Hanser, München.

Willcocks L. P. (2003): Evaluating the outcomes of information systems plans. In: Galliers R. D., Leidner D. E. (Hrsg.): Strategic Information Management, 3. Aufl., Butterworth Heinemann, Oxford, S. 239-260.

Witt P. (2000): Corporate Governance im Wandel. In: Zeitschrift Führung und Organisation, Vol. 69, Nr. 3, S. 159-163.

Wöhe G. (1986): Einführung in die allgemeine Betriebswirtschaftslehre. 16. Aufl., Vahlen, München.

Wollnick M. (1988): Ein Referenzmodell des Informationsmanagements. In: Information Management, Vol. 3, Nr. 3, S. 34-43.

Woodham R., Weill P. (2002): Justifying & Funding IT Infrastructure. Results Research Project ITI, Concours, Boston.

Yoshikawa T., Innes J., Mitchell F. (1990): Cost tables: A foundation of Japanese cost management. In: Journal of Cost Management, Vol. 4, Nr. 3, S. 30-36.

Zahn E., Schmid U. (1996): Produktionswirtschaft 1: Grundlagen und operatives Produktionsmanagement. Lucius & Lucius, Stuttgart.

Zäpfel G. (1982): Produktionswirtschaft: operatives Produktions-Management. de Gruyter, Berlin.

Zäpfel G. (1989a): Taktisches Produktions-Management. de Gruyter, Berlin.

Zäpfel G. (1989b): Strategisches Produktions-Management. de Gruyter, Berlin.

Zarnekow R., Brenner W. (2003a): A product-based information management approach. In: Proc. 11th European Conference on Information Systems (ECIS 2003), CD-ROM.

Zarnekow R., Brenner W. (2003b): Konzepte für ein produktorientiertes Informationsmanagement. In: Uhr W., Esswein W., Schoop E. (Hrsg.): Medien, Märkte, Mobilität, Proc. 6. Internationale Tagung Wirtschaftsinformatik (WI2003). Physica, Heidelberg, S. 735-753.

Zarnekow R., Scheeg J., Brenner W. (2004): Untersuchung der Lebenszykluskosten von IT-Anwendungen. In: Wirtschaftsinformatik, Vol. 46, Nr. 3, S. 181-187.

Zarnekow R., Brenner W., Pilgram U. (2005): Integriertes Informationsmanagement. Springer, Berlin.

Zarnekow R., Hochstein A., Brenner W. (2005): Serviceorientiertes IT-Management – ITIL Best Practices und Fallstudien. Springer, Berlin.

Zeithaml V. A., Berry L. L., Parasuraman A. (1988): Communication and control processes in the delivery of service quality. In: Journal of Marketing, Vol. 52, Nr. 2, S. 35-48.

Zentrum Wertanalyse (1995): Wertanalyse: Idee – Methode – System. 5. Aufl., VDI-Verlag, Düsseldorf.

11 Über den Autor

Prof. Dr. Rüdiger Zarnekow ist Inhaber des Lehrstuhls für Informations- und Kommunikationsmanagement am Institut für Technologie und Management der Technischen Universität Berlin. Davor war er von 2001 bis 2006 als Projektleiter und Habilitand am Institut für Wirtschaftsinformatik an der Universität St. Gallen tätig. 2006 wurde er an der Universität St. Gallen zum Privatdozenten und Assistenzprofessor ernannt und erhielt die „venia legendi“ im Fach „Betriebswirtschaftslehre, insbesondere Wirtschaftsinformatik“.

Prof. Zarnekow promovierte 1999 an der Technischen Universität Freiberg. Von 1995 bis 1998 war er bei der T-Systems Multimedia Software GmbH beschäftigt, zuletzt als Leiter des Projektfelds Electronic Commerce. Er studierte Wirtschaftsinformatik an der European Business School, Oestrich Winkel und absolvierte ein Aufbaustudium zum Master of Science in Advanced Software Technologies an der University of Wolverhampton, England. Prof. Zarnekow ist freiberuflich als Berater in Fragen des Informationsmanagements und des Electronic Business tätig. Von 2000 bis 2006 war er geschäftsführender Gesellschafter der ITMC Informatik Technologie Management Consulting GmbH. Er ist Autor mehrerer Fachbücher und zahlreicher wissenschaftlicher Publikationen.